BASTEI LÜBBE

Hammond Innes

Die Fährte der Elefanten

Aus dem Englischen übersetzt
von Helga Künzel

BASTEI LÜBBE

BASTEI-LÜBBE-TASCHENBUCH
Band 11 139

Titel der englischen Originalausgabe:
THE BIG FOOTPRINTS

1. Auflage 1979
2. Auflage 1981

Deutsche Rechte: Paul List Verlag KG, München, 1977
Lizenzausgabe: Gustav Lübbe Verlag GmbH,
Bergisch Gladbach
Printed in Western Germany 1981
Einbandgestaltung: Rolf Seul
Gesamtherstellung: Ebner Ulm
ISBN 3-404-01291-7

Der Preis dieses Bandes versteht sich einschließlich
der gesetzlichen Mehrwertsteuer

INHALT

TEIL I
Die Wildlife-Konferenz
9

TEIL II
Das Tal von South Horr
111

TEIL III
Die letzte Zuflucht
235

TEIL IV
Wildhüter der Nordregion
371

Anmerkungen des Autors
411

Zur Erinnerung an

BILLY

der mir über dreißig Jahre lang ein Verleger und Freund war, dessen Enthusiasmus mich ständig neu angespornt hat; daß dieses letzte Buch von mir, das er las, gerade diese Geschichte über Afrika sein sollte, ist ein seltsamer Zufall und zugleich die beste Widmung, die ich ihm bieten kann.

September 1976

I

DIE WILDLIFE-KONFERENZ

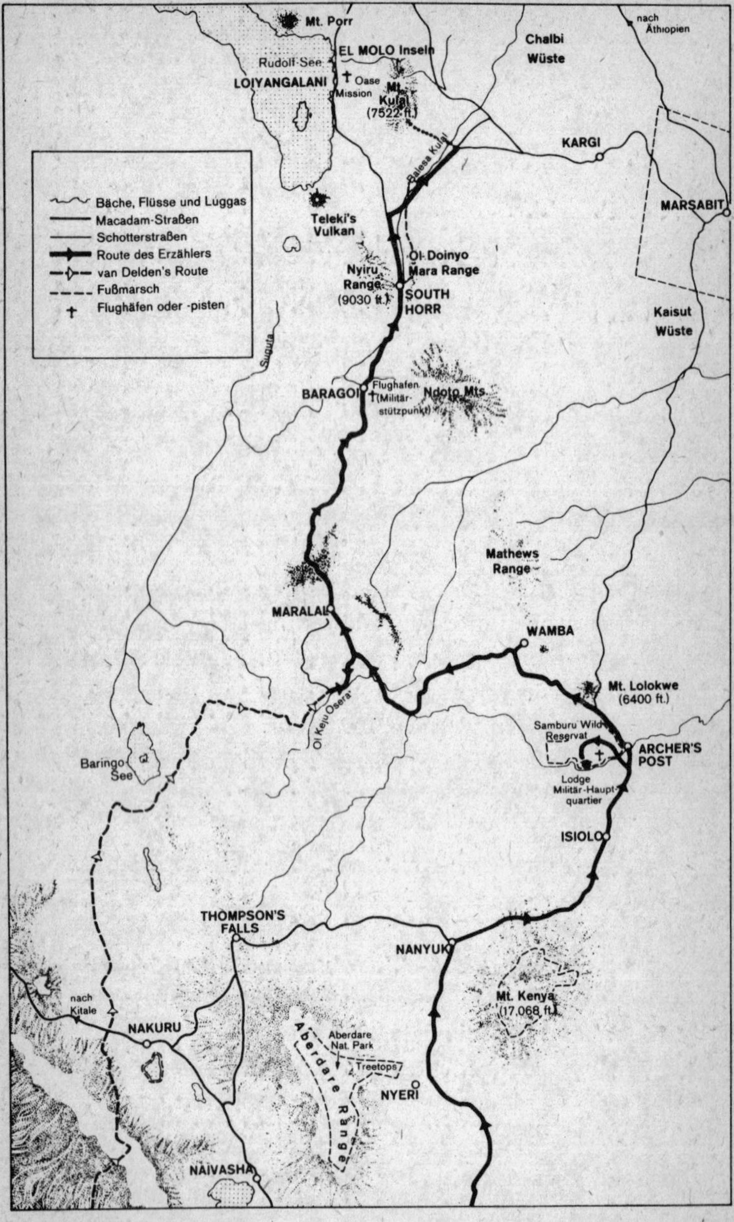

Mt. Porr
nach Äthiopien
Chalbi Wüste
EL MOLO Inseln
Rudolf-See
LOIYANGALANI
Oase Mission
Mt. Kulal (7522 ft.)
Balesa Kulal
KARGI
MARSABIT
Bäche, Flüsse und Luggas
Macadam-Straßen
Schotterstraßen
Route des Erzählers
van Delden's Route
Fußmarsch
Flughäfen oder -pisten
Teleki's Vulkan
Ol Doinyo Mara Range
Nyiru Range (9030 ft.)
SOUTH HORR
Kaisut Wüste
Suguta
BARAGOI
Flughafen (Militär-stützpunkt)
Ndoto Mts
Mathews Range
MARALAL
WAMBA
Mt. Lolokwe (6400 ft.)
Ol Keju Osera
Samburu Wild Reservat
ARCHER'S POST
Baringo-See
Lodge
Militär-Hauptquartier
ISIOLO
THOMPSON'S FALLS
NANYUKI
Mt. Kenya (17,068 ft.)
nach Kitale
NAKURU
Aberdare Nat. Park
Treetops
Aberdare Range
NYERI
NAIVASHA

I

Es regnete, ein richtiger Tropenguß ging nieder, und das Bier war warm. Lastwagen hatten es mit den anderen Lebensmitteln aus Nairobi gebracht, auf der von Geschossen zerschrammten Schotterstraße, die mir schon beim Landeanflug aufgefallen war. Jeder von uns hatte nur eine Dose zugeteilt bekommen, der Schaum und die Süße waren widerlich, aber Trinkwasser gab es keines. Ich schaute auf die Uhr. Kurz nach zehn und längst stockfinster, keine Chance, daß er jetzt noch kommen würde.

Ich zündete mir eine Zigarette an, hockte mich auf das zerbrochene Geländer der einstigen Veranda und starrte durch den Regen auf den großen Halbkreis der Zimmer, in denen Sturmlaternen und Kerzen brannten. Durch die zersplitterten Schiebefenster sah man die Innenwände, die pockennarbig waren von Kugeleinschlägen. Einige der Konferenzdelegierten machten sich bereits bettfertig, Schattengestalten, die aus den Kleidern schlüpften und in die zweistöckigen Kojen kletterten. Andere saßen auf den zerschossenen Veranden, wie ich, und redeten leise, die seltsame Atmosphäre dämpfte ihre Stimmen.

Die Nacht war ruhig, nicht der geringste Lufthauch regte sich; nur das Prasseln des senkrecht fallenden Regens und das Summen eines Generators waren zu hören. Die Organisatoren hatten im Speisesaal und in den Küchen eine Notbeleuchtung installiert, sie jedoch vor einer Weile ausgeschaltet. Der Strom speiste jetzt einzig die Scheinwerfer, mit denen man die Wasserstelle ausleuchtete, wie um uns den Grund unserer

Zusammenkunft vor Augen zu führen. Der große runde Teich lag im Regen blaß und flach da. Es rührte sich nichts, nicht einmal ein Vogel. Vielleicht gab es hier wirklich keine Tiere mehr.

Ich hatte mein Bier ausgetrunken, immer tiefere Niedergeschlagenheit erfaßte mich. Ich dachte an die vielen Touristen, die auf dieser Veranda gesessen, sich gemütlich bei eisgekühlten Drinks gerekelt und nach Elefanten, Nashörnern und all den Kleintieren ausgeschaut hatten, die wie Schemen aus der Nacht aufgetaucht waren, um an der lichtüberfluteten Wasserstelle zu trinken. Es mußte damals ein schönes Fleckchen Erde gewesen sein, dieses so sorgfältig geplante Lodge mit der wie ein Bühnenbild wirkenden Wasserstelle davor. Jetzt wucherte der Rasen wild, das Schwimmbassin war gesprungen und leer, die bombardierten Gebäude verfielen. Die Szenerie eignete sich als Eröffnungsaufnahme, für mehr nicht, und eine Wildlife-Konferenz ohne Wild... Ich betrachtete meine Zigarette, lauschte dem Regen. Das würde eine schöne Pleite geben, und der Mann, dessentwegen ich den Auftrag überhaupt nur angenommen hatte und den ich hier treffen wollte – Cornelius van Delden, der die Nordgrenze kannte –, war noch nicht da.

Die Stimmen auf der Veranda nebenan wurden lauter: »Ich sage dir, es ist sinnlos. Die Touristen kommen nicht wieder, und ohne Tourismus...«

»Du bist also derselben Meinung wie Kirby-Smith?«

»Über die Auslese? Ja, wenn sie gut organisiert wird.«

Ein anderer sagte ärgerlich: »Abschlachten, meinen Sie wohl. Nennen Sie es um Himmels willen beim richtigen Namen. Alles erschießen, was sich bewegt, Platz machen für Rinder. Und das nennen Sie Auslese!«

Eine schwere, schnarrende Stimme mit Bostoner Akzent ließ sich vernehmen: »Major Kirby-Smith ist Geschäftsmann, das ist alles. Seien wir also praktisch, meine Herren. Betiteln Sie ihn, wie Sie wollen, aber er ist tüchtig und hat die Regierung hinter sich. Ich muß Ihnen sagen, daß die Stiftung, die ich vertrete, dieses Versuchsprojekt für das beste Geschäft hält, das wir...«

Aus dem Dunkel tauchte eine Gestalt auf, triefend vor Nässe, den Tropenhelm schützend über der Kamera. »Sagenhaft!« Das war ein stehender Ausdruck bei Ken, wenn er etwas Gutes hatte. Er war mit seiner Leica losgezogen, Standfotos zu machen. »Dieser Regen, dazu die Sturmlaternen, alle die Kojen und die Kugeleinschläge, die Spiegelbilder in den Pfützen.« Er trat unters Verandadach, schüttelte sich wie ein Hund, strahlte vor Zufriedenheit. »Ich benützte natürlich einen Schwarzweißfilm, aber morgen versuche ich es mit einem 7252er Farbfilm. Hoffentlich klappt es. Das Licht, meine ich.« Er ging an mir vorbei ins Zimmer hinein, schwärmte weiter von seinen Aufnahmen. Bevor er sich auszog und abtrocknete, wischte er erst noch seine Kamera ab. »Unsere Zimmergenossen sind im Anmarsch.« Seine Stimme klang gedämpft, weil er jetzt seinen dunklen Haarschopf frottierte. »Zwei Amerikaner von der Fernsehgesellschaft CBS.«

»Woher weißt du das?«

»Karanja sagte es mir, sie kommen mit dem Lastwagen. Er heftete die Teilnehmerliste an die Anschlagtafel.«

»Steht van Delden drauf?«

Ken schüttelte den Kopf, rieb kräftig seinen Körper. »Ein Delden als Vertreter mehrerer amerikanischer Zeitschriften steht drauf. Aber das Vornamensinitial ist M. Einen Cornelius van Delden gibt es nicht.«

Also kam er doch nicht. Der einzige Mensch, der den nördlichen Grenzbezirk wirklich kannte, der Mann, dessen Vater den Weg durch die Wüste Chalbi zum Rudolfsee eröffnet und über seine Reise ein Buch in Afrikaans geschrieben hatte.

»Hast du dir schon was abgerungen?«
»Nein.« Ich starrte in den Regen hinaus und dachte über das Drehbuch nach, überzeugt, daß es nichts würde, zumal für mich das Ganze nun eigentlich Zeitverschwendung war – nachdem Cornelius van Delden nicht kam.
Schließlich ging ich hinein, setzte mich an den Camptisch mit den zerbrochenen Beinen und studierte beim Schein der Sturmlaterne den Terminkalender und die alten BP-Touristenkarten, die man uns gegeben hatte. Tsavo, Serengeti, Arusha, Ngorongoro mit seinem Krater, alles Nationalparks und Wildreservate mit einst geläufigen Namen. Im Norden Meru, Samburu, Marsabit. Noch weiter nördlich, am Rudolfsee, fast an der äthiopischen Grenze oben, das am wenigsten bekannte, abgelegenste Reservat: Ileret. Beim Abendessen hatten sie von Ileret und über unbestätigte Berichte gesprochen, wonach Wildtiere durch das Rift Valley zum Wasser des Rudolfsees zogen. Zum letzten wirklichen Refugium, hatten sie gesagt. Aber keiner von ihnen kannte Ileret. Für sie lag es am Rande des Unbekannten, bestand nur aus Wüste und Lavafeldern. Und gerade neben den Schriftzug Ileret hatte irgendein Beamter seinen Gummistempel gesetzt: VERBOTEN. Das Wort starrte mich von der Karte, die zum Schutz vor schwitzenden Touristenfingern satiniert war, in violetter Stempelfarbe an.
Der Porr und die Inseln waren nicht angegeben, nur Loiengalani und der Berg Kulal. Links daneben stand Oasis Fishing Camp. Jetzt gab es dort bestimmt kein Angler-Camp mehr. Die Entfernung bis dahin brauchte ich nicht abzumessen. Ich wußte, wie weit es war, verdammt weit, und das ganze Gebiet war verbotenes Territorium. Ich griff nach meiner Tasche mit der pergamentenen Rudolfsee-Karte und dem Übersetzungsmanuskript jenes alten Buches.. Doch wozu noch einmal lesen? Ich kannte die einzelnen Absätze auswendig, hatte die

Pergamentkarte klar im Kopf. Bloß, wer sollte mich unter den gegebenen Umständen hinbringen, wenn Cornelius van Delden nicht kam? *Zwar bin ich jetzt in Pension, aber wenn man mich einlädt, werde ich kommen.* Man hatte ihn eingeladen, aber er war nicht gekommen. Und die Konferenz begann morgen früh.

Ich lehnte mich zurück, blickte auf die Wand gegenüber. Ein Gecko, Beine und Schwanz flach ans Mauerwerk gelegt, ließ seine Zunge herausschnellen. Er glich einer juwelenbesetzten kleinen Brosche – das einzige Zeichen von tierischem Leben hier. Ken drehte sich in seiner Koje um, beschwerte sich über das Licht. Ich, verärgert und enttäuscht, wünschte ihn zum Teufel. Der Regen trommelte aufs Dach, schwappte aus der zerbrochenen Dachrinne. Das stete Geräusch erfüllte den Raum, und in einer Ecke, wo der Gips gesprungen und fleckig war, sickerte Wasser herein. Es glitzerte feucht im Schein der Laterne. Ich dachte an mein letztes Zusammentreffen mit meinem freundlichen, erfolglosen Onkel, der an mir die Vaterstelle vertreten hatte. Fast schon ein Jahr her. Seine Hand hatte nicht gezittert, damals, als er mir Pieter van Deldens Buch und die maschinengeschriebene Übersetzung mit dem Titel *Reise durch die Chalbi zum Rudolfsee* gab. In dem Manuskript war die auf dickes Pergament gezeichnete Karte gewesen. Zwei Tage später hatte man den Onkel tot in seinem schäbigen Souterrain-Büro in der Doughty Street gefunden.

Der Gecko bewegte sich, zielte mit seiner langen Zunge nach irgendeinem Insekt. Mir fielen die Worte des Onkels ein, aus denen das Gefühl gesprochen hatte, versagt zu haben: *Es ist sonst nichts hier, was für dich einen Wert besäße.* Die Worte waren mir im Gedächtnis haften geblieben. Hatte seine Stimme einen kritischen Unterton gehabt? Ich wußte es nicht mehr. Wohl kaum, er war ein zu sanfter Mensch gewesen.

Damals hatte ich seine Bemerkung als eine Art Epitaph für sein schlechtes Management im Verlag Southly Tait verstanden. Dieses aufstrebende kleine Verlagshaus, das sich auf Reiseliteratur sapezialisierte, war ihm von meinem Vater hinterlassen worden. Doch die Inflation und die sich verändernde Welt hatten es ruiniert – und ihn umgebracht. Oder lag die Schuld womöglich bei mir? Wäre ich in die Firma eingestiegen, wie sie beide gehofft hatten...

Ich schob meinen Stuhl zurück und stand auf. Es waren lange vierundzwanzig Stunden gewesen, der Nachtflug nach Nairobi, die endlose Warterei auf der zerbombten Rollbahn des Wilson Airport. Seltsam, daß alte Gewohnheit die neuen schwarzen Herren an diesem so typisch englischen Namen festhalten ließ. Dieser verdammte Regen, der endlose Regen, und diese abscheuliche, trostlose Ruine. Ich hätte mir Scotch mitbringen sollen. Aus dem Nebenzimmer hörte ich angeheiterte Stimmen und das Klicken von Gläsern. Eine Flasche Scotch hätte meinen Geist abgeschirmt gegen die morbiden Gedanken an des Onkels Unzulänglichkeit und meine selbstsüchtige Entschlossenheit, eigene Wege zu gehen. Ken Stewart schlief nun. Er atmete leicht wie ein Kind, und ich beneidete ihn, weil er dem Augenblick leben konnte, immer nur an das nächste Foto dachte, alles aus dem Blickwinkel der Kamera sah.

Ich begann mich auszuziehen, überlegte dabei, ob ich dem Verlag hätte Leben einhauchen könne. Die Erinnerung an den Toten in der Leichenhalle verfolgte mich seit damals. Der Regen, meine Einsamkeit, die triste Atmosphäre in diesem Lodge hier – auch er war einsam gewesen nach dem Tod meiner Tante. Mich aber hatten die Drehbücher, die ich schreiben wollte, und der Aufbau einer eigenen Existenz so in Anspruch genommen, daß ich einfach nicht geglaubt hatte, ihm bei der Rettung des Verlages helfen zu können. Trotzdem war ich

jetzt hier in Afrika, um seine einzige Hinterlassenschaft praktisch zu nutzen – eine Karte und ein Manuskript, die er mir im Wissen anvertraut hatte, daß er sterben würde.
Auf der Veranda erklangen Schritte. Halb ausgezogen, wandte ich mich um und erblickte einen Soldaten mit Schirm sowie zwei Männer. Der Soldat entfernte sich im Regen, und die zwei traten ein. Von ihren Plastikmänteln troff Wasser auf den Fliesenboden. Sie stellten sich vor. Beide waren Fernsehleute. Der größere, Erd Lindstrom, war blond und blauäugig, der andere, Abe Finkel, schlank, dunkel und ausgeprägt jüdisch. »Sie vertreten die BBC, nicht?« fragte letzterer.
»Nur als Sonderberichterstatter.«
»Ein freier Mitarbeiter also?!« Er musterte mich, zuckte leicht die Achseln. »Hm, hat meist seine Vorteile.«
Ich wußte, er fühlte sich als überlegener Profi. Die beiden stellten ihre Ausrüstung ab und schlüpften aus ihren Regenmänteln.
Finkel fragte weiter: »Hat jemand den Wetterbericht gehört? Wie lange soll dieser Regen dauern? Eigentlich haben wir doch Trockenzeit.«
»Die kleine Regenzeit ist ausgeblieben. Die Leute glauben, wir hätten sie jetzt und das Wetter sei wieder einmal außer Tritt.«
»Also filmen wir alles vor einem Regenhintergrund. Und uns hat man gesagt, es würde Dürre herrschen. Darum sind wir mit dem Laster raufgekommen. Wir hatten gemeint, ein paar Elefantenkadaver filmen zu können, etwas, das dieses ganze Gerede optisch untermauert. Und nun der Regen! Erwischte uns, als wir gerade oben aus dem Rift Valley rausfuhren. Waren Sie überhaupt mal draußen, seit der Regen eingesetzt hat?«
»Ncin.«
»Du hörst, Erd? Sie hocken in dem vergammelten Bau fest,

seit es anfing zu schütten.« Seine Stimme klang fast wie der Regen, gleichmäßig und monoton. »Wir haben wenigstens Aufnahmen von unserem Laster, wie er bis zu den Achsen im Schlamm steckt. Froh bin ich nur, daß wir das hier nicht vermarkten müssen. Dieser Karanja sagt, niemand hat seit der Ankunft was gesehen, nicht mal den Elefanten, der sonst jeden Morgen zur Frühstückszeit die Mülltonnen abgrast. Oder haben Sie was gesehen?«

»Nichts.«

Ken drehte sich zu uns herum, blinzelte. »Ich hab einen Schnappschuß mit einem Warzenschwein, das den Schwanz hochhält und abdampft wie ein kleiner Zug. Aber das Licht ist schlecht gewesen, und wir benutzen handelsüblichen Ektachrome 7252. Wenn es weiterregnet, bräuchten wir EF 7241. Haben Sie davon was mit?«

Lindstrom antwortete: »Nein, wir fahren mit Kodak 7242, und es sind Negativ-, keine Umkehrfilme.« Die beiden waren mit einer Bolex und einer Bach-Auricon ausgerüstet. Vor allem jedoch: sie hatten einen Rest Whisky dabei, so daß ich, als ich endlich in meine Koje kletterte, gegen morbide Gedanken angenehm abgeschirmt war.

Der Eröffnungstag unserer »Konferenz der Ostafrikanischen Föderation über den Wildlife-Bestand«, wie sie offiziell hieß, dämmerte trüb und dunstig herauf, es roch nach feuchter Erde. Der Regen hatte zwar aufgehört, aber die Wolken hingen über dem Lodge wie ein nasses Laken, klamm und drohend. Das Frühstück schien aus einer Armenküche zu kommen. Man brachte uns die Blechbecher und -platten auf die Veranden, weil nachts der Regen durchs Dach des Speisesaales gedrungen war und auf allen Tischen Wasser stand. Die Toiletten und Duschen in den Zimmern funktionierten natürlich nicht, und der Boden um die Latrinen mit ihren Blechdächern war bald rötlicher Morast. Unter den Delegierten befanden

sich einige Frauen, und Ken riß Witze über ihre Waschversuche, bis ihn Karanja ablenkte, der übrigens in einem schicken grauen Anzug aufgekreuzt war. Er lächelte einschmeichelnd, seine großen Ohren standen ab wie Segel, und in den Händen hatte er ein Sprachrohr, das er wie eine Panzerfaust hielt.
»Schätze, der Minister hat es nicht geschafft«, sagte Abe Finkel.
Karanja ging zur Mitte des einstigen Rasenplatzes, wandte sich dem Halbkreis der Zimmer zu und setzte das Sprachrohr an den Mund: »Konferenzdelegierte und Journalisten, bitte, ich muß Ihnen das Bedauern unseres Herrn Ministers ausdrücken, aber besondere Umstände wegen dieses ungewöhnlichen Wetters...« Die Konferenz, die um zehn Uhr mit einer Begrüßungsansprache von Herrn Kimani, Minister für Boden- und Naturschätze, hätte beginnen sollen, wurde bis zum Eintreffen der Ministermaschine verschoben. Kein günstiger Anfang.
»Schade, daß wir nicht auf eigene Faust losziehen und uns die Serengeti ansehen können.«
Ich wies auf den Terminkalender. »Die ist für morgen eingeplant. Auch eine Besichtigung der Rinderreserve im Krater.«
»Wird nun bestimmt gestrichen«, erwiderte Abe. »Das einzig wirklich Interessante...«
Eine Gestalt stieg aus dem Morast auf die Veranda. Ich merkte nicht, daß es eine junge Frau war, merkte es nicht gleich, denn sie war groß, breitschultrig und gekleidet wie ein abgehärteter Safari-Jäger. Sie trug verblichene Khaki-Hosen, eine Buschjacke und altgediente schenkelhohe Stiefel, dazu einen Schlapphut, in dem eine Straußenfeder stak. »Ist einer der Herren Colin Tait?« Ihre Stimme klang kehlig, leicht heiser.
Ich stand auf. »Ja, ich bin Colin Tait.«
Sie sah mich lange mit einem harten, forschenden Blick an. »Ich möchte Sie sprechen.« Auf der Stelle drehte sie sich um

und sprang ins zertrampelte Gras, wo sie wartend stehenblieb. »Ich bin Mary Delden«, sagte sie, als ich ihr gefolgt war. »Könnten wir zur Wasserstelle gehen? Hier kann ich nicht mit Ihnen reden.« Sie schritt zügig aus und sprach nichts mehr. Wir gingen am letzten Gebäude des Lodge vorbei und ließen auch das einstige Prominentenquartier hinter uns, dessen Veranda bis an den Teich reichte. Die langen Halme des dürren Grases waren naß vom Regen, und meine Hose troff, als wir endlich innehielten. »Sie haben Cornelius van Delden geschrieben...«

»Er ist ein Verwandter von Ihnen, nicht wahr?«

Mary Delden nickte. »Mein Vater.« Sie hatte ein ungewöhnliches, ziemlich langes Gesicht mit einem großen, schmallippigen Mund und einem energischen Kinn; am auffallendsten darin war die kräftige Adlernase. Ihre großen Augen leuchteten in tiefem Aquamarinblau, und das Weiß der Augäpfel wurde durch den dunklen Teint noch betont. »Das ›van‹ habe ich abgelegt, als ich nach Amerika ging. Dort gab es damals gewisse politische Strömungen, und für eine Journalistin schien mir Mary Delden ratsamer.« Sie lächelte, und dieses Lächeln ließ ihr ganzes Gesicht plötzlich erstrahlen, nahm ihm das Männliche. »Meine Mutter war ohnehin keine Südafrikanerin, sondern Italienerin.« Unvermittelt fragte sie: »Weswegen wollen Sie ihn sehen? Sie haben es in Ihrem Brief nicht geschrieben, sondern nur, daß Sie ein Exemplar der *Reis deur Chalbi* besitzen, das gewisse neue Informationen enthält...«

»Ich rechnete damit, ihn hier zu treffen.«

»Sie wollen es mir nicht verraten, was?« Sie sagte es leichthin, lächelte noch immer, aber ihr vorgerecktes Kinn und ihr kalter Blick ließen eine bestimmte Feindseligkeit erkennen. »Gehen wir weiter.«

Ich zögerte, erinnerte sie daran, daß die Konferenz beginnen würde, sobald der Minister eintraf. Sie lachte höhnisch. »Heute wird gar nichts passieren, die Konferenz beginnt erst morgen.«

»Hat Ihnen Karanja das gesagt?«

»Natürlich nicht. Aber Sie haben sich doch das Programm angesehen. Morgen sollten wir mit den Versorgungslastern losfahren und die Serengeti und den Ngorongoro-Krater besichtigen. Die Organisatoren in Amerika bestanden auf dieser Besichtigung. Können Sie sich vorstellen, wie die Stimmung auf der Konferenz wäre, wenn die Delegierten die leeren Ebenen sähen – alle Wanderherden tot, keine Raubtiere da, nicht einmal ein Geier, und der Krater ist voller Rinder?« Ihre Stimme war laut und scharf geworden. »Die hatten verdammtes Glück mit dem Wetter.«

»Wie meinen Sie das?«

Sie sah mich an, als sei ich nicht ganz bei Verstand. »Es war nie beabsichtigt, uns die Serengeti zu zeigen. Man hätte einen Grund erfunden, warum der Minister aufgehalten wurde. Oder die Lastwagen hätten allesamt Panne gehabt. Irgendwie hätte man es erklärt. Jetzt bietet das Wetter eine erstklassige Ausrede. Waren Sie schon mal in Ostafrika?« fragte sie.

»Nein.«

Sie nickte, als bestätige meine Antwort das Bild, das sie sich von mir gemacht hatte. Dann begann sie mich auszufragen, nicht darüber, warum ich ihren Vater sehen wollte, sondern über mein Herkommen. Offensichtlich wollte sie wissen, was für ein Mensch ich war, und ich spürte, daß sie zu irgendeinem Entschluß zu kommen versuchte. Wir langten am unteren Ende der Wasserstelle an und blieben stehen. »Ich weiß nicht«, sagte sie unsicher. »Wir haben Zeit genug, den ganzen Vormittag, aber...« Sie preßte die Lippen zusammen. »Ich glaube, Sie sollten mir lieber gleich sagen, worum es geht.«

»Bedaure«, erwiderte ich.

»Sie bezweifeln doch nicht, daß ich Cornelius van Deldens Tochter bin?«
Ich schüttelte den Kopf, fragte mich, wann sie wohl ihren Vater zuletzt gesehen hatte.
»Warum wollen Sie es mir dann nicht sagen? Warum diese Geheimniskrämerei? Ist es etwas aus seiner Vergangenheit, ein Vorfall oben in Marsabit?« Sie schaute mich unsicher an.
»Nein, natürlich nicht. Das Buch ist viel früher entstanden. Was bringt Sie also auf den Gedanken, er könnte sein Leben riskieren, um Sie in den nördlichen Grenzbezirk zu führen?«
Etwas strich über meinen Kopf, Flügelschlagen, und ein Storch landete am Wasser. Er störte ein Perlhuhnpärchen. Es war das erste Zeichen von Vogelleben, das ich entdeckte.
»Woher wissen Sie von meinem Brief? Sind Sie mit Ihrem Vater beisammen gewesen, bevor Sie hierher kamen?« Als sie nicht antwortete, fragte ich: »Ist er noch auf den Seychellen? Von dort schrieb er mir. Er lebt dort, nicht wahr?«
»Ja, dort lebt er jetzt. In einem alten Pflanzerhaus auf La Digue, es hat der Familie meiner Mutter gehört.«
Ich fragte noch einmal: »Sie haben ihn gesehen, nicht?« Sie mußte ihn gesehen haben, wie sonst hätte sie von meinem Brief wissen können. »In seiner Antwort schrieb er, daß er zur Konferenz kommen würde, wenn er eine Einladung bekäme. Ich rechnete damit, ihn hier zu treffen...«
»Glauben Sie wirklich, man würde ihn auf einer solchen Konferenz sprechen lassen?« fragte sie. »O ja, sie haben ihn eingeladen. Das mußten sie. Bei seinem internationalen Ruf... Aber er hat zu viele Feinde hier. Die haben ihm nie verziehen und werden ihm nie verzeihen, daß er gesagt hat, die afrikanischen Rinder seien ein Affront gegen Gott, der Mensch müsse von den Tieren lernen, die Naturgesetze einzuhalten und die Welt nicht mit dem Produkt seiner Lenden

zu verseuchen. Haben Sie sein Buch *Das Wüten des Menschen gegen die Natur* gelesen?«
»Nein«, antwortete ich. »Aber ich habe davon gehört.«
»Wie können Sie dann glauben, man würde ihn hier dulden, wo alle nur daran interessiert sind, mehr Land für die Rinderherden der Stammesangehörigen zu ergattern? Kit Kimani vertritt in der Wildtierfrage die harte Linie, er hat Scheuklappen auf. Ich weiß nicht, wo Karanja jetzt steht – früher, in den alten Tagen, war er bei uns in Marsabit –, aber die Politik wird von menschlicher Habgier diktiert, und der politische Druck einer Bevölkerungsexplosion, wie sie derzeit stattfindet...«
Sie zuckte leicht die Achseln, als hielte sie es für Zeitverschwendung, die Probleme Afrikas jemandem zu erklären, der das erstemal hier war. Dann fuhr sie langsamer und in ruhigerem Ton fort: »Als er in Nairobi aus dem Flugzeug stieg, nahmen sie ihm den Paß ab. Er sei Südafrikaner, sagten sie. Das benutzten sie als Vorwand, obwohl sie verdammt genau wissen, daß er seit seiner Kindheit nicht mehr in Südafrika war und seit drei Jahren auf den Seychellen lebt.«
»Er ist also doch gekommen.«
»Vor vier Tagen. Er meinte, es könne ihm gelingen, die Regierung zu beeinflussen, nicht Kimani, aber einige andere. Er kennt die meisten.«
»Also haben Sie ihn in Nairobi gesehen? Ist er noch dort?«
»Natürlich nicht. Die Sicherheitspolizei hat ihn bis zum folgenden Abend auf dem Flugplatz festgehalten, dann ging eine Maschine in den Fernen Osten. Die landet auf der Seychellen-Insel Mahé zum Auftanken.«
Er war also zurückgeflogen. Aus. Keine Chance mehr für mich, ihn zu fragen, ob er je auf dem Porr gewesen war, keine Chance auch, ihn zu überreden, mich in das verbotene Gebiet zu bringen.
»Sprechen Sie Afrikaans?« fragte sie.

Ich schüttelte den Kopf, dachte weiter an den Dokumentarfilm, von dem ich geträumt hatte. Eine Entdeckung wäre festzuhalten gewesen, die vielleicht meinen Namen bekannt gemacht und mir eine Menge Geld eingebracht hätte.

»Aber Sie haben *Reis deur Chalbi na die Rudolfmeer* gelesen. Das erwähnten Sie in Ihrem Brief. Sie sprachen von einer Karte. In Pieter van Deldens Buch gab es keine Karte. Haben Sie sie erfunden?«

Ich schüttelte wieder den Kopf.

»Und das Buch kam nie englisch heraus, nur in Afrikaans – 1908 in Pietermaritzburg. Wie können Sie es dann gelesen haben?«

Ich wußte nicht, was ich darauf antworten sollte, also schwieg ich.

»Hm, ich glaube, ich fange an zu begreifen.« Sie lächelte, aber nicht mit den Augen. »Es gibt eine englische Übersetzung, eine unveröffentlichte. Was könnte diese Übersetzung enthalten, das nicht im Original steht?« Unvermittelt wechselte sie das Thema: »Sie haben einen Fernsehfilm über Meeresverschmutzung gemacht. Das waren doch Sie, nicht wahr?«

Ich nickte. Der einzige Film, mit dem ich auf dem amerikanischen Markt angekommen war.

»Ich habe ihn gesehen. Eine sehr gute Produktion. Aber kein Herz.«

»Es war ein Dokumentarfilm über Riesentanker und die Probleme, die beim Auslaufen von Öl entstehen.« Ich konnte ihren Gedankengängen nicht folgen. »Wie sollen bei einem solchen Thema Gefühle mitspielen?« Außer der Angst natürlich. Ich hatte beim Drehen Todesängste ausgestanden.

»Das Thema wirft technische Probleme auf, die haben Sie gemeistert. Aber Sie sind nicht weitergegangen, haben nicht gezeigt, was aus den Seevögeln, den Delphinen und den Robben geworden ist.« Mit einemmal wirkte sie angespannt. »Und jetzt sind Sie hier... Warum wollen Sie in den nördlichen Grenzbezirk?«

»Wenn ich mit Ihrem Vater hätte sprechen können...«

»Weswegen sollte er Sie hinbringen?« Sie musterte mich aufmerksam, und wieder hatte ich den Eindruck, sie versuche sich über irgend etwas klar zu werden. »Ihnen geht es doch nicht um Marsabit und das Schicksal, das die Elefanten dort erleiden mußten. Warum haben Sie sich nicht an Alex Kirby-Smith gewandt, der ziemlichen Einfluß beim neuen Regime hat?« Sie hielt inne, ihre ungewöhnlichen Augen sahen mich unverwandt an. »Es ist das Buch, nicht wahr – irgend etwas in der Übersetzung?«

»Zeit, das wir zurückgehen«, erwiderte ich. »Der Minister wird bald kommen...«

»Kimani wird nicht vor dem Abend kommen, und die Konferenz wird erst morgen beginnen.« Ihre Stimmung schlug plötzlich um. »Es tut mir leid, ich hätte das über Ihren Tankerfilm nicht sagen sollen. Für die Leiden der Tiere interessieren sich nur wenige Menschen. Es ist bloß, ich bin dazu erzogen worden...« Sie zögerte, ihr Gesichtsausdruck änderte sich langsam, ihr Blick wurde weicher, fast bittend. »Wollen Sie mir nicht sagen, worum es geht – was für eine neue Information Sie haben?« Auch ihre Stimme klang nun weich, und ihre Hand berührte meinen Arm. »Ich kann mit ihm Verbindung aufnehmen, wissen Sie.«

»Wie?«

Sie lächelte nur. Sie war groß, fast so groß wie ich, und aus ihren Augen strahlte eine Wärme, die ich bei ihr nie vermutet hätte. »Bitte, sagen Sie es mir.« Sie wirkte jetzt sehr weiblich, jede Härte war verschwunden. Unglaublich, daß ein Mädchen sich derart verändern konnte. Vielleicht das italienische Blut in ihr. Mich beunruhigte ihr Stimmungsumschwung, ich wandte den Blick zur Seite, betrachtete die Wasserstelle und

den reglos dastehenden Storch. Der Busch erstreckte sich in die Endlosigkeit Afrikas, das Lodge war fern, keine Menschenseele zu sehen. Wir waren allein, und mein Blut begann auf ihre Wärme, auf die Berührung ihrer Hand zu reagieren.
»Bitte«, sagte sie noch einmal.
Ich schüttelte den Kopf, mochte nicht sprechen, denn ein Vibrieren meiner Stimme hätte mich verraten können. Meine Kehle blieb wie zugeschnürt.
Sie preßte jetzt leicht meinen Arm, lächelte mich mit den Augen an, den Mund leicht geöffnet. Bestimmt war sie sich der Wirkung bewußt. »Sie müssen es mir sagen«, erklärte sie, »ich kann eine Entscheidung nur treffen, wenn Sie es mir sagen.«
Weil ich meinte, daß sie lediglich hinter der Story her sei, murmelte ich, sie schlage gewiß ihrer Mutter nach. Meine Bemerkung schien einen erneuten Stimmungsumschwung auszulösen, denn sie ließ meinen Arm los. »Ich weiß es nicht. Sie starb, als ich noch ein Kind war.« Aus ihrer Stimme klang wieder Härte, ihre Lippen hatten sich wieder gespannt, die Augen waren wieder kalt. »Sie werden es mir also nicht sagen.«
»Nein«, antwortete ich. »Aber wenn Sie wissen, wo ich Ihren Vater erreichen kann...« Ich zögerte. »Ich möchte die Sache nicht in einer amerikanischen Zeitschrift verbraten sehen.«
Sie lachte. »Glauben Sie, daß ich das tun würde?« Sie wandte sich um, ging langsam von mir weg. Der Storch flog auf, zog mit gemächlichem Flügelschlag seine Bahn über der Wasserstelle. Sie schaute nicht hoch, hatte die Augen auf den Boden geheftet, offenbar tief in Gedanken versunken. Irgendwo rief eine Taube ihr schläfriges Gruuu-gruu, ein Perlhuhn schwatzte, sonst hörte ich nichts. Drückende Schwüle herrschte, die tiefhängenden Wolken kündeten weiteren Regen an.

Als ich wieder zu ihr hinsah, hatte sie sich niedergehockt, um einen Käfer zu beobachten. Er rollte eine Erdkugel, die viel größer war als er selbst, aus einer Mulde. »Das ist ein Mistkäferweibchen«, murmelte sie. »Die Eier sind in der Kugel.« Ihr Blick wanderte suchend zum Ufer der Wasserstelle. »Irgendein Tier muß hier gewesen sein, sonst gäbe es keinen Mist zum Ausbrüten der Maden.« Sie schlenderte am Ufer entlang, bis sie fand, was sie vermutet hatte: einen Kothaufen, groß wie ein Fußball und feucht schimmernd vom Regen. »Ein Flamp«, sagte sie lachend. »Elefanten waren in meiner Kindersprache immer Flamps.« Sie betrachtete den gewaltigen Haufen mit gerunzelter Stirn. Unvermittelt hob sie den Kopf und sah mich an. »Kann ich Ihnen trauen?« Es war keine Frage, auf die sie eine Antwort erwartete. Sie hatte nur laut gedacht. »Ich glaube schon... Aber ich weiß nicht einmal, warum Sie zum Rudolfsee wollen... Es ist doch der Rudolfsee?«
Ich nickte. »Der Rudolfsee und ein Berg. Der Porr oder auch der Kulal.«
»Kulal.« Sie sagte es langsam, ließ den Namen rollen, als besitze er einen Zauber. »Ich wollte immer zum Kulal. Tembo ist einer der wenigen, die diesen seltsamen Vulkankoloß wirklich kennen. Versprechen Sie mir...« Sie zögerte, schüttelte den Kopf und lächelte. »Nein, es hat keinen Sinn. Ich werde Ihnen trauen müssen. Schließlich ist es nur für zwei Tage. Am Donnerstag spricht Alex auf der Konferenz, dann fechten die beiden ihre Sache vor den Kameras aus, und alle werden es wissen.« Sie warf einen prüfenden Blick auf meine Schuhe, zuckte kurz die Achseln, wandte sich um und strebte dem Busch zu. »Es ist nicht weit«, sagte sie über die Schulter. »Eine halbe Stunde oder so, mehr nicht.« Danach schwieg sie, schritt mit ihrem leichten, wiegenden Gang zügig aus.
Ich schwieg ebenfalls, denn wir gelangten sogleich in seichtes

Sumpfgelände, und ich hatte Mühe, meine Schuhe nicht zu verlieren. Einmal wartete sie auf mich und zeigte mir Spuren. »Warzenschweine. Wenn sonst nichts überlebt, das Warzenschwein hält sich.« Sie ging an einem Dornendickicht entlang und stieg dann einen Pfad hinauf, der zwischen Felsauswüchsen emporführte. Vermutlich ein alter Wildwechsel. Oben blieb sie stehen. Mit einer Kopfbewegung wies sie auf eine grüne Linie, die sich durch die versengte Ebene schlängelte. »Dort unten«, sagte sie, »im Lugga.«

»Sie meinen...?« stotterte ich verwirrt.

Sie nickte lächelnd: »Er ist ein Dickschädel. Wenn er sich etwas in den Kopf gesetzt hat...« Nach kurzer Pause fuhr sie fort: »Er ist zwar mit den anderen Passagieren zum Flugzeug gegangen, aber nicht eingestiegen, sondern einfach unter der Maschine durchmarschiert und in die Nacht verschwunden. Niemand hat ihn aufgehalten. Am Morgen war er in den Ngong-Bergen, in einem ehemaligen Camp, wo er Freunde hat.« Sie sah mich forschend an, ihr Gesicht verriet heftige Gemütsbewegung. »Es ist gefährlich für ihn, sind Sie sich darüber im klaren? Es könnte sein Tod sein, wenn bekannt wird, daß er hier ist.«

»Aber wenn er auf der Konferenz spricht... Das Ganze ergab keinen Sinn. »Sie haben doch gesagt, er sei entschlossen zu sprechen.«

»Auf der Konferenz ist es etwas anderes. Dort schützen ihn die Delegierten und Leute wie wir, die für die Massenmedien berichten. Aber hier draußen...« Ihr Blick war hart. »Hier ist er allein und verletzlich. Verstehen Sie?«

»Ich verrate ihn bestimmt nicht«, versicherte ich.

»Nein. Ich hätte Sie ja auch nicht hergebracht, würde ich das angenommen haben.« Sie ging weiter, hinab in die Ebene, wo die Akazienbäume dunkle Laubschirme ausbreiteten.

Zehn Minuten später waren wir in dem breiten Grünstreifen,

schritten über den weichen Sand eines längst ausgetrockneten Flußbettes. Nur ein kleines Rinnsal floß hier noch, das in den Sandmulden Pfützen bildete. Über allem lag das leuchtende, satte Grün der vom Regen wiederbelebten Vegetation. Ein riesiger Reiher, der dastand wie ein Wachtposten, schwang sich bei unserem Näherkommen mit heftigen Flügelschlägen in die Luft, und über einer Lichtung hinter der rötlichen Lehmböschung blitzte etwas hell, das Mary Delden für einen malachitgrünen Eisvogel hielt. Auf den Sandbänken gewahrten wir zahllose Vogelspuren. Es war heiß, drückend schwül. Und es war sehr still, nur das sanfte Gruu der Tauben und der beharrliche, blubbernde Ruf eines Spornkuckucks erklangen. »Der Wasserflaschenvogel«, sagte sie. In diesem Augenblick trat ein Mann aus dem Dickicht, der nichts als Khaki-Shorts trug. Sein Körper glänzte schwarz, das Gesicht unter der graphitgrauen Haarkappe war alt und verwittert. Er hatte sein Gewehr auf mich gerichtet und sprach in Suaheli mit dem Mädchen.

»Er sagt, daß Tembo einen Kudu durch das Lugga verfolgt. Wann Tembo zurückkommt, weiß er nicht.« Sie sprach noch einige Worte mit dem Mann, dann nickte dieser lächelnd und verschwand wieder im Dickicht. Wir überquerten einen glatten Streifen goldenen Sandes. »Ich bin froh, daß der alte Halunke bei ihm ist. Er heißt Mukunga.«

»Ein Massai?« erkundigte ich mich. Ich wußte, das Gebiet hier war Massai-Land.

»Nein, nein. Er gehört zum Stamm der Kamba – der Wakamba. Er ist heute nacht angekommen, nach einem sechsunddreißigstündigen Treck.«

»Woher weiß er, daß Ihr Vater zurück ist?«

»Wie gesagt, Tembo schlug sich in die Ngong-Berge durch. Das alte Camp dort ist ein uraltes Wildererversteck, und die meisten seiner Boys waren ehemalige Wilddiebe. Er wußte, daß einige wieder ihrer alten Beschäftigung nachgingen. Die Kunde verbreitete sich unter ihnen, und jetzt hat er drei bei sich.«

»Ich dachte, er haßt Wilddiebe«, sagte ich.

»Um Himmels willen, was erwarten Sie denn?! Mukunga ist Jäger. Sie waren alle Jäger. Für den Kochtopf töten, zum Überleben, das ist etwas ganz anderes, als aus Gewinnsucht töten. Darüber haben sich er und Alex zerstritten. Und in Marsabit – nur ein einziger Mensch hat je versucht, in Marsabit Tiere abzuknallen...« Ihre Stimme war leise geworden, und ich vermeinte, sie seufzen zu hören. Sie ging vor mir her, die Augen auf dem Boden. »Tembo. So haben sie ihn getauft. Tembo und Ndovu, es ist dasselbe, beides heißt Elefant. Und es stimmt. Im Lauf der Zeit ist er immer mehr wie ein Flamp geworden. Manchmal frage ich mich...« Sie hielt inne, wandte halb den Kopf zu mir. »Vermutlich finden Sie es seltsam, daß ich ihn Tembo nenne, aber nach dem Tod meiner Mutter lebte ich meist in Camps, wo mich Männer wie Mukunga versorgten. Wenn die Leute den Vater ansprachen, nannten sie ihn Bwana Nkubwa, großer weißer Chef, aber untereinander nannten sie ihn immer nur Tembo. Ich habe es mir schließlich auch angewöhnt.« Sie lachte leise. »Ich glaube, wenn Sie ihn erst sehen werden...« Ein Krähenruf erklang. Sie hob den Kopf und beobachtete den Vogel, der sich auf einem abgestorbenen Baumast niederließ. »Wir müssen fast da sein.« Sie hatte den Schritt verlangsamt und suchte mit dem Blick die Böschung ab. »Er verlegt sein Camp jeden Tag, sicherheitshalber.« Ein stahlblauer Blitz schoß zwitschernd an uns vorbei. »Verdammte Stare«, sagte sie. »Ob es ein Camp ist, ein Kadaver oder sonst etwas, die Biester verraten es immer.« Sie stieg die Böschung hinauf, zwängte sich durchs Unterholz. Ich folgte ihr in einigem Abstand. Plötzlich preßte sich etwas Hartes in mein Kreuz, und eine

Stimme sagte auf Englisch: »Keine Bewegung.« Ich stand wie erstarrt, meine Haut kribbelte, Schweiß lief mir über den Rücken.
Sie kam zurück. »Das kann nur Mtome sein.« Sie lächelte, streckte die Hand aus. Der Gewehrlauf wurde von meinem Kreuz genommen. Ich drehte mich um und stand einem großen, hageren, tiefschwarzen Mann gegenüber. Seine Ohrläppchen hingen schlaff herab, sie wiesen Löcher für Schmuckstücke auf, die er nicht trug. Der Mann hatte ein verschwitztes Hemd und Khaki-Hosen an, die ein breiter lederner Munitionsgurt zusammenhielt. Er grinste schief vor Verlegenheit, entblößte dabei die Stummel zweier abgebrochener Schneidezähne, und eine tiefe Narbe auf seiner linken Wange legte sich in Falten. »Ist Tembo noch nicht zurück?« fragte Mary Delden.
»Nein, Missamari. Bald zurück.« Er schaute auf die billige Uhr an seinem Handgelenk. »Tembo eine Stunde fort. Sie wollen etwas?«
»Tee wäre wunderbar. Hast du Tee?«
Er nickte, lächelte jetzt breit. »Viel Tee, viel Zucker. Haben keine Milch. Tembo fortgegangen, einen Büffel melken.« Er kicherte über seinen Witz, während er sich vor uns durchs Unterholz drängte. Plötzlich befanden wir uns auf einer winzigen Lichtung, wo ein kleines Zelt stand und die verkohlten Überreste eines Feuers zu erkennen waren. In der Astgabel eines Baumes lagen zwei Gewehre, an den Zweigen hingen Fleischstücke zum Trocknen. Ein zwitschernder Star flog so nahe vorbei, daß man den weißen Streifen zwischen dem kastanienfarbenen Bauch und der blauen Kehle sah.
Mtome hockte sich vor die Feuerstelle und blies in die Asche, bis er die Glut wieder entfacht hatte. Wir beide streckten uns auf dem feuchten Boden aus. Das träge, einschläfernde Gruu der Tauben klang in der lastenden Schwüle fast wie von der

Tonspur eines Filmstreifens, und das ferne Rufen des Wasserflaschenvogels ließ mich Durstigen auf den rußgeschwärzten Topf blicken, den Mtome ins Feuer gestellt hatte. Er redete die ganze Zeit in einer schnellen, klickenden Sprache mit Mary Delden.

»Mtome erzählt, daß er am Rand des Rift Valleys für Soldaten gekocht hat und eine Streife vorbeigekommen ist. So hat er von Tembos Rückkehr erfahren.« Ihre Stimme war leise, als sie erklärend fortfuhr: »Es ist mindestens sechzehn Jahre her, daß sie den Burschen von einer Safari in den Norden zu uns ins Camp mitbrachten. Ein Büffel hätte ihn beinahe erledigt, im Samburu-Gebiet, knapp unterhalb des Mathews-Gebirges.« Sie fügte hinzu: »Er ist der beste Koch, den wir je hatten. Außerdem schießt er hervorragend.«

Ich erinnerte mich vom Kartenstudium ans Mathews-Gebirge. Es erstreckte sich neben der Straße, die über South Horr zum Rudolfsee führte. »Kennt er den See?« fragte ich.

»Natürlich. Er ist ein Turkana und dort oben geboren. Mit meinem Vater war er oft am Rudolfsee. Auch auf dem Kulal. Er kennt das ganze Gebiet.«

»Sie selber waren nie dort?«

»Nein. Ich war zu jung. Wir hatten bei der Oldowayschlucht ein ständiges Camp, und da ließ man mich immer zurück, wenn eine Safari lange dauerte. Später, als sich mein Vater auf das nördliche Grenzgebiet spezialisierte, verlegte er das Camp in die Nähe von Isiolo, unter den Lolokwe, aber da mußte ich nach Nairobi in die Schule.«

Ein seltsames Leben für ein Mädchen. Ich verglich ihre Erziehung mit meiner eigenen. Und jetzt lag ich am Rande eines ausgetrockneten Flußbetts neben ihr am Feuer, mehr als dreizehnhundert Meter über dem Meer und keine dreihundertzwanzig Kilometer vom Äquator entfernt. Beide warteten wir auf Cornelius van Delden. Für mich eine legendäre Gestalt, die von der Boulevardpresse nur »Jumbo« van Delden tituliert worden war. Ich fragte mich, wie er in Wirklichkeit sein mochte, dieser Mann, der einer untergegangenen Welt der Touristensafaris und Wildparks angehörte, der verletzte Elefanten gepflegt und mit ihnen in der Wildnis gelebt hatte, der jetzt gelassen ins Territorium dieses neuen schwarzen Regimes marschiert war und hier campte, ohne sich um die Sicherheitskräfte zu kümmern. Wäre nur Ken da gewesen. Nicht einmal eine Kamera hatte ich mit, um die Szene im Bild festzuhalten. Ich setzte mich auf, sah Mtome den Tee ins kochende Wasser werfen, dachte an das Drehbuch, daran, wie ich es schreiben würde, falls Cornelius van Delden tatsächlich auf der Konferenz erschien.

Mary Delden sprach wieder mit Mtome. »Ist das Turkana?« fragte ich sie nach einer Weile.

»Nein. Eine Mischung aus Samburu und Suaheli. Ich erkundigte mich nach der Narbe auf seiner Wange, sie ist hinzugekommen, seit ich ihn das letzte Mal sah. Er sagt, daß er Kameltreiber bei der Armee gewesen sei und in der Schlacht um Kitale einen Schuß abgekriegt habe.«

Viel mehr als sein Kriegserlebnis interessierte mich, daß er am Rudolfsee geboren war. »Fragen Sie ihn, ob er je einen Berg namens Porr bestiegen hat.« Ich erklärte ihr nun genauer, daß sich der Berg am Ostufer des Sees erhob und einer Pyramide glich.

Sie setzte sich ruckartig auf und schlang die Arme um die Knie. »Ja, natürlich, so wird er in Pieter van Deldens Buch beschrieben.« Mtome reichte ihr einen Zinnbecher, den sie aber rasch wegstellte. »Wollen Sie zum Rudolfsee, um den Porr zu besteigen?«

Ich zögerte. Doch es war wohl nicht mehr nötig, das Geheimnis zu hüten. Schließlich hatte sie mich hergebracht, damit ich ihren Vater sprechen konnte. »Allem Anschein nach hat es am

Rudolfsee auf dem Gipfel eines pyramidenförmigen Berges eine Art Stadt gegeben. Nicht das, was wir unter einer Stadt verstehen, sondern eher eine Ansammlung von Felsenwohnungen.« Mtome drückte mir einen Becher Tee in die Hand, der so heiß war, daß ich ihn beinahe hätte fallen lassen. »Pieter van Delden meinte, daß es sich um den Porr handelt. Aber er selbst ist nie auf den Gipfel gelangt.«
»Wie konnte er dann von den Felsenwohnungen wissen?«
»Durch die Tonscherben, die er fand: Zerbrochene Vasen, wohl eher Kochtöpfe, alle sehr primitiv. Ein Motiv, nämlich Felsbauten auf einer Pyramide, erschien sehr häufig auf den Scherben, die er zusammenfügte.«
»Das steht nicht in seinem Buch.«
»Nein.« Ich überlegte, wieviel ich ihr sagen sollte. Da fragte hinter mir eine Stimme: »Wer ist das, Mary?« Es war eine sanfte Stimme, sehr tief, die aber jetzt fast wie Donnerrollen klang. Ich wandte mich um und sah ihn reglos neben dem Baum mit den Gewehren in der Astgabel stehen. Er musterte mich aufmerksam, seine Augen unter den buschigen weißen Brauen wirkten blaß wie Mondstein.
»Ich bin Colin Tait«, sagte ich und rappelte mich auf.
Er erwiderte nichts, und ich schwieg ebenfalls. Ich war zu überrascht von der Größe und dem Aussehen dieses Mannes, von der eigenartigen Macht, die er ausstrahlte. Ich kannte die Fotos in seinem Elefantenbuch und hatte eine ungewöhnliche Gestalt erwartet. Aber keine der Aufnahmen zeigte ihn aus der Nähe, so daß ich nicht vorbereitet war auf dieses gewaltige Adlergesicht, das nur aus Nase zu bestehen schien und von einem Dickicht aus Bart und langem weißem Haar umrahmt wurde. Ich fühlte mich an eine illustrierte Bibel meiner Kindheit mit einem Bild Johannes des Täufers erinnert, wie er in der Wüste predigte.
»Colin hat dir geschrieben«, sagte seine Tochter.

Er neigte leicht den Kopf, ohne mich aus den Augen zu lassen. »Warum hast du ihn hergebracht? Ich habe dir ausdrücklich...«

»Er wollte mir nicht sagen, was er will, und da im Lodge nichts los ist...« Sie zuckte die Achseln. »Nach deinem Auftreten auf der Konferenz wäre ein Treffen schwerlich zu arrangieren gewesen.«

Seine Hand griff nach dem Bart, fingerte darin herum. »Die Konferenz hat also noch nicht begonnen?«

»Nein. Genau, wie du erwartet hast. Kimani ist aufgehalten worden.«

Er nickte. »Also wird er den Leuten keine Gelegenheit geben, die Serengeti zu besuchen. Schade, daß ich in Nairobi nicht mit Maina oder Ngugi reden konnte. Hätte ich mit ihnen oder im Rundfunk sprechen können...« Er strich seinen Bart und sah mich nachdenklich an. »Sie sind Fernsehmann, Mr. Tait. Das haben Sie doch in Ihrem Brief geschrieben. Bestimmt haben Sie Kameras mit.«

»Im Lodge, ja.«

»Wären Sie interessiert, statt der Eröffnung der Konferenz die Serengeti zu filmen?« Er zog seine Pfeife aus der Tasche seiner ausgebleichten Buschjacke, kam heran, setzte sich neben mich und stopfte die Pfeife aus einem Leopardenfellbeutel. »Da Sie schon einmal hier sind...«

Er sah mich prüfend an, der kalte Blick seiner blassen Augen war verwirrend.

Mtome füllte einen Becher aus dem rußgeschwärzten Topf. Was sollte ich antworten? Ich dachte an die Sicherheitskräfte, die ihn suchten, daran, wie einsam er sich fühlen mußte. Er nahm sich Zeit zum Stopfen der Pfeife. Seine Hände waren ungewöhnlich groß, kräftig und von dicken Adern durchzogen. Keine Sekunde ließ er mich aus den Augen. Schließlich sagte er: »Anscheinend traut Ihnen Mary, also muß ich es wohl auch. Doch um sicherzugehen, biete ich Ihnen die Chance zu Bildern, wie sie sonst niemand bekommt.« Er steckte die Pfeife in den Mund und lächelte mich an, aber das Lächeln erreichte seine Augen nicht. »Haben Sie den Mumm, diese Chance zu ergreifen, auch wenn Sie dabei erschossen werden können?«

»Vor eine solche Entscheidung bin ich noch nie gestellt worden.«

Er stieß ein Lachen aus, das mehr wie ein Bellen klang. »Wenigstens eine ehrliche Antwort.« Dann ergriff er den Becher, den Mtome ihm reichte, und trank den kochend heißen Tee in einem Zug. »Tut gut.« Er stellte den Becher ab und zündete seine Pfeife an, richtete die Augen dabei auf seine Tochter. »Ich bin etwa drei Kilometer durch das Lugga gegangen, dann ins offene Land hinaus. Ein mühsamer Marsch und drückend schwül.«

»Hast du den Kudu gefunden?« fragte sie.

»Den Kadaver, oder was davon übrig war. Die Schlinge, die ihn erdrosselt hat, hing noch an einem jungen Baum. Ich habe auch die Überreste eines Feuers gefunden; noch jemand versucht hier, aus dem Land zu leben. Hast du irgendwelche Lebenszeichen entdeckt?«

»Nur die Spuren eines Warzenschweins. Und Elefantenkot, etwa zwei Tage alt.«

Er nickte. »Dieser Elefant wird sterben. Er ist zum Untergang verurteilt, wie alle, die nicht rausgekommen sind. Aber die Warzenschweine haben Überlebensqualitäten. Die Giraffen auch, glaube ich. Habe heute zwei erwachsene und eine junge gesehen, bin aber nicht nahe genug rangekommen. Was in dem Gebiet hier an Wild noch lebt, weiß genau, daß es gejagt wird. Alles ist jetzt ungeheuer scheu. Hast du Mukunga getroffen?« Sie erzählte ihm, wie der Schwarze aus dem Dikkicht aufgetaucht war, und er nickte lächelnd: »Als Alex sein

Gemetzel veranstaltete, war Mukunga in unserem alten Camp am Oldoway. Daher weiß ich, was dort unten am Rande der Serengeti passierte. Es war kurz vor Beginn der letztjährigen Wanderung. Ist Alex schon da?«

»Nein. Karanja hat gesagt, daß er mit Kimani kommt.«

»Ich müßte mit dem Burschen reden.«

»Mit Karanja? Das würde nichts nützen.«

»Wahrscheinlich nicht. Er wird sich verändert haben, wie alle anderen auch. Er ist immer gern im Rampenlicht gestanden. Erinnerst du dich, wie er mit diesem Löwen kämpfte? Der närrische kleine Aufschneider.« Aus seiner Stimme sprach Zuneigung, die Worte klangen fast zärtlich. Er wandte sich an mich: »Ihnen tritt er jetzt als Public-relations-Mann gegenüber, aber während er bei mir war, mauserte er sich zu einem Schützen, der uns alle übertraf.« Er schüttelte den Kopf, und ich spürte seine Sehnsucht nach den einstigen Tagen. Dann sprach er wieder seine Tochter an: »Du hast also Alex noch nicht gesehen. Wenn du ihn siehst, frage ihn, was vor einem Jahr am Oldoway geschehen ist. Mukunga sagt, daß Alex dort mindestens fünfzigtausend Zebras und ebenso viele Wildebeests abgeschlachtet hat.«

»Es war Krieg, und er mußte die Armee ernähren.«

Van Delden nickte. »Und das Kühlhaus füllen, von dem ich dir erzählt habe. Wären die Ugander schlauer, dann hätten sie gewußt, daß es Krieg geben würde, sobald das große Kühlhaus stand. Wozu sonst hätte die Regierung einem Unternehmer das Geld für eine so riesige Anlage geliehen? Die Herden der Serengeti waren ab diesem Moment zum Untergang verurteilt. Nur so war das Kühlhaus zu füllen.« Er sah wieder mich an. »Dieses Morden fand erst vor acht Monaten ein Ende, also werden die Beweise noch vorhanden sein.«

»Das war doch die Armee. Nicht Alex. Mukunga hat es mir

gesagt.«

Er wischte ihren Kommentar mit einer fast ärgerlichen Handbewegung weg, dann beugte er sich vor, die blassen Augen auf mich gerichtet. »Interessiert Sie das? Ein Wild-Ossuarium, ein Beinhaus mit den Knochen von annähernd einer Viertelmillion Tiere?«

Ich nickte unsicher, denn mir war nicht ganz klar, was er von mir erwartete. »Aber ich habe den Auftrag, über die Konferenz zu berichten«, murmelte ich. »Und ich sehe auch nicht, wie ich dorthin gelangen soll.« Ich wußte nicht genau, wie weit es zur Serengeti war, doch bestimmt weiter als ein Tagesmarsch.

Er lächelte: »Deshalb habe ich gefragt, ob Sie den Mumm hätten.«

»Tembo, du mußt verrückt sein.« Seine Tochter neigte sich vor, das Kinn auf den Knien und ein Funkeln in den Augen. »Das einzige Transportmittel in diesem Gebiet...«

»Zweifellos wird man mich auf der Konferenz als erstes fragen, welche Beweise ich habe. Wie soll ich die Frage beantworten, wenn ich die Beweisstücke nicht mit eigenen Augen gesehen habe? Karanja könnte meine Aussagen ja bestätigen...«

»Warum sollte er?«

»Weil er ein Gefühl für Tiere hat. Aber er wird es wohl nicht tun, nicht jetzt, wo er den Fuß auf die Sprossen einer anderen Leiter gesetzt hat. Erinnerst du dich, wie gut er es mit den Elefantenkälbern verstand?« Mir erklärte er dazu: »In Marsabit kümmerte sich Karanja um meine Elefanten, und Elefantenkälber sind schwer aufzuziehen. Natürlich nicht so schwer wie Nashörner. Einmal waren wir im Tal von South Horr...«

Sie lachte, tippte ihn leicht auf den Arm.: »Du wendest einen deiner alten Tricks an – Themawechsel. Ich will wissen, wo-

her du einen Lastwagen kriegst.«
»Und ich will herauskriegen, ob dieser junge Mann Informationen über den Rudolfsee hat, die ich nicht kenne. Laß es jetzt gut sein, Mary.«
Er fragte mich: »Ihnen ist klar, daß niemand das Gebiet besser kennt als ich?«
»Das ist mir klar.«
Er nickte, runzelte die Stirn und sog an seiner Pfeife. »Ich dachte, ich sei überall gewesen, wo mein Vater war.« Seine Augen erfaßten mich wieder. »In Ihrem Brief ließen Sie durchblicken, daß die Sache mit seinem Buch zusammenhängt. Haben Sie die *Reis deur Chalbi na die Rudolfmeer* gelesen?«
»Nicht im Original, nur in der Übersetzung.« Ich erzählte ihm von dem Verlag Southly Tait und wie das Manuskript in meine Hände gelangt war. »Wahrscheinlich belastete es das Gewissen meines Onkels, daß er mit dem Buch nichts getan hatte. Er hatte es in einem Stapel vergessener Manuskripte gefunden, als er nach dem Tod meiner Eltern den Verlag übernahm. Wie er mir erzählte, behielt er es wegen der Karte, wegen der handschriftlichen Einfügungen und Fußnoten und wegen der handgeschriebenen Bogen, die in Passepartouts lose eingelegt waren.«
»Ist es die Handschrift meines Vaters?«
»Ich nehme an. Allerdings war alles in Afrikaans. Ich habe die Übersetzung durchgesehen. Die eingelegten losen Blätter sind übersetzt, die Fußnoten ebenfalls, deshalb vermute ich, daß der englische Text auch die handschriftlichen Einfügungen aus dem Buch enthält.«
»Haben Sie ihn dabei?«
»Ja, auch die Karte. Kopien natürlich.«
»Ich hatte immer das Gefühl gehabt, daß dem Buch eine Karte fehlt. Aber vermutlich hatte es damals in Pietermaritzburg

keinen Graphiker oder keine Möglichkeit gegeben, ein Klischee zu machen. Ist seine Route eingezeichnet?« Ich beschrieb ihm die Karte, so gut ich konnte, worauf er kurz angebunden sagte: »Es steht alles im Text. Wenn man das Land kennt, kann man der Route meines Vaters auch ohne Karte folgen.«

»Aber nicht zu den Felszeichnungen«, erwiderte ich. »Und nicht zu den Fundstellen der Tonscherben.«

»Felszeichnungen?« Er starrte mich an. »In dem Buch steht nichts über Felszeichnungen oder Tonscherben.« Er nahm die Pfeife aus dem Mund, betrachtete sie kurz, steckte sie wieder zwischen die Zähne und schüttelte bedächtig den Kopf. »Das ist nicht mein Ressort, tut mir leid. Außerdem ist jetzt kaum der rechte Moment...«

»Aber die Felszeichnungen«, sagte seine Tochter. »Eine alte Kultur, vielleicht die älteste.« Sie berichtete ihm, was ich ihr über das Motiv auf den zusammengesetzten Scherben gesagt hatte.

Er nickte geistesabwesend. »Ich habe davon gehört. Leakey war es, glaube ich. Der junge Richard Leakey – eine seiner Theorien. Und viel früher hat schon einmal eine Expedition stattgefunden, Mitte des neunzehnten Jahrhunderts – vor Teleki.« Zu mir gewandt, fuhr er fort: »Dort oben ist alles möglich, aber Sie müssen einsehen, daß ich andere Dinge im Kopf habe.« Er war kein Archäologe. Eine alte Stadtsiedlung bedeutete ihm wenig im Vergleich zur Abschlachtung der Wildebeest-Herden in der Serengeti oder auch zu der Schlinge, die vom Tod eines einzigen Kudus kündete.

»Den Porr kenne ich natürlich«, sagte er langsam, als wolle er meine Enttäuschung lindern. »Von Loiengalani und den Elmolo-Inseln aus erhebt er sich auf dem flachen Ostufer wie eine Pyramide in der Wüste. Und wenn der Wind zuläßt, daß man auf die Südinsel übersetzt, ist die Ähnlichkeit mit einer

ägyptischen Pyramide noch ausgeprägter. Natürlich ist er viel höher – er hat mehr als tausend Meter. Ich glaube, das Licht spielt einem hier Possen, denn erst ganz aus der Nähe kann man wirklich abschätzen, wie hoch er ist.«
»Haben Sie ihn bestiegen?«
Er schüttelte den Kopf. »Nein. Ich bin um ihn herumgetreckt, auf der Seeseite und auf der Inlandsroute. Aber es kann kein Leben geben auf dieser Masse verwitterter roter Felsen. Irgend jemand hat den Porr als eines der baufälligsten Naturdenkmäler beschrieben, als einen einstmals festen Berg, der in Stücke zerbrach. Hillaby war es, glaube ich.« Er reichte Mtome seinen leeren Becher zum Nachfüllen und sagte: »Ich finde es seltsam, daß mein Vater diese Informationen erst in das Buch eingefügt haben soll, als er eine Veröffentlichung in englischer Sprache anstrebte. Gibt es keinen Brief, der das erklärt?«
»Ich vermute, daß es ursprünglich einen gab«, antwortete ich, »doch ich habe nur das Original, die Karte und die Übersetzung bekommen. Ich machte mich zwar auf die Suche nach dem Brief, aber in dem Souterrainbüro lag ein solcher Wust verstaubten Blödsinns...«
»Sehr seltsam«, murmelte er. »Mein Vater war Afrikaander und ausgesprochen antibritisch. Er hat nach der Bibel und von seinem Gewehr gelebt, ist ein großer Jäger gewesen und höllisch bigottisch obendrein. Schwer zu glauben, daß er eine englische Veröffentlichung überhaupt wünschte und Details einfügte, die er im afrikaansschen Original nicht preisgab.«
»Hat er nie mit Ihnen darüber gesprochen?«
Er schüttelte den Kopf. »Ich kann mich nicht erinnern. Aber er ist ja schon vor meinem achtzehnten Geburtstag gestorben. Er hat Malaria gehabt und ist von einem Elefanten, den er nicht mit dem ersten Schuß erledigte, schwer verletzt worden.« Er sah mich an. »Sie sagen, die Einfügungen sind hand-

geschrieben und in Afrikaans? Und das Original, nach dem die Übersetzung gemacht worden ist, befindet sich in Ihrem Besitz? Ich möchte es gern einmal sehen. Wirkt die Schrift irgendwie feminin?« Als ich ihm sagte, sie sei groß und winkelig, nickte er. »Vermutlich die Schrift meiner Mutter. Er hat ihr nicht viel zum Leben hinterlassen, und sie hätte sich an einer englischen Ausgabe nicht gestoßen. Sie war halb deutsch, halb belgisch.« Er lächelte. »Wie Sie sehen, bin ich ein rechter Mischling.« Danach schwieg er und trank seinen Tee, tief in Gedanken versunken.
Mary fragte mich nach der Karte: »Ist die Schrift dieselbe wie in den Anmerkungen?«
Die Frage konnte ich nicht beantworten, denn die Kartenbeschriftung war ganz in Versalien gehalten.
»Und die Übersetzung, wann ist die gemacht worden – zu Lebzeiten Ihres Vaters?«
»Nein. Viel später. Mein Onkel hat sie 1971 in Auftrag gegeben. Erinnern Sie sich an Richard Leakeys Schädelfund unweit der äthiopischen Grenze? Nach diesem Schädel wäre der Ursprung des Menschen etwa eineinhalb Millionen Jahre früher zu datieren als nach den Funden seiner Eltern in der Oldowayschlucht. Es war ein sehr umstrittener Fund, der viel Wirbel machte, und Leakey stellte eine Reihe Theorien auf. Darunter jene vom Rudolfsee als der Wiege der Zivilisation. Laut Leakey wurden die ersten Tongeschirre dort hergestellt, nicht am Nil. Tatsächlich verlangte er, man müsse die Nil-Keramik in rudolfisch umbenennen.« Ich wandte mich an Cornelius van Delden: »Leakey hat bei seinen Grabungen am Rudolfsee auch Scherben gefunden und sie – provisorisch – früher datiert als die Nilfunde. Dies hat meinen Onkel bewogen, das Buch übersetzen zu lassen.«
»Aber es kam nicht heraus – warum?«
»Ich bin auf Korrespondenz gestoßen, die sich darauf bezieht.

Offenbar dauerte es fast zwei Jahre, bis der englische Übersetzer das Manuskript endlich lieferte. Vermutlich war das Honorar so niedrig, daß ihn die Arbeit nicht sehr interessierte.«

»Es ist also nie erschienen.«

»Nein.«

»Wohl besser so.« Er sagte es derart leise, daß ich nicht wußte, ob ich es überhaupt hatte hören sollen. Rasch fügte er hinzu: »Ohnehin keine Chance jetzt, daß jemand sich ansieht, was er dort gefunden hat. Das ganze Gebiet ist geschlossen.« Er stellte seinen Becher ab und schaute auf die Uhr. »Zeit, daß Sie gehen, wenn Sie zum Lunch zurück sein wollen. Wir können Sie nicht verköstigen. Ein Warzenschwein ist alles, was ich bisher erlegt habe.« Er wies auf die Fleischstreifen, die im Rauch hingen. Buschschwein und Posho – das ist Maismehl –, keine sehr verlockende Kost.« Er lächelte und stand auf. »Das Buch müssen wir wohl zurückstellen, bis das hier vorbei ist und wieder normale Zustände herrschen...« Erneut dieses rauhe, bellende Lachen. Dann zuckte er die Achseln und sagte: »Schicken Sie es mir, wenn ich wieder auf La Digue bin. Oder besser noch, besuchen Sie mich. Es gibt dort zwar kein Wild, aber die Vögel sind interessant.«

Er ließ seinen Blick rasch um das Camp schweifen, nickte Mtome zu und geleitete uns zurück ins Lugga. »Und wegen heute nacht...« Während er mit uns die Sandbänke des vom Regen ausgewaschenen Flußbettes überquerte, erläuterte er uns, wo wir auf den Lastwagen warten sollten. Seine Tochter wollte noch immer wissen, wie er das Fahrzeug aufzutreiben gedachte, doch er meinte nur: »Das ist kein Problem. Schwieriger könnte die Rückgabe werden... Ich möchte etwa beim Morgengrauen am Lgaryasee sein.«

Er brachte uns bis zu der Stelle, wo Mary und ich am Herweg das Flußbett betreten hatten. Der Berg jenseits der Ebene war

gerade noch zu sehen, er schimmerte matt in der drückenden Hitze. »Denkt daran: Wenn man euch beim Verlassen des Lodges sieht oder wenn ihr von einem der Soldaten angerufen werdet, dann kommt nicht. Und ihr müßt euren Zimmerkollegen eine plausible Erklärung für eure Abwesenheit geben.« Er schaute zum Himmel: »Bringt vorsichtshalber Regenmäntel mit. Es wird bald wieder schütten.« Er tätschelte seiner Tochter die Schulter: »Geh kein Risiko ein, Toto.«
»Ndio, Tembo.« Sie lachte. Vor Aufregung, so jedenfalls schien mir.
Er machte kehrt, winkte kurz mit der Hand. »Also, morgen früh zwei Uhr.« Dann schritt er lässig in Richtung Camp davon, blickte hierhin und dorthin, aufmerksam und wachsam. Zurück schaute er nicht.
Wir setzten uns in Marsch, und ich sagte: »Er ist wie ein Löwe im Käfig. Er sieht sogar wie ein Löwe aus.«
Sie schüttelte lächelnd den Kopf: »Nein, nicht wie ein Löwe. Wie ein Elefant. Wenn Sie ihn erst besser kennen, werden Sie feststellen, daß er sich auch wie ein Elefant benimmt. Er vergißt nie, verzeiht nie, und nichts hält ihn je auf.« Nach einer Pause fuhr sie fort: »Er ist ein großer Mann, in jeder Hinsicht, und er ist anstrengend. Deshalb sorge ich dafür, daß tunlichst ein ganzer Ozean zwischen uns liegt.«

2

Der Regen setzte kurz nach dem Lunch erneut ein, es goß, als habe jemand einen Wasserhahn aufgedreht. Etwa eine Stunde später kam Wind auf, und der Hahn tröpfelte nur noch. Plötzlich schien wieder die Sonne, und alles dampfte in der Hitze. Ich lag in meiner Koje, konnte aber nicht schlafen. Die Stimmen draußen verschmolzen zu einem steten Gemurmel, Delegierte unterhielten sich und argumentierten, gingen offenbar von Gruppe zu Gruppe, um alte Bekanntschaften zu erneuern und neue zu knüpfen. Ken sagte, so sei es den ganzen Vormittag gewesen, niemand habe sich daran gestoßen, daß die Konferenz noch nicht begonnen hatte. Ich richtete mich auf und konnte sie jetzt draußen in der hellen Sonne sehen, wie sie endlos redeten, Delegierte und auch Journalisten, die zusammenhockten oder von den international bekannten Persönlichkeiten Statements zu erhalten versuchten.
Kurz nach vier flog eine kleine Maschine tief über das Lodge, und eine halbe Stunde später konnten die Presseleute den Minister mit dem Konferenzleiter, Sir Edmund Willoughby-Blair, fotografieren. Kimani wirkte neben dem hochgewachsenen blonden Konferenzleiter ziemlich klein, aber was ihm an Größe fehlte, machte er durch Energie wett. Seine Bewegungen waren rasch und voll Vitalität, sein breites Gesicht wirkte lebendig, und er lächelte liebenswürdig.
Über dieser Empfangsszene verschwand die Sonne, ausgelöscht von schwarzen Wolken. Ein Gewitter brach los und tobte eine Stunde oder länger. Als der Regen endlich aufhörte, war es dunkel. Wir platschten durch den Schlamm zum

Abendessen. Es gab Schmorfleisch aus der Büchse, Reis und zerkochtes Gemüse, Tee aus einer Teemaschine, und an jedem Platz stand eine Dose Bier. Soldaten trugen das Geschirr ab, ihre Gesichter glänzten schwarz im Licht der nackten Glühbirnen. Ich beobachtete Mary Delden, die sich ein paar Tische weiter angeregt mit einer Gruppe Männer unterhielt. Keinerlei Anzeichen nervöser Spannung in diesem starken, braunen Adlergesicht, und sie schaute kein einziges Mal in meine Richtung.

Plötzlich rief an einem Tisch bei der Veranda ein Franzose: »Regardez! Un éléphant!« Der Speisesaal stürmte los, alles drängte hinaus in die Nacht. Die Scheinwerfer brannten noch nicht, aber überm Horizont stand der Halbmond, und Sterne schienen durch die zerrissenen Wolken. Einen Moment lang sahen alle jenseits der Wasserstelle einen reglosen grauen Koloß. Ein Wolkenschatten verschlang ihn, und als der Mond wieder hervorkam, war der Elefant verschwunden. Karanja befahl, die Scheinwerfer einzuschalten, aber zu spät. Rechts neben mir rief ein großer Amerikaner mit Bostoner Akzent aufgeregt: »Ein Elefant. Ich habe ihn mit eigenen Augen gesehen.« Dann wandte er sich an seine Nachbarn: »Das beweist doch, was ich behaupte. Die Dinge stehen nicht so schlecht, wie dieser Bursche Winthrop uns glauben machen möchte.«

»Quatsch«, erklärte jemand. Gelächter erklang. Alle waren nun fröhlicher, nachdem sie endlich etwas gesehen hatten.

Eine Hand legte sich auf meinen Arm, ich wandte mich um. Es war Mary Delden. »Um halb eins«, sagte sie. »Okay? Nehmen Sie eine handliche Kamera mit, nichts Schweres.«

Ich nickte, und sie ging weiter zu ihrem Zimmer.

Den Rest des Abends verbrachte ich auf der Veranda, döste auf unserem einzigen Stuhl vor mich hin, die Beaulieu-Reporterkamera in ihrer Tasche neben mir. Es war nicht schwer gewesen, Ken zu überzeugen, daß wir uns trennen mußten, wenn wir die ausgefallene Serengeti-Exkursion wettmachen wollten. Er sollte die Eröffnung der Konferenz mit der Bolex Electric H6 filmen, während ich versuchen würde, unter der kundigen Führung von jemandem, der das Land kannte, Dämmerungsaufnahmen zu schießen. Ich glaube, er wußte, daß es sich bei diesem Jemand um Mary Delden handelte, aber es war nicht seine Art, Fragen zu stellen.

Die Scheinwerfer wurden um neun ausgeschaltet, und eine halbe Stunde später zog im Lodge Ruhe ein. Nur einzelne Lampen schimmerten noch in die Dunkelheit, den Mond verdeckten Wolken, kein Wind wehte, tiefe Stille herrschte. Ich mußte eingeschlafen sein, denn als nächstes wußte ich erst wieder, daß Mary Delden neben mir stand und flüsterte: »Es ist Zeit. Sind Sie fertig?« Sie hatte eine Retina um die Schulter hängen und einen Regenmantel darüber drapiert. Die Taschen ihrer Buschjacke waren prall von Filmen.

Ich nickte, stand auf, ergriff die Beaulieu und meinen Regenmantel. Mary bewegte sich bereits lautlos durch das zertrampelte Gras, ein dunkler Schatten, der dem Teich zustrebte. Ich hielt mich möglichst dicht hinter ihr, tastete mich durch die Finsternis und dachte an den Elefanten. Wo Elefanten waren, konnte es auch andere wilde Tiere geben – Nashörner und Löwen. Kamen Sie nicht um diese Zeit zu den Wasserstellen?

Ein Zweig knackte unter meinem Fuß. Sie streckte die Hand nach hinten und faßte mich am Arm. »Leise jetzt«, flüsterte sie. »An der Straße eineinhalb Kilometer südlich des Lodges ist eine Patrouille stationiert.« Sie ging weiter, ohne meinen Arm loszulassen.

Noch immer verhüllten Wolken den Mond, er war nur als schwacher Schimmerball zu sehen. Wir ließen die Wasserstelle links liegen und gelangten in relativ freies Land. Der

Boden war fest, aus dem harten Kies sproß nur hier und da steifes, etwa kniehohes Gestrüpp. Bäume ragten in den Himmel, dunkle Schatten, die zu leben schienen.
»Was glauben Sie, wie er einen Armeelaster an sich bringt?« fragte ich flüsternd.
»Ich weiß es nicht.«
»Warum hat er es Ihnen nicht gesagt, als Sie ihn heute früh danach fragten?«
»Weil ich ein weibliches Wesen bin. Von Emanzipation hat er noch nie was gehört.«
»Er hätte es Ihnen sagen müssen. Sie haben ein Recht zu wissen, worauf Sie sich einlassen.«
»Er traut Frauen nicht.« Eine emotionslose Feststellung. Aber als sie fortfuhr, hatte ihre Stimme dennoch einen bitteren Unterton: »Wir standen uns nie sehr nahe, und er sagt sowieso zu keinem, was er vorhat. Er ist ein Mensch, der handelt, als sei außer ihm niemand auf der Welt...« Sie blieb unvermittelt stehen, wie erstarrt, ihre Hand umklammerte meinen Arm. An mir vorbei blickte sie auf den dunklen Schatten eines Baumes, der plötzlich zu zwei Schatten wurde, von denen sich einer bewegte. Oder täuschte das Licht?
Sie ging rasch weiter, hielt erneut inne, als Holz auf Holz schlug und ein dünnes Quietschen ertönte, das ein Angst- oder Schmerzensruf sein konnte, oder auch der Schrei eines Nachtvogels. Es wiederholte sich nicht. Statt dessen hörten wir ein scharrendes Geräusch, als werde etwas Schweres über den Boden gezogen.
»Er hätte ihn von seiner Qual erlösen sollen.« Sie verharrte reglos, schaute dem verklingenden Geräusch nach. »Er wußte doch, was sie tun würden.«
»Was war das?« fragte ich.
»Ein Elefant. Der von heute abend.« Der Mond befreite sich aus den Wolken, und ich konnte ihr Gesicht sehen. Es war

angespannt und zornig. »Diese Hunde!« murmelte sie. Danach schwieg sie, bis wir – immer noch in hellem Mondlicht – eine Anhöhe erreichten und die Straße unten im Lugga sahen. Nichts regte sich, die Ebene lag in dunkler Leere da, umsäumt von Felsauswüchsen. Mary suchte mit dem Blick die Straße ab. »Ich glaube, die Patrouille haben wir geschafft. Karanja hat gesagt, daß sie auf dem Hang sei, der zum Lugga hinunterführt.«

Wir machten uns an den Abstieg. Auf halbem Weg kicherte links von uns etwas. Eine Art Miauen erklang, dann ein leiser Schrei. Ich meinte, es sei ein Nachtvogel, aber sie hatte den Schritt beschleunigt. »Die wissen es«, sagte sie, »immer wissen sie es.« Die Schreie verklangen in der Ferne, verloren sich hinter einem Felsen. »Ich mag Hyänen nicht«, murmelte sie, blickte mit leicht geneigtem Kopf zu den schwarzen Baumschatten, bei denen die Straße das Lugga durchquerte, und horchte. Aber es war nichts mehr zu vernehmen, und nichts rührte sich. Von Westen zogen schwarze Wolken auf, verdunkelten die ganze Ebene, im nächsten Augenblick war der Mond verschwunden, und Finsternis hüllte uns ein. Es begann zu regnen, als wir die Straße erreichten und ins Flußbett stiegen. Dort fanden wir einen umgestürzten Baum, auf den wir uns setzten. Nun hieß es warten.

»Noch eine halbe Stunde«, sagte ich nach einem Blick auf meine Uhr.

»Er wird vor der vereinbarten Zeit kommen. Das tut er immer.«

Eine leichte Brise wehte, doch abgesehen vom Rascheln der Blätter und dem leisen Trommeln des Regens herrschte Stille. Ich konnte gerade noch die Konturen von Marys Gesicht und hinter ihr die blasse Linie der Straße ausmachen, die zum Horizont anstieg. Mary saß reglos da, nicht angespannt, aber wachsam, und ich spürte ihre unterschwellige Erregung. Wir

waren allein im afrikanischen Busch, nur wir beide, wir warteten, und ich hatte einmal mehr Zeit zu überlegen, worauf ich mich da eingelassen hatte. Van Delden war persona non grata, praktisch auf der Flucht, und stahl nun einen Armeelaster... »Wie weit ist es zu dem See, von dem er sprach?« Meine Stimme klang überlaut in der Stille.
»Zum Lgaryasee? Drei oder vier Stunden. Ich weiß es nicht genau.«
»Und wie lange werden wir dort bleiben?«
»Lange genug, damit Sie Ihre Bilder kriegen.«
Daran hatte ich nicht gedacht. Als ich sie fragte, was nach ihrer Meinung bei unserer Rückkehr passieren würde, gab sie keine Antwort. Die Stille war bedrückend. Nichts in meinem bisherigen Leben hatte mich auf das hier vorbereitet. Und dieses Mädchen saß da, abwesend und äußerlich ruhig, als seien wir auf einer ganz normalen Safari. »Und die Gewehre?« fragte ich. »Woher hat er sie?«
»Keine Ahnung.«
»Er kann sie doch nicht von den Seychellen mitgebracht haben.«
»Seien Sie bitte ruhig und horchen Sie.«
Erneut Stille. Mein Drang zu sprechen war so stark, daß ich sehr an mich halten mußte. Ich spürte mein Herz schlagen. Ich hatte Angst und wußte nicht, wie ich sie vor Mary verbergen sollte. Etwas schoß an meinem Gesicht vorbei. »Schon gut«, sagte sie, »nur eine Fledermaus.« Erst da merkte ich, daß ich aufgesprungen war. »Sie fahren doch Auto, oder?« Ihre Stimme klang leicht amüsiert. »Wenn Sie chauffieren, gleichen Sie dem Zebra, das neben Löwen grast, die gerade Beute gemacht haben. Sie verschließen nämlich die Augen vor Unfällen und gestehen sich nicht ein, daß auch Sie umkommen könnten. Hören Sie also auf, sich zu sorgen. Sie sind weit sicherer hier in dem Regen als auf einer Autobahn. Es ist ohne-

hin nicht mehr viel übrig, vor dem man Angst haben müßte.« Sie wandte den Kopf, sah mich an: »Ist Ihnen klar, was er tun will?«

»Ich denke, schon.«

»Hm, ich möchte es bezweifeln.« Nach einer Weile fragte sie: »Haben Sie mit den Delegierten gesprochen?«

»Mit einigen.«

»Dann werden Sie bemerkt haben, daß sie in zwei Lager gespalten sind. Die Ostafrikanische Föderation hat die Leute absichtlich hierher eingeladen, denn der Zustand des Lodges, der Zustand des Kommissariats, einfach alles erinnert daran, daß hier in Ostafrika Krieg war. Der Regierung geht es mehr um die akuten praktischen Fragen als um die Auswirkungen ihres Tuns in der Zukunft. Wie alles übrige, so enthält auch die Wildfrage ein politisches Element. Wenn Tembo die Delegierten nicht aufrütteln und zu einer konzertierten Aktion zusammenbringen kann... Verstehen Sie mit der Kamera gut umzugehen?«

»Ich bin kein Profi wie Ken.«

Sie nickte. »Ich bin auch keiner, aber wenn unsere Bilder gut genug sind, um der Welt zu zeigen, was hier draußen geschieht...« Sie verstummte, lauschte wieder. Der Regen hatte fast aufgehört, der Wind war stärker geworden, und die Blätter raschelten lauter. »Allein schon die Gefahr einer weltweiten Reaktion könnte ein paar Delegierte zur Änderung ihrer Einstellung bewegen. Andernfalls aber fürchte ich, daß man dieses Konservierungs-Versuchsprojekt verwirklicht. Sie kennen Alex Kirby-Smith nicht.«

»Er soll noch gar nicht hier sein.«

»Er ist mit dem Minister gekommen. Mit den Delegierten, auf die Kimani und er bauen können, hat er bereits gesprochen. Heute wird er insgeheim versuchen, zusätzlich noch einige andere zu überzeugen.« Nach kurzer Pause fuhr sie fort: »Er

hatte immer schon eine ganz andere Einstellung zu Tieren als Tembo. Sogar als Kind spürte ich das. Er ist ein Geschäftsmann. Die Tiere sieht er wie ein Holzfäller den Wald. Für ihn sind sie Naturschätze, die man ›erntet‹.«
»Sie kennen ihn offenbar gut?«
Mary lachte rauh. »Natürlich kenne ich ihn gut. Er und Tembo waren Partner, sie betrieben zusammen ein Safari-Unternehmen. Damals waren beide Jäger, sie hatten mit Lizenz gearbeitet und Quoten erfüllt. Für Tembo war das eine befriedigende Lebensweise, weil sie ihm einen engen Kontakt mit dem Land und den Tieren ermöglichte. Nur darum ging es ihm. Bei Onkel Alex – ich nannte ihn damals Onkel...« Wieder lachte sie, ein nervöses Lachen, das fast wie das Kichern eines Backfischs klang. »Bei Onkel Alex war es anders. Er betrachtete das Ganze als Geschäft und begann eine Organisation aufzubauen. Er betrieb wissenschaftliche Forschungen für die Regierung, gab Empfehlungen, wieviele Löwen, Elefanten und andere Tiere ausgelesen werden sollten. Dann kam er mit Kühlwagen an, gleich mehreren. Er besaß sämtliche notwendigen Einrichtungen, so daß die ausgelesenen Tiere restlos verwertet werden konnten, selbst die Häute und die Knochen. Alles geschah sehr wissenschaftlich, und er war so verdammt überzeugend.«
»Und damals hat Ihr Vater sich von ihm getrennt?«
»Nein, schon früher. Als ich etwa neun war. Kurz nach dem Tod meiner Mutter. Ich erinnere mich, daß ich endlos weinte.«
»Sie mochten ihn also?«
»Ja. Viel lieber als – meinen Vater. Onkel Alex war ein großer Charmeur. Er ist es heute noch. Und für ein kleines Mädchen...« Sie seufzte. »Wissen Sie, Tembo ist alles andere als charmant. Er ist ein zäher, hartnäckiger, ungestümer Mensch und absolut kompromißlos.«

»Und am Donnerstag wird er Kirby-Smith gegenübertreten...«
»Still!«
Zunächst hörte ich nichts. Dann vernahm ich durch den Wind in den Bäumen ganz schwach das Brummen eines Motors. Der Horizont bekam oben bei der Straße einen Lichtrand, und gleich darauf erschienen die Scheinwerfer eines Lastwagens über der Kippe. Wir traten auf die Straße, das Licht machte uns fast blind, bis es abgeblendet wurde. Der Wagen bremste und hielt genau neben uns. Im Fahrerhaus saßen zwei Schwarze. Der Afrikaner am Lenkrad starrte uns finster an. Ich erkannte ihn erst nicht, denn sein Gesicht unter der dunklen Haut war aschgrau, Schweiß stand ihm auf der Stirn, und das Weiß seiner Augen funkelte wild. Es war Karanja.
Ich glaubte, er hole uns ins Lodge zurück, weil irgend etwas schiefgegangen war. Dann erkannte ich in dem anderen Afrikaner Mukunga, der sein Gewehr in den Händen hielt.
Von der Pritsche des Lastwagens kam eine Stimme: »In Ordnung, Karanja. Du kannst jetzt nach hinten umsteigen«, und Cornelius van Delden kletterte über die Bordwand.
Mary wollte wissen: »Mit der Patrouille hattet ihr keine Schwierigkeiten?«
Er stieß sein bellendes Lachen aus. »Es war gar keine da. Der Regen – ich hatte es mir schon gedacht. Aber sicherheitshalber habe ich Karanja fahren lassen.« Er wandte sich an mich: »Sie steigen hinten auf. Mukunga!«
»Ndio, Bwana?«
»Du gehst mit Karanja nach hinten. Behalte ihn im Auge.«
Karanja war ausgestiegen und stand zögernd neben mir auf der Straße. Die Smartheit, die er uns im Lodge vorgespielt hatte, war ihm gründlich vergangen. »Mr. van Delden!« Seine Stimme klang hoch und nervös. »Ich halte es für besser, wenn ich jetzt zurückgehe. Sie sind vor den Soldaten sicher,

und...«

»Du hast mich immer Tembo genannt, weißt du noch?«

»Ja, Tembo. Aber man wird mich vermissen. Und wie soll ich dem Minister erklären...«

»Natürlich wird man dich vermissen«, erwiderte van Delden scharf. »Was glaubst du, warum ich dich mitgenommen habe?« Er legte dem Mann die Hand auf die Schulter. »Du hast etwa zehn Stunden Zeit, dir eine gute Entschuldigung dafür auszudenken, daß du mit dem Lastwagen weggefahren bist. Außerdem will ich, daß du siehst, was deine Leute in der Serengeti angestellt haben. Du hast es früher doch so gut mit Tieren verstanden! Denk an Lucy, die kleine Toto, die du Labda getauft hast, weil du nicht sicher warst, ob sie am Leben bleiben würde. Müßte jetzt eine große Elefantenkuh sein, aber wahrscheinlich wird eine Kugel ihr den Garaus gemacht haben. Das heißt, wenn sie Glück hatte. Steig auf, damit wir fahren können.«

Einen Moment lang dachte ich, Karanja würde davonstürmen. Ich stand unmittelbar neben ihm und merkte am Weiß seiner Augen, daß er wild um sich blickte. Er atmete rasch und war ohne Zweifel einer Panik nahe. Auch Mukunga spürte es und legte den Sicherheitshebel seines Gewehrs um. Doch van Delden hatte immer noch die Hand auf Karanjas Schulter. »Komm, mach das Beste draus.« Er sprach ruhig, als wolle er ein Tier besänftigen, und irgendwie schien er zum Herzen des Schwarzen durchzudringen. Karanjas Spannung ließ nach, sein Körper sackte zusammen. »Okay, Tembo.« Er drehte sich um und stieg gehorsam auf den Lastwagen.

»Geben Sie mir Ihre Kamera«, sagte van Delden zu mir. »Es wird eine holperige Fahrt werden.«

Ich wußte nicht, wie es vorne war, aber hinten holperte es wahrlich. Van Delden steuerte den Laster langsam durch das Lugga. Nachdem wir die jenseitige Böschung erklommen hatten, gab er Gas. Der Laster war offen und leer, auf der Pritsche lag lediglich eine ölverschmierte, tropfnasse alte Plane. Wir versuchten sie zu einem Kissen zusammenzufalten, an das wir uns lehnen konnten. Das machte die Fahrt einigermaßen erträglich, solange wir uns auf Schotter befanden. Doch die Straße wurde immer schlechter, je weiter wir nach Süden kamen, besonders als wir ins ehemalige Tansania gelangten. Hier hatten im Vorjahr schwere Kämpfe stattgefunden. Die Straße war an vielen Stellen weich und furchtbar ausgefahren. Der Lkw, auf dessen Hinterrädern kein Gewicht lastete, schlingerte wild. Uns blieb nichts anderes übrig, als aufzustehen und uns an den Haltebügel überm Fahrerhaus zu klammern. Das hatte immerhin den Vorteil, daß ich auf die Fahrbahn sah und mich anstemmen konnte, wenn wir über eine schadhafte Stelle sprangen. Aber es strapazierte die Beine, und meine Augen tränten.

»Ich einmal hier gewesen«, rief Mukunga mir zu. »Sehr schlecht. Viele Lastwagen und viel Staub.«

»Mit Major Kirby-Smith?«

»Nein. Das sein Mtome. Ich bei Askari, jagen.«

»In der Armee?«

»Ndio.« Er nickte. »Sehr schlecht.«

»Was habt ihr gejagt, Büffel?«

»Hapana.« Er schüttelte seinen ergrauten Kopf und grinste, daß seine weißen Zähne blitzten. »Nein. Ich jagen Menschen. Ich Spuren suchen, Askari schießen.«

Ich sah Karanja an, der an meiner anderen Seite stand. Kein Wunder, daß er sich gegen eine Flucht entschieden hatte. Ich fragte ihn: »Und was haben Sie im Krieg gemacht?«

»Dasselbe wie jetzt, Public relations.« Er sagte es so leise, daß Mukunga ihn nicht hören konnte, und ich wußte, er schämte sich.

Dann begann es erneut zu regnen. Wir sprachen nicht mehr.

Die Fahrt wurde noch rauher, und wir hatten Mühe, uns festzuhalten. Einmal ging van Delden vom Gas, streckte den Kopf zum zerbrochenen Fenster heraus und rief nach hinten: »Alles in Ordnung bei Ihnen, Tait?« Ich bejahte zähneknirschend und fragte, wie weit es noch sei. »Weiß ich nicht genau«, brüllte er, »fünfzig, vielleicht fünfundsechzig Kilometer. Wir biegen bald nach rechts auf eine kleinere Straße ab. Halten Sie sich dann lieber gut fest.« Er gab wieder Gas, die Scheinwerfer bohrten sich in die Nacht, erfaßten rote Felsauswüchse, große Lavagebilde. Dann durchquerten wir ein weiteres Lugga, das van Delden viel zu schnell nahm. Wir verloren alle drei den Halt, eine Achse knirschte bedenklich, und die Reifen krachten an die Kotflügel. Aus der Dunkelheit funkelten uns Augen an. Mukunga faßte mich am Arm und rief: »Fisi!« Ich sah kurz den grauen, häßlichen Körper einer Hyäne, die zur Seite sprang, als wir vorbeidonnerten. Dann waren wir auf einer Anhöhe, und der Wagen bremste scharf, weil vor uns ein Bombentrichter klaffte. Ich sah Wasser darin schimmern, als sich der Lastwagen unter wildem Geschaukel seinen Weg durch das niedrige Gestrüpp am Trichterrand bahnte.

Eine Zeitlang fuhren wir langsamer. Der Regen prasselte nieder, und ein Trichter folgte auf den anderen. Wir passierten einen ausgebrannten Spähwagen und mehrere zerschossene Armeelaster, dann hatten wir das Schlachtfeld hinter uns und machten wieder Tempo. Obwohl mir der Hut fast auf den Ohren saß, drang Regenwasser unter meinen Mantelkragen. Ich war naß bis auf die Haut und fror. Mukunga stand ungerührt neben mir, ihm schien das Wetter nichts auszumachen. Das triefende Khakihemd klebte an seinem muskulösen Körper, Wasser lief von seinem zähen, affenähnlichen Gesicht. Karanja dagegen zitterte vor Kälte, sein billiger grauer Anzug war aus der Fasson gegangen. Zähneklappernd sah er mich

und meinen Regenmantel an. Ich wußte, was er dachte. Plötzlich ließ er den Haltebügel los und machte einen Satz auf die Plane zu. Die Räder ruckten, drehten durch, und er knallte an die Bordwand, wo er einen Moment wie betäubt liegenblieb.
Mukunga trommelte aufs Dach des Fahrerhauses, wir wurden langsamer, und Mukunga rief etwas in Suaheli nach vorn. Gleich darauf bog der Laster mit einer scharfen Rechtswendung auf eine gerade noch auszumachende Fahrspur ein. Wasser glänzte in Schlaglöchern. Die Räder griffen kaum noch, als wir uns durch den Schlamm auf das versengte Gras neben der Spur zuquälten. Dann fuhren wir querfeldein, und immer wieder schlugen die Räder in unsichtbare Löcher. »Serengeti«, rief Mukunga mir zu. »Njia nzuri sasa – Straße jetzt gut.«
Ich schaute mich um und meinte einen Moment lang, Karanja sei hinausgefallen. Nichts war von ihm zu sehen, nur das Planenbündel lag an der Bordwand. Er hatte sich ganz hinein verkrochen und sich einen richtigen Kokon geschaffen. Felsauswüchse ragten vor uns auf wie Inseln in einem flachen See. Der erste Schimmer der Morgendämmerung beleuchtete die niedrig hängenden Wolken. Der Regen hörte auf, und die Sicht wurde besser. Wir umfuhren mehrere Felsauswüchse, die den Kopjes glichen, kleinen Hügeln im afrikanischen Veld, von denen ich einmal Bilder gesehen hatte. Mit zunehmender Helligkeit konnte ich immer mehr sehen; die Ebene, auf der wir uns befanden, schien endlos. Die Wolkendecke wurde dünner, gezackte Löcher rissen auf. Tief im Westen blinkte kurz der Morgenstern. Dann fing der Himmel Feuer, die Wolken gerieten in Brand und veränderten ständig ihre Form, so daß wir in einen Kessel brodelnder Lava zu fahren schienen. Sogar die Ebene war rot, das ungeschnittene nasse Gras spiegelte die vulkanischen Flammen des Sonnenauf-

gangs, und alles begann zu dampfen.
In diesem Augenblick stießen wir auf die ersten Knochen. Ein Feld von drei bis vier Hektar mit einem Gewirr sauber abgenagter Schädel, Brustkörbe und Schenkelknochen, die in der blutroten Morgendämmerung glühten. Ich trommelte aufs Fahrerhaus, van Delden ging vom Gas, lehnte sich aus dem Fenster und sagte, er erwarte beim See noch größere Knochenansammlungen. Doch als er wieder beschleunigen wollte, rief ich, daß ich jetzt filmen wolle, solange das Licht derart verblüffend, derart feurig war.
Er bremste, hielt neben einem Gerippe, und ich sprang vom Fahrzeug. Man gab mir meine Kamera. »Ich bin auf Farbe«, erklärte ich. »Bei dem Licht wird das phantastisch.« Ich war erregt, formulierte im Geiste bereits für das Drehbuch, denn mir ging allmählich auf, was sich aus der Sache machen ließ.
Ich bat van Delden, zurückzustoßen und auf mein Zeichen wieder zu dem Gerippe zu fahren, auszusteigen und sich darüber zu beugen. »Heben Sie einen Knochen auf«, sagte ich, »das hole ich dann mit dem Zoom heran.«
Er tat, wie ich vorgeschlagen hatte. Als ich ihn aus dem Laster steigen sah, hinter sich die in dunstiges Rosa getauchte Ebene, das markante Gesicht rötlich überhaucht und vom rot gefärbten Bart umrahmt, da wußte ich, daß bei diesen Bildern jeder Zuschauer elektrisiert aufmerken würde. Doch als er neben den Knochen stand, bückte er sich nicht, um einen aufzuheben, sondern wandte plötzlich der Kamera den Rücken zu und rief: »Karanja, komm her!«
Ich hätte fast den Finger vom Auslöser genommen, sagte mir aber, das Licht könne nie mehr so gut werden. Also ließ ich die Kamera laufen und betätigte den Zoom, als Karanja von der Pritsche kletterte und zu van Delden trat, der sich jetzt bückte, ein langes Schienbein aufhob und es dem Afrikaner

unter die Augen hielt.
Sodann ging ich in einem Bogen an die beiden heran, bis ich sie aus kürzestem Abstand aufnehmen konnte. Auch Mukunga war nun im Bild, das Gewehr auf der Schulter; man sah ihn in dem zunehmenden Licht ganz klar. Als ich die drei Gesichter mit dem Zoom herholte, schien Karanja mich überhaupt erst zu bemerken. Er riß entsetzt den Mund auf, schlug die Hände vors Gesicht, machte auf dem Absatz kehrt und rannte wie ein gejagtes Tier zum Wagen zurück.
Van Delden schaute zu mir her, immer noch den Knochen in der Hand. Er blickte direkt in die Kamera: »Ist Ihnen bewußt, was Sie da getan haben?« Er fragte es mit einem nachdenklichen Lächeln. Der Film ging zu Ende, und die Kamera stoppte.
»Wie meinen Sie?« fragte ich.
»Veröffentlichen Sie das Bild, und es ist so gut wie ein Todesurteil.«
Mary Delden trat mit ihrer Retina vor, um eine Nahaufnahme von ihrem Vater zu machen, der in die aufgehende Sonne schaute. Ich hörte das Klicken des Verschlusses, dann sagte sie: »Das hast du absichtlich getan.«
Er nickte. »Natürlich. Jetzt, wo er hier gefilmt worden ist, sind eure Bilder in Sicherheit. Sein Leben hängt davon ab, daß eure Kameras nicht beschlagnahmt werden.« Er fragte mich: »Sind Sie fertig?«
Ich nickte, in Gedanken noch immer bei Karanja, der voll Angst davongelaufen war.
»Dann wollen wir ins Seegebiet weiterfahren. Wir haben nicht mehr viel Zeit, und ich möchte selbst fotografieren, um das ganze Ausmaß der Schlächterei aufzuzeigen.«
Wir brachen auf, und als die Sonne sich vom Horizont löste, bogen wir auf eine nach Westen führende Fahrspur ein. Wenige Kilometer weiter erschienen südlich von uns Bäume, die

den Rand der Serengeti-Ebene markierten. Immer wieder kamen wir an verstreuten, halb im dürren Gras versteckten Gebeinen vorbei. Karanja hockte auf den Pritschenbrettern wie in Trance, sein benommenes Gesicht war fast grau. Er mochte nicht aufstehen und sich anhalten, sondern ließ sich lieber durchschütteln. Kein Zweifel, er mochte die Tierfriedhöfe nicht sehen, durch die wir fuhren.
Wir überquerten eine nach Süden führende Piste, und gleich darauf zerknackten Knochen unter unseren Rädern. Von meinem günstigen Platz hinterm Fahrerhaus sah ich, daß die Ebene vor uns übersät war mit kreisrunden Ansammlungen von Brustkörben, die wie große Pilzringe wirkten. Es war, als habe hier eine Armee ihre letzte Schlacht geschlagen und sei gefallen, wie sie gestanden war, Regiment um Regiment.
Die Sonne war bereits ein Stück am Himmel hochgestiegen, und alle Farbe war erloschen. Wir hielten endlich, mitten auf dem Schlachtfeld, umgeben von den gebleichten Gebeinen toter Wildebeest-Regimenter. Es war ein so unglaublicher Anblick, daß wir eine Zeitlang sprachlos dastanden. Dann sagte Mary Delden zu ihrem Vater: »Wer hat das getan? Doch nicht Alex. Er macht die Auslese ordentlich, er verwertet die Knochen, das Fell, alles.«
»Es war Krieg. Das letzte große Gefecht fand etwas weiter im Norden, am Rand der Ebene statt, und da alle Verbindungen abgeschnitten waren...« Van Delden schüttelte den Kopf. »Nur gut, daß die Grzimeks das nicht sehen können.« Vater und Sohn Grzimek hatten für den ehemaligen Serengeti-Nationalpark Pionierarbeit geleistet und ein Buch geschrieben, an das ich mich genau erinnerte: *Serengeti darf nicht sterben.*
»Mukunga hat mich zwar vorgewarnt, aber ich habe es einfach nicht für möglich gehalten – eine solche Orgie des Tötens.« Er stieg mit einer alten Polaroid-Kamera aufs Dach des Fahrerhauses. Als er auf die Entwicklung der ersten Auf-

nahme wartete, sagte Mary vorwurfsvoll: »Du willst die Bilder den Delegierten zeigen und sie glauben machen, Alex habe das getan.«
»Er hatte einen Vertrag, die Armee aus der Serengeti zu beliefern.«
»Aber nicht so, nicht, indem er alles tötete.«
»Die Sache ist einfach außer Kontrolle geraten. Die Truppen haben gesehen, wie es gemacht wird, und die Lust am Töten hat sie gepackt.« Er knipste wieder, wandte sich dann erneut Mary zu: »Ist doch sein Geschäft, nicht wahr – töten? Und jetzt geht er nach Norden, mit einem neuen Vertrag, er soll die verhungernden Samburu ernähren. Krieg oder Dürre, alles Geschäft, und dazu die große Kühlanlage. Er muß sie mit irgendwas füllen.«
Sie sagte nichts mehr. Ich schob ein neues Magazin in meine Kamera, wechselte die Linse und machte einige Panorama-Schwenks, anschließend Nahaufnahmen von Knochen, die zu einem Haufen gestapelt worden waren.
Als ich später mit van Delden sprach, erfuhr ich, daß die Wildebeests sich bei der Wanderung in Herden von zwei- bis dreihundert Tieren teilen. Die Knochenhaufen waren manchmal kleiner, manchmal größer, aber bei allen fanden wir Reifenspuren. Die Fahrzeuge hatten die Tiere immer enger umzingelt, während die Männer auf den Pritschen sie niedermähten. Ich versuchte, besonders deutliche Spuren zu filmen, um aufzeigen zu können, wie die Tiere zu einer panikbeherrschten Masse zusammengetrieben worden waren. Da rief Mary Delden mir etwas zu. Ihre Stimme klang eindringlich, deshalb drehte ich mich um – und sah nicht weit vor mir ein graues Etwas, ein lebendes Gerippe mit räudigem Fell.
Es war eine Hyäne, die nur noch aus Bauch und Hinterbeinen zu bestehen schien. Sie kam auf mich zu, ihre Augen funkel-

ten, Schaum stand ihr vor dem Maul. Sie mußte vor Hunger halb tot sein. Sie kroch ganz langsam heran. Ich schwenkte die Kamera, rief das Tier an und wich einige Schritte zurück. »Sie Idiot, laufen Sie!« kreischte Mary. Da rannte ich los, und das abscheuliche Vieh, das bei meinen Rufen verhalten hatte, setzte mir nach, bewegte sich plötzlich mit überraschender Geschwindigkeit.

Ein Schuß krachte. Ein zweiter. Van Delden rief: »In Ordnung, Tait.« Ich blieb einen Moment stehen, denn mir zitterten die Knie. Dann filmte ich die ausgemergelte Hyäne, die tot auf der Seite lag, ich filmte van Delden, der sein Gewehr wieder auf der Schulter hatte. Als wir durch die angrenzenden Knochenlager gingen, stießen wir immer wieder auf Hyänen, die zwischen den Skeletten umherschlichen und mit ihren starken Kiefern Knochen zerknackten. Sie versuchten verzweifelt, irgendwelche Nährstoffe zu erhalten, um einen weiteren Tag zu überleben. Ein deprimierender, herzzerreißender Anblick. Dabei bot die Serengeti-Ebene, die jetzt in der Sonne smaragdfarben schimmerte, das Bild einer heiteren, mit Felsbrocken gesprenkelten Landschaft. Außer den nahrungssuchenden Hyänen entdeckten wir kein Zeichen von tierischem Leben, nicht einmal einen Vogel. Der Himmel war leer, blauer Glanz mit dem federigen Weiß einiger Wolken über Bergen, die so weit weg waren, daß man sie nicht sah.

»Haben Sie alles?« fragte van Delden.

Ich nickte, starrte auf die Knochen, die zu meinen Füßen im Gras lagen.

»Was Sie hier sehen«, sagte er, »ist das Werk des Menschen in seiner zerstörerischsten Gestalt. Die Auswirkungen dieser Schlächterei haben sich während der letzten sechs Monate ausgebreitet wie Kreise im Wasser, das empfindliche Gleichgewicht der Natur ist vom Dschungel bis zum Meer gestört, nach Norden sogar bis zu den Wüsten Äthiopiens und Somalilands.« Seine blassen Augen sahen mich fast funkelnd an. »Bringen Sie das in Ihrem Drehbuch! Sie haben den Film. Benutzen Sie ihn auch! Früher umfaßten die Wanderherden hier rund eine Million Tiere – Zebras, Wildebeests und Gazellen wie die Grants und die Tommies. Sagen Sie den Menschen, was es bedeutet, wenn so große Herden ausgerottet werden. Zeigen Sie ihnen, wie es sich auf alle Lebewesen auswirkt. Löwen, Hyänen, Schakale, die fledermausohrigen Füchse und die Wildhunde – die alle haben von diesen Herdentieren gelebt. Auch die Geier und die Adler, alles bis herunter zu den Ameisen, deren Bestimmung es ja unter anderem ist, Überreste wegzuräumen. Sagen Sie es den Menschen!« Er hielt ein, rief dann: »Karanja!«

Karanja hockte im Schatten des Lastwagens, den Kopf zwischen den Knien. Langsam schaute er auf. »Ja, Tembo?«

»Hast du dir überlegt, was du dem Minister sagen wirst?«

Einen Augenblick lang meinte ich, Karanja sei völlig gelähmt vor Verzweiflung. Doch er stand auf und kam zu uns, lächelnd und sogar mit einer Spur seiner alten Forschheit. »Wenn Mr. Tait einverstanden ist, und Miss Mary, sage ich vielleicht, daß ich den Lastwagen genommen habe, um sie zu suchen, weil ich für ihre Sicherheit fürchtete.«

Van Delden erwiderte nichts, er war mit seiner Polaroid beschäftigt, und so wandte sich Karanja an mich: »Sie müssen sagen, Mr. Tait, daß Sie und Miss Mary weggegangen sind, um Bilder von der Morgendämmerung zu machen, vielleicht von ein paar Tieren, und dann haben Sie sich verirrt. Okay?«

Ich nickte. »Solange man uns die Kameras nicht wegnimmt.«

»Nein. Ich sorge dafür.«

»Und was ist mit dem Film selber?« Es war ihm ein leichtes, den Film unter irgendeinem Vorwand beschlagnahmen zu

lassen.
»Ihr Film ist völlig sicher.« Doch er sagte es ohne Überzeugung, mit abgewandtem Blick.
Mary Delden kauerte bei einem Haufen hoch gestapelter Brustkörbe, das Auge noch immer am Sucher ihrer Kamera. Sie sagte zu ihrem Vater: »Sicherheitshalber gebe ich dir einige meiner Filme.« Sie stand auf und zog zwei Kassetten aus der Tasche ihre Buschjacke.
»Nicht nötig.« Van Delden wartete auf die Entwicklungsanzeige. »Wenn das hier gut wird, dürften deine Kamera und deine Filme vor jeder Gefahr sicher sein.« Er drückte den Entwicklungsknopf und öffnete die Kamera. »Scharf genug, denke ich.« Er zog die Aufnahme heraus und hielt sie hoch, damit wir sie sahen. Es war ein ziemlich scharfes Bild von Karanja, wie er mit mir sprach, dahinter sah man den Lastwagen und Mary, die mit ihrer Kamera vor dem Knochenhaufen hockte. »Morgen werde ich den Delegierten die Bilder zeigen, die ich heute früh gemacht habe. Ob ich ihnen auch dieses zeige, hängt ganz allein von dir ab.« Er beugte sich weit vor und tippte Karanja mit dem Finger auf die Brust: »Sorge dafür, daß weder Mr. Tait noch Miss Mary irgendwelchen Ärger kriegen, nur weil sie so dumm waren, sich zu verlaufen. Kapiert?«
Karanja nickte, rollte die Augen und fuhr sich mit der Zunge über die Lippen. »Ich sorge dafür, daß sie okay sind, Tembo.«
Das war Erpressung. Ich konnte mir nicht helfen, der Mann tat mir leid. Man hatte ihn mit vorgehaltenem Gewehr aus dem Bett geholt und gezwungen, ein Armeefahrzeug zu requirieren, wodurch er seine Stellung, ja seine ganze Zukunft gefährdete. Ich ließ den Blick über die endlose Ebene schweifen, über die Gebeine, die in der heißen Sonne weiß schimmerten. Da sagte Mary neben mir mit rauher Stimme: »Viel-

leicht verstehen Sie jetzt, worum es bei dieser ganzen Konferenz geht – wie die Menschen fühlen, die zusammen mit Tieren gelebt haben.« Mit einer Wärme, auf die ich nicht gefaßt war, legte sie mir die Hand auf den Arm und fügte hinzu: »Falls ich irgendwie helfen kann, wenn Sie Ihr Drehbuch schreiben...« Sie ließ es dabei bewenden, schaute über die Ebene hin und drehte sich von mir weg. »Es wird spät«, sagte sie mit fester, beherrschter Stimme zu ihrem Vater.

»Ja. Wir fahren nur noch bis zum See. Da wir schon einmal hier sind und einen Lastwagen zur Verfügung haben.«

Wir brachen auf, nahmen nun die Piste, die nach Süden zu den Bäumen führte. Zehn Minuten später hatten wir die Ebene hinter uns und gelangten in ein Gebiet, wo Büsche und Akazien wuchsen. Hier sahen wir die ersten Geier, sie rissen am blutgetränkten Fell eines offenbar erst vor kurzem umgekommenen Tieres. Plötzlich waren wir am See. Im seichten Wasser standen Flamingos, die zu einem großen orangefarbenen Fleck verschmolzen. Wasservögel schwammen umher, als habe es das Gemetzel draußen auf der Ebene nicht gegeben.

Wir hielten, und ich entdeckte auf dem jenseitigen Uferabhang eine Reihe Gebäude. Van Delden stieg aus und betrachtete sie kurz durch sein Fernglas. »Als ich die Gegend hier kennenlernte, waren die Häuser gerade erst gebaut worden. Später dienten sie oft Leuten als Stützpunkt, die sich durch Fernsehfilme über Tiere in freier Wildbahn einen Namen machten.« Er nannte einige dieser Leute, und ich erinnerte mich dunkel, schon von ihnen gehört zu haben. »Zum Teil bestand das Camp damals aus Zelten. Für jemanden, der die Wanderung studieren wollte, gab es keinen besser gelegenen Platz. Doch der Mann, der es betrieb, warf schließlich das Handtuch – die Tansanier hatten ihm die Sache gründlich verleidet. Und jetzt... Schauen Sie selbst. Eine einzige

Ruine.« Er reichte mir das Glas, und ich sah, daß von den Häusern nur noch die Außenmauern standen. Die Dächer fehlten, die Holzteile wurden morsch. Zwei Häuser waren ausgebrannt. Hinter dem größten, das noch Reste einer Veranda aufwies, ragte ein langer Hals empor wie ein dicker, schwarz-gelb getarnter Pfahl, und ein kleiner Kopf knabberte am Laub eines Baumes.

»Dort ist eine Giraffe«, sagte ich.

»Es sind mehrere, wenn Sie genau hinsehen. Und rechts unten im Schilf ist ein Wasserbock.« Seine Stimme war sehr leise, er blinzelte, Tränen liefen ihm über die Wangen. »Es war immer eine günstige Stelle für Wild. Der Oldoway fließt gleich dort drüben.« Kaum zu glauben, da weinte dieser harte alte Mann um die Vergangenheit und versuchte erst gar nicht, seine Rührung zu verbergen.

Er wies mit dem Kopf zu den Bäumen auf dem nach links abfallenden Ufergelände: »Dort hatten wir unser erstes Basiscamp. Alle Tiere, die sich zwischen dem Ngorongoro-Krater und der Serengeti bewegten, tranken am Oldoway. Es gab dort eine Unmenge Löwen, auch Geparden. Und die Bäume am Rand der Ebene waren abends, wenn die Tiere durchzogen, schwarz vor Geiern, Marabus, Adlern. Die Aasvertilger und Raubvögel hockten da und warteten auf die nächste Dämmerung, um sich auf die Nachgeburten nächtlicher Würfe zu stürzen, auf Wildebeest-Junge, die in der Finsternis umgekommen waren. Ich saß oft bei Sonnenaufgang auf der Lodge-Veranda dort, und Hartebeests, Zebras oder Wildebeests grasten wenige Meter von mir entfernt.« Er schüttelte den Kopf und seufzte, trauerte wohl den Tieren nach, die es hier nicht mehr gab.

»Damals war alles anders.« Er warf einen kurzen Blick auf seine Tochter, zwinkerte, ergriff das Fernglas und stieg rasch ins Fahrerhaus, als schämte er sich seiner vorübergehenden

Schwäche. Auf Marys Vorschlag, zum Lodge zu fahren und die Giraffen zu fotografieren, erwiderte er: »Nein. Wir haben keine Zeit mehr.« Er sprach schroff, vermutlich wollte er Mary nicht merken lassen, wie sehr ihn der Anblick dieser Stätte ergriffen hatte.

»Laß mich wenigstens ein Bild vom Lodge machen. Du und Mutter habt doch im Speisesaal dort euren Hochzeitsempfang gegeben, nicht wahr?«

»Ja.«

»Ich habe ihn nie gesehen. Ich möchte ein Bild.«

»Nein.« Seine Stimme klang seltsam barsch. »Der Tank ist kaum noch ein Viertel voll.« Er ließ den Motor an. Nach kurzem Zögern stieg Mary ein, und wir fuhren rasch die kurvige Piste hinauf, zurück auf die Ebene. Die Fahrbahn war jetzt noch härter, denn die Sonne trocknete den Boden zunehmend aus. Um halb elf hatten wir die Schotterstraße wieder erreicht. Er hielt und rief zu Karanja nach hinten: »Glaubst du, daß die Armee eine Suchpatrouille nach dir ausgeschickt hat?«

Karanja stand neben mir und überlegte, Sorgenfalten auf der Stirn. »Schon möglich.« Dann schüttelte er den Kopf, neigte sich über die Bordwand: »Schätze, daß sie dafür nicht genug Benzin haben. Sie tanken in den Kasernen von Nairobi, wissen Sie, und kriegen nur soviel, wie sie für die Belieferung des Lodges brauchen. Also können sie keins verschwenden und mich suchen.«

»Gut. Dann halte ich kurz vor dem Lugga, und von dort kannst du weiterfahren.«

Danach hieß es wieder festhalten, denn die Rillen in der Straße waren beinhart geworden, und van Delden fuhr schnell. Wir sahen zwei winzige Antilopen, die Mukunga als Dik-Dik bezeichnete, und einen ausgemergelten Schakal. Sonst nichts. Vögel gab es, jedoch keine großen – keine Geier, keine Adler,

der Himmel über uns war leer. Dann zogen tiefhängende Wolken auf, und der sonnige Tag verwandelte sich in einen trüben. Kurz vor Mittag verlangsamte der Laster bei einem rötlichen Felsauswuchs die Fahrt und hielt auf einer Anhöhe. Die Straße vor uns führte hinunter in das Grün von Bäumen. Nichts regte sich, es war schwül und ruhig, eine Art brütender Stille herrschte. Van Delden stieg aus. »Okay, Karanja, du fährst die beiden jetzt zum Lodge. Und Sie, Tait, steigen Sie nach vorn zu Mary. Denken Sie daran, Sie sind die ganze Nacht im Busch umhergeirrt.« Er lächelte mich an, als ich neben ihn auf die Straße sprang. »Müde genug sehen Sie ja aus, ich glaube, daß Sie damit durchkommen.«
Karanja kletterte langsam auf den Fahrersitz, das breite Gesicht angespannt. Die Sache behagte ihm gar nicht. Er schien verstört. Als ich mich neben Mary quetschte, fragte er: »Was tue ich, wenn die Armee sie verhaftet?«
»Geh zu deinem Minister«, fuhr van Delden ihn an. »Und halte an deiner Geschichte fest.« Drohend fügte er hinzu: »Denk daran, ich habe das Foto von dir in der Serengeti, und wenn den beiden irgend etwas passiert, wenn ihre Filme beschlagnahmt werden, zeige ich es morgen. Kapiert?«
»Ja, Tembo.«
»Weißt du, wann Kirby-Smith auf der Konferenz sprechen soll?«
»Nicht genau.« Er schüttelte den Kopf. »Am Vormittag, denke ich.«
»Erkundige dich nach der genauen Zeit und sage sie Miss Mary. Sie weiß, wie sie mit mir Verbindung aufnehmen kann.« Er schaute seine Tochter an, das Fenster umrahmte seinen großen Kopf, ein plötzlicher Windstoß ließ sein weißes Haar fliegen. »Bis morgen«, sagte er, trat zurück und befahl Karanja zu fahren. Ich sah noch, wie er mit großen Schritten in den Busch davonging. Mukunga folgte ihm mit dem Ge-

wehr.
»Wird er wirklich morgen zur Konferenz kommen?« fragte ich.
»Selbstredend«, antwortete sie. »Er hat es auf Alex Kirby-Smith abgesehen.«
»Warum?«
Sie schüttelte den Kopf. Wir durchquerten das Lugga und rumpelten auf der anderen Seite die Böschung hinauf. »Zwischen den beiden hat es mal was gegeben. Das ist alles.«
»Als sie Partner waren?«
Sie antwortete nur: »Vor langer Zeit.« Sie saß steif und aufrecht da, die Zähne auf die Unterlippe gepreßt, den Blick starr geradeaus gerichtet. Vielleicht eine Minute blieb sie so, dann schien ihr doch eine Erklärung notwendig: »Die beiden haben eine grundverschiedene Einstellung zu Tieren, wissen Sie. Und jetzt... Ich weiß nicht, ich...« Wieder eine lange Pause, dann sah sie mich lächelnd an: »Nun haben Sie also den großen Cornelius van Delden kennengelernt. Was halten Sie von ihm?«
Ich wußte nicht, was ich antworten sollte, spürte den sanften Druck ihres Körpers und war mir ihrer großen, jetzt vor innerem Lachen wieder funkelnden Augen bewußt. »Ich bin noch nie einem Menschen wie ihm begegnet«, murmelte ich zögernd, suchte nach einem Wort, das seine seltsame, wilde Persönlichkeit charakterisierte. Doch ich brachte lediglich hervor: »Er ist überlebensgroß.«
Sie lachte. »Das können Sie dreimal laut sagen. Er war immer überlebensgroß.« Das Lachen verklang, und sie setzte langsam fort: »Er ist ein ungestümer Mensch, ist es immer gewesen, und er riskiert etwas...« Sie zögerte, schüttelte den Kopf. »Ich kenne keinen, bin nie einem Mann begegnet, der ihm gleichgekommen wäre. Hat er sich einmal zu etwas entschlossen, bringt ihn nichts mehr davon ab, kein Argument,

keine Drohung, nichts. Er setzt sich etwas in den Kopf, und fertig, egal, welche Gefahren für ihn oder andere damit verbunden sind.« Sie wandte sich an Karanja: »Was findest du, wie Tembo aussieht?«
Er warf ihr einen unwirschen Blick zu. »Sehr stark«, sagte er. »Sehr stark und wie ein richtiger Dickkopf. Er überlegt nicht, was er anderen antut.« Karanja hatte ihre letzte Bemerkung gehört, die mir im Nachhinein eine Art Warnung zu enthalten schien. Mein Mund war plötzlich trocken. Ich wußte, hier hatte ich mich in etwas hineinziehen lassen, das mit seiner Rede vor den Delegierten nicht enden würde. Ich durchdachte die ganze Angelegenheit gründlich. Mary schwieg, blickte wieder geradeaus.
»Dieser Kirby-Smith«, sagte ich schließlich in dem Versuch, mich abzulenken, »Sie müssen ihn ziemlich genau gekannt haben. Wie ist er?«
»Ich war noch ein Kind.«
»Aber Sie haben ihn später wiedergesehen.«
»Ein- oder zweimal.«
»Wie ist er also?«
Sie antwortete nicht, schüttelte nur den Kopf. In diesem Moment bogen wir um eine Kurve, und ein Soldat, das Gewehr im Anschlag, hielt uns mit einem Flaggensignal an. Er trug eine Mütze, die fast wie ein Käppi aussah und vorne ein Nashorn-Abzeichen aufgenäht hatte. »Ein ehemaliger Wild-Scout«, flüsterte sie, während Karanja den Mann mit einem erleichterten Lächeln grüßte. »Die beiden kennen sich offenbar, das könnte helfen.« Doch der Mann bestand darauf, seinen Vorgesetzten zu rufen. Ein Korporal kam mit einer Maschinenpistole aus dem kleinen Unterschlupf, den sie sich aus Zweigen gebaut hatten.
Das Palaver nahm kein Ende. Schließlich nickte der Korporal, brüllte seinen Leuten irgendeine Anweisung zu und stieg mit

dem Soldaten hinten auf den Laster. Wir fuhren weiter, und Karanja sagte: »Er bringt uns zu seinem Hauptmann. Er hat seinen Befehl.«
»Hat man eine Suchpatrouille nach dir ausgeschickt?«
»Nein. Aber man weiß, daß Sie und Mr. Tait abgehen.«
»Also wird niemand überrascht sein, daß du losgefahren bist, uns zu suchen.«
»Vielleicht nicht. Aber ich bin nicht in der Armee, und ein Armeefahrzeug nehmen...« Er zog die Schultern hoch, aus seiner Stimme sprach Unbehagen: »Und dann, mein Minister... Er wird sehr ärgerlich sein, weil ich heute früh nicht da war. Und morgen erst, wenn Tembo...« Er schüttelte den Kopf, sein Gesicht war besorgt und glänzte vor Schweiß. »Miss Mary?«
»Ja?«
Das Lodge kam in Sicht. Zerstreute braune Gebäude, dahinter braune Wolken und davor die Wasserstelle, ein blasser, matt glänzender Kreis. Eine Hand trommelte aufs Fahrerhaus, der Korporal brüllte nervös und erregt eine Anweisung.
»Ndio«, rief Karanja zurück.
»Was ist los?« fragte ich, die Hände fest um die Kamera gelegt.
»Karanja soll direkt zum Wachposten fahren.«
»Kann er uns nicht zuerst absetzen?« Ich dachte an den Film in meiner Kamera und an die beiden Spulen in der Kameratasche bei meinen Füßen.
Doch Mary erwiderte: »Das würde sie nur argwöhnisch machen.«
Dann sprudelte Karanja mit hoher, sich fast überschlagender Stimme hervor: »Ich bitte Sie! Sie sehen Tembo heute abend. Sagen Sie ihm, es ist unmöglich, daß er zur Konferenz kommt. Er glaubt, er hat den Schutz der Delegierten und der Journali-

sten. Aber ich kann für nichts garantieren, ich kenne meinen Minister. Mr. Kimani ist Politiker und sehr ehrgeizig.«

»Er wird es nicht wagen, ihn vor all den Delegierten verhaften zu lassen.«

»Nein. Nein, das kann er nicht. Aber wenn Ihr Vater weg ist, wird er die Armee losschicken. Er hat gar keine andere Wahl. Bitte, Miss Mary, Sie müssen das glauben! Mr. Kimani ist ein harter Mann, und ein solcher Schritt – auf die Konferenz kommen und vor den Delegierten sprechen...« Er schüttelte den Kopf. »Es ist völlig verrückt, bitte. Mr. Kimani muß dann handeln. Er hat einfach keine andere Wahl. Verstehen Sie?«

»Ich schon«, sagte sie, »aber wie ist es mit dir? Er hat diese Fotos, und er wird sie benutzen.« Die Härte in ihrer Stimme überraschte mich. »Ich meine, du solltest lieber mit deinem Minister reden.«

Wir gelangten bereits auf den überwucherten, schadhaften Fahrweg des Lodges. Das Willkommensschild am hölzernen Torbogen war halb verfault, die Schrift unleserlich.

»Man läßt ihn nicht ins Lodge«, fuhr Karanja beharrlich fort. »Er wird aufgehalten. Die Fotos werden ihm abgenommen. Sagen Sie ihm das, bitte.«

Wieder trommelte eine Hand aufs Blechdach des Fahrerhauses, und wir bogen nach links ab. Ich sah Mary Delden an; sie hatte den Mund zu einem Strich zusammengepreßt, kleine Schweißtropfen standen auf den feinen Härchen über ihrer Oberlippe. Ihr Gesicht war verkrampft, die Flügel der geschwungenen Nase bebten. Da wir eng nebeneinander saßen, spürte ich ihre Spannung. Der Wagen hielt, und sie sagte verbissen: »Ihr könnt ihn nicht verhaften. Nicht vor all den Delegierten. Mach das Mr. Kimani klar.« Der Korporal sprang vom Wagen und verschwand in einem Nebengebäude. »Hast du verstanden, Karanja?«

Er schwieg, umklammerte das Lenkrad so fest, daß seine Knöchel fast weiß wurden.
»Karanja, hast du verstanden?« Sie sprach in wildem Flüsterton, wie ein Kind, das sich jeder vernünftigen Überlegung verschlossen hat.
Er schüttelte den Kopf, Schweiß glänzte auf seinem Gesicht, das einen Ausdruck der Hoffnungslosigkeit hatte. »Er wird aufgehalten. Nicht verhaftet, aber unter Bewachung zum Flugplatz gebracht. Ich kann das nicht verhindern.«
Der Korporal kam aus dem Gebäude, ihm folgte der Offizier, ein hochgewachsener, tiefschwarzer Mann mit drei Sternen auf der Schulter und einem gleichsam großspurigen Gang. Er stakte zur Fahrerseite und begann mit Karanja zu reden. Ich verstand nicht, was die beiden sagten, doch offensichtlich unterzog der Offizier Karanja einem Kreuzverhör, er war ärgerlich und wirkte brutal. Das Gerede zog sich endlos hin, und wir schmorten in dem heißen Fahrerhaus. Schließlich lehnte sich Mary Delden hinüber und sprach in Suaheli mit dem Hauptmann; sie klang ungehalten, fast verdrossen. Unvermittelt wandte sie sich an mich: »Machen Sie die Tür auf, wir steigen aus. Ich bin müde und will mich waschen.« Sie streifte den Riemen ihrer Kamera über den Kopf. »Außerdem habe ich verdammten Hunger.« Der Korporal trat heran, um uns am Aussteigen zu hindern. Da sah sie den Offizier an und sagte auf Englisch: »Sie haben kein Recht, mich festzuhalten. Wenn Sie das tun, gehe ich geradewegs zum Minister und verlange, daß er per Funk den amerikanischen Konsul verständigt.« Sie griff an mir vorbei und stieß die Tür auf. »Steigen Sie aus, Colin, und befördern Sie den Korporal aus dem Weg. Ich lasse mich doch hier nicht rösten.«
Ich mußte ihn nicht wegbefördern. Der Hauptmann bellte einen Befehl, und der Korporal trat zurück. Wir stiegen aus, erst ich, dann sie. »Kommen Sie! Waschen, ein Mittagessen,

danach etwas Schlaf.« Sie sagte kein Wort mehr zu Karanja oder zu dem Offizier, schritt schnurstracks zum Hauptgebäude, und ich folgte ihr.
»Glauben Sie, daß der Hauptmann Sie verstanden hat?« fragte ich, als wir die kühle, dunkle Höhle betraten, die einst der Empfang gewesen war.
»Natürlich. Er kann perfekt Englisch. Es nicht zu sprechen, ist für ihn Sache des Prinzips.« Die Delegierten saßen bereits beim Mittagessen. Wir hörten Stimmengewirr und das Klappern von Geschirr aus dem Speisesaal. »Geben Sie Ihre Filme lieber jemanden, bei dem sie in Sicherheit sind. Nicht Ihrem Kameramann, sondern jemand anderem. Und wenn wir getrennt befragt werden, dann sind wir bis ins Lugga gegangen, haben eine Weile geschlafen und nach einigem Hin und Her wieder zur Straße gefunden. Dort hat uns Karanja kurz vor Mittag aufgelesen.« Ein rasches Lächeln, dann ging sie mit langen, lockeren Schritten zu ihrem Zimmer, das am leeren Schwimmbassin lag.

3

Am Abend sah ich Alex Kirby-Smith zum erstenmal. Er saß ein paar Tische weiter bei einer Gruppe Amerikaner, ein kräftig gebauter, energiegeladener Mann. Sein Gesicht wirkte sehr lebendig, wenn er sprach. Die Falten um seine Augen, von der grellen Sonne im Lauf vieler Jahre eingegraben, und die scharfe Adlernase gaben ihm das Aussehen eines Raubvogels. Sein langes blondes Haar war zurückgekämmt, als habe es ihm der Wind an den Kopf gepreßt. Man konnte ihn in dieser Versammlung nicht übersehen. Auch wenn ich nicht gewußt hätte, daß er Jäger war, würde ich es erraten haben, vor allem an der Schärfe seiner Augen, die hart und hell funkelten, sobald er etwas sagte. Seine Hände befanden sich ständig in Bewegung, unterstrichen seine Worte. Die Linke steckte in einem Handschuh, dessen Braun so wenig zu der brütenden Hitze im Speisesaal paßte, daß er meinen Blick fesselte. Erst nach einiger Zeit kam mir die Erklärung: es war eine künstliche Hand.

Offenbar versuchte er die Amerikaner an seinem Tisch von irgend etwas zu überzeugen. Er lehnte sich vor, die Ellbogen auf der Tischplatte, in der Rechten eine Zigarette, und redete eindringlich. Ich hörte nicht, was er sagte, denn Abe Finkel bestand darauf, mir das bisherige Konferenzgeschehen aus seiner Sicht zu schildern. Er imitierte glänzend, und sein Bericht über die einzelnen Reden wäre höchst unterhaltsam gewesen, hätten mich nicht andere Dinge beschäftigt.

Kirby-Smith und seine Tischgenossen befanden sich im Aufbruch. Er sprach immer noch, als er seinen Stuhl zurückschob und sich erhob. Er war sehr groß, eine imposante Gestalt in makellos sauberer Buschjacke, um den Hals einen roten Seidenschal. Sein kantiges, glattrasiertes Gesicht wirkte fast jungenhaft vor Begeisterung. Und er bewegte sich mit unglaublicher Leichtigkeit, als stehe er ständig auf den Fußballen. »Das ist eine anstrengende Fahrt«, hörte ich ihn sagen. »Aber ich denke, es läßt sich arrangieren, wenn Sie wirklich wollen...«

»Finden Sie das nicht großartig?« fragte Abe Finkel und klopfte mir auf den Arm. »Stammt vom alten Willoughby-Blair. Das Wild ist ein Teil des gesamten Lebensschemas, und Tiere sind für den Menschen genauso wichtig wie der Mensch für die Tiere. Ist das nicht zum Lachen?« Er schüttelte den Kopf über mich und seufzte. »Da versäumen Sie den ersten Tag und hören nicht mal zu, wenn ich Sie in den Genuß meiner ausgezeichneten Beobachtungsgabe kommen lasse. Ich glaube nicht, daß Sie sich verirrt haben.«

»Ich auch nicht«, sagte Ken und grinste mich an. »Du hast mit dem einzigen gut aussehenden Mädchen hier eine Nacht im Freien verbracht...«

»Es hat geregnet, meine Freunde.« Abe lächelte. »Mädchen machen es nicht gern im afrikanischen Busch, zumal nicht bei Regen. Und wenn es auch keine Löwen oder Nashörner mehr gibt, so sind doch immer noch die Schlangen und Spinnen da...« Er tat, als liege er im Regen und Ameisenkrieger krabbelten über ihn. Dann wand er sich und jammerte mit rauher Stimme: »Was hast du da, ist das eine Puffotter?«

»Schert euch zum Teufel«, sagte ich und beobachtete weiter Kirby-Smith, der von Tisch zu Tisch ging und mit Delegierten redete.

»Finden Sie es dann gar nicht komisch?«

»Nein.« Ich sah Kirby-Smith jetzt deutlicher, denn er stand am übernächsten Tisch. Irgend etwas war an diesem Gesicht mit dem herben, harten Mund, der schmalen, scharfen Nase und den lebendigen, blitzenden Augen... Was Mary Delden über seinen Charme gesagt hatte, stimmte. Er gehörte zu den Männern, die immer ein gewinnendes Lächeln zur Verfügung haben, das sie ganz nach Belieben ausspielen. Und obwohl er um die Fünfzig sein mußte, hatte er das einnehmende Äußere eines weit jüngeren Mannes. Ich fragte mich, wie er um die Hand gekommen war. Ein Jäger mit nur einer Hand...

»Sie haben sich nicht verirrt!«

»Was?« Ich drehte mich zu Abe Finkel um. Er hatte sich ganz nahe zu mir gebeugt, in seinen Augen war keine Spur von Humor mehr. »Was haben Sie gesagt?«

»Sie haben mich genau verstanden. Es ist blanker Unsinn, daß Sie und dieses Mädchen sich verirrt haben. Sie waren dienstlich unterwegs und haben etwas, das keiner sonst hat. Stimmt's?«

»Wie kommen Sie auf die Idee?«

»Glauben Sie, wir kontrollieren unsere Ausrüstungskästen nicht? Während wir beim Mittagessen saßen, haben Sie drei Spulen in unsere Filmbüchse gesteckt. Und was ist mit Karanja? Dem Vernehmen nach ist er losgefahren, um Sie zu suchen, und dabei ist er angeblich im Schlamm steckengeblieben. Und darum ist er angeblich heute früh nicht auf der Konferenz gewesen, wo er Kit Kimani einführen sollte. Aber heute nachmittag hat er Ihnen Fragen über Fragen gestellt und ist schließlich mit dem Film aus Ihrer Kamera abgezogen. Warum?«

»Eine Vorsichtsmaßnahme, denke ich. Ich weiß es nicht. Er hat gesagt, daß es auf Befehl des Ministers geschehe.«

»Sicher, aber warum? Was konnten Sie denn nach seiner Meinung im Kasten haben?«

»Ich weiß es nicht.«

»Sie wissen es nicht?! Mann, Sie sind ein schlechter Lügner.

Und die belichteten Spulen in unsere Büchse zu praktizieren! Erd Lindstrom hat sie gleich nach Tisch gefunden, als Sie noch beim Essen waren, und ich habe sie in die Tasche gesteckt. Sicherheitshalber.« Er musterte mich lächelnd. »Na, werden Sie mir jetzt Ihr dunkles Geheimnis enthüllen?«

Er war viel zu scharfsinnig, deshalb sagte ich nichts, sondern schüttelte nur den Kopf.

»Könnte sein, daß ich die Filme nicht mehr herausrücke.«

Ich wußte nicht, ob er das ernst meinte, denn er beobachtete mich mit boshaftem Blick. »Ich glaube nicht, daß Sie das tun würden«, murmelte ich.

»Nein? Sie glauben, ein hartgesottener alter Profi wie ich bringt einem Neuling irgendwelche Freundlichkeit entgegen, noch dazu einem Tommy?« Der Ton seiner Rede war fröhlich, er lächelte, aber die dunkeln Augen zeigten jetzt, daß er es ernst meinte. »Ich will wissen, hinter was Sie her sind. Oder ist es Ihnen lieber, wenn ich das Mädchen frage?«

»Sie werden es morgen erfahren«, sagte ich und stand auf. Ich war müde und wollte schlafen gehen.

»Morgen – wo?«

»Auf der Konferenz. Wenn Kirby-Smith spricht.« Nach kurzer Überlegung fügte ich hinzu: »Vielleicht möchten Sie dann einen Handel abschließen, passen Sie also gut auf die Filme auf.« Seine Augen funkelten vor Neugier, und sein Gesicht glänzte im Licht der nackten Glühbirnen, aber er stellte keine weiteren Fragen. Ich wußte, er würde schweigen, zumal ein Handel in Aussicht stand. Die Filme waren bei ihm gut aufgehoben. Ich stand auf und ging in unser Zimmer.

Als ich aus den Kleidern schlüpfte, kam Ken herein: »Hast du wirklich etwas aufgerissen, Colin?« Er hatte die Stirn gerunzelt und machte ein gespanntes, fragendes Gesicht. Als ich nicht antwortete, sagte er: »Karanja ist kurz nach Mitternacht mit dem Laster weggefahren. Das habe ich von einem der Posten. Ich war schon bei Tagesanbruch auf, weil ich mir Sorgen um dich machte.«

»Das hättest du nicht tun sollen.« Ich goß etwas Wasser in die Waschschüssel, die aus Segeltuch bestand, und begann mir das Gesicht abzuspülen.

»Eine Journalistin hat überall nach Mary Delden gefragt. Die beiden wohnen zusammen, und sie hatte Angst, es könnte ihr etwas zugestoßen sein.« Er hielt inne, wartete, während ich mir das Gesicht abtrocknete. »Cornelius van Delden«, murmelte er. »Ich weiß jetzt einiges über ihn, und es gehen Gerüchte, daß er im Land ist und von der Armee gesucht wird.«

»Woher hast du das?« Ich warf das Handtuch weg und drehte mich um. »Hast du herumgefragt?«

Er zuckte die Achseln. »Nicht bloß ich, auch Abe und einige andere. Uns alle frißt die Neugier. Und du bist mit diesem Delden-Mädchen weg. Derselbe Name.«

»Wie konntest du nur, zum Teufel?« Ich war ärgerlich. »Ich habe dir doch gesagt, du sollst dir keine Sorgen machen, wenn ich mich verspäte.«

»Kein Grund zur Aufregung. Ich bin der einzige, der weiß, daß du Kontakt mit Cornelius van Delden aufnehmen willst, und darüber habe ich den Mund gehalten.«

»Mary Delden ist seine Tochter.« Ich griff nach meinem Schlafanzug. »Mehr werde ich dir einstweilen nicht sagen.« Ich dachte an das Camp draußen im Lugga, dann an die Lastwagen, die Treibstoff und Vorräte heranschafften, und an die Wachsoldaten, die als Diener fungierten; zwei völlig verschiedene Welten. Und morgen würde van Delden in dieses Lodge hereinspazieren – in eine Falle, wie es schien. »Die Gerüchte, was besagen sie genau?« fragte ich.

»Du warst mit ihm beisammen, nicht wahr?« Er stand mit dem Rücken zum Fenster. In diesem Augenblick wurden die

Scheinwerfer an der Wasserstelle eingeschaltet. Seine Brillengläser blitzten. »Na gut, wenn du nicht reden willst...«
»Was besagen die Gerüchte?«
»Daß er Kirby-Smith wegen seines Mumms haßt, daß es genauso sei wie bei Burton und Speke, und daß er es irgendwie fertigbringen wird, auf der Konferenz zu sprechen.«
»Burton und Speke?«
»Das stammt von Abe Finkel. Ich weiß nichts darüber. Steht alles in Afrika-Büchern, hat er gesagt. Ich bin nicht so belesen wie Abe.«
Ich erinnerte mich dunkel an irgendein Drama aus der viktorianischen Zeit. Die Nilquelle – das war es. Ein Wortduell, und Speke hatte angeblich Selbstmord begangen. Wenn im Lodge das Gerücht kursierte, daß van Delden kommen würde... »Mit wem hast du gesprochen?«
»Nur mit Delegierten und Medienleuten.«
»Und Kirby-Smith? Mit ihm auch?«
»Nein, ich nicht, aber Abe.«
»Was hat er gesagt?«
»Cornelius van Delden sei ein Spinner und bei der gegenwärtigen Regierung persona non grata, sonst nichts. Er ist überzeugt, daß man van Deldens Erscheinen auf der Konferenz verhindert.«
Die Falle war also gestellt und würde morgen zuschnappen. Ein Mann mit einem Bart, der ihn unverwechselbar machte, konnte keinesfalls unbemerkt ins Lodge gelangen. Das gesamte Areal wurde jetzt streng bewacht, Streifen waren draußen, und man hatte Posten aufgestellt. Man sah sie unten bei der Wasserstelle. Ich riß ein Blatt von meinem Block, schrieb eine Nachricht darauf und gab es Ken. »Bring das Mary Delden, sei so gut. Wiederhole ihr, was du mir gerade erzählt hast.«
Er zögerte, als habe er noch Fragen. Doch dann nickte er.

»Okay. Ich sage es ihr.« Erst nachdem er verschwunden war, merkte ich, daß ich splitternackt dastand. Ich zog meinen Schlafanzug an und stieg in die Koje, lag noch einige Zeit wach und rätselte darüber, wie van Delden in den Konferenzraum zu gelangen gedachte. Ich stellte mir ihn und Mukunga vor, wie sie mit den Regierungssoldaten kämpften, wie Gewehrfeuer durch den Konferenzraum hallte. Mit dieser Vorstellung schlief ich ein, zu erschöpft, um mir länger Sorgen über das Kommende zu machen.

Irgendwann hörte ich einen Elefanten trompeten, ein hohes, schrilles Quieken, und laute Rufe, dann war ich wach oder glaubte, wach zu sein. Im Zimmer wurde geflüstert, ich unterschied Abes Stimme. Nirgends brannte Licht. Schatten bewegten sich im Dunkel, dann schloß sich eine Tür, und es herrschte wieder Stille. Ich sagte mir, das mit dem Elefanten müsse ich geträumt haben und die anderen seien nun zu Bett gegangen, drehte mich um und schlief weiter. Als nächstes weiß ich, daß es dämmerte und ich austreten wollte. Wir benutzten in der Nacht alle die Zimmertoilette, spülten sie morgens mit einem Eimer Wasser aus. Ich stieg verschlafen aus der Koje und ging zum Bad. Die Tür war zu, und als ich die Klinke drückte, rührte sie sich nicht. Abe sagte hinter mir: »Gehen Sie nach draußen. Die Tür ist verschlossen.«

»Warum?«

»Er schläft im Bad.«

»Wer?«

»Du liebe Zeit! Wer wohl? Legen Sie sich wieder hin. Es ist noch nicht sechs.« Er zog sich die Decke über den Kopf.

Ich ging hinaus und pinkelte über den Rand der Veranda, ließ den Blick um das schweigende Lodge schweifen. Unten am Wasser erklang der klagende Laut einer Trauertaube, und auf dem Dach des Hauptgebäudes stand ein Storch wie ein Posten. Der Morgen brach gerade erst an, die Luft war erfüllt

vom Summen der Insekten und dem heiseren Quaken der Frösche. Kein Mensch zu sehen, tiefe, fast atemlose Stille herrschte – und van Delden schlief in unserem Bad. Er mußte in den ersten Stunden des Tages gekommen sein. Das erklärte, daß nirgends Licht gebrannt hatte, als ich von dem Stimmengeflüster erwacht war.
Ich kletterte wieder in meine Koje, konnte aber nicht schlafen, dachte an das Drehbuch. Welchen Höhepunkt sollte es haben, und war ich überhaupt qualifiziert, es zu schreiben? Ich wußte nichts über Tiere, nichts über Afrika. Ich war in London geboren und aufgewachsen und bisher ausschließlich in Großbritannien tätig gewesen, sah man von dem einen Tankerfilm ab, und bei dem hatte die Besatzung nur aus Briten bestanden. Ich schaute zu Abe Finkel hinüber, der ganz unter seiner Decke stak, und betrachtete das Ausrüstungsdurcheinander unter Erd Lindstroms Koje. Die beiden waren nun ebenfalls in die Sache verwickelt. Sie hatten zwar zugegeben, daß sie nicht mehr über das Wild und sein Leben wußten als ich, aber sie waren um so viel älter, erfahrener...
Ken regte sich in der Koje unter mir. »Bist du wach, Colin?«
»Ja.«
»Glaubst du, wir könnten ein Bild von ihm schießen, wie er im Bad schläft? Die Rückwand hat ein Fenster.«
»Ist es hell genug?«
»Die Sonne geht gerade auf, und das Fenster geht nach Osten.«
Abe setzte sich auf. »Wollt ihr erschossen werden? Er hat einen Colt im Gürtel stecken, und ein Bursche wie er hält beim Schlafen ein Auge offen.« Er schwang die Beine aus der Koje und rutschte auf den Boden. »Wir werden es vor dem Frühstück arrangieren.«
»Er wird kaum damit einverstanden sein«, meinte Ken.
»Oh, das wird er wohl! Haben Sie nicht gehört, was er heute

nacht gesagt hat? Wir halten ihn hier versteckt, bis Kirby-Smith zu sprechen beginnt, und bekommen dafür Aufnahmen, so viele wir wollen. Ein Bursche wie er, der solche Risiken eingeht, braucht jede Publicity.« Er ging nach draußen, um zu pinkeln. Dann begann er sich anzukleiden. »Unser eigentliches Problem ist, wie kriegen wir das Material hinaus? Ich will mal mit dem Piloten reden, ich weiß, wo er schläft.« Während er in seine Stiefel schlüpfte, fragte er mich: »Wieviel wollen Sie finanziell beisteuern?«
»Ich habe ein sehr knappes Budget«, murmelte ich.
»Haben wir das nicht alle?« Er zuckte die Achseln. »Macht nichts, überlassen Sie es mir. Wir können später abrechnen.« Er ging, das Rasierzeug unterm Arm, als wolle er in den Waschraum.
Etwa eine halbe Stunde blieb er weg. Als er wiederkam, waren wir alle auf und zogen uns an. »Er fliegt den Minister heute nachmittag aus, etwa um vier, und wird unsere Filme mitnehmen.«
»Für wieviel?« fragte ich.
»Er ist einer ihrer Söldner und geht Risiken nicht umsonst ein. Ich habe ihm einen Scheck auf ein Schweizer Bankkonto über tausend Schweizer Franken gegeben, allerdings muß das Papierchen bei Ablieferung des Materials vom amerikanischen Konsul gegengezeichnet werden. Geht das bei Ihnen in Ordnung? Ihr habt ja keine diplomatische Vertretung.«
Keine Ahnung. Ich hing deshalb völlig in der Luft und wurde mir voll Unbehagen bewußt, daß ich für so etwas nicht gerüstet war. Mary Delden erschien auf der Veranda, sie sah frisch und sauber aus. »Kann ich hereinkommen?« Ihre rauhe Stimme klang nervös, ihre Augen suchten das Zimmer ab, als sie eintrat. »Alles in Ordnung?« fragte sie mich, woraus ich ersah, daß sie sich der anderen nicht sicher war.
Abe antwortete ihr: »Sie hätten uns vorwarnen können,

Mary. Erscheint da mitten in der Nacht, und Ihr Freund schläft wie ein Toter. Hätte ja sein können, daß ich brülle wie am Spieß.« Er lächelte, das dunkle Gesicht zeigte wieder Humor. »Hat mich ganz schön erschreckt.«
»Das tut mir leid.« Sie war erleichtert, lächelte nun ebenfalls. »Wo ist er?«
Abe wies mit dem Kopf zur geschlossenen Badtür. Sie ging hinüber und klopfte. »Ich bin es, Mary. Alles in Ordnung mit dir?«
Der Riegel wurde zurückgeschoben, und er öffnete die Tür. Er war bereits angezogen. Seine massige Gestalt füllte die Türöffnung aus. Er musterte die Anwesenden, eine rasche Taxierung. Sein Blick richtete sich auf Abe Finkel. »Waren Sie das, mit dem ich heute nacht gesprochen habe? Gut. Und Sie haben dafür gesorgt, daß die Bilder ausgeflogen werden?«
»Ihre Hilfe wird nötig sein.«
»Ja, natürlich. Ich habe alles mitgehört, was Sie sprachen. Wie steht es mit dem Tonband?«
»Bereits arrangiert. Die Kassetten gehen zusammen mit den Bildern ab.«
»Ausgezeichnet.« Er wandte sich Mary zu: »Keine Änderung im Terminplan, hoffe ich?«
Sie schüttelte den Kopf. »Mußt du es so machen, vor allen Leuten?«
»Wie denn sonst?«
»Es heißt, du tätest es – weil du ihn haßt?«
Er zuckte die Achseln. »Was macht das schon, wenn ich ihn aufhalten kann! Er beginnt also um halb elf zu sprechen?«
»Etwa um diese Zeit. Die Konferenz fängt um zehn an wie gestern, und ein Delegierter ist vor ihm dran, ein ehemaliger Senator aus Boston, der Franklin heißt. Karanja glaubt, daß Alex etwa eine halbe Stunde redet, danach ist Diskussion, und

der Minister spricht zum Schluß, kurz vor dem Essen. Nachmittags findet eine Besichtigung des Geländes statt, das für das Versuchsprojekt vorgesehen ist. Minister Kimani verspricht uns Aufnahmen von Nashörnern, Antilopen und vielleicht auch Löwen.«

»Er hat für alles gesorgt, wie?«

»Armee-Scouts werden gegen den Wind auf uns zukommen und das Wild treiben.«

Van Delden stieß ein hartes Lachen aus. »Sie sammeln die armen Biester schon seit Wochen ein und halten sie in Bomas gefangen. Das ist eines der Dinge, die ich den Konferenzteilnehmern sagen werde.« Er schaute Ken und Lindstrom an: »Ihr seid die Kameraleute, nicht? Seht zu, daß ihr genügend Film in euren Kameras habt, wenn ich zum Ende komme. Ihr werdet dann Aufnahmen von einem Elefanten kriegen, und das Ganze wird viel aufregender sein als alles, was Kimani euch bieten kann.«

»War das ein Elefant heute nacht?« fragte Abe. »Bei den Baracken erklang lautes Quietschen und Geschrei. Deshalb waren wir wach, als Sie kamen.«

Der große Löwenkopf nickte. »Es war ein Elefant. Der, von dem du mir erzählt hast, Mary.«

»Und du hast ihn zum Lodge getrieben – in diesem Zustand?« Ihre Stimme zitterte, auf ihrem Gesicht standen Empörung und Ärger. »Wie konntest du nur?«

»Sie hatten Wachen aufgestellt, die mußte ich ablenken.« Als er den Ausdruck des Abscheus auf ihrem Gesicht bemerkte, fügte er hinzu: »Er ist ohnehin verloren. Das weißt du genau, sei also nicht sentimental.«

Doch sie hatte den Kopf zur Seite gedreht, schaute zum Fenster hinaus. »Karanja kommt«, sagte sie, »ich glaube, er kommt hierher.«

Wir konnten ihn durchs Fenster vom Hauptgebäude her-

überstolzieren sehen. »Sie holen mich, nicht wahr?« sagte van Delden zu mir. »Sobald Alex aufsteht.«
Ich nickte, und er verschwand ins Bad, verriegelte die Tür von innen.
Karanja kam direkt zu unserer Veranda. »Guten Morgen, Miss Delden, Mr. Tait, meine Herren. Ich hoffe, unsere Leute haben Sie heute nacht nicht geweckt, als sie diese Elefanten vertrieben.« Er schien seine Fröhlichkeit und sein Selbstvertrauen teilweise wiedergefunden zu haben.
»Waren es mehr als einer?«
»O ja. Die kommen zum Müll, wissen Sie.« Er zögerte, sah unsicher die beiden Amerikaner an und wandte sich dann an Mary Delden: »Ich möchte Sie sprechen. Sie auch, Mr. Tait.«
Er führte uns zum Schwimmbassin. Als wir außer Hörweite waren, sagte er: »Bitte teilen Sie Tembo mit, daß er nicht kommen soll. Es ist nicht gut für ihn. Der diensthabende Offizier hat Posten um das ganze Lodge herum. Nach dem Frühstück treffen noch mehr Soldaten ein, und er hat keine Chance, an ihnen vorbeizukommen, nicht die geringste Chance.«
»Und was meinst du, wie ich ihm das mitteilen soll?« fragte Mary.
»Ich glaube, Sie haben irgendein Signal vereinbart. Bitte teilen Sie es ihm mit. Das ist alles, was ich zu sagen habe. Nur eins noch: Meinem Minister liegt sehr viel daran, sich nicht zum Narren zu machen, nicht vor all den Delegierten.«
»Das kann ich mir denken.« Sie lächelte säuerlich. »Die Armee verhaftet Tembo und die Kameras der Journalisten surren. Das würde Kimani wirklich in die Klemme bringen.«
»Bitte, Miss Mary, es werden keine Kameras surren. Es wird außerhalb des Lodges passieren. Verstehen Sie? Er wird nichts erreichen.«
Sie nickte. »Ich verstehe. Aber du kennst ihn. Wenn er sich

etwas in den Kopf gesetzt hat...«
»Deshalb bitte ich Sie ja, tun Sie mir den persönlichen Gefallen. Sie müssen ihn überzeugen, daß es nicht gut ist.«
»Geh doch selber zu ihm und überzeuge ihn. Sein Camp ist unten im Lugga.« Sie beschrieb ihm die Stelle genau. »Ich käme nicht durch die Postenkette, außerdem muß ich auf der Konferenz sein.«
Er zögerte, schüttelte dann mit einem listigen Lächeln den Kopf: »Ich glaube, daß er das Camp schon verlassen hat, sonst würden Sie mir nicht sagen, wo es ist.« Unvermittelt hüllte er sich in den Mantel seiner Autorität und gebot streng: »Sie werden es tun, bitte. Zu seinem eigenen Nutzen. Um Schwierigkeiten zu vermeiden.« Damit wandte er sich um und ging rasch davon. Er hatte seinen Auftrag erfüllt. Mein Gefühl sagte mir, daß sein Selbstvertrauen nur Tünche war und er in Wirklichkeit Angst hatte.
»Was wird aus ihm?« fragte ich Mary, als ich ihr zum Hauptgebäude folgte.
»Ihm passiert nicht viel«, antwortete sie. »Er ist ein Kikuju und Kimani ebenfalls.«
»Stammesverbundenheit?«
Sie nickte. »Beide werden der Armee die Schuld zuschieben. Kimani ist ein schlauer Fuchs. Wenn das nicht klappt...« Sie zuckte die Achseln. »Na, ich denke, Afrika unterscheidet sich nicht sehr von Washington oder London, was die Politiker betrifft. Ihre Hauptsorge ist überall dieselbe – Titel zu erringen und zu überleben.« Sie blieb stehen, schaute zur Wasserstelle zurück und sog hörbar die Luft ein. »Was für eine wunderbare Welt wäre das ohne die Politik. Ich stelle mir das Paradies immer als einen Ort vor, an dem es keine Politik gibt. Sogar hier, wo wir angeblich um die Erhaltung des Wildbestands ringen, ist alles Politik, jeder Delegierte verfolgt seine verdammten Privatinteressen, hat sein Image zu wahren.

Cornelius bildet keine Ausnahme, nicht zu reden von Alex. Beide haben ihren festen Standpunkt und sind blind gegenüber jedem anderen, beide tragen geistige Scheuklappen... Ach, verflixt, kommen Sie mit zum Frühstück? Ich bin am Verhungern.« Sie lächelte, krampfhaft um Heiterkeit bemüht. »Ein voller Magen ist das beste Beruhigungsmittel.«
»Ich habe mich noch nicht rasiert.«
»Okay. Dann sehe ich Sie auf der Konferenz.«
Ich blickte ihr nach. Was sie wohl wirklich fühlte? Sie war in einem Safari-Camp aufgewachsen, das ihr Vater und Kirby-Smith geleitet hatten, und jetzt würden die beiden einander gleich an die Kehle gehen. Ich dachte an meine eigene Vergangenheit, die so ordentlich war, so alltäglich. In ihrer Vergangenheit lag Explosivität. Hatte sie gewußt, was ihr Vater plante, als sie den Auftrag annahm, über die Konferenz zu berichten? War ihr klar gewesen, daß es zu einer Konfrontation kommen und sie emotionell zwischen den beiden hin und her gerissen würde? Eines schien immerhin für sie festzustehen – daß beide keine Rücksicht kennen würden.
Ich kehrte in unser Zimmer zurück, um meinen Waschbeutel zu holen. Abe Finkel saß auf der Veranda, gewaschen und rasiert.
»Ken und Erd frühstücken gerade. Wir gehen später. Können doch nicht riskieren, daß ein Posten ihn hier findet, bevor die Sache steigt, was?« Sein lockiges schwarzes Haar glänzte, und seine Augen funkelten, ein echter Journalist, ein wirklicher Profi. Er wußte, daß sich ihm hier eine Chance bot, und war voll gespannter Erregung. »Der Pilot hat Zimmer 71. Er wartet dort auf uns.«
Bis zehn Uhr waren immer mindestens zwei von uns im Zimmer oder auf der Veranda. Doch die einzigen Posten, die wir entdeckten, standen jenseits der Wasserstelle, und dazu patrouillierte ein Sonderkommando. Auf den Gedanken, daß

Cornelius van Delden bereits im Lodge sein könnte, kam offenbar niemand.
Um zehn Uhr gingen wir alle in den Speisesaal. Die Tische waren jetzt aufgestapelt und die Stühle in Reihen gestellt worden. Der Raum hatte sich bereits zur Hälfte gefüllt. Wir setzten uns an den Rand einer Reihe, und Ken montierte die Bolex auf das Stativ. Ich hatte sicherheitshalber die Beaulieu mitgenommen, aber meine Hauptaufgabe war die Bandaufnahme. Ich fragte mich, ob ich nahe genug an den vordersten Reihen und am Redner sei. Doch nach der Einleitung von Sir Edmund Willoughby-Blair, der seinen Platz neben dem Rednerpult hatte, wußte ich, daß alles bestens klappte. Ich spielte die ersten Worte seines kurzen Resümees der von den Delegierten am Vortag geäußerten Ansichten ab. Sie kamen klar und deutlich. Abschließend sagte er: »Ich meine, wir sind uns alle im klaren über die Probleme, vor denen die Regierung der Ostafrikanischen Föderation steht. Unsere Sorge gilt der Zukunft des Wildes in diesem Gebiet, aber wer gestern die Rede des Ministers gehört hat und nicht zugibt, daß diese Probleme Auswirkungen auf die Tiere haben müssen, die einst einen so großen Teil des Territoriums der Föderation bevölkerten, ist unrealistisch.«
Der Minister nickte lächelnd. Er saß neben dem Vorsitzenden, sein eleganter Anzug war etwas zu blau, ein goldener Ring leuchtete an seiner dunklen Hand, die er auf dem Knie liegen hatte.
»Die Probleme, wie ich sie sehe und wie sie sich auf der Konferenz herauskristallisiert haben, resultieren aus drei Dingen: Erstens, aus den Folgen eines auszehrenden, langen Krieges. Zweitens, aus dem Streben eines im Aufbruch befindlichen Volkes nach Grundbesitz, einem natürlichen Streben in einem Gebiet mit extrem hoher Geburtenrate, wo der Bevölkerungsdruck noch durch den Zustrom von Flüchtlingen ge-

steigert wird; ganze Stämme sahen sich zur Umsiedlung oder zur Ausweitung ihres Territoriums gezwungen. Drittens, aus der Ansiedlung nomadischer Stämme, die aus den von der Dürre betroffenen Gebieten im Norden kommen und sich konsequent vom Hirtenleben auf die effektivere Nutzung des Landes durch Ackerbau umstellen müssen. Dies, meine Herren, sind die drei grundlegenden Faktoren, mit denen wir uns konfrontiert sehen, und keine noch so aufrichtig gemeinte, emotionale Argumentation wird sie aus dem Weg räumen. Heute nun, am letzten ganzen Konferenztag, werden wir uns auf die praktischen Fragen konzentrieren, wir werden am Nachmittag ein Gebiet besuchen, wo der Bestand an Großwild noch hoch ist und, wie der Minister glaubt, erhalten werden kann. Mit anderen Worten, wo ein Wildreservat oder ein Naturpark auch politisch möglich wäre.«
Er blickte auf die geschniegelte blaue Gestalt an seiner Seite. »Doch wir dürfen nicht vergessen, daß Mr. Kimani das Vorhaben noch bei seinen Regierungskollegen und der Armee durchsetzen muß.« Er wandte sich wieder an seine Zuhörer und sagte langsam, mit Nachdruck, um seinen Worten Gewicht zu verleihen: »Ich möchte Sie deshalb bitten, ihm das nicht unmöglich zu machen, indem Sie heute abend auf unserer Schlußsitzung Resolutionen fassen, die er nicht unterstützen kann. Ich wiederhole, und ich sage es eindringlich, wir müssen praktisch denken, an das unter den gegebenen Umständen Machbare. Um dazu beizutragen, habe ich die Zahl der Redner heute vormittag auf zwei beschränkt, beides Männer der Praxis. Einer von ihnen – Alex Kirby-Smith – ist von Geburt an in diesem Lande und gilt als wissenschaftliche Kapazität für die Behandlung von Wild, in Reservaten wie in freier Wildbahn. Und, wichtiger noch, wegen seiner Verdienste im letzten Krieg ist er für die derzeitige Föderations-

regierung akzeptabel.«
Während seiner letzten Worte hatte der Vorsitzende zu Kirby-Smith geschaut, der bei der Veranda saß. Die Sonne beleuchtete das große, gebräunte Gesicht wie ein Scheinwerfer, betonte das Adlerhafte der Nase und die Schärfe der von Falten umgebenen Augen. Eine kleine Gruppe um ihn applaudierte, und er lächelte dankend. Ein Goldzahn blitzte, und der rote Schal um seinen Hals bildete einen flotten Farbfleck auf dem Khaki seiner Buschjacke.
»Doch zuvor«, fuhr Sir Edmund fort, »bitte ich George L. Franklin von der Boston Foundation ans Rednerpult, einen Praktiker auf anderem Gebiet – in der Finanzwelt. Wir müssen uns mit der Tatsache auseinandersetzen, daß ein Wilderhaltungsprogramm Geld erfordert – für Verwaltung, Management, Schutz. Es wird sich nicht selbst tragen wie in den alten Tagen, als die Touristen zu Tausenden kamen. Diese Tage sind dahin, vielleicht für immer. Ergo sind Mittel notwendig. Ich rufe nun George Franklin auf.«
Franklin sprach gut zwanzig Minuten, monoton und mit dem unangenehmen Akzent, der mir schon mehrmals aufgefallen war. Seine Rede ließ keinerlei Gefühl erkennen. Vermutlich ein Buchhalter. Er analysierte Kosten, Fakten, Zahlen, legte dabei die alten Naturparks zugrunde und setzte bei den erforderlichen Summen für Wildhüter, Scouts, Straßen, Transport und die komplexen Einrichtungen zur effektvollen Leitung eines Gebiets von annähernd fünfhundertzwanzig Quadratkilometern die neuesten Tarife an. Er schloß mit der Erklärung, daß die von ihm vertretene Stiftung bereit sei, ein solches Projekt bis zu einer Höhe von zwanzig Prozent der Kosten zu unterstützen, und zwar über einen Mindestzeitraum von fünf Jahren.
Ich schaute auf die Uhr. Fünfundzwanzig Minuten nach zehn, und Franklin beantwortete jetzt Fragen. Kameraleute

näherten sich unauffällig Kirby-Smith, suchten eine günstige Position für die Aufnahmen, die sie machen wollten, wenn er zum Rednerpult ging. Karanja entrollte eine an der Wand hängende Karte. Ken berührte mich am Arm. »Willst du eine Aufnahme von ihm, wenn er zu sprechen anfängt?« fragte er leise.

Ich schüttelte den Kopf, beobachtete Abe Finkel, der eben hinausgegangen war. Gegen das Licht draußen sah ich ihn als Silhouette vor den zerbrochenen Fenstern. Erd Lindstrom hielt sich neben ihm, und beide hatten Kameras. Mary Delden stand bereits auf der Veranda, auch sie hatte die Kamera bei sich. Von ihrem Platz konnte sie unser Zimmer sehen und den Sprecher im Auge behalten. »Bleib du hier«, sagte ich zu Ken. Die Lichtverhältnisse waren zu tückisch für mich. »Ich möchte eine Nahaufnahme von Kirby-Smiths Gesicht, wenn er van Delden eintreten sieht.« Ich ließ das Tonband laufen, ergriff die Beaulieu und steuerte auf die Tür zu. Die Stimme Sir Edmund Willoughby-Blairs folgte mir, als er dem Redner für seine offene, detaillierte Analyse und für die Großzügigkeit seiner Stiftung dankte.

»Noch nicht«, sagte Abe und faßte mich am Arm; er beobachtete den Vorsitzenden. Erd Lindstrom war auf halbem Weg zu unserem Zimmer. »Ich habe ihn losgeschickt, damit er den alten Herrn vorwarnt. Wir geben ihm im richtigen Moment ein Zeichen.«

Der Vorsitzende rief nun den nächsten Redner ans Pult. Kirby-Smith erhob sich, die Kameras surrten und klickten. Es war sein großer Auftritt, und er genoß ihn sichtlich. Er beantwortete sogar Fragen, als ihm Journalisten, die den Tagungsverlauf langweilig fanden und etwas Aufregenderes, Farbigeres brauchten, Mikrophone entgegenhielten. »Sind Sie je auf einem wilden Elefanten geritten, Mr. Smith?«

»Nein, nur auf Nashörnern.« Sie scherten sich nicht darum,

daß es ein Scherz war, nahmen es begierig auf. Er gab sich fröhlich, fast liebenswürdig, hatte seinen Charme »angeschaltet«. Die Kameraleute im Schlepptau, schritt er zum Rednerpult. Jemand fragte: »Es kursiert das Gerücht, Sie gingen nach Norden; für die Regierung?«
»Das werden Sie in meiner Rede hören.«
Er hatte das Pult erreicht, wandte sich lächelnd dem Auditorium zu, das gutaussehende Gesicht lebendig und vital, voller Selbstvertrauen. Abe hob die Hände. Ich sah Lindstrom das Zeichen bestätigen und beobachtete wartend den Konferenzraum. Kirby-Smith sprach jetzt, über den Krieg und die Rolle, die das Wild darin hatte spielen müssen. »Eine auf dem Vormarsch befindliche Armee nimmt, was sie kriegen kann. Sie ernährt sich aus dem Land, und in Afrika bedeutet dies, vom Wild. Ich weiß, daß einige unter Ihnen das für unverzeihlich halten, aber wenn jemand erwartet, daß Menschen verhungern, damit der Elefant, das Nashorn oder die Gazelle überleben, kennt er die menschliche Natur nicht. Unter Ihnen ist keiner, kein einziger, der im Ernstfall den Hungertod auf sich nähme, wenn er die Möglichkeit hätte zu töten – sosehr ihm an der Erhaltung des Wildbestandes gelegen sein mag. Sogar jene unter Ihnen, die es in Ordnung finden, für den Kochtopf zu töten, mit anderen Worten, sich aus dem Land zu ernähren, verabscheuen das Verhalten von Männern wie Stanley und Teleki, die mit einem großen Gefolge an Trägern loszogen und jagten, um ihre Leute mit Fleisch zu versorgen. Doch sie taten es, um ihre Expeditionen vor dem Scheitern zu bewahren. Und ich tat im letzten Krieg dasselbe, um eine Armee zu ernähren.«
Er hielt ein, blickte auf das Gesichtermeer, wollte sich von der Wirkung seines Arguments überzeugen. »Einige von Ihnen, das weiß ich, verzeihen mir meine Rolle in dieser Sache nicht. Aber was wollen Sie? Ich werde Ihnen sagen, was eine Armee

mit knurrendem Magen getan hätte…« Abe bewegte sich, hob die Kamera. Ich hatte mich von der Rede ablenken lassen, wandte mich nun rasch um, sah schwarze Posten laufen und Lindstrom rückwärts gehen, die Kamera auf die löwenhafte Gestalt Cornelius van Deldens gerichtet, der in ausgetretenen Sandalen und schmutzigen Shorts auf den Konferenzraum zukam. Graues Haargewirr schaute aus dem zerrissenen Kragen seines abgetragenen Hemdes, und an der Hüfte trug er einen Revolver.

Die Rufe der aufgeregten Posten ließen im Raum Köpfe herumfahren, der Name Cornelius van Delden lief im Saal von Mund zu Mund. Die Journalisten, die vor Kirby-Smith kauerten, nahmen ihre Finger von den Auslösern, sprangen auf und rannten los. Innerhalb weniger Sekunden geriet der Raum in Aufruhr, Delegierte drängten sich an die Fenster und auf die Veranda. Ich gab Ken ein Zeichen in Form eines Kreises, und er schwenkte die Kamera über die Szene. Dann ging er nahe an den sprachlos dastehenden Kirby-Smith heran, an den wie benommen auf seinem Stuhl sitzenden Minister und an den Vorsitzenden, der einen Aschenbecher aufs Rednerpult schlug. Ich schaltete schnell das Tonbandgerät aus und drängte mich auf die Veranda.

Die kleine Prozession mit dem rückwärts gehenden Kameramann Erd erreichte die Veranda, stieß auf die Delegierten, die neugierig ihre Hälse reckten. Die Gruppe kam zum Halten. Delegierte und Journalisten fragten: »Wie sind Sie hereingelangt? Wir haben gehört, Sie seien deportiert worden? Mr. van Delden, werden Sie sprechen?« Und eine sehr deutsche Stimme: »Bitte geben Sie eine Erklärung ab. Wir möchten wissen, ob es wahr ist, daß von hier bis zur Küste keine wilden Tiere mehr existieren.« Dann ein anderer, dem Aussehen nach Skandinavier: »Ja, wir möchten eine Erklärung.«

Die Posten waren unsicher stehengeblieben, ihre schwarzen

Gesichter und khakifarbenen Uniformen bildeten einen dichten Hintergrund für van Deldens bärtigen Kopf; sie konnten nichts unternehmen, sahen sich einem Heer von Kameras und einer Phalanx von Delegierten gegenüber.
»Meine Herren!« Sir Edmunds Stimme klang nicht mehr sanft und überredend, sondern dröhnte wie die eines Hauptfeldwebels: »Meine Herren, ich bitte um Ihre Aufmerksamkeit. Kehren Sie auf Ihre Plätze zurück. Wir hören eine sehr wichtige Rede. Bitte, setzen Sie sich. Sofort.«
Langsam entwirrte sich das Durcheinander, einige Delegierte nahmen wieder Platz. Doch viele blieben in van Deldens Nähe, nachdem sie dem Vorsitzenden den Weg freigegeben hatten. Zweifellos wollten sie sehen, wie er diesen Mann begrüßte, der gleich einem alten Propheten aus dem Busch gekommen war. Sie wurden nicht enttäuscht. Sir Edmund verstand Gelegenheiten zu nutzen. »Cornelius van Delden!« Er strahlte, streckte die Hand aus. »Ich erinnere mich an Sie aus dem Jahr '73, als die halbe wissenschaftliche Welt, darunter ich, an den Rudolfsee gereist war, um eine Sonnenfinsternis zu beobachten. Kommen Sie herein, Sie sind natürlich eingeladen gewesen, aber ich habe gehört, Sie seien aufgehalten worden.« Er legte den Arm auf van Deldens Schulter, und sein gutmütiges Froschgesicht lächelte in die Kameras, als er erklärte: »Wir sind uns aber auch schon früher begegnet, als ich bei den King's African Rifles diente – während der Mau-Mau-Aufstände.«
Keine sehr taktvolle Bemerkung, denn der Minister war ein Kikuju. Aber vielleicht hatte Sir Edmund es absichtlich gesagt. Er wußte zweifellos, wie Delden auf dem Flugplatz behandelt worden war und daß man ihm einen Suchtrupp nachgeschickt hatte. Mir schien jedoch, daß Kimani seine Bemerkung überhaupt nicht aufnahm. Er saß mit ausdruckslosem Gesicht da, seine Unterlippe hing herab und seine Au-

gen traten vor, als habe er ein Gespenst gesehen.
»Den Minister kennen Sie, denke ich. Und Alex natürlich auch.« Noch immer hatte er den Arm auf van Deldens Schulter, als fürchte er, aus dem Blickfeld der Kameras zu kommen, wenn er ihn wegnahm. Er wandte sich dem Auditorium zu, seine Stimme dröhnte erneut: »Meine Herren! Ich bin sicher, Sie alle wünschen, daß ich diesen Mann auf unserer Konferenz begrüße, er braucht Ihnen ja nicht vorgestellt zu werden, Sie kennen ihn zumindest dem Namen nach – Cornelius van Delden. Er ist leider aufgehalten worden, durch Umstände, die nicht in seiner Macht lagen, aber da er jetzt hier ist, wünschen Sie sicher, daß ich ihn bitte, uns in den Genuß seiner langjährigen Erfahrung kommen zu lassen – das heißt, nachdem Alex seine Rede beendet hat.«
Applaus erklang, als er van Delden zu einem Stuhl führte und dann selbst wieder Platz nahm. Der Minister beriet sich erregt mit Karanja. Nach und nach kehrte im Saal wieder Ruhe ein, und Kirby-Smith griff den Faden seiner Rede wieder auf. Er sprach nicht mehr ganz so glatt wie vorher, hatte seine Hörer nicht mehr ganz so in der Gewalt. Cornelius van Delden war eine zu verblüffende Gestalt, die Delegierten reckten noch immer die Hälse nach ihm. Doch Kirby-Smith war ein guter Redner, und als er auf die geplante Reise in den Norden zu sprechen kam, hatte er die Aufmerksamkeit aller wieder errungen.
»Wie ich höre, ist unter den Konferenzteilnehmern viel über Ileret als möglicher Alternative zu dem von der Regierung vorgesehenen Reservat gesprochen worden, und ich glaube, die meisten von Ihnen wissen bereits, daß ich in Kürze nach Norden aufbreche, um die Wildsituation an den Ufern des Rudolfsees zu überprüfen. Militärflugzeuge der Föderation, die das Gebiet überflogen haben, berichten von einer beträchtlichen Wildkonzentration...« Er drehte sich zu der

Karte um, die hinter ihm an der Wand hing. »Besonders im Gebiet des Horr Valley.« Er deutete auf den Einschnitt zwischen den Bergketten Nyiru und Ol Doinya Mara unterhalb des südlichen See-Endes. »Auch auf den Hängen des Kulal. Tatsächlich scheint auf der ganzen Ostseite des Rudolfsees eine überdurchschnittliche Wildkonzentration zu herrschen.« Er trat ans Rednerpult zurück, nicht um in seine Notizen zu schauen, sondern weil dies die beherrschendste Position war, weil er hier zwischen dem Vorsitzenden und dem Minister stand.

»Ileret liegt nahe an der äthiopischen Grenze. Es gehört jetzt zur militärischen Zone, und wie Sie sicher aus Ihren Karten ersehen haben, ist die ganze Gegend, die Sie wahrscheinlich besser unter dem Namen Northern Frontier District kennen, heute verbotenes Gebiet. Der Grund dafür ist nicht nur darin zu suchen, daß die Armee das Gebiet für äußerst wichtig für die Verteidigung der Nordflanke der Föderation ansieht. Dort herrschte auch, wie Sie ja alle wissen, eine lange Dürreperiode. Es ist ein Weidegebiet und wird von Nomadenvölkern bewohnt, hauptsächlich den Rendille und Samburu. Ihre Herden sind fast völlig eingegangen, sogar an Ziegen und Kamelen haben sie schreckliche Verluste erlitten. Diesen Stämmen droht der Hungertod, und wenn in dem Gebiet jetzt auch Regen erwartet wird, so kann das doch keine unmittelbaren Auswirkungen haben. Ein paar Regentage vermögen vielleicht die kümmerlichen Reste der Rinderherden vor der Vernichtung zu bewahren, lassen aber keine neuen Herden entstehen, von denen diese Völker leben könnten. Die Regierung – und Sie werden mir aus diesen humanitären Gründen sicher beipflichten – vertritt die Ansicht, daß für das Gebiet dringend Hilfe erforderlich ist. Wie Sir Edmund schon gesagt hat, man darf die Erhaltung des Wildbestandes nicht isoliert betrachten. Auch die Völker des Landes erheben Anspruch

auf Erhaltung. Meine Herren, wir haben es dort mit einem Katastrophengebiet zu tun, die gemeldete Wildkonzentration könnte die letzten Überreste der Vegetation vernichten und so die Rendille und Samburu endgültig auslöschen.«
Der Minister nickte energisch, aber eine Stimme aus dem Hintergrund rief: »Die Rinder und Ziegen, nicht das Wild, vernichten die Vegetation!«
»Unter diesen Umständen«, fuhr Kirby-Smith ungerührt fort, »werden Sie einsehen, daß die Wiedereinrichtung Ilerets als Wildreservat im Augenblick politisch nicht möglich ist. Aber – und hier habe ich einige Hoffnungen für die Zukunft – die Regierung hat mich aufgefordert, eine Expedition dorthin zu unternehmen. Diese wird zwei Ziele haben: die Lage gründlich zu untersuchen und sofort Maßnahmen gegen den drohenden Hungertod einzuleiten.« Er hob die Hand, als Proteststimmen laut wurden. »Bevor Sie Ihrer völlig verständlichen Reaktion Ausdruck verleihen, möchte ich Sie bitten, eines zu bedenken: Hier in diesem vergleichsweise bequemen Lodge verköstigt man Sie mit Dosenrationen, die von der Föderationsregierung trotz beschränkter Mittel eingeführt werden müssen. Die Bevölkerung dagegen muß aus dem Land leben. Im Norden gibt es fast nichts mehr zum Leben als das Wild, das in diese Gegend zieht.«
»Welches Wild?« fragte dieselbe Stimme aus dem Hintergrund.
»Ich spreche hauptsächlich von Elefanten. Natürlich kommt auch anderes Wild...«
»Haben Sie eine Ahnung, wie viele Elefanten noch übrig sind?«
Ein anderer Delegierter sagte: »Es können nicht mehr viele sein. Sie geraten seit Jahren in immer ärgere Bedrängnis, der Wald wird zu Holzkohle verbrannt, Bäume weichen Shambas und neuen Dörfern, die Rinderherden wachsen sogar noch

schneller als die Bevölkerung – dann der Krieg, hemmungsloses Wildern, schließlich die Dürre. Und nun wollen Sie...«

»Ruhe. Ruhe bitte, meine Herren.« Sir Edmund Willoughby-Blair hämmerte wieder mit dem Aschenbecher aufs Rednerpult. Er nickte Kirby-Smith zu.

»Wie gesagt«, fuhr dieser fort, »ich verstehe Ihre Reaktion vollkommen, aber wenn Völker am Sterben sind, wie im Norden, suchen sie überall Nahrung. Läßt man ihnen angesichts dieser ungewöhnlichen Nordwanderung freie Hand, wird es zu einem großen Schlachten kommen, viel wird vergeudet werden, und ein Teil des Fleisches wird verderben. Ich besitze die notwendige Ausrüstung für die vor uns liegende Aufgabe, dazu geschulte Leute. Nichts wird verlorengehen. Es wird die wissenschaftlich betriebene Ernte eines Naturschatzes sein, nur ein Teil der Tiere wird erlegt werden, nur so viele, daß die augenblicklichen Bedürfnisse gestillt werden und die Menschen die Zeit überbrücken können, bis ihre Herden sich wieder vermehren. Ich wiederhole, die Sache wird wissenschaftlich durchgeführt, die Tiere werden ordnungsgemäß abgeschossen, und das Fleisch wird ganz verwertet. Das Ergebnis, so hoffe ich, wird die Wiederaufnahme eines normalen Lebens durch die betroffenen Stämme und die Erhaltung lebensfähiger Wildbestände sein – womit ich meine, daß die Zahl jeder Spezies auf einen Wert reduziert werden muß, den das Land ohne Schwierigkeiten verkraftet. Ein großer Teil des Landes ist reine Wüste, und für die Tiere wie für die Menschen ist es wichtig, daß das Gleichgewicht zwischen der verfügbaren beziehungsweise möglichen Vegetationsfläche und der zu ernährenden Bevölkerung aufrechterhalten wird. Das Resultat meiner Operation«, er blickte den Minister an, »wenn sie abgeschlossen und das richtige Gleichgewicht wiederhergestellt ist, wird nach meinem Dafürhalten die Wiedereinrichtung Ilerets als Wildreservat sein.

Wenn sie sich unter den dann herrschenden Umständen verwirklichen läßt, werde ich für meinen Teil überzeugt sein, die neue Ostafrikanische Föderation unterstützt und gleichzeitig zu der Sache beigetragen zu haben, die uns allen hier am Herzen liegt, nämlich die Erhaltung des Wildbestandes in Ostafrika.«
Er setzte sich, und der Minister nutzte die herrschende Stille, um rasch aufzustehen und zu sagen, die Regierung werde den Fall Ileret wohlwollend behandeln, sobald die augenblickliche Katastrophensituation bereinigt sei.
»Ich möchte Mr. Kimani gern eine Frage stellen.« Das war Cornelius van Delden. Seine Stimme klang überraschend weich, ganz anders, als seine Aufmachung erwarten ließ, die in so krassem Gegensatz zur untadeligen Khakikleidung Kirby-Smiths stand.
Der Vorsitzende nickte. »Ich wollte Sie eben bitten, uns Ihre Ansichten über das Gebiet mitzuteilen, mit dem Ihr Name so lange verbunden war.«
Van Delden stand jetzt, den Kopf leicht vorgeschoben: »Einige Jahre sind vergangen, seit ich den Rudolfsee zuletzt besucht habe. Ich kann mich deshalb nicht zu der von Major Kirby-Smith beschriebenen Situation äußern. Ich höre jedoch mit Erleichterung, daß in Ostafrika noch etwas Wild übrig ist. Hier dagegen ist, wie Sie selbst gesehen haben...«
»Es gibt viele Gebiete wie den Rudolfsee«, unterbrach ihn der Minister scharf. »Sogar hier – in der Nähe des Schauplatzes der größten Schlacht, die wir geschlagen haben – werden die Delegierten Gelegenheit bekommen, sich davon zu überzeugen.«
Van Delden nickte und drehte sich zu den Versammelten um, ein Bär von einem Mann, den die meisten von uns gegen das helle Licht draußen als Silhouette sahen. »Ja«, sagte er. »Ich bezweifle nicht, daß man Ihnen einige Tiere zeigen wird, aber

sie stammen nicht aus der Gegend. Bestimmt sind von euch Medienleuten einige bereit, auf das Mittagessen zu verzichten. Wenn Sie es fertigbringen, daß man Sie vor der festgesetzten Zeit in das Gebiet fährt, können Sie die Tiere aufnehmen, bevor man sie aus den Bomas freiläßt.«

Kimani sprang auf: »Das ist nicht wahr.«

Van Delden zuckte die Achseln: »Dann fahren Sie die Leute hin. Direkt von hier aus. Bevor Sie Karanja oder jemand anderem befehlen können, die Tiere loszulassen.« Er lächelte, blickte Kimani mit seinen harten blassen Augen an, bis dieser den Blick senkte. Der Minister war sichtlich verlegen, Kirby-Smith kam ihm zu Hilfe: »Als nächstes wirst du vermutlich mich beschuldigen, ich hätte die Tiere für die Regierung eingefangen.« Die amüsierte Überraschung auf seinem Gesicht erregte Gelächter. »Unter den Alteingesessenen ist leider allzu bekannt, daß Van Delden und ich nie gut miteinander ausgekommen sind. Er hat mich aller möglichen Dinge beschuldigt, seit wir vor etwa fünfzehn Jahren unsere Partnerschaft auflösten.«

»Willst du behaupten, du hättest die Tiere nicht eingefangen? Du hättest keine Anweisung dazu gegeben?«

»Natürlich habe ich das nicht getan.«

»Aber du leugnest nicht, daß die Tiere eingefangen worden sind.«

»Das ist ja lächerlich. Du bist eben erst ins Land gekommen...«

»Meine Scouts bestätigen es. In der näheren Umgebung ist kaum etwas Größeres übrig als ein Warzenschwein. Die Tiere, die Ihnen heute nachmittag gezeigt werden, hat man mit Lastwagen angekarrt. Und es werden keine Elefanten dabei sein, kein einziger, denn ausgewachsene Elefanten sind zu schwer für Lastwagen.« Er sprach wieder den Minister an: »Ihre Absicht liegt auf der Hand: das Land von allem befreien, was für Ackerbau und Viehzucht irgendeine Konkurrenz bedeuten könnte. Würden Sie uns nun bitte sagen, welche Anweisungen Sie oder Ihre Regierung Kirby-Smith für diese Expedition zum Rudolfsee erteilt haben. Das Wild auszurotten?«

»Nein!« Kimani schlug mit der Faust aufs Rednerpult, die Augen traten ihm fast aus den Höhlen. »Natürlich nicht die Ausrottung. Ich habe Mr. Kirby-Smith persönlich instruiert, und meine Anweisungen entsprechen genau dem, was er den Konferenzteilnehmern gesagt hat.«

»Dann eine andere Frage. Haben Sie persönlich die Anweisungen zu der sogenannten Ernte in der Serengeti während des vergangenen Krieges erteilt, den man meines Wissens jetzt Föderationskrieg nennt?«

»Nein. Damals regierten Militärs.«

»Die Armee hat mir Anweisungen erteilt«, sagte Kirby-Smith ruhig. »Warum?«

Van Delden ignorierte ihn, sah nach wie vor Kimani an. »Aber jetzt, wo Sie Minister für Boden- und Naturschätze sind, können Sie doch nicht völlig in Unkenntnis dessen sein, was dort geschehen ist.« Er wandte sich wieder den Delegierten zu. »Major Kirby-Smith hatte den Auftrag, die Armee zu verköstigen. Genau wie er jetzt den Auftrag hat, die Nomaden in der Nordregion zu ernähren. Wissenschaftlich. Alles wird wissenschaftlich durchgeführt, sagt er. Wissen Sie, was er unter wissenschaftlich versteht? Die Ausrottung.«

»Unsinn.« Kirby-Smith war rot geworden, hatte sein Lächeln und seinen Charme verloren. »Wie gesagt, du hast mich schon der verschiedensten Dinge beschuldigt. Immer unbegründet. Aber mich der Ausrottung des Wildes zu beschuldigen, das ist denn doch der Gipfel...«

»Dann frage Kimani, warum er so spät gekommen ist, daß sich die Eröffnung der Konferenz um einen Tag verschoben hat und die Fahrt in die Serengeti gestrichen werden mußte. Wenn die Delegierten in der Serengeti...«

»Ich lasse sie morgen hinbringen«, warf Kimani ein, der noch immer stand. »Alle Delegierten und Journalisten, die es wünschen...«

»An den Lgaryasee?«

Der Minister starrte ihn sprachlos an, den Mund offen. Dann blickte er zu Kirby-Smith und setzte sich rasch.

»Nein«, sagte van Delden. »Niemand wird dorthin gebracht werden, denn wenn einer von Ihnen das dort sähe, gäbe es einen solchen Aufschrei...«

»Du weißt nichts darüber.« Kirby-Smith beachtete die Delegierten nicht mehr, hatte nur noch Augen für van Delden. Die beiden musterten einander über den Raum hinweg. »Natürlich sind Tiere erlegt worden...«

»Alle Wildebeests, alle Zebras, alle Gazellen, ausgerottet in einer sinnlosen Orgie des Tötens.«

»Du übertreibst, Cornelius. Du warst auf den Seychellen. Du hast keine Ahnung, wie der Krieg hier war. Das ganze Gebiet im Süden war ein einziges Schlachtfeld. Die Truppen mußten ernährt werden...«

»Eine Million Tiere gemetzelt.« Van Deldens Stimme war jetzt hart, hallte durch den Raum. »Ein groß angelegtes, wahlloses Gemetzel. Töten um des Tötens willen.«

Kimani sprang wieder auf und schrie van Delden an, ohne sich um die Delegierten zu kümmern: »Das ist eine Lüge. Es war wirtschaftliches Töten. Ausreichend für die Armee, mehr nicht.«

Mit einer sich beinahe überschlagenden Stimme brüllte er: »Ich weiß, warum Sie diese Beschuldigungen erheben. Sie sind enttäuscht, weil die Behörden Sie nicht bleiben lassen. Und nachdem Sie sich geweigert haben, die Flugpassage zurück in Ihre Heimat anzunehmen, haben Sie sich irgendwo

versteckt, also wissen Sie nichts darüber.«
»Ich habe es selbst gesehen.« Cornelius van Delden blickte in die Runde. »Ich habe gesehen, was man Ihnen nie zu sehen erlauben wird – den Friedhof einer Million herrlicher Tiere. Lastwagen haben verängstigte Herden umzingelt, Gewehre haben sie niedergemäht, als sie hilflos im Kreis liefen, so eng zusammengedrängt, daß die Knochen jetzt regelrechte Haufen bilden.«
»Sie lügen«, kreischte Kimani. »Ich lasse Sie als Agent der südafrikanischen Weißen verhaften, die mein Land vernichten wollen.«
»Ich lüge? Wirklich?« Van Delden zog einen Packen Fotos aus der Tasche, ging rasch die Stuhlreihen entlang und verteilte sie an die Delegierten. »Bitte geben Sie sie weiter. Ein Mensch kann lügen, nicht aber die Kamera. Die Aufnahmen sind gestern früh gemacht worden, mit einer Polaroid. Sie sind nicht so scharf, wie das menschliche Auge sieht, darum vermitteln sie keinen ganz genauen Eindruck vom Ausmaß der Vernichtung der sogenannten Serengeti-Wanderung. Sehen Sie es sich an, sehen Sie sich diese Bilder an! So etwas geschieht, wenn keine Gesetze zum Schutz des Wildes bestehen und wenn man den Menschen gestattet, sich von ihrer Mordlust hinreißen zu lassen. Ausrottung«, donnerte er. »Und Sie sitzen hier und lassen sich von diesem Mann einreden, es handle sich nur um eine Auslese. Er hat einen Vertrag und eine Kühlanlage, und Sie verurteilen die letzten verbleibenden Elefantenherden zum restlosen Untergang!«
Betretenes Schweigen herrschte, während die Delegierten die Fotos weiterreichten. Einer stand auf und fragte Kimani, ob sie am nächsten Tag zum Lgaryasee gebracht werden könnten, »um uns selbst zu überzeugen«.
Der Minister schrie: »Nein. Es ist eine verdammte Lüge! Ein Trick!«

Stimmengemurmel erhob sich, die Kameras schwenkten von einem Delegierten zum nächsten. Mein Blick fiel auf Karanja, der Kimani leise lächelnd beobachtete, als weide er sich an der mißlichen Lage seines Ministers. Kirby-Smith erklärte, die Voraussetzungen seien jetzt anders. »Das in der Serengeti ist zu Kriegszeiten geschehen.« Aber niemand hörte ihm zu, die Delegierten sprachen miteinander. Sir Edmund hämmerte wieder mit dem Aschenbecher. »Ruhe bitte, meine Herren! Ich schlage vor, wir vertagen uns jetzt. Die Konferenz geht in einer Viertelstunde weiter, ich hoffe, in einer ruhigeren Atmosphäre.«

Stühle scharrten. Die Journalisten umringten van Delden, holten sich von den Delegierten seine Bilder, sahen sie an, drückten sie ihm in die Hand und machten Nahaufnahmen von ihm, wie er sie hielt. Wilder Tumult herrschte. Neben mir sagte Mary Delden mit zitternder Stimme: »Er hätte das nicht tun dürfen. Es so hinzudrehen, daß sie Alex die Schuld geben...«

Sie hielt ein, als Kimani sich auf die Veranda drängte und den Posten, die auf ihren Gewehren lehnten, wild winkte. »O Gott! Nun haben sie ihn in die Enge getrieben.«

»Wo ist Karanja?« Vielleicht konnte er helfen.

Sie zog die Mundwinkel nach unten. »Er bedeutet keine Hilfe. Er steht Todesängste aus, der arme Teufel.«

»Nein«, erwiderte ich. »Er genießt es.«

Doch sie hörte mich nicht. Sie richtete sich stolz auf, als sammle sie ihre Kräfte. »Ich werde mit Alex reden. Niemand sonst kann sie aufhalten.« Ruhig ging sie durch den Raum, schob sich durch die Menge, bis sie neben Kirby-Smith stand. Er sprach mit Sir Edmund. Ich sah, wie er sich umwandte und den Kopf senkte, um sie in dem Lärm zu verstehen. Das brachte mir sein Gardemaß erst richtig zu Bewußtsein, denn Mary war so groß wie ich, trotzdem befanden sich ihre Augen

nur auf der Höhe seines Kinns.
Ken faßte mich am Arm: »Kannst du mir ein paar Filme holen? Ich bin fast am Ende und möchte festhalten, wie sie ihn schnappen...« Zu spät. Kimani erschien draußen mit dem Hauptmann. Er brüllte Befehle, Posten aus der Kette ums Lodge rannten zu ihm. Ein Schuß krachte, ein peitschender Ton, der alle zum Schweigen brachte. Ich meinte, ein schießwütiger Soldat habe gefeuert, doch dann erklang jenseits der Gebäudereihe Geschrei: »Ndovu, ndovu!« Ein weiterer Schuß, gefolgt von hohem Quietschen, und ein grauer Koloß wankte hinter den äußersten Zimmern hervor ins Blickfeld. Er stieß gegen die Veranda des Prominentengebäudes, Ziegel flogen, dann bewegte er sich wieder vorwärts, ein Bein nachziehend und den Rüssel erhoben. Als er unsere Versammlung auf der Veranda vor dem Speisesaal gewahrte, blieb er stehen, schwenkte suchend den Rüssel, um unsere Witterung aufzunehmen, die großen Ohren aufgestellt wie Segel.
Plötzlich gewahrte ich seine Augen, die klein und eingesunken in tiefen Höhlen hinter dem Ansatz der Stoßzähne lagen. Es waren gewaltige Stoßzähne. Der Körper des Tieres bestand nur noch aus Haut und Knochen. Mir wurde klar, daß der unglückselige Bursche kurz vor dem Hungertod stand. Mit einemmal trompetete er. Der Ton ging in ein angstvolles Quieken über, dann kam er auf uns zu. Kopf und Rüssel schwangen hin und her, als wisse er nicht, wohin er sich wenden solle.
Kirby-Smiths Geistesgegenwart war es zu verdanken, daß niemand niedergetrampelt wurde. Wir standen da wie angewurzelt, zu überrascht, um uns zu bewegen. Er aber lief los und riß einem Posten das Gewehr aus der Hand. Während er dem Elefanten entgegenrannte, hob er das Gewehr an die Schulter, balancierte es leicht auf seiner behandschuhten Linken, wartete einen Moment und schoß. Der graue Knochen-

koloß kam unbeirrt näher, doch plötzlich brach er in die Knie, kippte mit gesenktem Kopf nach vorn, die Stoßzähne bohrten sich in den Boden und rissen lange Schrammen in die Grasnarbe, dann rollte er langsam auf die Seite.

Ein Aufschrei ging durch die Soldaten. Im nächsten Augenblick waren sie über das Tier hergefallen. Einige hatten wie durch Zauber mit einemmal Messer in den Händen, andere hackten mit den Bajonetten wie rasend auf den Kadaver ein, rissen gierig das Fleisch heraus, nach dem sie schon so lange hungerten. Auch der große Hauptmann machte mit. Kirby-Smith war es schließlich, der sie zu einer Art Ordnung zwang. Er zitierte Leute herbei, die einst Wildspäher gewesen waren, und sorgte für eine ordnungsgemäße Zerlegung des Kadavers. Danach rief er die Delegierten heran und wies auf das linke Hinterbein, an dem sich dicker Draht tief ins Fleisch gegraben hatte. Das ganze Bein war brandig, stark geschwollen und wimmelte von Fliegen. Eitergestank hing in der Luft. »Das geschieht in Afrika, wenn man das Töten von Großwild Männern überläßt, die keine Gewehre haben, die nach Fleisch hungern und nichts für die Tiere empfinden, auf die sie Jagd machen.«

Ich hielt Ausschau nach van Delden, fragte mich, was er dazu sagen würde. Doch er war nirgends zu sehen. »In der alten Zeit«, fuhr Kirby-Smith fort, »wäre so etwas das Werk von Wilddieben gewesen. Aber jetzt muß man nicht mehr wildern. Jedermann kann töten...« Er zögerte, sprach dann rasch weiter: »Dies ist ein gerissener alter Bulle, der über die Menschen Bescheid gewußt hat und keine Angst hatte, die Wasserstelle hier aufzusuchen. Letzte Nacht hat er sich über die Mülltonnen hergemacht. Wahrscheinlich ist es derjenige, den einst die Touristen hier fotografierten. Aber er hat den Fuß in eine Drahtschlinge gebracht, die an einem Holzklotz befestigt war. Ein alter Wilderertrick, der einen langsamen, schmerzhaften Tod bedeutet. Viel besser, das Problem sauber mit dem Gewehr zu lösen.«

Mein Blick fiel auf Mary Delden, die unentschlossen dastand und mit den Augen die Menge absuchte. Ich ging zu ihr. »Wo ist er?«

Sie schüttelte den Kopf, die Stirn in Falten gezogen, den Mund zu einem Strich zusammengepreßt, Tränen in den Augen.

»Was ist los?« fragte ich.

Sie starrte mich an. »Begreifen Sie denn nicht?«

»Was?«

»Himmel!« stieß sie hervor. »Ich habe ihm davon erzählt. Ich habe ihm gesagt, daß in der Nähe der Wasserstelle ein Elefant sei, der einen großen Holzklotz nachschleppe. Erinnern Sie sich nicht? Der Mistkäfer, der Kot. Der Regen hatte die Spuren ausgelöscht, aber das Quietschen, das wir in der Nacht gehört haben, und dieses Schleppgeräusch! Tembo hat den Elefanten benutzt, um ins Lodge zu kommen, und jetzt benutzt er ihn, um zu verschwinden. Die Boys haben das Tier hergetrieben, eine Opfergabe und die Ablenkung, die er brauchte. Allmächtiger Himmel, welche Gefühllosigkeit!«

Nun begriff ich. Mir wurde klar, daß van Delden alles genau geplant hatte und daß hier jeder, selbst wenn er für die Erhaltung des Wildbestandes eintrat, die Tiere für eigene Zwecke benutzte – van Delden für seine Flucht, Kirby-Smith zur Ankurbelung seines Geschäfts, Kimani zur Stärkung seiner politischen Stellung. Und die Delegierten, engagierte, aufrichtige Leute, die aus allen Ecken der Welt stammten, waren nur hergekommen, weil die Tiere in ihren Berufen irgendeine Rolle spielten.

»Während die Herren ihre Köpfe im Blut baden«, stieß Mary heiser hervor, »und über das Recht von Mensch und Tier streiten, in ständigem Kriegszustand zu leben, wollen wir die

Küche plündern und uns Bier holen. Ich will mich betrinken. Ich will einen solchen Rausch kriegen, daß ich nicht mehr denken muß.« Sie packte mich am Arm und lief taumelnd los. Tränen blinden Zorns auf die Menschheit rannen ihr übers Gesicht.

II

DAS TAL VON SOUTH HORR

I

Es war bereits Sonntag, als wir endlich nach Nairobi zurückkamen. Wir waren allesamt völlig erschöpft.
Man hatte die Konferenz um einen Tag verlängert, und das sollte sich katastrophal auswirken. Da ein Besuch des Geländes, auf dem das geplante Wildreservat errichtet werden sollte, unmittelbar nach den Ereignissen vom Donnerstag vormittag zweifellos ein Antiklimax gewesen wäre, hatte Minister Kimani darauf bestanden, die Delegierten am Nachmittag persönlich zum nächstgelegenen Schlachtfeld zu führen – jenem, das ich von der Fahrt zur Serengeti kannte. In dem niederprasselnden Regen hatte Kimani uns einen Vortrag über die Probleme einer kämpfenden Armee gehalten, die keine Nachschublinien zu irgendeinem Hafen besaß und ihre Verpflegung ausschließlich aus dem Land beschaffen mußte.
Dann regnete es die ganze Nacht zum Freitag, und es regnete auch noch am Freitag morgen. Wir waren ziemlich strapaziert, als man uns zum Reservatsgelände fuhr, wo wir uns aus feuchten Unterständen heraus die versprochenen Wildtiere ansehen sollten. Die Tiere waren naß und verwirrt, doch wir alle hatten mittlerweile unser hiesiges Dasein so satt, daß keiner sich Gedanken darüber machte, wie es sein konnte, daß wir eine derart repräsentative Auswahl zu sehen bekamen.
Am Nachmittag dann hatten die Konferenzteilnehmer, wie vorauszusehen, für das Versuchsprojekt gestimmt.
Wir waren noch am selben Abend abgefahren, froh, das trübsinnige Lodge verlassen zu können, in das der Regen allent-

halben eindrang. Inzwischen aber waren die Straßen fast unpassierbar geworden, so daß wir nahezu zwei Tage bis Nairobi gebraucht hatten. Die Lastwagen waren bis zu den Achsen im Schlamm versunken, im Rift Valley hatten uns Überschwemmungen aufgehalten, und die Lebensmittel waren uns ausgegangen. Der Regen hatte erst nachgelassen, als sich unsere Fahrzeuge in die Außenbezirke Nairobis kämpften.

Ich war glücklich, mich in ein trockenes Bett fallen lassen zu können. Morgen sollte es nach Hause gehen. Ich wäre bestimmt mit den anderen abgeflogen, wäre die Entscheidung mir allein überlassen geblieben. Aber sogar die Heimreise warf Probleme auf, schreckliche Verwirrung und Unsicherheit herrschten. An der Hotelrezeption waren zwar Abflugzeiten angeschlagen, aber alle bedurften noch der Bestätigung. Im Hotel kursierten die wildesten Gerüchte über Streichungen und Verspätungen.

Man hatte uns im Hotel Norfolk untergebracht, das nicht gerade günstig lag, wenn man sich über das Geschehen in der Stadt und auf dem Flugplatz informieren wollte. Es befand sich weit außerhalb des Zentrums, auf einem großen, abgelegenen Grundstück, und war vermutlich deshalb als einziges noch für Gäste offen. Alle anderen Hotels wurden von der Regierung als Büros oder Kasernen benutzt. Auch am Norfolk hatte der Krieg seine Spuren hinterlassen. Im Rasenplatz vor dem Haus klaffte ein Granattrichter, der voll Wasser stand, die nächstgelegenen Fenster hatten kein Glas, und in sämtlichen Zimmern waren die Telefone aus den Wänden gerissen. Da es keine Taxen gab, stellten die Telefone in der Rezeption die einzigen Kommunikationsmittel dar. Unsere Journalisten hatten die halbe Nacht lang angestanden, nur um zu erleben, daß die Verbindung sofort abbrach, wenn sie etwas durchgeben wollten, das als schädlich für das Regime angesehen wurde. Jede Meldung über Cornelius van Delden und die Bilder, die er in der Serengeti gemacht hatte, war prompt unterbunden worden.

An diesem Montagmorgen herrschte eine gereizte Stimmung, besonders unter den Delegierten, die nicht länger Gäste der Föderation waren. Essen gab es nur zu Schwarzmarktpreisen, und für die Unterbringung wurden horrende Summen verlangt. Bei der ersten Streichung eines Flugs kam dann auch noch das Gerücht auf, wir müßten die Nacht bezahlen, die wir länger im Lodge geblieben waren. Die Medienleute nahmen dies ziemlich gelassen, für sie gehörte so etwas zu einem desorganisierten Land, das unter den Nachwehen eines Kriegs litt. Männer wie Abe Finkel waren es gewöhnt. Doch den Delegierten, deren Spesen aus freiwilligen Beiträgen finanziert werden mußten, versetzte die Nachricht einen Schock. Zudem wußte niemand, wann sie fortkommen würden. Nur die Amerikaner hatten die Gewißheit, am Abend fliegen zu können, denn sie hatten ein Flugzeug gechartert. Wir anderen verbrachten einen Tag der Unsicherheit und des Wartens.

Ich arbeitete die meiste Zeit an meinem Drehbuch, wollte alles zu Papier bringen, solange es noch frisch in meinem Gedächtnis war. Ken und ich hatten eines der Chalet-Zimmer zugeteilt bekommen. Große Schiebefenster gingen auf den Rasen, aber in den Fenstern war kein Glas, und als es dunkelte, drang die Nacht herein. Insekten schlugen an die nackte Glühbirne, Zikaden zirpten im Gras, Frösche quakten im Granattrichter. Ich hatte den ersten Entwurf meines Drehbuchs fertig und ging zu Ken in die Eingangshalle, wo sich die Delegierten mit ihrem Gepäck drängten.

»Ist Abe noch nicht zurück?« fragte ich ihn. Abe war gleich nach dem Fruhstück zu Fuß in die Stadt aufgebrochen.

Ken schüttelte den Kopf. »Erd macht sich allmählich Sorgen,

daß Abe das Flugzeug verpaßt.« Nach kurzer Pause fügte er hinzu: »Übrigens geht das Gerücht, daß wir vielleicht noch heute nacht wegkommen. Um zwei soll eine Maschine aus Tokio zwischenlanden, in der wahrscheinlich Plätze frei sind.«
Ich suchte mit den Augen die vielen Wartenden ab. Mein Drehbuch war zwar in eine Art Form gebracht, aber ich wollte noch einige Fragen beantwortet haben.
»Falls du nach Mary Delden Ausschau hältst, ich habe sie nirgends gesehen.«
»War sie zum Mittagessen hier?«
»Soviel ich weiß, nicht. Aber vielleicht hat sie auf ihrem Zimmer Brote gegessen wie du.«
Die Journalistin, die im Lodge Marys Zimmer geteilt hatte, sprach mit Franklin. Ich zwängte mich zu ihr durch. Doch auch sie wußte nicht, wo Mary steckte. »Wir sind zusammen untergebracht, in Zimmer 109, aber ich habe sie seit gestern abend, als wir auf der Terrasse miteinander aßen, nicht gesehen. Ich weiß nicht, hinter was Mary her ist. Sie hat letzte Nacht nicht im Hotel geschlafen.«
»Haben Sie am Empfang gefragt?«
»Dort sagte man mir, daß Mary sich heute früh etwa um halb zehn abgemeldet, ihre Rechnung bezahlt und mit ihrem Gepäck das Hotel verlassen hat. Sie soll von einem Armeelaster abgeholt worden sein.« Ihre Augen funkelten vor Neugier. »Ich wüßte verflixt gern, hinter was sie her ist.«
Ich machte mich auf die Suche nach Erd Lindstrom. Seine ganze Sorge galt Abe: »Ich traue diesem Ministerpiloten nicht. Der ist einer von Kimanis Leuten, ein Söldner, und jetzt, wo er das Geld hat...«
»Glauben Sie, daß man Abe verhaftet hat?«
»Ich weiß es nicht. Abe ist ja ziemlich gerissen, aber in diesem verrückten Land ist alles möglich.«
Die Menge kam in Bewegung, alles drängte zum großen Ge-

päck, das bei der Tür gestapelt war. Über die Köpfe hinweg sah ich auf der Straße draußen einen Bus vorfahren. Er hatte einen grün-braunen Tarnanstrich und kein Glas in den Fenster. »Ihr Fahrzeug ist da.«
Erd Lindstrom nickte unsicher. »Sieht so aus.«
Die Amerikaner gingen nach draußen. Neben dem Bus stand Karanja. »Steigen Sie bitte in den Regierungsbus zum Flugplatz ein, alle Personen, die nach New York fliegen. Zeigen Sie bitte vor dem Einsteigen Ihre quittierten Hotelrechnungen vor.«
»Was werden nun Sie tun?« fragte ich Erd.
»Abe hat als letztes zu mir gesagt, daß ich mir keine Sorgen machen und heimfliegen soll. Also...« Er zuckte die Achseln und trat in die Schlange der Abreisenden, ergriff bei der Tür sein Gepäck und seine Kameraausrüstung. »Abe hat das schon früher so mit mir gemacht. Irgend etwas hat sich ergeben, vermute ich. Seine Sachen sind noch im Zimmer, und ich habe ihm die kleine Kamera dagelassen, mit allen unbelichteten Filmen. Seien Sie so gut und sagen Sie es ihm. Ich hoffe, daß er nicht zu lange festgehalten wird. Dasselbe wünsche ich Ihnen. Mit den Behörden hier ist sicher nicht gut Kirschen essen.« Die Stirn in Falten gezogen, folgte er den anderen und stieg ein. Die Türen wurden geschlossen, dann saßen die Amerikaner im Bus und warteten wieder. Karanja lehnte mit einem Blatt Papier an dem Fahrzeug, und zwei Soldaten standen Posten.
Spannung lag in der warmen Nachtluft, und mir kam plötzlich ein Gedanke: Wenn Abe verhaftet worden war, befand sich vielleicht auch Mary Delden in Schwierigkeiten. Nach den Vorfällen im Lodge konnte man uns alle verhaften. Ich wünschte, ich hätte Abes Platz in dem Flugzeug einnehmen können – nach New York, irgendwohin. Wenn nur diese Unsicherheit und dieses Warten ein Ende fanden!

»Sont-ils certains de trouver un avion à l'aeroport?« Die Frage kam von Marcel Ricaud, dem Korrespondenten des *Paris Match*, der damit unser aller Bedenken Ausdruck verlieh. Karanja redete jetzt mit Erd, fragte ihn etwas. Marcel Ricaud sprach weiter: »S'ils ne veulent pas que nous écrivons ce que s'est passé...« Er brach ab, seine in der Luft hängenden Worte jagten uns, die man auf der Terrasse hatte stehenlassen, eisige Schauer über den Rücken. Jeder von uns war sich der Gefahr bewußt, in der wir schwebten. Wir hatten einen Blick auf die häßliche Seite des Kriegs geworfen, hatten Dinge gehört, von denen die Regierung nicht wollte, daß sie bekannt wurden, und waren Zeugen ihrer Unfähigkeit gewesen, van Delden am Sprechen zu hindern. Solange wir uns hier befanden, erfuhr die Welt draußen nichts.

»Was hält den Bus auf, Mr. Karanja?« erkundigte sich Sir Edmund. Sein Ton war höflich, irgendwie beruhigend.

Karanja antwortete nicht. Er sprach immer noch durch eines der glaslosen Fenster mit Erd Lindstrom.

»Mr. Karanja!« Sir Edmunds Befehlston tat seine Wirkung. Karanja drehte sich um. »Ich habe gefragt, was den Bus aufhält!«

»Ein Amerikaner fehlt«, antwortete Karanja und rief dann laut: »Weiß bitte jemand, wo Mr. Finkel ist, der Mann vom CBS?« Er rollte die Augen, daß man das Weiße sah, richtete sie auf mich und kam herüber. »Sie waren doch mit Mr. Finkel im Lodge. Wo ist er?«

Er hatte den Kopf vorgeschoben und gab sich grob. Ich roch das Bier in seinem Atem.

»Keine Ahnung«, erwiderte ich. »Außerdem fehlt Miss Delden.«

»Über Miss Mary weiß ich Bescheid. Ich suche Finkel.«

»Wo ist sie?« fragte ich. »Was haben Ihre Leute mit ihr angestellt? Ist sie verhaftet worden?«

»Nein, nicht verhaftet.« Karanja sah mich überrascht, fast beleidigt an.
»Was ist dann mit ihr? Wo ist sie?«
»Hat sie es Ihnen nicht gesagt?« Nach kurzem Zögern erklärte er: »Sie ist mit Major Kirby-Smith gegangen.«
Ich starrte ihn an. »Mit Kirby-Smith? Sind Sie sicher?«
Er nickte. »Miss Mary ist okay. Sagen Sie mir jetzt...«
»Aber warum?« Ich konnte es nicht glauben. »Warum sollte sie ausgerechnet mit Kirby-Smith gegangen sein?«
»Weil Miss Mary eine gute Journalistin ist, darum. Jetzt sagen Sie mir, wo dieser Finkel ist. Alle Amerikaner sind da, nur Mr. Finkel fehlt. Sagen Sie mir, wo er ist, bitte.«
»Ich weiß es nicht.«
»Dann suchen Sie ihn. Er ist nicht in seinem Zimmer, und der Bus kann nicht ohne ihn fahren.«
»Er ist schon vor dem Mittagessen weggegangen.«
»Ich glaube«, schaltete sich Sir Edmund ein, »Sie sollten den Bus abfahren lassen und mit den Behörden telefonieren. Wahrscheinlich weiß das Ministerium, wo er ist.«
»Fürs Ministerium ist es zu spät...«
»Dann rufen Sie die Sicherheitspolizei an. Sagen Sie, man möge Finkel suchen. Er ist vermutlich in einer Bar. Sie könnten es auch im einstigen Muthaiga Club probieren. Aber bringen Sie die Leute jetzt auf den Weg zu ihrem Flugzeug, sonst rufe ich selbst Mr. Kimani an.«
Schwer zu sagen, ob es die Erwähnung Kimanis oder einfach die lange Gewohnheit des Gehorchens war, jedenfalls ging Karanja widerspruchslos zum Bus zurück und erteilte dem Fahrer Befehl zum Losfahren. Wir Verbliebenen schauten dem Bus schweigend nach. Wohl ein jeder von uns fühlte sich irgendwie verlassen, als das unförmige Fahrzeug auf der von dichtem Baumbestand gesäumten Straße verschwand. Die Amerikaner waren bei weitem die stärkste Konferenzgruppe

gewesen. Alles drängte nun zu Karanja, der sich plötzlich von ängstlichen Gesichtern umringt sah und mit Fragen nach Flügen und Abflugzeiten überschüttet wurde. Um die Leute zu beruhigen, wiederholte er ein ums andere Mal: »Ich werde telefonieren.«

Sir Edmund rettete ihn, indem er ihn am Arm nahm und durch die Schwingtür im Rezeptionspult ins dahinterliegende Büro des Hotelmanagers führte. Als die beiden wieder erschienen, lächelte Karanja. »Alles arrangiert jetzt«, verkündete er. »Sie alle fahren um dreiundzwanzig Uhr mit dem Regierungsbus zum Flugplatz.«

Sir Edmund fügte ergänzend hinzu: »Man hat mir gesagt, daß in der Nacht zwei Maschinen zwischenlanden und daß eine davon, ein Jumbo Jet, halb leer ist. Also wird es Platz für Sie alle geben.« Der Jumbo flog über Neapel nach London, die andere Maschine, eine 707, nach Frankfurt.

»Gehen wir was trinken!« sagte Ken. Es war ein Startzeichen für alle Leute. Sie strebten der Bar am Ende der Terrasse zu, Erleichterung stand in ihren Gesichtern und äußerte sich in plötzlich lebhafteren Gesprächen.

»Geh schon voraus«, bat ich Ken.

»Noch immer besorgt um das Mädchen?«

Ich schüttelte den Kopf. Dennoch, ich war verwirrt, ohne recht zu wissen, warum es mich traf, daß Mary mit Kirby-Smith weggegangen war. Eine gute Journalistin, hatte Karanja gesagt. Doch es mußte mehr dahinter stecken. »Ich komme gleich nach.« Rasch durchquerte ich die Halle und stieg die Treppen zu Zimmer 109 hinauf. Aber alles war so, wie die Journalistin gesagt hatte: ein Bett noch ungemacht, das andere unberührt, nichts von Marys Sachen mehr hier, der Kleiderschrank und die Schubladen leer, auch das Bad. Ich blieb noch einen Moment stehen, überlegte, wo sie wohl sein mochte, dachte an unser letztes Beisammensein. Im Lodge war es gewesen. Mary hatte sich mit Bier vollaufen lassen, ihr Gesicht war verquollen und naß vor Schweiß gewesen, und die sich verdunkelnden Augen hatten ihre leidenschaftlichen Gefühle widerspiegelt. Sie hatte plötzlich älter ausgesehen. Ich erinnerte mich genau an ihre Worte: »So war er immer – rücksichtslos, egoistisch. Immer ist er im Busch verschwunden. Ich habe nie einen richtigen Vater gehabt.« Tränen waren ihr übers Gesicht gelaufen. »Wie konnte ich einen solchen Mann lieben? Ich hasse ihn.« Sie hatte sich unvermittelt umgedreht und war blind in den Regen hinausgestolpert. Das Bier war nicht stark genug gewesen, um ihre heftigen Emotionen zu ertränken.

Und jetzt begleitete sie Kirby-Smith, der das reine Gegenteil ihres Vaters war: ein geschäftemacherischer Jäger. Wo mochte sie sein? In Kirby-Smiths Haus in Karen? Er bewohnte eines der alten Siedlerhäuser draußen an der Miotoni Road, wie mir Abe gesagt hatte. Oder campte sie irgendwo an der Straße nach Norden?

Ich schloß die Tür und ging wieder hinunter, fragte mich, warum ich mir überhaupt die Mühe gemacht hatte, in ihrem Zimmer nachzusehen. Mir konnte doch gleichgültig sein, was sie tat. Morgen war ich wieder in London, und die ganze Episode bedeutete mir nichts mehr, war lediglich Material für das Drehbuch. Trotzdem...

Ich dachte noch immer über sie und ihre ungewöhnliche Haßliebe zu ihrem Vater nach, als ich schon in meinem Zimmer war. Ich blieb jedoch nicht, schritt quer durch auf den Rasen hinaus, wo die Nacht wie diamantenbesetzter Samt wirkte und die älteren Gebäude jenseits des Granattrichters im Sternenlicht weiß leuchteten. Ich sah den Balkon von Abes Zimmer. Kein Licht, nirgends brannte eins, das ganze Gebäude lag dunkel da. Also blieb Abe weiterhin verschwunden. Wieder hatte ich dieses Gefühl des Unbehagens und die dunkle Ahnung, daß Afrika mit mir noch nicht fertig sei. Plötzlich ging unten, in einem der Chaletzimmer, das Licht an. Ein Mann stand dort, hob sich als dunkle Silhouette ab. Es dauerte eine Weile, bis ich merkte, daß das Licht aus meinem Zimmer kam. Die Gestalt bewegte sich, trat durch die glaslose Fenstertür auf den Rasen, näherte sich mir. »Sind Sie es, Colin?« Es war Abes Stimme. »Ken hat gesagt, Sie müßten irgendwo hier sein.« Er sprach ruhig und gelassen, ließ keinerlei Spannung erkennen.

»Wo, zum Teufel, waren Sie?« Abe schien nicht zu wissen, welchen Trubel seine Abwesenheit verursacht hatte. »Karanja wollte den Bus wegen Ihnen aufhalten, aber dann hat Sir Edmund...«

»Ist schon gut.«

»Sie sollten jetzt mit Ihren Landsleuten auf dem Weg zum Flugplatz sein. Wo waren Sie?«

»Unter anderem habe ich mich nach Ihrem Film erkundigt.« Er faßte mich am Arm. »Kommen Sie, gehen wir in Ihr Zimmer. Dort können wir reden. Außerdem habe ich mir eine Flasche richtigen Alkohols besorgt. Vielleicht beruhigt der Ihre Nerven.« Ich wollte empört versichern, daß mit meinen Nerven alles in Ordnung sei, da wurde sein Griff um meinen Arm fester: »Warten Sie, bis ich Ihnen sage, was ich arrangiert habe.«

»Hoffentlich Ihren Transport zum Flugplatz«, erwiderte ich, immer noch mit dem Problem beschäftigt, sicher aus Afrika wegzukommen. »Das Charterflugzeug wartet, und wenn Sie sich nicht auf die Beine machen...«

»Ich fliege nicht mit.«

»Was sagen Sie?!«

»Ich bleibe hier. Und Sie auch – wenn Sie wollen. Kommen Sie in Ihr Zimmer, damit ich Ihnen endlich was von dem Alkohol einflößen kann, der bestimmt besser ist als das hiesige

Feuerwasser.«
Ich stellte Fragen, doch er antwortete nicht, tat es erst, als ich auf meinem Bett saß und ein Zahnputzglas in der Hand hatte, das zur Hälfte mit unverdünntem Whiskey gefüllt war. »Wo haben Sie denn den her?« fragte ich. »Bourbon, was?«
»Stimmt. Ein Geschenk vom amerikanischen Konsul.« Abe zündete sich eine Zigarette an, sank auf den einzigen Stuhl und lehnte sich zurück, die Augen halb geschlossen. »Das war ein langer Tag«, murmelte er und nahm einen Schluck von seinem Drink. »Als erstes bin ich zum Konsul gegangen, mich erkundigen, ob der Pilot Ihren Film ordnungsgemäß abgeliefert hat. Er hat es getan, und der Konsul hat meinen Scheck gegengezeichnet.« Abe blickte in die Nacht hinaus, rieb sich mit der Hand die Augen. Er sah sehr müde aus. »Als ich aus dem Gebäude kam, haben sie mich kassiert.«
»Wer? Die Polizei?«
»Polizei, Armee – ich weiß es nicht. Sie hatten keine Uniformen an, einfach dunkle Hosen und offene weiße Hemden. Sie fragten mich nicht, was ich im Konsulat getan hatte, sondern stießen mich in einen alten Peugeot und filzten mich auf dem Rücksitz. Als sie nicht fanden, was sie suchten, brachten sie mich in die Stadt. Ich fürchtete, in irgendeinem verdammten Gefängnis oder vielleicht in einer Kaserne zu landen. Sie sprachen nicht, beantworteten keine meiner Fragen. Sie interessierten sich übrigens keine Spur für meinen Presseausweis oder die Tatsache, daß ich ein amerikanischer Fernsehmann bin. Als ich verlangte, zum Ministerium gebracht zu werden, grinste mich der Kerl, der neben mir auf dem Rücksitz saß, nur breit an und sagte: ›Es wird gut für Sie gesorgt, Mr. Finkel.‹ Ich verstand das als Drohung und meinte, wirklich in Schwierigkeiten zu sein. Doch statt im Gefängnis fand ich mich im ersten Stock eines Gebäudes in der Ngong Road wieder, in einem sagenhaften Schwarzmarkt-Restaurant, dem

einstigen Nairobi Club, wie sich herausstellte. Durch die Fenstertüren gelangte man auf einen Balkon, und dort saß Kimani in der Sonne, einen Drink in der Hand. Ihm gegenüber saßen der Pilot und ein weiterer Afrikaner, ein Mann namens Gethenji oder so, Direktor der neuen Föderationsbank.« Abe kippte den Rest seines Whiskeys und griff nach der Flasche. »Haben Sie Lust auf einen zweiten?«
Ich schüttelte den Kopf. »Was wollten diese Herren?«
»Den Film natürlich. Kimani ist kein Idiot, er hat sich ausklamüsert, was Sie gefilmt haben und wie Sie dazu gekommen sind. Und mir war inzwischen klar, daß der Film politisches Dynamit ist. Die Föderation drängt nach voller diplomatischer Anerkennung durch die Vereinigten Staaten. Man will hier eine amerikanische Botschaft, nicht bloß ein Konsulat. Deshalb hat man die Wildlife-Konferenz gestattet. Ich habe schließlich ein Abkommen mit Kimani getroffen. Nach einem hervorragenden Mittagessen und angesichts der unten auf mich wartenden Gorillas blieb mir wohl kaum etwas anderes übrig.«
Ich dachte an die Nachtfahrt im Regen, an die unglaubliche, feurige Morgendämmerung im Beinhaus der Serengeti. »Was für ein Abkommen?« fragte ich kalt.
»Sie wollten doch zum Rudolfsee, nicht?«
»Wenn ich van Delden hätte überreden können, mich hinzubringen. Aber – wo ist er jetzt? Hat man Ihnen das gesagt?«
»Niemand weiß es. Zumindest behauptet Kimani das, und ich glaube, sie würden es mir gesagt haben, wenn sie ihn gefaßt hätten. Kimani meint, daß van Delden versuchen wird, sich zur Küste durchzuschlagen, um dort das Land zu verlassen und auf die Seychellen zurückzukehren. Wollen Sie nun zum Rudolfsee oder nicht?«
Ich schüttelte den Kopf, hatte das Gefühl, Afrika dringe von allen Seiten auf mich ein. Abes Abkommen machte mir Angst.

»Hat man Ihnen kein Geld geboten?«
»O ja. Deshalb war der Bankdirektor da. Ich habe den Eindruck, daß Kimanis Position gar nicht so fest ist. Er hat mir ein reines Bargeldgeschäft durch die Züricher Filiale der Föderationsbank vorgeschlagen.«
»Und warum haben Sie nicht angenommen?«
»Es war ja nicht mein Film, und da ich wußte, daß Sie nach Norden wollen...«
»Heute nacht landen zwei Maschinen hier zwischen«, erwiderte ich. »Und ich will nichts als mit einer davon nach Hause fliegen, nichts als weg von hier.«
Er lachte, es klang sonderbar. Wahrscheinlich hatte er zuviel erwischt. »Nachdem van Delden verschwunden ist und das Mädchen auch, verlieren Sie also die Nerven.« Er drückte mir die Flasche in die Hand. Sie war schon halb leer.
»Dann wissen Sie über Mary Delden Bescheid? Hat Kimani es Ihnen gesagt?«
Er nickte. »Kluges Mädchen – sich an Kirby-Smith anzuhängen...«
»Wie meinen Sie das?« Die Flasche stieß gegen das Glas, als ich mir einschenkte.
»Sie weiß, wo man eine gute Story bekommt – Dürre, Hungersnot, eine Ausleseoperation. Und Kimani will die Story veröffentlicht haben. Rettung der vom Hungertod bedrohten Mehrheit. Das ist Politik in der Dritten Welt. Auch Kirby-Smith will die Veröffentlichung, denke ich, sofern sie ihn rechtfertigen sollte.«
Ich setzte die Flasche hart auf. »Das ist es also, Sie fürchten, daß Ihnen eine Story entgeht. Sie haben meinen Film über van Delden in der Serengeti für die Chance verschachert, mit Kirby-Smith zusammenzutreffen und etwas für Ihre TV-Gesellschaft zu ergattern.«
Er schüttelte den Kopf. »Ich hatte keine andere Wahl. Über-

legen Sie mal, wie man in Ihren Film die Aufnahmen von van Deldens Auftritt auf der Konferenz schneiden könnte. Und dann, brandneue Bilder von ihm, wie er auf der Serengeti-Ebene steht und die Überreste des Gemetzels betrachtet... Das wäre der Ruin eines jeden Mannes in Kimanis Position, zumal der Präsident, wie ich schon sagte, scharf ist auf die volle Anerkennung durch Amerika. Wie dem auch sei, das ist meine Auffassung der Lage, und sie deckt sich mit Kimanis Bereitschaft zu einem Abkommen. Kimani will die Welt wissen lassen, daß seine Regierung dort oben im Norden vor Problemen steht. Und Sie kommen dadurch zu Ihrer Reise an den Rudolfsee. Sie wollen doch noch immer hin, oder?«
Er verdrehte alles, versuchte es so hinzustellen, als habe er mir einen Gefallen getan. »Sie interessiert der Rudolfsee doch nicht«, sagte ich.
»Mich nicht, aber Sie. Möchten Sie mir nicht verraten, warum?«
»Nein.«
»Okay. Aber Sie haben einen Grund.« Er griff nach der Flasche, goß sich einen weiteren Drink ein und sagte: »Ich habe ebenfalls einen Grund, wenn auch keinen besonderen. Und ich jage keiner Story nach. Beileibe nicht.« Er stellte die Flasche behutsam auf den Boden. »Ich bin ein New Yorker, stimmt's? Ich bin in der Bronx zur Welt gekommen und dort aufgewachsen, am Grand Concourse. Ich bin ein Bewohner des größten Beton-Dschungels der Welt. Und ich war zwar schon in verdammt vielen Ländern, aber meistens in Städten oder an Stellen, wo es vor Menschen wimmelte – in Camps, in Bergwerken, auf Ölfeldern, überall, wo es eine Story gab. Die Fahrt zu diesem Lodge, das wirkliche Afrika, die Endlosigkeit, die Einsamkeit, und gestern auf der Rückfahrt haben wir einen Löwen gesehen – einen wilden Löwen, der auf Beute ausging.« Abe stammelte jetzt leicht. »Dieser Löwe war

so dünn und ausgemergelt, daß seine Rippen vortraten und er aussah wie ein Weidenkorb. Er stand auf der anderen Seite des Hochwassers, in dem wir steckengeblieben waren, und sah uns an. Ich hatte noch nie einen Löwen in der Wildnis gesehen, nur wohlgenährte Tiere in Käfigen. Plötzlich sagte ich mir, wenigstens einmal in deinem Leben mußt du ausbrechen, mußt du etwas tun, was du allein von dir aus willst – nicht für Geld, nicht als Auftrag, einfach aus Spaß. Verstehen Sie das?« Er schüttelte den Kopf. »Nein, natürlich nicht. Sie sind zu jung, um schon besorgt zu überdenken, was Sie mit Ihrem Leben angefangen haben. Aber ich bin jetzt fast fünfzig, und der Anblick van Deldens, sein bedingungsloses Engagement, seine völlige Nichtbeachtung des eigenen Ich – und der ungeheure Eindruck, den er machte...«

Er hielt inne, blickte auf sein leeres Glas hinab, die Augen halb geschlossen und einen seltsam traurigen Ausdruck im Gesicht. »Die meisten von uns leben ihr Leben einfach so, ohne an viel zu glauben. Aber Menschen wie van Delden gehen mit Gott an ihrer Seite durchs Leben, erfüllt von dem Wissen, daß sie zu einem bestimmten Zweck hier sind.« Er legte die Hände ans Gesicht und neigte sich vor, als bete er. »Himmel! Ich beneide diese Menschen, jetzt wo es für mich zu spät ist. Ich bin bloß immer Zuschauer gewesen. Mehr nicht. Nun ja, ich hatte ursprünglich nicht mehr sein wollen. Nicht engagiert, zu nichts verpflichtet hatte ich sein wollen. Eben ein Zuschauer.« Er stieß das Wort höhnisch und voller Verachtung hervor. »Ich habe eine Menge gelesen. Hauptsächlich Biographien. Ersatz für die Wirklichkeit.« Dann ließ er die Hände fallen und sah mich mit seinen dunklen Augen an. »Wissen Sie, warum van Delden auf die Seychellen gegangen ist?«

»Er hat sich zur Ruhe gesetzt«, antwortete ich. »Die Familie seiner Frau hat dort ein Haus besessen...«

»Quatsch! Er ist nicht der Mensch, der sich freiwillig zur

Ruhe setzt. Er ist aus Kenia vertrieben worden – deportiert.« Ich wußte nicht, ob ich ihm glauben sollte. »Woher wissen Sie das?«

»Aus *The Nation.* Nachdem ich von Kimani weggegangen war, sah ich die alten Nummern durch. Es war etwa ein Jahr vor dem Krieg. Bei Marsabit oben, in einem Territorium, das van Delden als Schongebiet erworben hatte, verschwand ein Mann namens Enderby. Er war ein weißer Jäger, der für zoologische Gärten und Safariparks Tiere einfing und sich besonders auf Elefantenjunge spezialisiert hatte. Die Sterblichkeitsrate unter diesen Tieren war entsetzlich hoch, aber das kümmerte weder ihn noch die Regierung. Die Sache brachte Devisen ein, genau wie der Tourismus. Van Delden konnte da nicht gleichgültig bleiben. Als Enderby sich anschickte, auf sein Territorium überzuwechseln, warnte er ihn – nicht unter vier Augen, sondern vor dem afrikanischen Wildhüter, und zwar bei einem Treffen im Büro des Wildhüters in Marsabit. Van Delden erklärte, es sei ihm egal, ob Enderby eine Regierungserlaubnis habe oder nicht. Sollte Enderby auf seinem Territorium Gewehre und Knallkörper verwenden, werde er ihn erschießen.« Abe nickte. »Ich habe mit dem Reporter gesprochen, der diesen Wildhüter damals interviewte. Der Kollege arbeitet noch immer für *The Nation* und hat mir gesagt, der Wildhüter sei überzeugt gewesen, daß van Delden seine Warnung in die Tat umsetzen konnte. Er hat mir auch erzählt, daß man über Enderbys Verwicklung in den Elfenbeinhandel allgemein Bescheid wußte. Das Gebiet um Marsabit war bekannt für große Stoßzähne.«

»Sie glauben also, daß van Delden diesen Enderby erschossen hat?« Ich mußte an den wilden alten Mann in der glühenden Morgendämmerung der Serengeti denken, an die kalte Wut in seinen Augen.

Abe zuckte die Achseln. »Ein Mann wie er, mit seinen Moral-

grundsätzen und seiner Liebe zu Elefanten – heute freilich würde man es nicht als Mord empfinden, was?«
»Und der Reporter, mit dem Sie sprachen, was meinte der?«
»›Geschah dem Schweinehund recht‹, so lautete sein Kommentar. Er behauptet, alle hätten gewußt, daß der Mann von van Delden erschossen worden ist.«
»Warum kam er dann nicht vor Gericht?«
»Es gab keine Zeugen. Und riskieren wollte niemand etwas. Stellen Sie sich vor, was van Delden daraus gemacht hätte! Es haben nun mal einige der prominentesten Persönlichkeiten des Landes mit dem Elfenbein ein Vermögen gemacht!« Abe goß sich neuen Whiskey ins Glas. »Was vermuten Sie, wo er jetzt steckt?«
Ich antwortete nicht, überlegte, ob etwas Wahres an der Geschichte sein konnte.
»Er ist immer ein Elefantenmensch gewesen«, fuhr Abe fort. »Und da Kirby-Smiths Kundschafter melden, daß Elefantenherden durch das Mathews- und das Ndoto-Gebirge nach Norden ziehen...«
Er starrte mich aus glasigen Augen an. »In Marsabit gibt es einen Militärposten, an der Straße nach Norden, nach Äthiopien, und der meldet tatsächlich Elefanten. Zum erstenmal seit mehr als einem Jahr. Nicht viel Futter für sie jetzt dort, und die Quellen, wo die Rendille früher ihre Rinder tränkten, sind alle vertrocknet. Aber ich habe das Gefühl...« Er schüttelte den Kopf, lachte über sich selbst – ein Ton, der mich an das Kichern einer Hyäne erinnerte. »Ich bin einfach so veranlagt, denke ich. Aber – Marsabit war van Deldens Revier.«
»Sie glauben, daß er nach Norden treckt statt zur Küste?«
Abe zuckte die Achseln. »Wie, zum Teufel, soll ich das wissen? Es ist nur so ein Gefühl. Was täten Sie an van Deldens Stelle? Wenn Sie die Elefanten so kennen würden wie er? Bei

The Nation haben sie die alten Generalstabskarten von 1965. Nördlich vom Rudolfsee fließt der Molo River, alles Sumpf und dichter Busch. Der Berg Marsabit ist etwa 1400 Meter hoch, und im Westen ragt der Kulal mit knapp 2300 Metern über den See auf; sie bilden zwei Oasen mit wirklichem Regenwald vor dem langen Wüstenmarsch zum Molo und ins Überleben...« Er stockte und fügte dann hinzu: »Der Tsavo – ich meine Tsavo Ost und Tsavo West... Bevor die Afrikaner sich in die Wolle kriegten, waren das die zwei größten Parks, und zusammen waren sie eines der besten von den übriggebliebenen Elefantengebieten. Heute gibt es dort, wie man mir gesagt hat, fast kein Wild mehr. Was von der tansanischen Armee nicht drinnen erlegt worden ist, dem haben die Afrikaner an den Parkgrenzen den Garaus gemacht. Aber nicht den Elefanten, nicht allen. Den Nashörnern ja, auch den Büffeln. Was die Elefanten angeht, glaube ich nicht, daß die einfach dageblieben sind, um sich reihenweise abschlachten zu lassen. Glauben Sie das?« Er starrte mich an, als wolle er von mir hören, daß ich es glaube. Seine Augen funkelten angriffslustig. »Alles, was ich über Elefanten gelesen habe – und was ich von Wildhütern gehört habe, bei Interviews –, das läuft auf folgendes hinaus: Elefanten leben sehr lange, immer in Familiengruppen, so daß sie diese Perzeption haben, diese Intelligenz, zwischen sicheren und gefährlichen Gebieten zu unterscheiden. Verstehen Sie? Also kann eine Familie von einem sicheren Gebiet irgendwo weit weg wissen. Das ist dann ein Wissen, das zweihundert oder mehr Jahre zurückreicht. Es könnte sogar sein, daß irgendein wandernder Bulle die Kunde von van Deldens Schongebiet bis hinunter zum Tsavo verbreitet hat. Zu phantastisch? Kann sein. Ich weiß es nicht. Es gibt so viele Erzählungen von Jägern – zuviel Sagenhaftes – schwer zu unterscheiden, was Tatsache und was Fiktion ist.« Er kippte den Rest seines letzten Drinks hinunter, stand

vorsichtig auf, schnappte sich im Aufstehen die fast leere Flasche. »Ich verzieh mich jetzt ins Bett. Morgen früh, etwa um acht, holt uns ein Lastwagen ab. Ich habe Karanja als Führer bekommen. Wenn Sie also nach Norden wollen...«
»Sie haben Karanja bekommen?«
»Richtig. Und ich habe nicht mal um ihn gebeten. Der Minister hat gesagt, daß Karanja alles regeln wird und daß er ihn uns mitgibt.«
»Was Sie gesagt haben, läßt mich eher vermuten, daß sein Public-Relations-Mann der letzte wäre, den er Ihnen mitgeben würde.«
»Vielleicht will er ihn los werden. Ich weiß es nicht. Möglicherweise ist Karanja nicht mehr sein Mann. Wenn Sie soviel Politik gesehen hätten wie ich...« Er hielt die Flasche gegen das Licht, schielte sie schief an und schüttelte traurig den Kopf. »Ich glaube nämlich nicht, daß die Politik hier draußen sehr viel anders ist als bei uns zu Hause in New York. Sie ist ebenso rücksichtslos, ebenso betrügerisch, nur vielleicht ein bißchen rauher. Wie dem auch sei, wenn Sie zum Rudolfsee wollen...«
»Marsabit liegt weit östlich vom Rudolfsee«, sagte ich.
Er hatte schon die Tür halb geöffnet, verhielt in der Bewegung, drehte sich um. »Marsabit, Kulal, Rudolfsee – für mich alles dasselbe. Solange ich ein paar Elefanten zu sehen kriege.«
»Die Armee wird die letzten umgebracht haben, bis wir hinkommen.« Ich dachte an das Wüten der Truppen in der Serengeti.
»Das glaube ich nicht. Die Soldaten sind keine Berufsjäger wie Kirby-Smith. Und Marsabit ist der nördlichste Außenposten, weniger als ein Dutzend Leute.« Er schwankte leicht, lächelte bitter. »Sie meinen, ich hätte eine Menge Unsinn geredet, was? Ich sei einfach sensationslüstern und jage einer

Story nach. Aber Sie täuschen sich.« Er schüttelte den Kopf. »Ich bin nicht an van Delden oder Kirby-Smith interessiert, sondern an den Elefanten – und an Afrika. Der Gedanke an dieses riesige Land, seine verdammte, entsetzliche Leere.« Abe konzentrierte seinen verschwommenen Blick auf mich, hielt sich am Türrahmen fest. »Sie können mitkommen oder nicht, ganz wie Sie wollen. Es ist mir gleichgültig. Genau wie die Elefanten folge auch ich einem seltsamen, zwingenden Drang in meinem Innern... Ich erwarte nicht, daß Sie das begreifen. Ich begreife es selber nicht.« Er nickte lächelnd. »Einmal in meinem Leben werde ich sehen, was ich allein von mir aus sehen möchte, filmen, was ich allein von mir aus filmen möchte. Gute Nacht.«

Er stolperte hinaus, schloß die Tür, und ich war allein – allein und voller Angst. Nun bedauerte ich, daß er die Flasche mitgenommen hatte. Ein zusätzliches Quantum Alkohol hätte mir gutgetan, während ich bedachte, was ich in dem verblaßten Manuskript über den Rudolfsee gelesen hatte, über die zerklüftete Lavalandschaft, die Vulkankegel und die heißen Winde, die vom Kulal wehten. Lohnte es, mein Leben auf der Jagd nach einem archäologischen Irrlicht in diesem gottverlassenen Land zu riskieren? Verdammt, Abe Finkel hatte meinen Serengeti-Film für den Anblick von ein paar Elefantenherden verschachert. Der Teufel sollte diesen Kerl holen!

Ich wechselte vom Bett auf den Stuhl, den er freigemacht hatte, und starrte dumpf in die samtige Dunkelheit hinaus. Im Granattrichter quakten die Frösche. Von einem seltsamen zwingenden Drang hatte Abe geredet. Sollte ich die Probleme eines Mannes teilen, der auf die Fünfzig zuging? Ich dachte an London und versuchte das Leben, das ich kannte, gegen sein Angebot des Unbekannten abzuwägen. Dieses Unbekannte erschien mir als eine Art gähnende Leere, fast wie eine Reise in den Weltraum. Verbotenes Gebiet! Ich zog die alte

Karte aus meiner Mappe und knipste die Nachttischlampe an, versuchte mir auf diese Weise wenigstens klarzumachen, was das Ganze physisch bedeutete. Müde von der langen Arbeit an meinem Drehbuch, geriet ich nun noch ins Schwitzen. Ich bekam van Delden nicht aus dem Kopf. Hatte dieser Elefantenmensch wirklich den Elfenbeinjäger erschossen? Oder war nur die Phantasie mit Abe durchgegangen? Van Delden glaubte fest, daß die Elefanten zum Untergang verurteilt seien, und war darum wohl zu allem fähig. Ich dachte an seine Worte, an die Art, wie er den Delegierten gegenübergetreten war – trotzdem hatte er dann das arme Tier ins Lodge treiben lassen wie in eine Arena, damit er verschwinden konnte. Ich dachte an die Tränen in den Augen seiner Tochter, an ihre Wut, ihren glühenden Zorn angesichts solcher Gefühllosigkeit.
Ich betrachtete immer noch die Karte auf meinen Knien, als Ken kam, um mir zu sagen, daß der Bus da sei. Ich schwieg, sah das Flugzeug vor mir, das durch die Nacht fliegen würde, zurück nach England und in die Normalität – und ich wußte, daß ich nicht an Bord sein würde.
»Los, mach schon! Wir sind in der ersten Maschine.«
Worauf ich mich antworten hörte: »Ich komme nicht mit. Ich bleibe hier.« Langes Schweigen. Dann erzählte ich Ken von der Möglichkeit, den Rudolfsee zu besuchen. Ich bemühte mich, meine Stimme möglichst beiläufig klingen zu lassen, als ich bestimmte, was er mitnehmen und was er mir dalassen sollte: die Beaulieu, alle unbelichteten Filme und das restliche Bargeld. Es war nicht leicht, ihn zu überzeugen, daß ich es ernst meinte, doch schließlich sagte er: »Okay, wenn du es so willst. Mir ist lieber, wenn du allein dran glauben mußt...«
Er begann zu packen. Eine kurze Weile, dann stand er an der Tür, leicht zögernd, als erwarte er halb, daß ich doch noch mitkäme. »Was soll ich John sagen?«

Fast hätte ich John und die BBC vergessen. Ich gab Ken den Drehbuchentwurf. »Laß das bitte abtippen und bringe es ihm, zusammen mit dem Film. Er wird daraus machen müssen, was er kann.«
»Und du – wann kommst du zurück?«
»Wie soll ich das wissen? Sag ihm, daß ich an etwas anderem arbeite, außerhalb unseres Vertrags. Ich melde mich gleich nach der Ankunft in London bei ihm.«
Ken nickte, stand unschlüssig mit seinem Gepäck da. »Ich werde es ihm sagen«, sagte er schließlich. Er wünschte mir viel Glück und ging. Die Tür fiel zu. Das Zimmer war plötzlich öd und leer. Ich war allein mit Pieter van Deldens Buch, der alten Karte und den quakenden Fröschen. Mein Geist wanderte nach Norden, die Phantasie trieb wilde Blüten, meine Gedanken gingen wirr durcheinander.
Ich mußte eingeschlafen sein, auf dem Stuhl, denn als nächstes wußte ich erst wieder, daß ich fror, daß feuchter Wind ins Zimmer wehte und Mitternacht längst vorbei war. Ich zog mich langsam aus und kroch ins Bett, schlief fast schon, als mein Kopf aufs Kissen sank.
In der Morgendämmerung weckte mich das mißtönende Geschrei der Vögel. Ich lag da, beobachtete das rasche Aufgehen der Sonne, die dunkler werdenden Schatten. Nichts zu finden hier von der Weichheit der englischen Landschaft, von vertrautem Vogelgesang. Alles war rauher, das Gras war zäh, die Sonne erschien nicht als lebensspendende Wärmequelle, sondern als etwas, vor dem man sich fürchten mußte. Ich schaute auf die Uhr. Fast sieben. Wenn Ken wirklich im ersten Flugzeug saß, mußte er im Lauf einer Stunde in Heathrow landen. Und ich war immer noch in Afrika, in etwas verwickelt, für das mich mein bisheriges Leben nicht gerüstet hatte. Doch um diese Tageszeit lag eine Frische in der Luft, ein regelrechtes Funkeln, und plötzlich machte ich mir keine Sorgen mehr.

Der Rudolfsee, die Nordgrenze, eine neue Welt... Ich warf die Laken zurück, zog mich aus und duschte, das Prickeln meines Körpers entsprach meiner neuen Stimmung. Dann trat Abe ein, heiter wie ein Vogel und voller Energie.

»Sie sind also noch da.« Er trug Khaki-Shorts und ein Buschhemd und hatte sein ganzes Gepäck bei sich. Lächelnd sagte er: »Dachte, ich schaue auf dem Weg zum Frühstück mal rein. Ich bin auf der Terrasse draußen.«

Ich nickte, wickelte mich ins Handtuch. »Komme gleich nach, sobald ich rasiert bin. Bestellen Sie bitte schon für mich. Ist der Lastwagen da?«

»Noch nicht. Aber Karanja ist da.«

»Glauben Sie wirklich, daß die uns einen Lastwagen geben?«

»Wenn nicht, bleibt Ihr Film im Konsulat.« Er war am Gehen, drehte sich dann aber doch wieder um: »Übrigens gibt es Neuigkeiten über van Delden. Einem Militärposten in Narok ist ein Landrover geklaut worden.«

»Woher wissen Sie, daß es van Delden war?«

»Fragen Sie lieber Karanja. Er frühstückt mit uns. Eier und Speck für Sie, nicht wahr? Es kann für eine ganze Weile das letzte anständige Essen sein, das wir kriegen.«

Zehn Minuten später deponierte ich mein Gepäck in der Halle und ging auf die sonnenüberflutete Terrasse hinaus. Sie war fast leer jetzt, nach der Abreise der Konferenzdelegierten, nur ein paar Afrikaner tranken Kaffee. Abe saß im Schatten eines Pfahlschirms, der ein Dach aus gepreßtem Gras hatte. Er war der einzige Weiße hier. Karanja saß ihm gegenüber, bekleidet mit einem hellblauen Hemd und Khakihosen. Auf dem Tisch zwischen den beiden lag eine Karte. »Ndio«, sagte Karanja, als ich mich neben ihn setzte. »Sie frühstücken jetzt gut, dann fahren wir.«

»Wie ist das mit van Delden und dem geklauten Landrover?« fragte ich.

»Die Meldung ist gestern im Armee-Hauptquartier eingegangen. In Narok fehlt ein Landrover. Jemand hat ihn in der Nacht gestohlen.«
»Sie wissen also nicht sicher, ob es van Delden war.«
Er grinste, seine weißen Zähne blitzten. »Sie kennen ihn. Niemand nimmt der Armee einen Landrover weg, nur Tembo tut so was.« »Und wo liegt Narok?«
»Das ist der springende Punkt«, sagte Abe. »Narok liegt ziemlich genau im Westen, rund hundert Kilometer von hier.« Er drehte die Karte zu mir herum und wies mit dem Finger auf die Stelle. »Ein Kartenzentimeter entspricht zwanzig Kilometern, was bedeutet, daß sich van Delden fast hundertsechzig Kilometer nördlich des Lodges befindet.« Von Narok ging eine Schotterstraße nordwärts nach Nakuru. Eine Teerstraße führte weiter nach Thomson's Falls und Nanyuki, wo sie in die Durchgangsstraße nach dem weit im Norden gelegenen Marsabit mündete.
»Also hält er nicht auf die Küste zu?«
»Nein, bestimmt nicht, wenn es sich wirklich um van Delden handelt.«
Unser Frühstück kam, Eier mit Speck, Toast, Butter, Orangenmarmelade, Kaffee, gelbe Papaya-Scheiben, eine halbe Limone und Zucker, falls wir wollten. »Hier machen sich die Probleme des Zahlungsausgleichs nicht bemerkbar«, stellte Abe fest, und Karanja grinste: »Alles vom schwarzen Markt für die Reichen, die am Drücker sitzen.«
»Und Sie gehören nicht dazu?«
Er schüttelte seinen wolligen Kopf. »Ich bin nur hier, wenn ich Gäste der Regierung betreue. Sie sind heute früh Gäste der Regierung. Befehl von Mr. Kimani.«
Abe verneigte sich dankend. »Sehr großzügig von ihm. Noch großzügiger ist es von ihm, daß er Sie abstellt und uns mitgibt.«

Karanja lachte. »Mr. Kimani hat seine Gründe.«
Abe zog die Augenbrauen hoch, sagte jedoch nichts.
Karanja fuhr fort: »Diese Bilder auf der Konferenz, verschiedene Leute meinen, ich hätte die ganze Sache gedeichselt.«
»Meint Mr. Kimani das?«
»Ich weiß nicht. Vielleicht. Aber es ist ein guter Vorwand, mich Ihnen mitzugeben.« Plötzlich brach er in Lachen aus, grundlos wie mir schien – es sei denn, er wollte seine Verlegenheit verbergen. »Mr. Kimani möchte mich nicht hier in Nairobi haben.«
Ich hatte den Eindruck, daß sich Karanja in einem Zustand höchster Erregung befand und mit den Nerven völlig am Ende war. Offenbar hatte Abe den gleichen Eindruck, denn er wechselte rasch das Thema: »Dieser Landrover, wieviel Sprit war im Tank, wissen Sie das?«
»Hat mir niemand gesagt.« Karanja lachte nicht mehr, seine Stimme klang mürrisch.
»Könnte er in Nakuru Sprit kriegen?«
»Um Benzin zu kriegen, müßte er eine Erlaubnis haben.«
»Und auf dem schwarzen Markt?« »Vielleicht.«
»In Nakuru auf dem schwarzen Markt?«
Karanja schüttelte den Kopf. »In Nakuru sucht die Polizei nach dem Landrover. Wie in allen Städten übrigens. Und auf den Straßen fahren Armeepatrouillen. Ich glaube, er hält sich auf den kleinen Nebenstraßen.« Sein Finger folgte auf der Karte einer dünnen roten Linie, die von Narok nach Norden führte und Verbindung mit einem Netz von Nebenstraßen westlich Nakurus hatte. »Vielleicht verkauft ihm ein Farmer Benzin, so daß er bis Baringo kommt. Doch nach dem Baringosee...« Wieder schüttelte er den Kopf.
»Und wir?« fragte ich. »Wo tanken wir?«
»In Samburu. Das ist jetzt das Nördliche Armeehauptquartier.«

Er drehte die Karte um und wies auf einen grünen Fleck knapp nördlich von Isiolo; links daneben stand: Samburu Game Reserve.
»Und dann, hinter Samburu?« fragte Abe.
Karanja zuckte die Achseln. »Weiß ich nicht. Vielleicht sind ein paar Soldaten in Maralal oder Baragoi stationiert. Eher in Baragoi. Zwischen den Bergen liegt das Horr Valley – hier.« Er bohrte sein Messer in die Stelle. »Es ist die einzige Verbindung für Laster, die aus Äthiopien nach Süden wollen. Diese Piste da und die Teerstraße durch Marsabit. Und wo Soldaten sind, gibt es Benzin.« Er nickte begeistert. »Wir werden in Samburu fragen.«
Ich blickte auf die Karte. Der Baringosee lag gut tausend Meter hoch, war von Bergen umringt, und eine einzige Piste führte nach Norden weiter. Aber auch sie wurde bald zu einer dünnen roten Linie und verlor sich in der weiten Leere des Rift Valley, das allmählich zum Rudolfsee abfiel. Wenn van Delden es bis Baringo schaffte, hatte er keine andere Wahl, als die Straße nach Osten in die Berge zu nehmen. Und wenn er nach Marsabit wollte, mußte er einen Bogen nach Norden über Maralal, Baragoi und durch das Horr Valley machen.
»Haben Sie den Bericht des Herrn von Höhnel über Telekis Expedition an den Rudolfsee gelesen?« fragte ich Abe.
Er verneinte.
»Aber ich. Und wenn van Delden nicht genug Benzin auftreibt, weiß ich nicht, wie er es schaffen will. Nicht nach Marsabit, sondern die Strecke durch die Berge und die Wüste.«
»Okay, Sie haben also einen Bericht gelesen. Aber van Delden hat lange hier gelebt, bedenken Sie das. Es ist sein Land.« Abe schob seinen Teller zur Seite und langte nach der Kaffeetasse.
»Was sagen Sie dazu, Karanja? Sie kennen die Gegend.«
»Wenn er kein Benzin für den Landrover hat...« Karanja zog

nachdenklich die Stirn in Falten. »Sehr schlechte Zeit jetzt für eine Safari zu Fuß. Die schlimme Trockenheit, kein Wasser im Balessa Kulal.« Er zeigte uns auf der Karte eine gestrichelte blaue Linie unterhalb der Ostflanke des Kulals. »Und wenn auch die Kalama-Wasserstelle trocken ist...« Er zuckte die Achseln. »Vielleicht kommt jetzt Regen.« Doch es klang zweifelnd. »Möglicherweise essen die Samburu nicht alle ihre Kamele auf. Mit Kamelen ist es vom Horr Valley nach Marsabit nicht weiter als zwei, drei Tage.«

»Und im Horr Valley gibt es Wasser?« erkundigte sich Abe.

»Ja, in South Horr. Es gibt immer Wasser in South Horr.« Er schaute hoch, als ein Soldat an unseren Tisch kam. Die beiden sprachen kurz miteinander, dann sagte Karanja: »Der Bus ist da.« Er zog einen Umschlag aus der Tasche und reichte ihn mir. »Sie unterschreiben das bitte und lassen es für Mr. Kimani am Empfang.«

Es war ein maschinengeschriebener Brief, welcher den amerikanischen Konsul ermächtigte, dem Minister für Naturschätze das Päckchen mit meinem Film auszuhändigen, nachdem man uns zum Rudolfsee und dann wieder wohlbehalten nach Nairobi zurückgebracht hätte. Ich schaute über den Tisch zu Abe, doch der zündete sich eine Zigarette an und mied meinen Blick. Auf der Straße sah ich einen im Schatten geparkten Minibus. Die staubbedeckte Karosserie wies noch immer die Zebrastreifen aus der Touristenzeit auf, allerdings waren sie ziemlich verblaßt und mit Rost durchsetzt. Karanja hielt mir einen Füller hin. »Wenn Sie nicht unterschreiben, dann meint Mr. Kimani vielleicht, ich hätte auch das irgendwie gedeichselt.« Wieder brach er in dieses hohe Lachen aus, in dem keinerlei Humor war.

Ich zögerte noch immer. Aber es war zu spät für eine Weigerung, denn inzwischen hatten alle Delegierten das Land verlassen. Ich ergriff den Füller und unterschrieb. Karanja ging

mit dem Brief zur Reception.
»Einen Moment lang dachte ich, Sie würden einen Rückzieher machen.« Abe lächelte. Vor Erleichterung, wie mir schien.
»Was wäre dann passiert?«
Abe zuckte die Achseln. »Ich glaube, wir hätten uns in ziemlichen Schwierigkeiten befunden. Beide. Kimani geht ohnehin genug Risiko ein. Das Gebiet, in das wir fahren, untersteht der Armee.«
Ich nickte, spürte die Sonne heiß auf dem Rücken und hatte ein flaues Gefühl im Magen. »Dann melde ich mich lieber ab und hole meine Sachen.« Mir blieb gar nichts anderes übrig.
Abe lächelte wieder und sagte: »Bis gleich, im Bus.«
An der Reception stand Karanja und schwatzte mit der hübschen afrikanischen Empfangsdame. Als ich sie um meine Rechnung bat, bekam ich zur Antwort, es sei bereits alles geregelt.
»Sie und Mr. Finkel sind jetzt Gäste der Regierung«, erklärte Karanja. »Ich habe Ihnen nunmehr zu zeigen, was wir alles für unser Volk tun, wie die Regierung ihm hilft. Obendrein ist die Gegend sehr interessant. Nicht viele Weiße kommen dorthin. Sie werden bessere Filme drehen können, viel bessere Filme. Vom See und vom Volk der Elmolo.« Er sagte etwas zu dem Mädchen, tat es mit einem breiten Lächeln, und seine Zähne blitzten. Dann ergriff er mein Gepäck und ließ mich nur die Kamera tragen. Wir gingen zum Minibus.
Abe saß bereits vorn beim Fahrer, zwei Gewehre und einen Wassersack neben sich, Schachteln mit Munition vor den Füßen. »Wir werden abwechseln«, sagte er, als ich hinten einstieg. Der Mittelteil des Fahrzeugs war vollgestopft mit Campingsachen, Säcken und Kartons. Benzinkanister standen aufgereiht an den Seitenwänden. Zwei Soldaten saßen auf dem Vorratsstapel und hielten krampfhaft ihre Gewehre. Sie stie-

ßen mit den Köpfen fast ans Wagendach. Karanja setzte sich neben mich auf den hinteren Quersitz und schob die Tür zu. »Ist bequemer, der Minibus«, sagte er ohne große Überzeugungskraft. Mir kam der Gedanke, daß ein Landrover viel besser gewesen wäre.

Wir durchquerten das Zentrum Nairobis und schlugen dann die Nordostroute nach Thika ein, kletterten stetig bergan in ein altes Siedlerland mit Zitrusfrucht- und Teeplantagen. Überall gab es Jakarandabäume, und die Kapkastanien blühten. Die Pflanzerhäuser standen abseits der Straße, im Schatten der Bäume, aber sie sahen ziemlich vernachlässigt aus. Von den Veranden blätterte die Farbe ab, die verwilderten Gärten waren voller Negerhütten und Unrat, und es wimmelte von Afrikanerkindern. Auf der Straße gab es fast keinen Verkehr. Die vielen Schlaglöcher in der Makadam-Fahrbahn hatte man einfach mit Kies gefüllt, der gegen unser Chassis prasselte.

Hinter Thika sahen wir immer wieder einmal den Mount Kenya. Sein Gipfel wirkte wie eine mittelalterliche Festung, schwarzer Felsen hob sich vom Kristallweiß des ewigen Schnees und vom harten Blau des Himmels ab. Wir befanden uns nun in offenerem Gelände, links rückten die Aberdares näher, und kurz vor Mittag passierten wir die Abzweigung nach Nyeri. Dort wies ein verwittertes Richtungsschild nach Treetops. Auf Abes Frage, ob es bei diesem einstigen Lieblingsplatz der Touristen noch Wild gäbe, antwortete Karanja, das wisse er nicht. »Das Outspan Hotel, wo die Touristen immer zum Lunch abgestiegen sind, ist jetzt ein Verwaltungsbüro für die Besiedlung der Gebirgsregion Aberdare.«

»Und Treetops hat man aufgegeben?«

»Nicht aufgegeben. Es ist jetzt ein Camp für Jäger, die mit dem Ministerium zusammenarbeiten.«

»Mit Ihrem Ministerium, was?«

Karanja nickte.
Abe drehte sich zu mir um. »Ich war einmal in Treetops.« Seine Augen leuchteten hinter der Brille. »Ich hatte an der UNCTAD-Tagung in Nairobi teilgenommen, einer Konferenz der Vereinten Nationen zur Ausarbeitung von Plänen, wie die reichen Länder am besten zur Entwicklung der Dritten Welt beitragen können. Stinklangweilig. Als sie zu Ende war, beschloß ich, mal Pause zu machen und mir die Wildtiere anzusehen, von denen die Leute immer redeten. Waren Sie je in Treetops?« Er wartete meine Antwort nicht ab, sondern sprach in der monotonen Redeweise weiter, die seine Worte manchmal schwer verständlich machte, weil sie wie in einem steten Fluß dahinplätscherten: »Ein weißer Jäger mit Gewehr holte damals unseren Bus vom Outspan ab, und die letzten fünfhundert Meter mußten wir zu Fuß zurücklegen. Vor dem Abmarsch erhielten wir die Anweisung, nicht zu sprechen und beim Auftauchen eines gefährlichen Tiers in einen der vorhandenen Unterschlupfe zu laufen. Schöner Unsinn, meinte ich, ausgedacht für Touristen! Ich hatte wohl einen meiner zynischen Tage. Plötzlich stand ein Nashorn zweihundert Meter vor uns. Sein namengebendes Horn glich einem gewaltigen Keil, es war mehr als einen halben Meter lang. Das Tier sog die Luft ein, hatte die kleinen Ohren gespitzt und schaute kurzsichtig in unsere Richtung.« Er grinste. »Da war ich mir mit dem Unsinn für Touristen nicht mehr so sicher. Wir schafften es aber bis zur Treppe, ohne daß das Nashorn angriff, und befanden uns dann wieder in der sauberen Spülklosettwelt, die wir kannten. Treetops war nämlich damals nicht mehr der ursprüngliche, einst vielgepriesene Unterschlupf ›im Wipfel eines Baums‹. Es war schon ein bequemes, auf Stützpfosten gebautes Hotel mit einem kreisrunden Teich mit lehmigem Wasser davor. An dem Teich hatte man Salz ausgestreut, das die Tiere anlocken sollte. Doch nichts

kam mehr, jedenfalls vorerst nicht, und auch das Nashorn war verschwunden. Wir mußten uns damit begnügen, die Babuin-Paviane zu filmen, die auf dem Hoteldach herumhüpften wie Clowns im Zirkus. Bei Einbruch der Dämmerung endlich tauchten ein paar Büffel auf, die allerdings nicht wilder aussahen als eine Herde schottischer Schwarzrinder. Ich langweilte mich zu Tode.«

»Treetops hatte Ihnen also nichts geben können«, konstatierte ich. Oder wollte er auf eine andere Pointe hinaus?

»O doch«, murmelte er. »Das war ja das Erstaunliche. Es hat mir etwas überaus Schönes gegeben...« Sein Blick schweifte auf die Straße vor uns, schweifte weiter zu den langen Leiten des Mount Kenya zu unserer Rechten. Ruckartig drehte er sich wieder zu mir um und fragte, ob ich ein Ballettomane, ein Liebhaber des Balletts sei. Ich konnte nicht bejahen. »Dann weiß ich nicht, ob Sie mich verstehen werden. Wissen Sie, ich wohne so nahe beim Lincoln Center, im West End, und ich schaue mir deshalb viel Ballett an. Ich liebe diese Tanzweise, wirklich.« Er lächelte. »Ja, wenn Ihnen die Schönheit der Ballettbewegung nichts sagt, werde ich mich schwerlich erklären können. Ich versuche es trotzdem. Wir saßen noch beim Abendessen, als jemand rief: ›Ein Elefant ist gekommen!‹ Der lange Eßtisch leerte sich blitzartig. Unten stand eine Elefantenkuh, grauweiß im Flutlicht, von Büffeln umgeben. Sie stand einfach da, fuhr mit der Rüsselspitze behutsam über den Boden, bis sie endlich ein Stückchen Salz zu fassen bekam, das ihr genügen konnte. Ich bin sicher, es war eine junge Kuh. Und sie war so feminin, so köstlich in ihren Bewegungen. Die Büffel musterten sie finster, als wollten sie ihr den Boden streitig machen, auf dem sie stand. Sie schüttelte den Kopf in Richtung der Büffel, wedelte mit den Ohren und tat ein paar tastende Schritte, als wolle sie angreifen. Unvermittelt drehte sie um und trippelte von dannen. Es war, als

tanze auf der Bühne eine Ballerina, die sich von einer Schar Tölpel umgeben sieht, davon.«
Er drehte sich weiter nach hinten, langte nach meinem Arm. »Wissen Sie, Colin, sie war einfach das hübscheste Ding, das ich je gesehen habe. Nein, es ist nicht der richtige Ausdruck. Schätze, man kann ein so großes Tier kein hübsches Ding nennen. Aber sie war schön – so leichtfüßig, so graziös.« Er lachte kopfschüttelnd, als wundere er sich über sich selbst, griff in die Tasche seiner Buschjacke und zog seine Brieftasche heraus. »Seit ich diesen Auftrag habe, frage ich mich fortwährend, ob ich sie wiedersehen werde.« Er nahm ein vergilbtes Foto aus der Brieftasche und reichte es mir. »Ich hatte in Schwarzweiß geknipst, und in diesem Format gibt es nicht viel her. Aber die Vergrößerung, die bei mir zu Hause steht, die ist wirklich gut. Drei Filme sind draufgegangen, ich hatte also reichlich Auswahl.«
Das Foto zeigte einen in Licht getauchten, gespenstisch weißen Elefanten, der die Ohren wie Schmetterlingsflügel ausgebreitet hatte und den Rüssel nach oben hielt. Das Tier schien zu tanzen. Es hatte einen Fuß gehoben und den Körper leicht verdreht und sah aus, als sei es in einer Pirouette aufgenommen worden. Links auf dem Foto scharrte ein Nashorn den Boden zu einer Staubwolke auf; es hatte den Kopf gesenkt, so daß das lange Horn wie ein Keil wirkte. Eine gute Aufnahme, jedes Detail völlig klar, und alles ausgewogen, so daß man die Impression eines Malers zu sehen vermeinte.
»Nett, nicht wahr?« sagte Abe. »Wissen Sie, ich bin wirklich stolz auf dieses Foto. Ein Ausgleich für all das fade Zeug, das ich im Lauf der Jahre auf vielen Reisen für die Massenmedien aufnehmen mußte.« Er zeigte auf das linke Ohr des Tiers. »Sehen Sie das Loch da? Auf der Vergrößerung sieht man es ganz deutlich. Es ist ein großer Riß in Form von Vogelschwingen. An solchen Zeichen erkennt man bestimmte Ele-

fanten wieder. Der Riß ist genauso gut wie eine Erkennungsmarke.«

»Wie kam sie dazu?«

»Das Horn eines Nashorns. Hat man mir wenigstens gesagt. Sie wird dieses Kennzeichen bis zum Ende ihrer Tage tragen.«

»Und Sie haben während der kurzen Zeit, wo die Elefantenkuh zu sehen war, drei Filme verknipst?«

»O nein. Ich habe sie die halbe Nacht beobachtet. Sie war wiedergekommen, wissen Sie. Etwa um Mitternacht. Inzwischen waren auch mehrere Nashörner da, dazu die Büffel. Eines der Nashörner begann zu schnauben und so zu tun, als greife es sie an. Das Ganze spielte sich am gleichen Fleck ab, vor den gleichen Salzstückchen. Sie hielt einfach die Stellung, schlackerte mit den Ohren und lachte über das Nashorn. Schließlich zuckte sie mit den Schultern und schlenderte weg, als sei sie an gar nichts interessiert. Sie drehte eine langsame, würdevolle Runde um die Wasserstelle und kehrte auf ihren alten Platz zurück. Dann begann die ganze lächerliche Pantomime von vorn, das Nashorn schnaubte, und Sally...« Er sah mich mit einem ernsten, traurigen Blick an. »So taufte ich sie sofort – Sally. Der Name meiner Frau, müssen Sie wissen. Meine Frau war beim Ballett, als ich sie kennenlernte. Welche Harmonie der Bewegungen, und diese Anmut!« Er verharrte einen Augenblick in verklärtem Schweigen, zuckte dann leicht die Achseln. »Na, jedenfalls wedelte diese Elefantendame mit den Ohren zum Nashorn hin. Sie stand groß und würdevoll da, genau wie Sally früher, sie hielt die Vorderbeine geschlossen, so daß sie schlank, elegant und wie eine Statue wirkte. Ja, das ist der richtige Ausdruck: wie eine Statue. Zu meiner Überraschung trollte sie sich wieder, umrundete halb die Wasserstelle, glitt wie ein Schatten zwischen den Bäumen hindurch und war verschwunden. Eine Weile später war sie wieder aufgetaucht, sie stand da wie ein Gespenst, völlig reglos, wartete sozusagen auf ihren Auftritt.« Er nahm mir das Foto aus der Hand und legte es in die Brieftasche zurück. »Diese Geduld, diese ruhige Entschlossenheit wegen eines kleinen Stückchens Salz! Es war Anschauungsunterricht über das Verhalten von Tieren. Auch beim Nashorn waren das Geschnaube, das Gescharre und die Scheinangriffe keine wirkliche Aggression. Es war nicht auf Kampf aus, sondern brachte bloß zum Ausdruck: ›Um Himmels willen, laß mir ein bißchen mehr Platz.‹ Und obwohl Sally den Koloß trotz seiner zwei Tonnen mit ihrem Rüssel hätte aufheben und zu Boden schmettern können, tat sie es nicht. Sie wanderte immer wieder nur um den Teich herum.«

Er hatte sich abgewandt, blickte zum Fenster hinaus auf die Berge, wo sich Rauchwölkchen blau vom dunklen Grün des Waldes abhoben. »Das ist es, was Treetops mir gezeigt hat – die Toleranz und Schönheit beim Großwild. Außerdem« – seine Stimme wurde leise – »hat es in mir den sehnlichen Wunsch geweckt, ein paar Augenblicke meines Lebens in der Gesellschaft von Elefanten zu verbringen.« Er wies mit einer Kopfbewegung zu den Feuern und den kahlen Stellen, wo die Bäume gefällt worden waren. »Dort setzt in Bälde die Bodenerosion ein...« Er sah Karanja an: »Warum gebietet Ihr Ministerium dem nicht Einhalt? Neben der Bodenerosion haben Sie auch einen Rückgang der Regenfälle zu erwarten. Denken Sie denn nie an die Zukunft? Oder hat unsere Zivilisation Ihnen nichts beigebracht, als das Land auszuplündern, zu kassieren, was man kriegen kann – und das Morgen hol der Teufel?« Er fixierte den verwirrten Karanja streng, schaute dann mich an, die Mundwinkel zu dem für ihn typischen, leicht zynischen Lächeln hochgezogen. »Viel Zeit ist vergangen«, sagte er, »seit Ihre Königin oben im Ausguck von Treetops erfahren hat, daß sie die Thronfolge antreten muß. Eine Menge ist seither passiert, die Erde ist der Menschenrasse ge-

genüber unfreundlicher und alles ist komplizierter geworden.« Seine Stimme klang zutiefst traurig. Er zündete sich eine Zigarette an und versank in Schweigen.
Wir hatten inzwischen den Äquator überquert und befanden uns an der Westflanke des Mount Kenya. Über dem Gipfel stand jetzt eine weiße Wolke, die Hitze war immer ärger geworden, und keiner von uns sprach mehr viel. In Nanyuki sahen wir auf der breiten Hauptstraße kaum eine Menschenseele. Die Geschäfte waren mit Brettern verbarrikadiert. Wir hielten vor einem offenen Laden, den verblichene Buchstaben als »Siedlergeschäft« auswiesen. »Vielleicht hat er Bier«, meinte Karanja. »Die einzige Bierquelle bis Samburu.« Er hatte das Geschäft schon gekannt, als es noch ein Inderladen gewesen war, in dem sich die Safaris mit Wein und Alkoholika, Frischgemüse und Konserven versorgten. Doch jetzt war das Geschäft afrikanisiert, und es stand fast nichts mehr auf den Regalen. Verkauft wurden nur einheimische Produkte, Säcke mit Maismehl, das sie Posho nannten, überreife und von Fliegen wimmelnde Melonen sowie verschiedenes Wurzelgemüse, das ich noch nie gesehen hatte. Das Bier war warm und schal, es kam aus einem alten Plastikbehälter. Wir kauften Orangen und auf Karanjas Rat einen Beutel einheimischer Zigaretten. Dann fuhren wir weiter.
Ich hatte mit Abe den Platz getauscht, doch vorn war es heißer und keineswegs bequemer. Wir kletterten nun, hoch über dem offenen Land, an der Nordflanke des Berges empor. »Viel Wiederansiedlung hier«, erklärte Karanja und wies auf die Streifen verdorrten Weidelandes unter uns. Es war mit Gruppen von Hütten und unbebauten Feldern gesprenkelt. »Nachdem die Siedler gegangen sind, hat man das Land den Meru und den Samburu gegeben.«
Doch nirgends war ein Lebenszeichen zu entdecken, man sah keine Menschen, keine Rinder, kein Wild.

»Wo sind die Leute jetzt?« fragte ich brüllend, um den schwer arbeitenden Motor und das Prasseln des Kieses an die Kotflügel zu übertönen.
Er schaute mich unglücklich an und zuckte mit den Schultern: »Die Trockenheit ist sehr schlimm.«
Wir kamen zum höchsten Punkt der Straße und befanden uns plötzlich am Rand der nördlichen Grenzregion. Eine versengte, braune Ebene ging allmählich in Wüste über, wo vereinzelte Spitzkuppen aus blaßrotem Felsen aufragten, die verwitterten, von Wind und Sand zerstörten Burgen glichen. Die Karte sagte mir, daß wir uns auf 2100 Meter Höhe befanden. Die Straße schlängelte sich nun von der Flanke des Kenyas hinunter und lief in eine endlose Weite aus Sand und Felsen. Da und dort wirbelten Staubteufel auf, und es gab keinen Horizont: die Öde des Landes verlor sich im Dunst, Erde und Himmel waren vom gleichen trüben, sonnenversengten Weiß, und nur zu unserer Linken erhoben sich, gerade noch erkennbar, die verschwommenen, gespenstischen Formen von Bergen. Es war erschreckend, atemberaubend. Abe beugte sich weit vor, um mir ins Ohr zu sagen: »Das gelobte Land!« Er wandte sich an Karanja: »Glauben Sie, daß Elefanten das hier überqueren und die Berge erreichen können?«
»O ja.« Karanja nickte, als wolle er sich selbst bestätigen. »Das ist keine Wüste wie die Chalbi. Wenn Sie genau hinschauen, sehen Sie Bäume und viel trockenes Gestrüpp. Und die Elefanten wissen, wo es Wasser gibt.«
Wir rollten im Leerlauf in die Bruthitze der tieferen Regionen hinunter. Als die Straße aus Meru auf unsere stieß, bogen wir nach Norden ab. Alles schimmerte hier, Akazien erhoben ihre flachen Wipfel über einen flirrenden Hitzespiegel, Dornenbäume standen auf dem Kopf, Büschel dürren Gestrüpps schwammen auf Wasser, das eine Fata Morgana war, und in der Ferne zitterten die Ränder von Felskuppen.

Das Städtchen Isiolo tauchte auf, blendendes Wellblech, gleißend in der Sonne. Die Straße führte am Ort vorbei, und plötzlich war der Makadam zu Ende. Wir befanden uns auf einer Schotterstraße, der Lärm war ohrenbetäubend, und unser Fahrzeug zog eine dicke Staubwolke hinter sich her. Hier gewahrten wir die ersten Anzeichen tierischen Lebens: zwei Giraffen standen neben einem Dornenbaum, die Hälse seitwärts geneigt, sie musterten uns, reglos und mit einem seltsamen Ausdruck.
Der Fahrer bremste scharf, rief aufgeregt etwas und deutete dabei auf die Tiere. Unsere militärischen Begleiter griffen nach ihren Gewehren. Die Giraffen waren zwar kaum hundert Meter entfernt gewesen, aber bevor wir zum Halten kamen, galoppierten sie bereits in ihrer steifen, dennoch anmutigen Gangart davon. Diese Gangart ermöglichte es ihnen, ihre Köpfe in konstanter Höhe zu halten. »Es sind Netzgiraffen«, erklärte Karanja, als sei er Führer einer Touristengruppe. »Eine Spezies, die zum Norden hier gehört.«
»Es tut gut, ein paar Tiere zu sehen, die mit dem Leben davongekommen sind«, sagte Abe bitter, den Blick auf die beiden Soldaten gerichtet, denen ihre Enttäuschung deutlich ins Gesicht geschrieben stand.
»Sehr schwierig, Giraffen zu schießen«, brummte Karanja, als teile er die Enttäuschung der Soldaten.
Ich betrachtete die Gegend jetzt mit neuem Interesse, doch wir sahen nichts mehr, nur ein paar Strauße. Nach sechzehn Kilometern bogen wir an einer Gabelung nach links auf eine Piste ab, die zu mehreren strohgedeckten runden Hütten führte, dem einstigen Eingang zum Samburu-Wildreservat. Jetzt war es ein Militärposten. Karanja zeigte seinen Paß, und wir wurden weitergewinkt, vorbei an einigen Spähwagen, deren Besatzungen im Schatten der Fahrzeuge schliefen. Die Piste führte in offene Savanne hinaus, auf eine Art Hochebene

mit versengtem Gras, die gesäumt war von schönem Akazienbestand, dunklen Schirmen vor dem glühenden Himmel. In der Ferne schimmerten blaue Berge. Der Pistenbelag war zu feinem grauem Staub pulverisiert. Ein Stück vor uns schwebten die blaßgrünen Formen von Armeezelten über dem flirrenden Gras, ein Luftsack hing schlaff an einem Masten, und die Staubwolke eines eben gelandeten Flugzeugs lag wie eine Rauchschwade über der improvisierten Rollbahn. Wenig regte sich, die Sonne brannte nieder, glühende Hitze herrschte. »Wollen Sie schwimmen?«

»In dem Fluß?« Ich sah auf der Karte einen eingezeichnet.

»Nein, nicht im Fluß. In Buffalo Springs.« Karanja dirigierte den Fahrer zu einer Gabelung. »Sehr schönes Wasser, ganz klar. Und keine Krokodile.« Er lachte.

»Und wie steht es mit Wild?« fragte Abe. »Noch etwas da?«

»Ich weiß es nicht«, antwortete Karanja unsicher. »Ich glaube, jetzt ist nur Militär da.«

»Wann waren Sie das letzte Mal hier?«

»Vor vier Jahren, vielleicht vor fünf.«

»Und was für Tiere hat es gegeben, als das hier ein Reservat war?«

»Herden von Elenantilopen, Zebras, Büffeln, dazu Gazellen und Spießböcke. Im Gras hier nisteten Trappen, auch Löwen waren da und unten bei den Dumpalmen am Fluß immer einige Elefanten.« Er warf einen Blick hinaus, seine Miene hellte sich auf, und er sagte: »Das ist Buffalo Springs. Sie gehen jetzt schwimmen.«

Der Fahrer nahm das Gas weg. Im Schatten mehrerer seltsam gekrümmter Bäume waren zwei Armeelaster geparkt. Rufe und Gelächter erklangen, und als wir hielten, erblickten wir glänzend schwarze Leiber, die sich in einem kleinen Felsschwimmbecken drängten. »Es ist sehr schönes Wasser, sehr kühl.« Karanjas Stimme klang zweifelnd, und als keiner von

uns reagierte, sagte er abrupt: »Okay, wir fahren direkt zum Lodge.« Er gab dem Fahrer einen scharfen Befehl.
Das Lodge lag nahe am Fluß. Es besaß noch immer etwas von seinem ursprünglichen Reiz. Allerdings hatte man, nachdem es von der Armee übernommen worden war, alle Bäume bis auf die größten gefällt, um Platz zu schaffen für Fahrzeuge, für ein Gewirr von Zelten und für die Latrinen. Beim Postenzelt setzten wir unsere beiden Soldaten ab. Ein Unteroffizier wies uns zu einem Streifen am Flußufer, wo vier große Container-Laster standen. Der Fluß führte sehr wenig Wasser, die Bäume am jenseitigen Ufer ließen in der Hitze die Zweige hängen, und in der schlammigen Brühe war der grüne Kopf eines Krokodils zu sehen.
Ich kletterte steif aus dem Wagen, Abe folgte mir. »Schauen wie Kühlwagen aus«, sagte er. Auf die grauen Seitenborde der Fahrzeuge war die Flagge der Föderation gemalt, ein Elefant auf hellblauem Grund, und darunter stand in kühner Schrift: K-S Game Control Coy. Ein Landrover fuhr in einer Staubwolke auf den Parkplatz.
»Wir übernachten doch hier, oder?« fragte ich Karanja.
Er schüttelte den Kopf. »Wir sind Zivilisten, kein Militär. Wir dürfen hier nicht campen.«
»Warum sind wir dann hergekommen?« fragte Abe mit leichter Gereiztheit, die zweifellos eine Folge der Hitze war.
»Wir brauchen eine Militärerlaubnis, auch Benzin. Und ich habe hier geschäftliche Dinge zu erledigen. Es geht um die Verbindungen.«
»Okay. Bei dieser Gelegenheit könnten Sie sich erkundigen, ob Major Kirby-Smith hier ist. Sieht so aus, als habe er hier sein Basislager errichtet.« Abe ging zum nächststehenden Laster und sah ihn sich gründlich an. »Das ›Ernten‹ von Wild muß ein einträgliches Geschäft sein«, murmelte er. »Diese Dinger sind nicht billig.«

Der Laster war viel größer als alle Armeefahrzeuge und wirkte fast neu, die aufgemalte Flagge leuchtete viel heller als die zerschlissene Fahne, die über der Wildlife-Konferenz geweht hatte.

Hinter uns im Staub erklang ein Tapsen, und eine Stimme mit irischem Akzent sagte: »Erzähl mir doch niemand, daß wir Touristen hier haben.« Es war der Fahrer des Landrovers, ein ziemlich schäbig gekleideter kleiner Kerl mit sandfarbenem Haar, der einen Fetzen zerschlissener Seide um den Hals geknotet hatte. In der Hand hielt er eine abgegriffene Mappe, und seine nackten Zehen waren grau vor Schmutz. »Ist das Ihr Minibus? Habe seit Jahren keinen mehr gesehen.«

In Abes Augen blitzte Interesse auf, als er den Mann betrachtete. »Sie müssen der Pilot des Flugzeugs sein, das vorhin gelandet ist.«

Der andere nickte. »Wie gefällt Ihnen unsere neue Flagge? Hübsch, was?«

»Ein goldener Elefant mit elfenbeinfarbenen Stoßzähnen?« Abe lachte bitter. »Sehr passend.«

»Sind Sie etwa ein Vertreter des Naturschutzes?«

»Fernsehen«, erwiderte Abe.

»Falls Sie Aufnahmen über die Auswirkungen der Dürre machen wollen, kann ich Ihnen gern sagen, daß es nördlich von hier eine Menge Material für Sie gibt. Die Kadaver toter Rinder liegen haufenweise um jede vertrocknete Wasserstelle.« Sein ledriges Gesicht verzog sich zu einem Grinsen. »Aber das ist kein Grund für uns, auch zu verdursten. Kommen Sie was trinken. Ich bin übrigens Pat Murphy.«

Wir stellten uns ebenfalls vor, und Abe fragte: »Sie machen Aufklärungsflüge, nicht wahr?«

»Richtig. Bill Maddox und ich. Wir wechseln uns bei der Beobachtung der Nordgrenze ab.«

»Und Sie melden jede unerlaubte Bewegung?«

»Unsere Meldungen betreffen alles: Eingeborenenstämme, Tiere, den Zustand der Wasserstellen.« Er musterte uns aus zusammengekniffenen Augen, an seinen Lidrändern zuckte ein Nerv. »Selbstredend sind die Meldungen vertraulich. Jagen Sie etwa hier einer Story nach, oder geht es Ihnen nur um Aufnahmen fürs Fernsehen?«

»Im Augenblick suche ich Kirby-Smith.«

»Dann haben Sie Pech. Er ist nicht da.«

»Das sind doch seine Kühlwagen.«

»Er ist heute früh abgefahren. Die Wagen sollen nachkommen, sobald er Befehl gibt. Wollen Sie nun was trinken? Ich auf jeden Fall. Gestern ist eine Wagenladung Bier reingekommen.«

Karanja wies unseren Fahrer an, aufs Gepäck aufzupassen, dann folgten wir dem Piloten am Flußufer entlang. Beim Eingang des Lodges trennte sich Karanja von uns, um den Adjutanten zu suchen. Pat Murphy führte uns in die einstige Touristenbar, die jetzt Offiziersmesse war. Dort befanden sich mehrere Afrikaner, die in ihren sauberen Hemden und tadellos gebügelten Hosen fast geschniegelt wirkten. Murphy bahnte sich unter jovalem Rückengeklopfe seinen Weg zur Theke und bestellte beim Barmixer. Er schaute nach vorn, fragte aber uns: »Sind Sie über Nanyuki und Isiolo gekommen oder über Baringo?«

Abe sagte nichts. Als ich zur Antwort ansetzte, faßte er mich am Arm und hieß mich schweigen, ein seltsames Funkeln in den Augen.

Murphy schaute noch immer über die Bartheke. Er bezahlte das Bier. Dann reichte er uns unsere Gläser. »Ich glaube nicht, daß Sie es über Baringo geschafft hätten.« Er lachte. »Ein alter Minibus ist kaum das richtige Gefährt für die Baringo-Route.«

Das Bier war eiskalt, es kam frisch aus dem Kühlschrank.

Nachdem wir getrunken hatten, fragte Abe unschuldig: »Sie sind doch heute früh geflogen? Was Interessantes gesehen?«
Murphy zögerte, kippte den Rest seines Biers und musterte uns prüfend. »Fernsehen, haben Sie gesagt? Wir haben noch nie Fernsehleute hier gehabt, also müssen Sie auf der Wildlife-Konferenz gewesen sein.« Er stellte sein Glas ab und zündete sich eine Zigarette an. »Dort soll ein Oldtimer, Cornelius van Delden, sich den Zugang zur Konferenz erzwungen haben. Das ist alles, was ich gehört habe. Können Sie mir die Einzelheiten nachliefern?«
Abe erzählte ihm kurz, was geschehen war.
»Und jetzt ist er verschwunden? Hat der Armee einen Landrover geklaut und sich verdünnisiert?« Nach kurzem Zögern fragte Murphy: »Interessieren Sie sich für Kirby-Smith oder für van Delden?«
»Für Elefanten«, sagte Abe.
Der Ire grinste. »Sicher, und die werden Sie auch finden. Aber Sie sind wegen einer Story hier, das heißt also, wegen van Delden.« Er bestellte drei frische Biere. »Ich mache die Buschflüge schon lange. Safaris, Ölsucher, Regierungsbeamte. Habe die meisten Leute kennengelernt. Nicht mehr viele da jetzt. Weiße, meine ich.«
»Also kennen Sie van Delden?«
Murphy nickte: »Sicher kenne ich den alten Teufel. Ich habe ihn nach der Enderby-Affäre von Marsabit heruntergeflogen. Davon gehört?«
»Kommen Sie zur Sache«, sagte Abe. »Sie haben den Landrover gesehen, nicht wahr?«
Murphy nickte: »Ich habe einen Landrover gesehen, ja.«
»Auf der Straße von Baringo?«
»Könnte schon sein.« Er überlegte kurz und fügte hinzu: »Gestern hatte sich Alex von Bill zum South Horr Gap raufliegen lassen, um es sich anzusehen. Also habe ich heute mei-

nen Erkundungsflug nach Westen gemacht, am Rand der Suguta entlang.«
»Und dort haben Sie den Landrover gesehen?«
»Richtig.«
»Verlassen?«
»Schwer zu sagen. War vielleicht nur geparkt.« Murphy hatte die Stimme gesenkt, so daß die afrikanischen Offiziere ihn nicht hören konnten. »Meine Meldung geht erst morgen früh raus, falls Ihnen das was nützt. Ich schulde van Delden einiges.«
»Könnten Sie uns die Position des Landrovers auf der Karte zeigen?«
Er nickte und griff nach seiner Aktentasche.

2

Wir verließen das Samburu-Lodge am Spätnachmittag und campten abends unter dem Lolokwe, einem hohen, kahlen Zuckerhutberg, der knapp nördlich des Abkürzungswegs nach Maralal aus der Ebene aufragte. Die steilen Flanken des Berges glühten im Sonnenuntergang, als wir unser Zeltdach aufbauten. Karanja zeigte uns, wie die Zeltbahn über das Rohrgerüst gespannt wurde, während der Fahrer mit einem Buschmesser loszog, um Holz zu sammeln. Stare beobachteten uns neugierig, ihr metallisches Gefieder schillerte im Licht der tiefstehenden Sonne. Ganze Kolonien von Webervögeln lärmten bei ihren Nestern, die wie kleine Kokosnüsse büschelartig in Dornsträuchern hingen. Als wir unter der abgenutzten Zeltleinwand unser Lager bereitet hatten, brannte bereits ein Feuer, und der Tee war fertig.

Die kurze Dämmerung ging rasch in Dunkelheit über, und der Lolokwe hob sich als schwarze Masse vom Sternenhimmel ab. Plötzlich herrschte tiefe Stille, keine Vögel zwitscherten mehr, und nur das leise Prasseln des Feuers war zu hören.

»Davon habe ich immer geträumt«, murmelte Abe, war aber in der finsteren Stille gut zu verstehen. »Macht es Ihnen Angst, mitten in Afrika so im Freien zu campen?«

»Nein«, antwortete ich. »Nein, natürlich nicht.« Aber ich war angespannt und mir meiner Sinne bewußt wie nie zuvor, horchte nach Geräuschen, versuchte mit den Augen die Dunkelheit jenseits des Feuers zu durchdringen.

Vom Berg herüber wehte eine leichte Brise. Karanja sog prüfend die Luft ein, sein Gesicht glänzte schwarz im gespenstischen Feuerschein. »Ich denke, es wird heute nacht regnen. Darum schlafen wir unter Dach.« Er fügte hinzu: »Passen Sie in dem Sand auf Skorpione auf. Sie sind sehr schlimm.«

»Und wie steht es mit Schlangen?« fragte ich.

Er grinste. »Schlangen sind auch sehr schlimm, und wir haben kein Mittel gegen Schlangenbisse dabei. Aber hier sind die Skorpione gefährlicher.«

Das Abendessen bestand aus Posho und Büchsen-Stew. Während wir am Feuer hockten und aßen, erzählte ich Abe von Pieter van Deldens Buch und nannte ihm die Gründe, aus denen ich zum Rudolfsee wollte.

»Mir scheint«, sagte er, »daß unsere Ziele etwas voneinander abweichen. Ihres ist praktischer Natur. Sie wollen eine archäologische Entdeckung bestätigen und auf Film bannen. Ich möchte nur die ruhige Unendlichkeit Afrikas in mich aufnehmen und herausfinden, wie die Elefanten das Problem lösen, in der feindseligen Menschenwelt zu überleben.« Er zündete sich eine Zigarette an.« Aber was den morgigen Tag angeht, sind wir uns doch einig, denke ich? Wir schauen uns diesen Landrover an.«

»Denke ich auch«, antwortete ich zögernd. Schließlich hatte ich nun die Chance an den Rudolfsee zu kommen, und wollte mich nicht ablenken lassen. »Der Pilot freilich hat nicht gesagt, daß der Landrover verlassen war.«

»Er hat ihn niedrig überflogen und niemanden gesehen.«

»Das heißt noch lange nicht, daß es sich um van Deldens Fahrzeug handelt.«

»Ein Grund mehr, es uns anzuschauen.« Abe saß zusammengekauert, die Hände um die Knie geschlungen, und ich sah im Flammenschein Neugier in seinen Augen funkeln. Ein Journalist, der eine Story wittert, dachte ich. Dann sah er mich an, lächelte ruhig und fragte: »Haben Sie sich überlegt, was wir

hier tun? Ich meine, haben Sie wirklich darüber nachgedacht? Wir sind viele Jahrhunderte zurückgegangen, in eine Zeit, wo der Mensch noch Teil der Tierwelt war. Hier in der Wüste gibt es keine Servicestationen, und wenn uns das Benzin ausgeht, sind wir genauso verlassen und gefährdet wie die Menschen der Frühzeit, von denen Sie eben erzählt haben, Menschen, die am Ufer des Rudolfsees Tonwaren brannten und in sie eine mit Wohnstätten gekrönte Pyramide einritzten. Wir sind jetzt Primitive, die sich zum Schutz um ein Feuer geschart haben. Und im Hinblick auf das Kommende kann ich nur an das arabische Wort Inschallah denken. Wenn es Gottes Wille ist, werden wir van Delden finden, und wenn van Delden bei uns ist, haben Sie den besten Führer zum Rudolfsee. Und ich...« Er zögerte, starrte ins Feuer. »Er kann mir einiges über die Elefanten beibringen und mich lehren, wie man in Harmonie mit diesem Land lebt, wo Leben und Tod eins sind, ein unausweichlicher Prozeß, der mich fasziniert, weil ich ihn noch nie so empfunden habe.«
»Und wenn wir van Delden nicht finden?«
»Dann gibt es immer noch Kirby-Smith in South Horr. Sollten wir Gelegenheit bekommen, ihn bei der Arbeit zu beobachten, werden wir vermutlich beide die Genesis besser verstehen und begreifen, weshalb der Baum der Erkenntnis allen Kreaturen Angst vor dem Menschen eingejagt hat.« Er sah mich an, lächelte wieder. »Dies, mein Freund, ist wahrlich eine Reise in die Vergangenheit, und sollte sie mich das Leben kosten, werde ich mit einem neuen Verständnis sterben. Mein Körper wird sich auflösen und mit dem Wüstenstaub vermischen, wird lebensspendend sein...«
»Um Himmels willen!« unterbrach ich ihn. »Sie werden nicht sterben.«
»Natürlich nicht. Aber wenn...« Er zuckte die Achseln, lächelte noch immer, doch jetzt sehr melancholisch. »Ich wollte

nie unter einem schweren Marmorstein auf einem Gräberfeld liegen oder meine Leiche ins Krematorium geschafft haben, denn auf den Friedhöfen unserer Massengesellschaft ist kein Platz. Mein verwesendes Fleisch soll lieber einem Schakal einen weiteren Tag Leben schenken oder zum rauschenden Flug eines Geiers beitragen, Ameisen sollen meine Gebeine säubern...«

»An Ihnen ist ein Dichter verlorengegangen, wie?«

Er lachte, schüttelte den Kopf. »So gut habe ich nie schreiben gelernt.« Er blickte kurz ins Feuer, fuhr dann leise fort: »Gelesen habe ich immer nur aus dem Drang nach Wissen, nach Verständnis. Vielleicht werde ich hier – statt in Büchern, statt in den Erlebnissen anderer –, vielleicht werde ich hier in dieser Einsamkeit den Sinn des Lebens entdecken, den Sinn Gottes sogar.« Er schüttelte einmal mehr den Kopf, lächelte einmal mehr dazu und stand dann plötzlich auf. »Tut mir leid, ich habe zuviel geredet. Ich gehe jetzt schlafen.«

Abe ließ mich mit dem Gefühl zurück, er sei ungehalten, weil er seine melancholische Veranlagung gezeigt hatte, die er normalerweise vor allen verbarg.

Ich saß noch eine Weile am Feuer, rauchte eine letzte Zigarette und lauschte in die Stille hinein. Dann legte ich mich ebenfalls unter die Zeltleinwand. Ich starrte auf die dunkle Masse des Lolokwes und schlief lange nicht ein. Irgendwann in der Nacht begann es zu regnen, und ich erwachte von dem leisen Trommeln auf der Zeltbahn und dem Tropf-tropf-tropf auf dem Sand neben meiner Liegestatt. Mir fielen Geschichten von Löwen ein, die in Safari-Zelten Schutz gesucht hatten. Da rollte ich mich zusammen wie ein Fetus und horchte im Prasseln des Regens angestrengt auf das leiseste Geräusch.

Bei Tagesanbruch wachte ich auf. Die Vögel zwitscherten und sangen. Ich schaute unter der zerrissenen Zeltbahn hervor.

Mein Blick blieb an einem kleinen Vogel hängen, dessen Rumpf sich schneeweiß vom Dunkel eines Dornbuschs abhob, und schweifte sodann in die Ferne, wo ein Adler wie ein Kreuz ans Firmament genagelt schien. Es regnete nicht mehr, der Himmel war klar, und in dem noch grauen Licht wirkten die Brauntöne der Wüste farbig und frisch. Drongos, die wie pechschwarze Fliegenschnäpper aussahen, flitzten in dem dürren Gestrüpp von Busch zu Busch. Liegend beobachtete ich, wie das Licht zunahm, wie die Sonne aufging, wie die kahlen Steilwände des Lolokwes blutrot wurden. Der Fahrer warf seine Decke zur Seite. Er legte Reisig auf die Feuerstelle und blies Leben in die Glutreste. Abe kam aus den Dornbüschen in mein Blickfeld geschlendert. Er wirkte schlank und drahtig in seiner khakifarbenen Buschkleidung, hatte den Kopf gesenkt und tastete mit seinem Blick den Boden ab. Ich meinte, er folge der Spur eines Tieres, doch als ich ihn anrief und fragte, was es sei, erwiderte er: »Nur Vögel. Der Sand ist nach dem Regen so weich, daß man die Abdrücke ihrer Krallen überall sehen kann.« Er kam zu mir her, grinste: »Sie fauler Hund, die beste Zeit des Tages haben Sie verpaßt.«

Wir brachen das Lager ab und fuhren gleich nach dem Tee los. Um halb neun hatten wir die Abzweigung nach Wamba passiert und befanden uns auf der Straße nach Maralal, die auf die Berge zuführte. Es war eine an manchen Stellen arg schmierende Schotterstraße. Bald kletterten wir durch dichten Busch bergauf. Als wir einmal hielten, um auszutreten, sahen wir einen Zwergfalken, der wie ein kleiner brauner Wächter auf dem Ast eines Baumes saß. Die Berge rückten immer näher. Wir stießen auf alten Elefantenkot. Das Gebiet war zweifellos günstig für Wild.

Am Ende des Kisima-Sees mündete von links eine Straße in unsere, und Abe befahl dem Fahrer, auf diese Straße einzubiegen.

»Das ist nicht der Weg nach Maralal«, sagte Karanja.
»Nein, aber wir nehmen ihn trotzdem.«
»Nach Maralal geht es geradeaus«, beharrte Karanja.
»Ich weiß, daß es geradeaus nach Maralal geht.« Abe hatte die Karte auf den Knien liegen. »Aber ich möchte mir die Landstufe ansehen, die zum Tal der Suguta abfällt.«
»Das Suguta Valley überblicken wir von einem Aussichtspunkt hinter Maralal. Von dort sehen Sie das Flußbett, Geysire, Vulkane, alles, was Sie wollen.«
Die Debatte ging einige Minuten hin und her. Wir standen, der Motor tuckerte, die im Tal gestaute Hitze drang ins Fahrzeug. Ich mischte mich nicht ein, beobachtete einen Gaukler am blauen Himmel, einen Raubvogel, von dem ich inzwischen wußte, daß man ihn an seiner ausgeprägten Kreuzform erkannte. Er ließ sich vom Aufwind höher tragen, bis zu den grauen Felsklippen über dem dichten Busch, der zu unserer Rechten die Berghänge bedeckte. Abe blieb schließlich nichts anderes übrig, als Karanja von dem Landrover zu erzählen. Da sagte Karanja eine Weile nichts mehr. Er saß neben mir auf dem Vordersitz, Schweiß auf dem Gesicht, den Körper angespannt.
Schließlich murmelte er: »Wäre nicht gut... Man wird eine Patrouille schicken...«
»Der Pilot macht erst heute früh Meldung.« Abe lehnte sich vor, faßte Karanja an der Schulter. »Wollen Sie zulassen, daß man van Delden schnappt? Sie haben mit ihm zusammengearbeitet. Sie waren einer seiner Wildspäher. Sie können doch nicht einfach weiterfahren, nachdem ich Ihnen das gesagt habe.«
»Sie wollen doch zu Major Kirby-Smith. Das haben Sie mir gesagt, und das habe ich Hauptmann Ngaru gesagt. Unsere Erlaubnis gilt für Baragoi...« In seiner Verzweiflung fügte Karanja hinzu: »Außerdem haben wir nicht genug Benzin.«

»Wir haben acht Kanister hinten.«
»Das ist Wasser.«
»In vier Kanistern ist Wasser, in den anderen vier Benzin. Sagen Sie also dem Fahrer, daß er nach links abbiegen soll.«
»Lassen wir es doch«, warf ich ein. »Wir kriegen nur Ärger, wenn wir van Delden finden.«
»Und wenn er es gar nicht ist?« diskutierte Abe heftig weiter. »Angenommen, es handelt sich um irgendeinen armen Teufel...«
»Es ist schon van Delden«, erwiderte ich. Er mußte es sein, weil auf der Baringo-Route keine Zivilpatrouillen fuhren und ausschließlich Militärfahrzeuge in das Gebiet durften.
»Okay, es ist also van Delden. Übrigens, wie wollen Sie den Weg durch die Lavawüsten um den Rudolfsee finden, wenn er Sie nicht führt? Sie wollten doch, daß er Sie hinbringt, oder?«
Ich resignierte. Abe hatte ja längst entschieden, und ich konnte in der stickigen Luft nicht mehr streiten. Da sagte ich nur: »Ich würde lieber weiterfahren.«
Tief in mir regte sich instinktives Unbehagen, nicht allein wegen des seltsamen alten Mannes, sondern auch wegen Abe. Doch ich vermochte dieses Unbehagen nicht in Worte zu fassen und hörte Abe mit dem Gefühl von etwas Unausweichlichem sagen: »Okay, Karanja, wir biegen hier links ab.«
Irgend etwas in der Art, wie er es gesagt hatte, die ruhige Sicherheit seiner Stimme vielleicht, mußte den Ausschlag gegeben haben. Karanja sprach jetzt in raschem Suaheli mit dem Fahrer, und wir bogen nach links auf die Straße ein, die in südwestlicher Richtung zum Tal Ol Keju Osera führte, sozusagen schräg zurück.
Dichter Busch säumte die Fahrbahn, die an manchen Stellen steil und vom nächtlichen Regen glitschig war. Eine halbe Stunde später hatten wir einen Plattfuß. Kein Wunder, die

Reifen waren fast bis auf die Karkasse abgefahren. Während wir dem Fahrer beim Wechseln halfen, zog Karanja mit dem Gewehr los. Er hatte den gackernden Ruf eines Perlhuhns gehört.

»Und was passiert, wenn wir van Delden finden?« fragte ich Abe. »Die Patrouille dürfte bereits hinter ihm her sein. Karanja hat Angst vor ihm – und ich in gewisser Hinsicht auch.«

Wir hoben gerade das Reserverad aus dem Wagenheck; Abe erwiderte: »Das Schwierige mit Ihnen ist, daß Sie zuviel denken. Versuchen Sie die Dinge doch zu nehmen, wie sie kommen. Und machen Sie sich wegen Karanja keine Sorgen. Ich glaube, nach ein paar Stunden in van Deldens Gesellschaft ist er wieder so, wie er war, bevor ihn der Ehrgeiz packte und er sich als Pressesprecher eines Ministers ungeheuer wichtig vorkam.« Dann erzählte mir Abe, warum der Pilot die Sichtung des Landrovers nicht sofort gemeldet hatte. Vor einem Dutzend oder mehr Jahren war er, nachdem er Touristen zum Angeln an den Rudolfsee geflogen hatte, von der Rollbahn bei Loiengalani gestartet und in eine Hurrikanbö geraten, die vom Kulal herunterwehte. »Es gibt im See eine Insel, South Island. Auf den Lavahängen dort machte Murphy eine Bruchlandung und zerschmetterte sich dabei das Bein. Van Delden war zufällig in der Mission, er brach sofort auf, paddelte auf einem Floß aus Baumstämmen, wie es die Elmolo zum Fischen benutzen, fast dreizehn Kilometer über den See. Der Wind setzte am nächsten Morgen von neuem ein und wehte fast eine Woche lang unvermindert. Hätte also van Delden sich nicht sofort in die Riemen gelegt, wäre Murphy erledigt gewesen.« Abe schloß: »Ich habe die Geschichte aus ihm herausgeholt, während Sie auf der Terrasse saßen und sich das Flußpferd ansahen. Das ist der Grund, warum Murphy uns die nötige Zeit verschafft, vor der Patrouille anzu-

kommen.«
Wir hatten das Reserverad aufgesteckt und zogen die Muttern an, als in der Ferne zwei Schüsse fielen. Ein paar Minuten später erschien Karanja aus dem Busch und hielt grinsend ein Perlhuhnpaar hoch. Es waren plump aussehende Vögel mit dunklem, weiß gesprenkeltem Gefieder und einem seltsamen helmartigen Knochengebilde auf dem Kopf. Karanja war sichtlich zufrieden mit sich und warf die Vögel hinten ins Fahrzeug. »Sollen wir Tee kochen, Paul?« Der Fahrer nickte, sein weißes Hemd war stellenweise dunkel vor Nässe, Schweißtropfen standen ihm auf der Stirn. »Okay, wir brauen uns einen, dann suchen wir diesen Landrover.«
Hier draußen in der Einsamkeit des Buschs war es nachgerade tröstlich zu sehen, wie schnell die beiden ein Feuer in Gang brachten. Im Nu kochte das Wasser, und der Fahrer rührte Tee und Zucker hinein. Er setzte sich auf seine vier Buchstaben – und riß plötzlich die Augen auf. »Ndovu!«
Zuerst sah ich sie nicht, der Busch flirrte vor Hitze, das Licht blendete. Karanja streckte die Hand aus. »Sehen Sie sie? Elefanten, hinter dem großen Baum dort.« Die Erregung ließ seine Stimme vibrieren.
Ich sah den Baum, eine ausladende Euphorbia, die auf einer gerundeten Bergschulter stand. Tatsächlich, dort bewegte sich eine graue Riesengestalt, dann eine zweite. Ich konnte nicht feststellen, wieviel Tiere es waren, obwohl sie sich gemächlich durch einige Lücken im Busch schoben. »Kühe«, sagte Karanja. »Und sie haben Totos bei sich.« Die Elefanten überquerten die Schotterstraße oben bei der gerade noch einzusehenden Kurve, graue Gespenster, die entlang der Höhenlinie nach Norden zogen. Unversehens waren sie verschwunden, eingetaucht ins graugrüne Blätterdickicht des Bergabhangs.
Abe schaute ihnen starr nach. »Haben Sie gesehen, Colin?

Eine ganze Herde. Kirby-Smith hatte recht. Es gibt Elefanten hier im Norden.« Karanja reichte ihm einen Becher Tee, und Abe setzte sich hin wie gefällt. »Ungeschlachtetes Fleisch«, murmelte er. Mich überlief ein eisiger Schauer, der gleiche Schauer wie einen Tag vor dem Selbstmord meines Onkels. Auch davor schon hatte mich einigemal dieser Schauer erfaßt. Überempfindlichkeit diagnostizierte der Arzt, als ich irgendwann die Schule schwänzte, weil ich nicht neben einem bestimmten Jungen in der Bank sitzen wollte. Es war die Überempfindlichkeit eines Kindes, das früh seine Eltern verloren hatte. Mir war damals einfach klar gewesen, daß meinem Banknachbarn etwas Schreckliches passieren würde, und ein paar Tage später fand man ihn am Fuß der Klippen. Wir lebten seinerzeit in Peacehaven, und ich war in der Woche davor selbst auf den Klippen herumgestiegen, um Fossilien aus dem Kalk zu stemmen.

»Es müßte eine Möglichkeit geben, sich mit den Elefanten zu verständigen«, sagte Abe. »Irgendeine Sprache. Dann könnten wir sie warnen. Aber ich glaube, zur Elefantensprache gehört ein tieferes Knurren, als ich es mit leerem Magen zustande bringe.« Er hatte die Hände um seinen Becher gelegt und den Kopf darüber geneigt, als lese er die Zukunft aus den Teeblätern, die auf der öligen Flüssigkeit schwammen. »Ob van Delden sich mit ihnen verständigen kann? Er hat so lange unter ihnen gelebt...« Abe trank einen Schluck und richtete die Augen auf mich. Seine Pupillen wurden von den Brillengläsern leicht vergrößert. »Was ich über Elefanten weiß, habe ich alles nach dem Aufenthalt in Treetops gelesen. Sie verständigen sich durch Knurren. Aber wieviel sie einander mitteilen...?« Er nahm den Teller, den Karanja ihm reichte, kalte weiße Bohnen mit ein paar Scheiben Brot, und stellte ihn neben sich auf den Boden. »Niemand weiß, wieviel sie einander mitteilen können. Wir wissen es genauso wenig, wie wir die

Sprache der Delphine und der Wale verstehen. Und jetzt diese Wildkonzentration am Rudolfsee droben. Wie Sie sich erinnern werden, hat Kirby-Smith ausdrücklich von Piloten gesprochen, die Elefanten gesichtet haben. Ich habe Murphy danach gefragt, aber er fliegt nicht an den Rudolfsee. Seine Aufgabe ist es, die Straßen und Wasserstellen zu überwachen. Er macht ohnehin nur Tagesflüge, und Elefanten hat er nur in der Umgebung von South Horr entdeckt.«

Abe ergriff seinen Teller, schaufelte sich Bohnen in den Mund und blickte zu dem Hang hinauf, wo die Elefanten verschwunden waren. »Beherrschte ich ihre Sprache, würde ich der Gruppe dort nachgehen und sie warnen. Nach der Richtung zu schließen, in die sie streben, enden sie in den Kühlwagen.« Er sah zu mir herüber, in den Mundwinkeln wieder dieses zynische Lächeln. »Ein hartgesottener Medienmensch, und da hocke ich mitten im Niemandsland am Rand einer Schotterstraße, mache mir Sorgen um eine Herde Elefantenkühe und warte darauf, daß was passiert.« Sein Blick schweifte von neuem zu dem im Wärmedunst liegenden Berghang. »Fast Mittag. Die heißesten Stunden des Tages. Diese Elefanten sollten jetzt im Baumschatten stehen und mit den Ohren fächeln, um sich kühl zu halten. Wissen Sie, daß ein Elefant seine Körpertemperatur bis um sechzehn Grad senken kann, nur indem er mit den Ohren schlakkert?«

»Ich wollte, ich hätte auch so große Ohren«, sagte ich verlegen. Abes Worte hatten in mir erneut Unbehagen aufsteigen lassen.

Der Fahrer aber schüttelte sich vor Lachen, beugte sich vor, zeigte auf Karanja und prustete: »Der hat große Ohren. Los, Karanja, schlackere.« Die weißen Zähne des Fahrers blitzten. »Mach Kühle.«

»Zeit, daß wir fahren«, sagte ich.

»Keine Eile.« Abe lehnte sich zurück, die Augen halb geschlossen. »Wir sind seit Tagesanbruch unterwegs.«
»Wir können nicht einfach auf die winzige Chance hin sitzenbleiben, daß van Delden diese Straße nimmt.« Ich griff nach der Karte. »Wir sind etwa vierundzwanzig Kilometer von der Stelle entfernt, wo Pat Murphy den verlassenen Landrover gesehen hat, und es gibt noch eine andere Straße nach Maralal.«
»Stimmt, es gibt noch eine andere Straße, aber sie ist für Autos nicht geeignet, und van Delden braucht ein Transportmittel. Er ist weit von Marsabit entfernt, und ein Landrover ohne Benzin nützt ihm etwa soviel wie ein Schrotthaufen.« Abe setzte sich auf. »Ich glaube nicht, daß Sie ganz begreifen, was für eine Art Mensch er ist. Er hat das Flugzeug kreisen sehen, und die Patrouille kommt bestimmt auf dieser Straße hier.«
Ich starrte ihn an: »Er wird doch einer Militärpatrouille nicht das Fahrzeug nehmen.«
Abe zuckte die Achseln, lehnte sich zurück und schloß die Augen wieder halb. Karanja bewegte sich unruhig, suchte mit dem Blick den Busch ab, als eine Taube lärmend durch die Äste über uns flog. Von Süden drang das Gackern mehrerer Perlhühner schwach durch die stehende Luft. Infolge des nächtlichen Regens herrschte jetzt drückende Schwüle. Ich war schläfrig, legte mich auf den Rücken und blickte träge zu den weißen Wolken hinauf, die über den Bergen hingen.
»Ich denke, wir fahren jetzt zurück«, sagte Karanja. Er wurde immer unruhiger. »Wenn die Patrouille kommt, will sie wissen, was wir auf der Straße da suchen.«
»Es dauert noch ein paar Stunden, bis die Patrouille auftaucht.« Abe stützte sich auf den Ellbogen, hob lauschend den Kopf, als hinter uns im Busch der Warnruf eines Vogels erklang. Gleich darauf schoß ein metallisch blauer Blitz vorbei.

»Ein Star«, sagte Karanja. »Etwas hat ihn aufgeschreckt.« Die Perlhühner gackerten nicht mehr, überhaupt schien alles still und ruhig, als halte der Busch den Atem an. Und dann kam er, kam lautlos von hinten, aus dem Unterholz – van Delden. Bei ihm war Mukunga, und beide trugen Gewehre. Mtome und ein sehr aufrechter, sehr gut aussehender Schwarzer, den ich nicht kannte, erschienen auf der anderen Straßenseite. Jeder der vier hatte einen alten Tornister auf dem Rücken, Patronentaschen voller Munition um die Hüften und eine zusammengerollte Decke über der Schulter.

»Karanja.«

Karanja war aufgesprungen. »Ndio, Bwana.« Er sah van Delden starr an.

»Hast du mich gesucht?«

Karanja nickte wortlos.

»Woher weißt du, daß ich hier bin?«

»Der Pilot«, warf Abe ein.

Van Delden schaute einen Moment auf uns Sitzende herunter. Dann trat er ganz zu uns. Er setzte sich neben mich und legte sein Gewehr vorsichtig auf den Boden. »Ich war auf eine Patrouille gefaßt.«

»Der Pilot brauchte erst heute früh Meldung zu machen«, erklärte Abe. »Er kann sich auf die Routine berufen.«

»Hat er nicht Befehl gehabt, den Landrover zu suchen?«

»Er hat gesagt, daß er in Ihrer Schuld steht. Er heißt Murphy.«

»Pat Murphy? Ja, ich entsinne mich.« Van Delden nickte. »Wir haben also noch ein bißchen Zeit, bis die Patrouille erscheint.« Er sagte etwas zu Karanja, der rasch zum Feuer ging. »Und Sie haben mich gesucht. Warum?«

Abe zuckte die Achseln. »Weiß nicht recht. Wir haben einen Passierschein zum Rudolfsee und dachten, Sie bräuchten vielleicht eine Mitfahrgelegenheit.«

Van Delden schüttelte den Kopf. »Ein Fahrzeug ist alles, was ich brauche.« Er sah uns nacheinander an, der Blick seiner blassen Augen war wachsam, fast mißtrauisch. »Bis der Tee fertig ist, könnten Sie mir erzählen, wie Sie in den Besitz eines alten Safaribusses und eines Passierscheines für die militärische Zone gelangt sind.« Er gab Mukunga einen Befehl, und seine drei Afrikaner hockten sich ans Feuer, die Gesichter uns zugekehrt. »Und Karanja? Was tut Karanja hier?«
»Man hat ihn uns als Führer zur Verfügung gestellt.«
Van Delden lachte; wieder das rauhe Bellen. »Sie verstehen es offenbar, sich zu verschaffen, was Sie haben wollen, Mr. Finkel. Was werden Sie denn jetzt filmen?«
»Das hängt von Ihnen ab«, antwortete Abe. »Wenn wir Sie mitnehmen...«
»Nein.«
Abe zog kurz die Schulter hoch. »Ich vermute, Ihnen ist nicht ganz klar, was das Fernsehen für Sie bewirken kann.« Er zögerte, wechselte dann das Thema. »Wie ich höre, wollen Sie nach Marsabit.« Van Delden antwortete nicht, er blickte zu den Berghängen über uns. Abe fragte: »Haben Sie die Elefanten gesehen?«
»Sie haben unsere Witterung aufgenommen.«
»Ist das ihr angestammtes Gebiet, oder sind sie mit einem bestimmten Ziel unterwegs?«
Van Delden zuckte die Achseln. »Wissen Sie etwas über die Wanderung von Elefanten?«
»Ein bißchen.«
»Beispielsweise über ihren normalen Aktionsradius?«
»Laut den wissenschaftlichen Daten liegt die Grenze etwa bei hundertdreißig Kilometern.«
»Daten – wissenschaftliche Daten...« Der Elefantenmensch sprach das Wort ›wissenschaftlich‹ voll Verachtung aus. »Die einzigen offiziellen Angaben beziehen sich auf die Bedingun-

gen in Naturparks. Elefanten lernen die Grenzen ihres Schutzgebiets sehr schnell kennen.«

»Und wenn es kein Schutzgebiet mehr ist, was dann?«

Van Delden wiegte den Kopf. »Wer weiß? Es hat keine sogenannten Wissenschaftler gegeben, die Aufzeichnungen machten, als die Kapelefanten von den Vorfahren meines Vaters ausgelöscht worden sind, oder als britische Jäger die großen Herden Südafrikas wegen des Elfenbeins und aus Lust am Töten zusammengeschossen und ausgerottet haben. Wer will schon sagen, ob nicht einige dieser Elefanten nach Norden gezogen sind, fort aus der Todeszone, nach Matabeleland, über den Sambesi? Was die Wissenschaftler Ihnen auch immer erzählen mögen, Mann, diese Elefanten dort oben« – er wies mit dem Kopf zu den grünbraunen Hängen – »können Abkömmlinge von Tieren sein, die vor mehr als eineinhalb Jahrhunderten aus der Kapprovinz gekommen sind.«

»Also ziehen sie aus einem ererbten Instinkt nach Norden? Wollen Sie das sagen?«

Van Delden schüttelte den Kopf. »Ich habe zu lange unter Elefanten gelebt, um irgend etwas sicher zu wissen. Sie sind Individualisten, wie der Mensch, und da sie fast ebenso lange leben, sind sie unberechenbar, jeder verhält sich entsprechend seiner Erfahrung. Manche greifen sofort an, andere sind ziemlich tolerant. In Marsabit hat ihnen ein sehr beschränktes Gebiet zur Verfügung gestanden. Nur der Berg und sein Waldgürtel. Dazu das Gras auf den Abhängen, das sie mit den Rendille teilen mußten; sie sind nachts ins Grasland heruntergekommen, wenn die Rinder nicht weideten. Es hat aber auch andere gegeben, die kamen und gingen, hauptsächlich Bullen. Sie sind von dem Fluß Tana nach Marsabit getreckt, sogar aus dem hiesigen Gebiet. Das haben jedenfalls die Boran berichtet. Aber ein Wissenschaftler würde es nicht akzeptieren. Er müßte einem Tier einen Echotransistor einpflanzen

und es mit dem Flugzeug verfolgen, bevor er glauben würde, was ihm ein Eingeborener gesagt hat.«
Karanja reichte van Delden einen Becher Tee. Der alte Mann saß da und trank geräuschvoll, die Stirn dabei in Falten gezogen. »Haben Sie Ihre Kameras mit?« Abe nickte. »Und Sie haben die Absicht, Alex Kirby-Smith mit seiner Bande wissenschaftlicher Ausrotter zu filmen?«
»Das war nicht beabsichtigt«, protestierte ich.
Van Delden sah weiter Abe an. »Wie haben Sie Kimani dazu gekriegt, seine Einwilligung zu geben?« Nachdem Abe es ihm erklärt hatte, maß er mich ärgerlich. »Sie haben also den Film, den Sie von mir gedreht haben, für die Chance verschachert, eine archäologische Entdeckung zu bestätigen.« Sein Ton war hart und unversöhnlich, der Blick seiner blassen Augen fast verächtlich. »Mary hatte recht, Sie haben kein Herz für Tiere.« Er wandte sich wieder an Abe: »Wo ist Kirby-Smith jetzt?«
»In Baragoi.«
Van Delden nickte, als habe er das erwartet. »Er wird die Elefanten erledigen, wenn sie aus dem South Horr Gap in das Gebiet dahinter kommen, das fast reine Wüste ist.« Er sah mich an: »Sie werden ein kaltes Herz und einen starken Magen brauchen, mein Junge. Es werden Kälber jeden Alters dabei sein, von neugeborenen bis hinauf zu zwölfjährigen, dazu die Mütter, alle angeführt von einem alten Muttertier, komplette Familienverbände mit fünf bis fünfzig Tieren. Kirby-Smith wird sie zusammentreiben, indem er mit einem Flugzeug im Tiefflug über sie hinwegjagt. Oder vielleicht nimmt er Laster und Landrover, um sie auf seine Scharfschützen zuzutreiben. Das alte Muttertier wird zuerst abgeschossen, fünfzig oder sechzig Lebensjahre ausgelöscht wie vom Blitz, und die ganze Gruppe in Minutenschnelle hingemäht, jede Kuh, jedes Kalb.«

Er sprach wieder Abe an: »Auf diese Weise gibt es keinen Überlebenden, der das Wissen von Angst, Schmerzen und Tod an andere, die durch die Berge kommen, weitergeben könnte. Keine Warnung an die nächste arglose Familiengruppe. Insgesamt ein Gemetzel, an dem sich Ihr fasziniertes Fernsehpublikum weiden kann.« Van Delden schleuderte seinen leeren Becher auf Karanja und erhob sich. »Ich nehme Ihr Fahrzeug.«
»Und der Gedanke kommt Ihnen nicht«, fragte Abe ruhig, »daß das faszinierte Fernsehpublikum genauso empfinden könnte wie Sie, daß der Anblick einer solchen groß angelegten Schlächterei Empörung auslöst...?«
»Es wird keine Schlächterei geben, wenn ich es irgend verhindern kann.« Er sagte ein paar rasche Worte zu Mtome, der sogleich unser Gepäck aus dem Minibus lud. »Und falls Sie tatsächlich filmen dürfen, glauben Sie, man läßt Sie Ihre Filme mit außer Landes nehmen?«
»Vermutlich nicht. Aber mit Ihrer Hilfe könnten wir sie hinausschmuggeln.«
Abe stand auf.
»Bleiben Sie, wo Sie sind.« Van Delden ging zum Minibus. »Dima!« Auf seinen Wink stieg der große Afrikaner hinten ein. Mtome folgte ihm, Mukunga stand neben der Tür, das Gewehr in der Armbeuge.
»Sie begehen einen Fehler«, sagte Abe. »Nehmen Sie uns mit, dann filmen wir alles aus Ihrem Blickwinkel. Eine große Story. Ich könnte wirklich was draus machen.«
»Sie könnten eine Menge Geld machen. Das meinen Sie doch, nicht wahr? Sie sind genau wie Alex, denken nicht an die Elefanten, sondern nur ans Geld.«
»Sie täuschen sich. Ich bin nicht deshalb hier.« Abe trat zu ihm. »Wie steht's, van Delden? Ich biete Ihnen die Chance, ein weltweites Publikum anzusprechen, ihm den Charakter

der Elefanten zu erklären und danach anzuprangern, was man in Afrika mit den Tieren tut.«

Der alte Mann schüttelte den Kopf. »Was ich zu tun habe... Ich will niemanden mit hineinziehen.« Er hatte die Tür geöffnet und griff jetzt in das Fahrzeug. »Aber Sie können Ihre Kameras haben.« Er setzte die Kamerataschen unsanft neben unserem Gepäck auf den Boden.

Ich rappelte mich auf die Beine. »Sie können uns nicht einfach dalassen. Wir sind nur hier runtergefahren, weil wir wußten, daß Sie Schwierigkeiten haben.«

»Beruhigen Sie sich«, sagte Abe. »Er nimmt uns nicht mit, aber in ein paar Stunden ist die Patrouille da.«

Van Delden ging um den Minibus zur Fahrerseite. Da rannte Karanja los, einen gespannten, eigensinnigen Ausdruck auf dem Gesicht. Ich dachte, er werde irgend etwas Verzweifeltes versuchen, und Mukunga dachte dasselbe. Aber zu spät. Karanja war schon auf der Fahrerseite und redete auf van Delden ein. Er schien ihn flehentlich um etwas zu bitten. Plötzlich tat van Delden etwas Seltsames. Er legte Karanja mit einer fast liebevollen Geste den Arm um die Schultern.

Die beiden blieben einen Moment so stehen, Karanja schaute verzückt zu van Delden auf, dann nickte er, und van Delden setzte sich hinters Lenkrad. Er fuhr den Minibus vorsichtig einige Meter in den Busch, stieß zurück und wendete. »Karanja!« Er lehnte sich aus dem Fenster und rief dem Schwarzen etwas auf Suaheli zu. Karanja nickte wieder, das Gesicht schweißnaß, die Augen aufgerissen. Mukunga stieg rasch ein, und der Bus brauste los. Eine dicke Staubwolke hing in der Luft, als er um die Kurve verschwand, bei der die Elefanten die Straße überquert hatten.

Ich fragte Karanja: »Was haben Sie zu ihm gesagt?«

Er schüttelte den Kopf, den Blick noch immer auf der Staubwolke. »Nichts.«

»Was war es?« drang ich in ihn.
»Ich habe ihm angeboten, mit ihm zu gehen.« Er drehte sich zur Seite und fügte wütend hinzu: »Aber er will mich nicht.«
»Da war noch etwas«, sagte Abe. »Etwas über Kirby-Smith. Ich habe genau gehört, daß er den Namen des Majors erwähnte.«
»Eine Botschaft, das ist alles.«
»Was für eine Botschaft?«
Karanja zögerte, erklärte dann mit einem Achselzucken: »Ich soll Kirby-Smith sagen, wenn er Elefanten tötet, werden seine Leute sterben.«
»Meint van Delden das ernst?«
Karanja nickte unglücklich: »Er meint immer ernst, was er sagt.«
Abe sah mich an, einen düsteren Ausdruck in den dunklen Augen: »Es gibt da eine Verszeile: *Nun beschreitet er den dunklen Pfad...*« Abe wiegte den Kopf, zog die Mundwinkel nach unten. »Der Alte hat es nicht bloß mit einer Gruppe Zivilisten aufzunehmen. Kirby-Smith genießt die Unterstützung der Armee, und in jeder afrikanischen Einheit gibt es Leute, die einmal Jäger oder Späher gewesen waren.« Er fragte Karanja: »Werden Sie Major Kirby-Smith die Botschaft bestellen?«
»Ja. Ich werde es ihm sagen.« Er rollte wild die Augen. »Wissen Sie, ich muß begründen, wie wir unser Fahrzeug verloren haben und alles, was drin ist.«
Wir sprachen noch eine Zeitlang über van Delden, aber allmählich überwältigte uns die Hitze, und wir legten uns hin, um zu warten. Die Sonne sank langsam an dem bronzefarbenen Himmel hinab, und die Schatten wurden länger. Es war windstill, nichts war zu sehen, nichts zu hören außer dem schläfrigen Gruu der Tauben. Ich schlief fast, als die Patrouille erschien.

Sie kam mit einem Lastwagen. Bei unserem Anblick stieg der Fahrer auf die Bremse, Soldaten stürzten aus der Staubwolke und entfalteten sich, die Gewehre im Anschlag. Es waren zähe, kampferprobte Leute. Das Grün ihrer Tarnanzüge verschmolz mit den Farben des Buschs. Karanja rief etwas, trat auf die Straße und ging zu dem haltenden Lastwagen, neben dem ein Korporal stand. Die beiden sprachen kurz miteinander, dann erklangen Befehle, und die Soldaten kletterten wieder auf den Laster. Der Laster fuhr heran und hielt neben uns.
»Steigen Sie auf«, sagte Karanja. »Wenn wir den Landrover gefunden haben, rede ich mit dem Korporal wegen eines Fahrzeugs.«
»Der Landrover käme uns gut zustatten«, sagte ich.
Aber Karanja schüttelte den Kopf: »Gehört der Armee.«
Wir warfen unsere Sachen auf den Laster und kraxelten hinauf. Die Soldaten machten uns Platz. »Sieht so aus, als sei Kirby-Smith unsere einzige Hoffnung«, meinte Abe unsicher. Die schwarzen Gesichter um uns waren staubbedeckt, wachsam und finster. Etwa fünf Kilometer weiter umfuhren wir einen Felsauswuchs und landeten geradewegs in einer Barrikade aus Dornbüschen. Der Laster kam mit quietschenden Bremsen zum Stehen und hüllte uns in eine Staubwolke. Es war eine ideale Stelle für einen Hinterhalt, auf beiden Seiten säumten Felsen die Straße. Unter einem wilden Feigenbaum entdeckten wir die erkaltete Asche eines Feuers, daneben lagen die Knochen und das Fell eines Dik-Dik. Die Soldaten brauchten eine ganze Weile, um die Barriere wegzuräumen, so daß es bereits dunkel war, als wir den Landrover erreichten. Wieder eine Feuerstelle, diesmal eine größere, daneben auf dem Boden mehrere völlig verstaubte Decken und zwei leere Kanister.
Inzwischen war es kühl geworden. Als ein Feuer brannte und das Essen kochte, gaben sich die Soldaten freundlicher. Sie

füllten Benzin in den leeren Tank des Landrovers. Beim Essen sprach Karanja mit dem Korporal, versuchte ihn zu überreden, uns mit dem Landrover nach Baragoi weiterfahren zu lassen. Ich wußte nicht, ob der Korporal wegen unseres Passierscheines nachgab oder weil er Meldung über van Deldens Bewegungen machen wollte. Jedenfalls saßen wir kurz nach acht im Landrover und starteten in Richtung Baragoi. Der Korporal fuhr.

Es war eine helle Mondnacht, und wir machten Tempo. In Maralal hielt der Korporal an dem alten Safari-Lodge, jetzt einem Militärposten, um seine Meldung ins Hauptquartier durchzugeben. Die Stadt selbst lag abseits der Hauptstraße, doch zu beiden Seiten der Zubringerstraße standen Behelfsunterkünfte im Gras. Zahllose Eingeborene waren hier versammelt, die Suche nach Nahrung und Wasser hatte sie in die Berge getrieben. Hinter Maralal stieg die Straße durch Laubwald an, und es wurde nun regelrecht kalt. »Bald kommen wir zum Aussichtspunkt«, sagte Karanja. »Vielleicht halten wir dort.«

Die Bäume bildeten im Scheinwerferlicht eine dunkle Kuppel, auf den Ästen wucherte etwas Helles, das wie eine Flechte aussah. Dann hörte der Wald auf und wir waren oben, auf einem moorigen Plateau mit dürrem Buschbestand. Rechts, in der Ferne, ragte das Mathews-Gebirge dunkel in den Himmel, links fiel das Land steil ins Rift Valley und ins Tal der Suguta ab. Der Mond war verschwunden. Darum hielten wir wahrscheinlich nicht, sondern fuhren weiter durch das öde Land. Die Schotterstraße verlor langsam an Höhe, wand sich in Kurven nach Baragoi hinunter. Ich schlief etappenweise, mein Kopf wackelte, wenn der Landrover über eine Unebenheit in der Fahrbahn sprang. Plötzlich waren wir da, fuhren langsam eine Straße mit grauem Lehmbelag entlang. Sie war von Dukas gesäumt, vor langer Zeit von Asiaten erbauten Dorfläden. Ein verwahrloster, mieser Ort, die Holz- und Lehmbauten verfielen. Schlafende Gestalten lagen im Staub.

Der Militärposten befand sich östlich von Baragoi am Rand einer Rollbahn, ein Durcheinander von Zelten und Lastern. Wir hielten beim Zelt der Wache. Während der Korporal und Karanja sich rechtfertigten, vertraten Abe und ich uns die Beine. Es hatte wieder aufgeklart, aber der Mond war bereits untergegangen. Ringsum, beinahe an jedem Kompaßpunkt, ragten zackige Bergkonturen wie Scherenschnitte bis zu den Sternen auf. Abe wies mit dem Kopf nach Norden, wo der tiefe Taleinschnitt des Horr Valley als dunkles V zu sehen war. »Ob van Delden es durch den Einschnitt dort geschafft hat?«

Wahrscheinlich, dachte ich. Doch bei Tagesanbruch würde er sich dann in der Halbwüste dahinter befinden, und direkt neben uns stand eine Cessna. Sie war das einzige Flugzeug auf der Rollbahn, aber wenn sie einsatzfähig war, genügte eine rasche Schleife nach Norden. Die Staubwolke hinter dem Minibus mußte kilometerweit zu sehen sein. »Was glauben Sie, wie weit er bei Sonnenaufgang gekommen sein wird?«

Abe schaute auf die Uhr. »Noch fünf Stunden bis dorthin, und er hat etwa sechs Stunden Vorsprung vor uns – das macht elf Stunden Fahrt ab Baragoi.« Er schüttelte den Kopf. »Ihm dürfte lange vorher schon das Benzin ausgehen.«

»Also schafft er es nicht bis Marsabit?«

»Keine Chance.« Abe warf mir einen versteckten Blick zu. »Wollte er denn überhaupt dorthin?«

»Wohin sonst?«

Abe zuckte die Achseln, und mich beschlich plötzlich prikkelndes Unbehagen. Wir befanden uns nun an der Schwelle eines Gebietes, das van Delden kannte wie kein zweiter.

Karanja kam zurück und sagte, Major Kirby-Smith habe sein

Camp jetzt acht Kilometer nördlich von South Horr aufgeschlagen, und die Transportfrage müsse bis zum Morgen warten.
Wir verbrachten die restliche Nacht im Landrover. Beim Morgengrauen weckte uns das Stimmengewirr der Soldaten in dem zum Leben erwachenden Camp. Ich war noch nie in einem Militärposten gewesen. Wenn ich mich heute daran zurückerinnere, sehe ich vor allem die offenen Latrinen – afrikanische Soldaten kauerten da und quasselten, sahen aus wie rotbraune Käfer, die in menschlichen Exkrementen krabbelten –, und ich rieche den in der Luft hängenden Holzrauch der Kochfeuer. Es mußten mehr als hundert Afrikaner im Camp gewesen sein, darunter einige Schmarotzer. Als der befehlshabende Offizier kurz nach sieben zu uns kam, hatte er bereits Verbindung mit Kirby-Smiths Leuten aufgenommen und in Erfahrung gebracht, daß etwa um halb zwölf Uhr nachts ein Fahrzeug unweit ihres Camps das Lugga durchquert hatte. Während Hauptmann Kioko uns durch Karanja befragte, erschien eine Ordonnanz und meldete ihm, Major Kirby-Smith sei auf dem Weg nach Baragoi.
Er traf etwa eine halbe Stunde später ein. Ich saß im Schatten eines Lastwagens und las in Höhnels Bericht nochmals die Stelle nach, wo die Teleki-Expedition den Rudolfsee gesichtet hatte. Da fuhr ein offener Landrover mit vorgeklappter Windschutzscheibe ins Camp. Die beiden Insassen trugen Brillen. Kirby-Smith hielt neben der Cessna und redete kurz mit dem Piloten, der am Motor arbeitete. Dann fuhr er weiter zum Kommandozelt, wo ihn Karanja erwartete. Nachdem die beiden geduckt ins Zelt getreten waren, wandte ich mich wieder meinem Buch zu. Wir befanden uns jetzt so nahe am Rudolfsee, daß die Lektüre über den See in mir die Illusion erzeugte, ich hätte das dazwischenliegende Wüsten- und Lavagebiet übersprungen und sei bereits dort.

Ich las den Absatz noch einmal, der begann: *Fast mit dem letzten Atem eilten wir zu der leicht gekräuselten Wasserfläche*... Plötzlich fiel ein Schatten über mich, und eine rauhe Stimme sagte: »Also tatsächlich Sie. Wo ist Tembo, wissen Sie es?«
Es war Marys Stimme. Ich schaute auf, noch zu überrascht, um sofort etwas zu sagen. Sie trug noch die ausgebleichte Safarijacke, hatte den Buschhut tief über die Augen gezogen. Das Buch fiel mir aus der Hand, als ich mich hochrappelte. Meine Freude über das Wiedersehen überlagerte fürs erste das Entsetzen darüber, daß sie tatsächlich bei Kirby-Smith war.
»Ich habe Sie nicht erkannt – in dem Landrover.«
»Wohin ist er gefahren?« fragte sie mit starrem Gesicht, ohne die kleinste Andeutung eines Willkommens. »Nach Marsabit?«
»Er hat es nicht gesagt.«
»Er wird Ihnen doch nicht wortlos das Fahrzeug weggenommen haben. Was war es, ein Minibus? Das hat man uns per Funk gemeldet.« Ich nickte. Ihre Lippen blieben verkniffen, der Ausdruck ihrer Augen zeugte von Gespanntheit.
»War so viel Benzin in dem Fahrzeug, daß er bis Marsabit kommt?«
»Nein, ich glaube nicht.«
»Auch recht«, murmelte sie. »Marsabit ist nichts für ihn, jetzt. Alex sagt, daß von seinem Schongebiet kaum noch etwas übrig ist. Man hat es in Ackerland umgewandelt und den Großteil des Waldes abgeholzt, um für Shambas Platz zu machen.« Sie sah mich unvermittelt mit leerem Blick an, die Augen weit geöffnet. »Warum zum Teufel, ist er nicht zur Küste...?«
»Vielleicht – wenn Sie bei ihm gewesen wären...«
»Das hätte nichts geändert.« Sie bückte sich rasch, hob mein Buch auf und las den Titel. »Denken Sie noch immer an den Rudolfsee?«

Ich lachte. »Nicht mehr weit bis dorthin, aber es sieht so aus, als wäre das letzte Stück das problematischste. Ich brauche eine Fahrgelegenheit.«

»Ich werde mit Alex reden. Vielleicht kann er helfen. Sie hätten Tembo nicht mit Ihrem Minibus davonfahren lassen sollen.«

»Wir hatten keine andere Wahl.«

Sie nickte. »Nein, natürlich nicht. Hat er etwas vom Kulal gesagt?«

Ich schüttelte den Kopf.

»Vor ein paar Jahren hat er zu erreichen versucht, daß man den Regenwald auf diesem Berg zu einem Wildreservat macht. Er war eng befreundet mit John Mallinson von der Mission am Kulal. Glauben Sie, daß er zum Kulal will?«

»Nein.«

Mary schwieg einen Moment, das Gesicht nach Norden gewandt. »Also ist er irgendwo dort draußen und wartet.« Fast flüsternd fuhr sie fort: »Mein Gott! Hätte er nur das Land verlassen, solange es noch möglich war.«

Mein Gefühl sagte mir, daß ihre Sorge nicht ihrem Vater galt. Ich platzte mit der Frage heraus, die mir seit Marys unerwartetem Erscheinen auf der Zunge lag: Wie sie denn mit einem Mann gehen könne, dessen Geschäft das Töten der Tiere war, die ihrem Vater das Leben bedeuteten. Ich sagte: »Das begreife ich nicht. Ich habe Sie im ganzen Hotel gesucht...«

»Sie begreifen das nicht?« Ihre Augen blitzten in der Sonne. »Sie haben doch gesehen, was Tembo mit diesem Elefanten angestellt hat. Sie waren doch dabei. Sie wissen, daß Mukunga und Mtome den Elefanten getrieben haben, obwohl er die Schlinge um das Bein hatte und das Bein so verfault war, daß es beinahe abfiel... Und überhaupt, es geht Sie gar nichts an, was ich tue.« Wild fügte sie hinzu: »Alex tötet wenigstens sauber.«

Diese Worte, die Art, wie sie Kirby-Smith verteidigte… Ich stand da und starrte sie stumm an. Nun wußte ich, daß sie nicht bloß wegen der Story hier war. Es mußte noch etwas anderes sein. Aber darüber wollte ich nicht nachdenken, denn mir fiel ein, was sie über Kirby-Smiths Charme gesagt hatte. Da sprang der Motor der Cessna an. Ich sah den Piloten im Cockpit sitzen und die vorgeschriebenen Checks machen.

»Ist das ein Armeeflugzeug?« fragte ich, froh, das lastende Schweigen zu beenden.

»Nein, es ist unsere Maschine. Sie gehört zur Ausrüstung.«

»Und sie wird auf die Suche nach Ihrem Vater geschickt?«

Mary bejahte mit einem kurzen Nicken.

»Können Sie nicht was tun?« Ich dachte an die zähen, wild wirkenden afrikanischen Soldaten hier im Camp. Was würde passieren, wenn der Pilot meldete, daß er den Minibus gesichtet hatte?

Doch Mary erwiderte nur: »Wenn Tembo gesehen hätte, was ich in den letzten zwei Tagen gesehen habe – die Auswirkungen dieser Dürre… Sobald man aus den Bergen herauskommt, bis ganz hinauf nach Norden…« Die Cessna fuhr an und hüllte uns, als sie wendete und langsam zum Ende der Lehm-Rollbahn schaukelte, in Staub. »Dort oben hat es nicht geregnet, keinen Tropfen. Jeder Brunnen, jede Wasserstelle ist trocken.« Wie um ihre Einwilligung in die Suche zu rechtfertigen, fügte sie hinzu: »Wenn wir Tembo nicht finden, wird er die Folgen der Trockenheit an sich selber erfahren. Es gibt kein Wasser dort draußen.«

»Er hat vier volle Kanister.«

»Die werden ihm bei der Hitze nicht lange helfen.« Sie sah mich durchdringend an. »Wie viele sind jetzt bei ihm?«

»Drei«, antwortete ich.

»Mukunga und Mtome. Wer noch?«

»Ein Mann namens Dima.«

Sie nickte. »Auch ein ehemaliger Wilderer. Ein Boran. Alle seine besten Schützen bis auf Karanja.«
Der Flugzeugmotor klang jetzt lauter. Die Maschine hatte das Ende der Rollbahn erreicht, und wir beobachteten schweigend, wie sie auf uns zukam. Sie wurde rasch größer. Dann hob sie ab, legte sich leicht in die Kurve, dröhnte niedrig über unsere Köpfe und zog eine Schleife nach Norden. Im Nu war sie nur noch ein kleiner Punkt, der auf die Berge zustrebte, zwischen denen der tiefe Taleinschnitt von South Horr klaffte. »Sie hätten das verhindern sollen«, murmelte ich.
Mary schüttelte den Kopf, blickte immer noch dem Flugzeug nach. »Alex fürchtet, daß Tembo eine Dummheit machen wird.«
»Und wenn das Flugzeug ihn findet, wenn man ihm die Armee nachschickt – was passiert dann?«
Sie fuhr mich ärgerlich an: »Glauben Sie, ich hätte mir das nicht überlegt? Aber er muß irgendwie aufgehalten werden. Er hätte sich zur Küste durchschlagen können und kommt statt dessen hier herauf! Ich fürchte, Alex hat recht...«
Es war unglaublich, seine eigene Tochter! »Also wollen Sie wirklich, daß man ihn schnappt?«
Mary zuckte mit den Schultern. »Jemand muß ihn zur Vernunft bringen, und je eher sie ihn von hier wegschaffen...«
»Ihnen ist gleichgültig, was Ihrem Vater passiert, wie?« Ich wollte sie in dem Moment verletzen. »Sie machen sich keine Sorgen um ihn, sondern nur um Kirby-Smith.«
»Wie können Sie es wagen!« fauchte Mary, aber es war ein fast tonloses Fauchen. »Sie wissen nichts von ihm oder von mir. Sie kennen keinen der beiden Männer.«
Ich sah Karanja vor dem Kommandozelt in der Sonne warten und berichtete Mary, welche Botschaft van Delden dem

Schwarzen aufgetragen hatte. »Überlegen Sie sich lieber, auf wessen Seite Sie stehen.«
Sie starrte mich entsetzt an. »Alex hat also recht.«
»Wenn Kirby-Smith anfängt, Elefanten zu erlegen...« Ich zögerte, aber verdammt, wozu das! Wie sonst sollte ich angesichts ihrer Heldenverehrung für den Mann, mit dem sie das Lagerleben teilte, zu ihrem Herzen vordringen? »Wenn dieser Aufklärer zurückkommt, müssen Sie dafür sorgen, daß Sie mit van Delden reden können. Reden Sie mit den beiden Männern, sonst kommt einer um.«
Mary stand noch immer mit entsetztem Blick da. Sie schien den Tränen nahe, ihre Lippen zitterten, ihre Nasenflügel bebten. Plötzlich drehte sie sich um und ging davon, zurück zu dem offenen Landrover. Ich schaute ihr nach, fühlte mich hundeelend. Ihre große Gestalt wirkte auf einmal anmutig in der glühenden Sonne, und ich wußte: Was ich gesagt hatte, wäre besser ungesagt geblieben. Dies quälte mich immer noch, als Abe ums Heck des Lastwagens bog.
»Was hatte Ihre Freundin zu verkünden?« fragte er.
»Nichts«, stieß ich hervor, wütend über das verhaltene Lachen in seinen Augen.
Kirby-Smith und der Hauptmann waren aus dem Kommandozelt getreten. Sie sprachen jetzt mit Karanja.
»Sie muß etwas zu verkünden gehabt haben«, brummte Abe. »Lange genug haben Sie ja mit ihr geredet.«
»Sie hat gesagt, daß die Maschine, die gerade gestartet ist, Kirby-Smith gehört und einen Suchflug unternimmt.«
Abe nickte. »Das war zu erwarten.« Er musterte mich scharf, als er fortfuhr: »Aber man wird van Delden nicht finden, das steht fest. Er ist ein zu alter Hase, und die Zebrastreifen auf dem Fahrzeug sind für Sonne und Schatten gedacht. Hat Mary Ihnen gesagt, aus welchem Grund sie bei Kirby-Smith ist?«

Ich sah ihn schweigend an. Darüber mochte ich mich mit niemandem unterhalten.
»Sie könnte halb in ihn verliebt sein.« Er grinste zynisch, seine dunklen Augen hinter der Brille verspotteten mich. »Wollen Sie einen Rat?«
»Nein.«
Er lachte. »Ich werde Ihnen trotzdem einen geben. Legen Sie das Mädchen aufs Kreuz, wenn Sie können, aber engagieren Sie sich nicht. Mary ist eine Männerfresserin, und Sie sind zu jung für ein Mädchen, das halb italienisch und durch und durch afrikanisiert ist.« Er klopfte mir auf die Schulter. Dann drehte er sich von mir weg, denn Kirby-Smith kam auf uns zu, das Gesicht hart, das Kinn vorgeschoben und die Muskeln hinter den Backenknochen angespannt.
»Ist wahr, was Karanja behauptet? Daß meinen Leuten Gefahr droht, wenn wir mit der Auslese beginnen?« Er sah Abe an. »Hat van Delden das gesagt?«
Abe nickte. »Karanja sollte Ihnen die Botschaft überbringen.«
»Glauben Sie, daß van Delden es ernst gemeint hat? Oder war es nur eine leere Drohung?«
»Nein, er hat es ernst gemeint.«
»Dann müssen wir ihn finden. Ein Mensch wie er auf freiem Fuß – er ist gefährlich.« Kirby-Smith straffte die Schultern, und sein Gesicht entspannte sich zu einem jungenhaften Lächeln. »Sollte nicht lange dauern, bis wir ihn haben.« Er wandte sich an den Hauptmann: »Wenn wir ihn aufgespürt haben, bleibt alles weitere Ihren Burschen überlassen. Aber kein Blutvergießen. Umstellen Sie ihn, damit er sich ergibt.«
Abe wollte protestieren, doch Kirby-Smith ließ ihn nicht zu Wort kommen. »Die Leute haben Buscherfahrung und verstehen ihr Handwerk. Nun zu Ihrem Transportproblem. Ka-

ranja sagt, daß Sie zu mir ins Camp bei South Horr wollen.«
Er musterte Abe, als versuche er dessen Motive zu ergründen. »Ich habe nichts gegen einen Fernsehbericht über meine Arbeitsweise, solange er nicht verzerrt ist. Wir können später über Einzelheiten reden, zuerst aber haben Sie sich an meine Bedingungen zu halten. Ist das klar?«
»Natürlich«, antwortete Abe.
Des Majors Blick richtete sich auf mich: »Ihnen auch?«
Ich nickte.
»Okay also. Laden Sie Ihr Gepäck in meinen Landrover. Wir fahren, sobald das angeforderte Armeeflugzeug da ist und ich mit dem Piloten geredet habe.«
Etwa eine halbe Stunde später hörten wir das Brummen der Maschine, die uns direkt aus der Sonne anflog. Der zweimotorige Eindecker mit dem ausgefahrenen Fahrwerk, nun von Südosten hereinfliegend, landete in einer Staubwolke. Als der Pilot ausstieg, sah ich, daß es ein Fremder war. Ich hatte auf Murphy gehofft.
Kirby-Smith wartete nicht, bis die Maschine wieder startete. Wir befanden uns bereits auf halbem Weg nach South Horr, als sie uns in nördlicher Richtung überflog. Die Fahrt war haarsträubend, der Wind traf uns voll, die Räder rutschten immer wieder von Steinen ab und drehten auf den sandigen Stellen durch. Niemand sprach. Karanja hatte seine Rolle als unser Reiseleiter aufgegeben. Er saß bei uns hinten, einen ernsten, abwesenden Blick auf dem flachen Gesicht mit der breiten Nase. Bestimmt hatte der Hauptmann ihm die Hölle heiß gemacht, weil er in Richtung Baringo gefahren war und van Delden sein Fahrzeug quasi überlassen hatte. Und ich war mir ziemlich sicher, daß Kirby-Smith ihn für jeden Meter Film verantwortlich machen würde, den wir im Camp drehten.
Zu beiden Seiten der Straße erhoben sich wieder Berge. Sie

rückten immer näher, als wir in den Einschnitt des Horr Valley fuhren. Wir befanden uns zwischen dem Nyiru-Gebirge und der Kette Ol Doinya Mara, sahen durch die Äste über uns immer wieder steile Zackengipfel. Kurz nach zehn erreichten wir das staubige kleine Dorf South Horr. Mary drehte sich zu Abe um: »Dies ist das letzte Dorf. Nördlich davon gibt es nichts mehr, nur Wüste, bis hinauf nach Äthiopien.« Es waren ihre ersten Worte seit Baragoi, und sie hatte sich zweifellos direkt an Abe gewandt, um mir zu verstehen zu geben, daß sie mir noch immer zürnte und meine Anwesenheit nicht zur Kenntnis zu nehmen gedachte.

Das Dorf, das nur aus einer einzigen Straße bestand, war überfüllt mit Eingeborenen mehrerer Stämme. Einige Männer waren mit schlanken Speeren bewaffnet, die Ohrläppchen hingen bei vielen in regelrechten Schlaufen herunter, und ein Großteil der Frauen hatte Hals, Arme und Fußknöchel mit Spiralreifen aus Kupferdraht umwickelt. Die Leute drängten sich so dicht heran, daß der Landrover nur im Schritt fahren konnte. Der Kreis dunkler Gesichter rückte immer näher, Hände zupften an uns, Stimmen redeten hartnäckig auf uns ein. Mehrere junge Männer mit kunstvollem Kopfputz drohten uns mit den Speeren, ältere Männer drückten uns Kaurimuscheln in die Hände.

»Kein Grund zur Sorge«, sagte Kirby-Smith über die Schulter. Er redete in ihrer Sprache mit ihnen. »Sie wollen Lebensmittel, das ist alles.« Ein Greis, er mußte einer der ›Ältesten‹ sein, vertrat uns den Weg. Wir hielten, und Kirby-Smith verhandelte mit ihm. Alle hörten schweigend zu, auch die jungen Männer. Letztere waren Krieger, Kirby-Smith nannte sie ›die Morans‹. Sie wirkten in der Menge wie Pfauen, schlank und arrogant. Die meisten waren fast nackt, nur einige trugen rote Decken als Capes. Und viele hatten neben ihren Speeren Nackenrollen in den Händen, so daß sie sich niederlegen konnten, ohne den ockerfarbenen Aufputz auf ihren Schädeln zu beschädigen. Der kunstvolle Kopfputz variierte von Mann zu Mann. Manche hatten winzige Zöpfchen geflochten und nach hinten über den Kopf gezogen, andere trugen Ponyfransen und dazu halb über den Rücken fallende Gebilde, wieder andere einen Knoten oder zwei lange Zöpfe. Alle hatten ihren Kopfputz mit Ketten oder Stirnbändern aus Samen oder Muscheln angereichert.

Endlich gaben sie uns den Weg frei, und wir konnten weiterfahren. Gleich darauf hatten wir das Dorf hinter uns, waren wieder in der Leere des engen Tales. »Es ist diese verdammte Dürre«, erklärte Kirby-Smith. »Normalerweise betteln sie nicht so. Der Alte hat mir erzählt, daß sie ihre sämtlichen Rinder und Kamele verloren haben. Sie sind zu Fuß aus der Wüste hierher getreckt, waren dabei in puncto Nahrung ganz auf ihre Morans angewiesen, und diese prächtig ausstaffierten Burschen haben fast alles erledigt, was sich bewegte, mit Ausnahme des Großwilds. Das sind die Folgen des Hungers. Normalerweise ist der Verein ziemlich träge.« Er lachte, in überraschend hohen Tönen. »Trotzdem. Man läßt sich besser nicht mit ihnen ein. Sie sind ein bißchen wie die Massai, sehr stolz, und sie können tückisch werden.«

Die Straße wand sich immer wieder durch Dickichte. An Bäumen gab es vor allem Euphorbien und Akazien, dazu einige Immergrüne mit ledrigen Blättern sowie wilde Oliven. Auf allen wucherten Lianen-Parasiten, die dick waren wie Seile. Die Luft war heiß und würzig, fliegende Honigsauger wirkten wie Farbflecke. Etwa acht Kilometer hinter South Horr fuhren wir in ein Lugga hinab, wo halbnackte Frauen große irdene Gefäße und alte Kerosindosen mit Wasser füllten. Schwärme von Insekten, die wie Schnaken aussahen, standen über dem schmutzigen Fluß. Der Landrover quälte sich die jenseitige Böschung hinauf. Nach ein paar hundert

Metern bogen wir rechts ab zu einer Gruppe riesiger Akazien, wo ein halbes Dutzend Zelte verstreut um eine Lichtung stand. Von einem offenen Feuer stieg Rauch auf.
Wir hatten das Basislager erreicht. Kirby-Smith sagte, die Stelle sei in alten Zeiten bei den Safaris sehr beliebt gewesen. »Auch bei den Elefanten«, fügte er hinzu und wies auf die Akazienstämme, deren Knorren völlig glattpoliert waren, weil sich die Tiere daran gerieben hatten. Er gab uns in die Obhut eines großen, sehr stolz wirkenden Afrikaners, der ein leuchtendes Kikoi um die Lenden geschlungen hatte. »Eddie ist hier der Boss, er wird sich um Sie kümmern. Die anderen sind alle draußen und richten die Rollbahn her. Lassen Sie sich von den Mädchen nicht belästigen.« Kirby-Smith wies mit dem Kopf zum Rand der Lichtung, wo eine kleine Gruppe Frauen fleißig schwatzte. »Bis später.« Er fuhr mit Mary Delden davon, ließ uns bei unserem Gepäck stehen.
Abe sah mich leicht grinsend an. »Wenn ich die Karte richtig gelesen habe, sind wir keine fünfzig Kilometer mehr von Ihrem kostbaren See entfernt. Wo ist nun Ihre Wüste? Wir befinden uns weiterhin im Busch, es gibt Riesenbäume, und ein Fluß mit frischem Wasser ist ganz in der Nähe.«
»Diese fünfzig Kilometer könnten weiter sein als der Weg zum Mond, nämlich, wenn die Straße blockiert ist oder wir kein Transportmittel auftreiben.« Ich mochte ihm das Übersetzungsmanuskript von Pieter van Deldens Buch nicht zu lesen geben. Aber ich zog Band II des Höhnelschen Berichts über die Teleki-Expedition aus meiner Mappe und reichte ihn Abe. »Die betreffenden Absätze sind angestrichen. Lesen Sie sie, dann werden Sie meine Bedenken verstehen.«
Karanja rief zu uns herüber: »Wollen Sie Tee?« Er zeigte auf ein paar Leinwandstühle, die unter einer Zeltbahn um einen Tisch standen. »Setzen Sie sich da hin, ich bringe Ihnen den Tee.« Er kam mit drei Blechbechern an, als wir unser Ge-

päck in den Schatten der Zeltbahn schafften. »Der Boy da ist ein Massai. Ich mag die Massai nicht. Sie sind sehr dumm.«

An diesem Tag, den wir allein im Camp verbrachten und an dem wir nichts zu tun hatten, als zu lesen und uns über den See im Norden, die ihn umgebende Lavawüste und van Delden zu unterhalten – an diesem Tag erfaßte mich zum erstenmal wirkliche Angst bei der bangen Frage, wie denn die Sache enden würde. Es war eine Vorahnung, die ich auf die Hitze und die seltsame Atmosphäre in dem Camp zurückzuführen versuchte. Karanja hatte sich eine kuppelförmige, schattige Höhle in einen Busch geschnitten, er saß darin wie ein Tier in seinem Bau und starrte mit ausdruckslosem Gesicht ins Leere. Die Frauen waren verschwunden, verscheucht von ihren Mannsleuten. Nur der Massai tat seine Anwesenheit kund, er schritt voll Grazie durchs Camp und arbeitete wenig. Von Zeit zu Zeit blieb er stehen, reglos wie eine Ebenholzskulptur, und beobachtete uns. Die Bäume ragten atemberaubend hoch auf, ihre Blätter glänzten in der grellen Sonne. Ein paarmal, wirklich nur ein paarmal sah ich Vögel flattern. Es war heiß wie vor einem offenen Backofen, aus dem Gerüche strömten, die ich nicht kannte. Eine überwältigende, betäubende Atmosphäre. Es hätte mich nicht gewundert, wenn plötzlich irgendein seltsames Tier aus der fernen Vergangenheit oder ein affenähnlicher Mensch der Frühzeit vor uns aufgetaucht wäre.

Abe las in Höhnels Buch. Einmal schaute er auf und fragte: »Dieses Manuskript, das Sie haben, beschreibt der Autor darin den Kulal eingehender?«

»Ja. Aber er ist von den Bewohnern des Regenwalds angegriffen worden, den Wandrobo, und nie auf den Gipfel gelangt.«

»Unser Freund Höhnel schildert den Berg als *ein Chaos gäh-*

nender Abstürze und Schluchten mit senkrechten schwarzbraunen Wänden, deren allgemeiner Charakter und Richtung – hm, mein Lieblings-Reiseschriftsteller dürfte von Höhnel kaum werden – *uns zu der Annahme führen, daß es sich hier um eine Fortsetzung derselben Spalte handelt, in der unsere Reise auf dem langen Marsch entlang der Westflanke des Mount Nyiro zum Stehen kam.* Der Mount Nyiro ist, wenn ich richtig orientiert bin, das finstere Gebilde, das sich da über uns auftürmt. Falls das stimmt, muß sich die Spalte, die von Höhnel meint, fünfundsechzig Kilometer weit erstrecken.« Abe ließ das Buch in den Schoß fallen und sah mich verschlafen an. »Klingt nach einem ziemlich harten Stück Weg. Wie gedenken Sie auf den Gipfel zu kommen?«

»Es muß eine Art Pfad geben. Mary hat etwas von einer Mission gesagt.«

»Okay, Sie schaffen es also zum Gipfel. Wenn aber dort alles bewaldet ist wie in der Gegend hier? Wie wollen Sie denn eine archäologische Stätte finden, die unter fünf- oder sechstausend Jahren abgestorbener tropischer Vegetation begraben ist?«

Das hatte ich mir gar nicht überlegt, ich hatte mich ganz auf van Delden verlassen. Als ich Abe dies sagte, lachte er: »Van Delden hat Wichtigeres zu tun und muß an seine Sicherheit denken. Er kann keine Zeit daran verschwenden, nach Tonscherben und den Überresten einer alten Kultur zu suchen.« Abe griff wieder nach dem Buch. »Da Sie jetzt in Reichweite des Sees sind, sollten Sie sich lieber gründlich überlegen, was Sie tun wollen. Und gehen Sie sparsam mit Ihren Filmen um.«

Jenseits der Lichtung begann ein Vogel monoton zu pfeifen, als rufe er nach Regen. Immer wieder klang sein Reg-Reg-Reg zu uns herüber. Dann flog er eine Akazie weiter, setzte sich auf einen Ast und beobachtete uns, die schwarzen Flügel

verstecken, außer unter den Dumpalmen in Loiengalani. Aber Jeff schreibt, er habe die Oase mehrmals niedrig überflogen. Wäre dort ein Fahrzeug gewesen, ich glaube, er hätte es gesehen. Also bleibt nur der Kulal.«
»Die Oase oder der Kulal, was tut das schon?« fragte Mary mit rauher, mühsam beherrschter Stimme. »Tembo ist weit von deinem Operationsfeld weg.«
Kirby-Smith zögerte, seine Zigarette glühte in der Dunkelheit. »Ich möchte trotzdem wissen, wo er ist«, sagte er ruhig. »Ich erwarte einen Funkspruch...«
»Laß ihn doch in Ruhe.« Mary stand plötzlich auf, schien etwas sagen zu wollen, machte dann jedoch auf dem Absatz kehrt und ging zu ihrem Zelt.
Kirby-Smith seufzte. »Sie ist wie ihre Mutter«, murmelte er, »sehr gefühlsbetont. Ihre Stimmung ändert sich von einer Minute zur anderen.«
»Haben Sie ihre Mutter gut gekannt?« fragte Abe.
»Natürlich.« Der Ton war schroff und gab deutlich zu verstehen, daß Kirby-Smith sich Fragen nach diesem Teil seines Lebens verbat. Er kam wieder auf den Kulal zu sprechen. »Van Delden kann bis zu der großen Schlucht auf der Ostseite gekommen sein. Sollte er versucht haben, auf den Gipfel zu gelangen – es gibt nur einen Weg hinauf, und der führt an der Mission vorbei.«
Der Funkkontakt war für 20.30 Uhr angesetzt. Doch als Kirby-Smith von dem Gespräch mit dem Hauptquartier der Nordarmee zurückkam, schüttelte er den Kopf. »Die Militärmaschine hatte nicht mehr Glück als meine. Maddox ist von Loiengalani über den Kulal und die halbe Strecke bis Marsabit geflogen. Nichts von dem Bus zu sehen. Keine einzige Spur, einfach nichts.«
Er setzte sich, langte nach seinem Bier. »Damit ist alles klar, Cornelius ist in der Schlucht auf der Ostseite des Kulals.

Nicht einmal er würde bei der Dürre einen Fußmarsch durch die Chalbi riskieren.«
Später dann, als Abe zu mir unter das Zeltdach trat, das man verstecken, außer unter den Dumpalmen in Loiengalani. Aber Jeff schreibt, er habe die Oase mehrmals niedrig überflogen. Wäre dort ein Fahrzeug gewesen, ich glaube, er hätte es gesehen. Also bleibt nur der Kulal.«
»Die Oase oder der Kulal, was tut das schon?« fragte Mary mit rauher, mühsam beherrschter Stimme. »Tembo ist weit von deinem Operationsfeld weg.«
Kirby-Smith zögerte, seine Zigarette glühte in der Dunkelheit. »Ich möchte trotzdem wissen, wo er ist«, sagte er ruhig. »Ich erwarte einen Funkspruch...«
»Laß ihn doch in Ruhe.« Mary stand plötzlich auf, schien etwas sagen zu wollen, machte dann jedoch auf dem Absatz kehrt und ging zu ihrem Zelt.
Kirby-Smith seufzte. »Sie ist wie ihre Mutter«, murmelte er, »sehr gefühlsbetont. Ihre Stimmung ändert sich von einer Minute zur anderen.«
»Haben Sie ihre Mutter gut gekannt?« fragte Abe.
»Natürlich.« Der Ton war schroff und gab deutlich zu verstehen, daß Kirby-Smith sich Fragen nach diesem Teil seines Lebens verbat. Er kam wieder auf den Kulal zu sprechen. »Van Delden kann bis zu der großen Schlucht auf der Ostseite gekommen sein. Sollte er versucht haben, auf den Gipfel zu gelangen – es gibt nur einen Weg hinauf, und der führt an der Mission vorbei.«
Der Funkkontakt war für 20.30 Uhr angesetzt. Doch als Kirby-Smith von dem Gespräch mit dem Hauptquartier der Nordarmee zurückkam, schüttelte er den Kopf. »Die Militärmaschine hatte nicht mehr Glück als meine. Maddox ist von Loiengalani über den Kulal und die halbe Strecke bis Marsabit geflogen. Nichts von dem Bus zu sehen. Keine ein-

zige Spur, einfach nichts.«
Er setzte sich, langte nach seinem Bier. »Damit ist alles klar, Cornelius ist in der Schlucht auf der Ostseite des Kulals. Nicht einmal er würde bei der Dürre einen Fußmarsch durch die Chalbi riskieren.«
Später dann, als Abe zu mir unter das Zeltdach trat, das man uns zugeteilt hatte, fragte er: »Wenn Sie van Delden wären, was würden Sie tun? Wohlgemerkt, in einem gekidnappten Fahrzeug mit knappem Benzinvorrat?«
Ich hatte mich gleich nach dem Essen hingelegt, hielt mich vorsichtig auf meinen Lkw-Sitzpolstern im Gleichgewicht und sah einem Satelliten zu, wie er unbeirrt durch die Milchstraße zog. Ich genoß die Einsamkeit und dachte an den Rudolfsee. Die Akazien über uns waren wie die Kuppel einer Kathedrale, und das Feuer glühte in der Nacht.
»Sind Sie wach?«
»Ja.«
Abe stand über mir und rieb sich die Zähne mit einem Zweigstück von dem Busch, dem die Samburu das strahlende Weiß ihrer Kauwerkzeuge verdankten. Zahnbürstenbusch hatte ihn Mary benannt. »Also, was würden Sie tun?« wiederholte Abe.
Meine Antwort bestand aus Schweigen mit einer unbestimmten Kopfbewegung. Ich mochte nicht über van Delden nachdenken, sondern einfach daliegen und meinen Traum vom archäologischen Fund nachhängen, der in der akademischen Welt eine Sensation sein würde.
»Kirby-Smith beginnt morgen mit der Auslese.« Abe war eigens aufgeblieben, um mit dem Major zu reden, und als er sich jetzt bettfertig machte, schien er entschlossen, die gesammelten Informationen an mich weiterzugeben. Ein geborener Journalist, dachte ich. Er fuhr fort: »Die Aktion findet also hier in der Nähe statt. Wenn ich van Delden wäre, wüßte ich,

was ich täte. Ich würde mich nicht mit dem Fahrzeug ins offene Land hinauswagen, sondern hier in den Busch fahren und mich in Reichweite der Auslesezone verstecken.«
»Viel zu viele Eingeborene unterwegs«, brummte ich verschlafen.
»Die halten sich alle in der Nähe des Flusses.« Abe, in eine Decke gewickelt, sank vorsichtig auf die Lkw-Bank nieder, die man ihm gegeben hatte.
»Wie ist der Major um seine Hand gekommen?« erkundigte ich mich nun doch. »Ich wette, Sie haben ihn danach gefragt.«
»Selbstredend habe ich das.«
»Und? Wie ist es passiert?«
»Ein Schlangenbiß.« Abe schnitt eine Grimasse, so daß ich nicht wußte, ob er im Ernst sprach. »Als er noch ein halbes Kind gewesen war, hatte er mit einer Mamba gespielt und gemeint, er werde mit ihr fertig wie Ionides. Seien Sie also lieber vorsichtig.« Unvermittelt fragte er: »Wie viele Filme haben Sie?«
»Bin mir nicht sicher. Sieben oder acht. Warum?«
»Nehmen Sie meinen Rat an: Lassen Sie sich nicht vom Jagdfieber hinreißen. Seien Sie sparsam mit Ihrem Film, bis van Delden auf der Bildfläche erscheint.«
»Sie glauben, daß er seine Drohung wahrmacht?«
»Ich weiß es nicht. Aber wenn, dann wird es Ihnen um jeden Meter Film leid tun, den Sie vorher verschossen haben.«
»Kirby-Smith erwartet von uns, daß wir die Auslese filmen. Karanja ebenfalls.«
»Eine Kamera kann ja auch bei leerem Magazin surren, will sagen, die beiden können nicht feststellen, ob wir wirklich auf Aufnahme sind. Ich habe ungefähr gleich viele Filme, wir sollten uns also beim wirklichen Filmen abwechseln. Bestimmt wollen Sie Streifen für den Rudolfsee sparen. Voraus-

gesetzt, Sie kommen je dorthin.« Er kramte in seinem Gepäck. »Haben Sie Ihre Malariapille genommen?«
»Letzten Sonntag. Man braucht sie nur einmal wöchentlich zu nehmen.«
»Tägliche Dosis bietet angeblich mehr Schutz.« Hinter mir im Busch bewegte sich etwas, lautes Schnauben erklang, und dann brach die Hölle los. Zweige krachten, schwere Füße stampften dumpf, und ein Tier so groß wie ein Panzer jagte an mir vorbei. Der Zugwind traf mich, und ich roch Moschusausdünstung. Mit gesenktem Kopf stürmte der Koloß aufs Feuer zu, griff dann aber eines der Zelte an. Mit seinem langen Horn riß er die Leinwand auf, schleuderte die Fetzen nach hinten. Da kam Leben ins Camp. Rufe erschallten, die aus dem Schlaf gerissenen Afrikaner taumelten oder sprangen umher, und Kirby-Smith erschien mit dem Gewehr. Doch das Nashorn war bereits verschwunden. Von seiner Anwesenheit kündeten nur noch die auf dem Boden verstreuten Überreste des Zelts.
Karanja tauchte bei uns auf, er schien verstört. Irgendwo schrie ein Mann, er schrie mit dem dünnen, hohen Ton eines verletzten Kaninchens. »Herr Jesus Christ!« Karanja sog hörbar die Luft ein, das Weiß seiner Augen schimmerte im Sternenlicht. »So was habe ich bisher nur ein einziges Mal erlebt.« Mary stand plötzlich da.
»Wann war das?« Ihre Stimme zitterte.
Karanja verdrehte die Augen. »Ist schon lange her«, murmelte er und ging zu Kirby-Smith, der bei den Resten des zerrissenen Zeltes stand. Schwarze Gestalten zogen Äste ins Feuer, Flammen loderten auf. Das hochtönige Schreien ebbte ab. »Es weht eine leichte Brise, aber von hinten, vom Berg herunter«, sagte Mary, als wir Karanja folgten. »Das Nashorn hatte das Camp nicht im Wind, folglich haben nicht wir es in Panik versetzt.«

Kirby-Smith richtete sich auf, eine Injektionsspritze in der Hand. »Niedergetrampelt«, sagte er. »Kann für den armen Kerl nicht mehr viel tun.« Er schaute an uns vorbei zu der dunklen Masse des Berges, hinter dem gerade der Mond aufging. »Einer meiner besten Späher.« Sein Gesicht war hart, als er Abe fragte: »Haben Sie was gehört? Sie waren in der Nähe der Stelle, wo das Tier aus dem Busch kam.«
Abe schüttelte den Kopf. Ich sagte: »Im Unterholz krachte es, dann stürmte das Nashorn vorbei wie...«
»Davor, meine ich. Haben Sie irgend jemanden rufen hören? Stimmen im Busch?«
»Nein, nichts.«
Kirby-Smith ließ den Blick über die Gesichter der Schwarzen streifen, die uns umdrängten, und befragte seine Leute auf Suaheli. Sie schüttelten die Köpfe, schnatterten aufgeregt. Ihre Stimmen klangen hoch, ob vor Wut oder Angst, war für mich nicht auszumachen. Schließlich stellte Kirby-Smith Wachen auf und kehrte in sein Zelt zurück. Das Camp kam allmählich wieder zur Ruhe. Ich jedoch schlief erst nach langer Zeit ein und meinte, nur wenige Minuten geschlafen zu haben, als mich die Stimme der unweit von uns postierten Wache weckte, die mit ihrer Ablösung sprach. Ich konnte die beiden Afrikaner in einem Strahl des Mondlichts deutlich sehen. Es war fast fünf. Ich blieb wach, bis die Morgendämmerung sich über die Berge zu stehlen begann, begleitet vom Gezeter einiger Meerkatzen und einem immer lauter werdenden Vogelchor. Es war die Morgendämmerung eines schrecklichen Tages.

3

Die kühle Morgenluft schien mir von herrlicher Frische, die Berge glänzten dunkel über den Bäumen. Ich hätte jetzt schlafen können, aber das Camp wurde bereits lebendig, widerhallte bald von afrikanischen Stimmen. Abe kam von irgendwoher, rasiert und angezogen. Er reichte mir einen Becher Tee. »Sehen Sie zu, daß Sie in Schwung kommen. Wir fahren in ein paar Minuten.«
Zwei Krähen beäugten mich von einem Ast, als ich meinen Tee trank, halb aufgerichtet auf den Lkw-Sitzpolstern, von denen ich nachts mehr als einmal fast heruntergefallen wäre.
»Es ist noch gar nicht ganz hell«, murrte ich. »Müssen wir so früh starten?«
»Elefanten sind empfindliche Tiere. Wenn die Sonne oben ist, suchen sie den Schatten.« »Sie haben geschlafen, was?«
»Ab und zu, wenn Sie nicht geschnarcht haben.« Er legte den Kopf schief und horchte. »Klingt nach Armee«, sagte er. Auch ich hörte nun einen Motor aus Richtung South Horr. »Man schickt uns eine Patrouille mit Spähern heraus.«
»Wozu?«
»Was glauben Sie denn? Nashörner greifen normalerweise nicht so an, in einem Camp.«
Der Motor veränderte den Ton, als der Laster das Lugga durchquerte. Kirby-Smith erschien in meinem Blickfeld. Er trug eine frisch gewaschene Hose und ein sauberes Buschhemd, war ganz in Khaki bis auf die leuchtende Seide um seinen Hals. Zwei Afrikaner begleiteten ihn, beide hatten Gewehre.

»Ein Mann ist verletzt worden, nicht wahr?« Meine Erinnerung an den Zwischenfall war seltsamerweise völlig verschwommen, als hätte ich nur geträumt.

»Der Mann ist tot, gleich danach gestorben.«

Mir fiel die Injektionsspritze wieder ein, auch Kirby-Smiths verärgertes Gesicht. Der Lastwagen rumpelte ins Camp, hielt und spuckte Soldaten aus. Ein Sergeant sprang aus dem Fahrerhaus, ging zu Kirby-Smith und salutierte. Als ein Flugzeug niedrig über die Wipfel der Akazien dröhnte, hoben sich Köpfe und sahen zu, wie es nach Norden verschwand.

»Ziehen Sie sich endlich an«, sagte Abe, »sonst werden Sie hiergelassen.«

Der Tee war stark und süß. Ich trank ihn rasch aus und griff nach meinen Kleidern. »Wozu das Flugzeug?«

»Ein Aufklärer. Der Pilot ist Kirby-Smiths Partner. Heißt Jeff Saunders.

Karanja kam mit zwei Tellern, als ich meine Hose anzog. »In zehn Minuten«, sagte er. »Okay? Sie werden heute gute Bilder machen.« Jeder erhielt zwei Eier, Würstchen und einen Kanten Brot. Ich aß schnell. Dann ging ich in den Busch, weil ich die Latrine der Afrikaner nicht benutzen mochte. Während ich mit heruntergelassener Hose dahockte, dachte ich an die Nacht und das Nashorn und fühlte mich trotz des Betriebs im Camp ungeschützt. Ich sah durch die Blätter eines Zahnbürstenbuschs, daß die Patrouille, geführt von einem Fährtensucher, losmarschierte. Motoren sprangen an. Als ich aus dem Dickicht trat, kletterten die Leute bereits auf die Laster. Es waren vier offene Lkw's vom Typ J4 mit Schutzgittern aus Draht über den Kühlern und mit Haltebügeln hinterm Fahrerhaus. Kirby-Smith führte den Konvoi in seinem Landrover an, Mary neben sich. Auf dem Rücksitz saßen zwei Afrikaner.

Wir waren im letzten Laster. Als wir aus dem Camp fuhren,

stellte der Sergeant Wachen auf. Karanja, der neben mir am Haltebügel stand, zeigte mir einen frisch aufgeschütteten Erdhügel: das Grab des Mannes, der in der Nacht umgekommen war. »Der Mann ist früher eine Zeitlang mit mir zusammen Wildspäher gewesen. Tembo van Delden ist ein sehr harter Mensch.«
»Wie meinen Sie das?«
Doch Karanja sagte nur: »Der tote Abdoul war ein Turkana, genau wie Mtome. Abdoul und Mtome, die besten Fährtensucher, die Tembo je gehabt hat.« Er wiegte den Kopf. »Ein sehr harter Mensch«, wiederholte er, als wir auf die Fahrspur einbogen und in der erstickenden Staubwolke des Konvois nach Norden donnerten.
Die Berge wichen auf beiden Seiten zurück, wurden in dem kalten Frühlicht immer blasser, und der Busch verlor an Dichte. Die einzige Farbe war das flammende Rot eines Strauchs, der sich hell von kahlem braunen Sand abhob. Wir kamen an ein Lugga mit steilen Böschungen und mußten uns gut festhalten, als der Laster vorsichtig in das trockene Kiesbett hinunterfuhr, dann auf der anderen Seite seine Metallschnauze hob und mit mahlenden Rädern und jaulendem Motor die Steigung überwand.
Hier sahen wir die erste Manyatta, ein richtiges Dorf aus kleinen Hütten, die ausschauten wie umgestülpte Weidenkörbe. Menschen entdeckten wir nirgends, die Manyatta war verlassen. Das Boma rundherum, ein verwitterter Verhau aus Dornbüschen, war von Wind und Sand so ausgedünnt, daß es wie ein Drahtzaun wirkte. Das Gelände wurde nun immer sandiger, die Berge verschwanden hinter uns, verloren sich zwischen den Dornbüschen. Vor uns schob sich ein Höcker über die Horizontkante. War das ein Felsen, ein Berg? Schwer zu sagen in dem matten Licht, zumal es nichts gab, woran man ihn messen konnte, nur ein paar verkümmerte Bäume und

steife, dürre Sträucher.
»Der Kulal«, sagte Karanja. »Auf dem Kulal wird der Upepo geboren. Der Upepo ist der große Wind, der den See aufpeitscht.« »Waren Sie schon mal oben?« fragte ich.
Karanja schüttelte den Kopf. »Nur auf dem Marsabit. Der Kulal ist viel höher als der Marsabit Mountain.«
Die Staubwolke um uns wurde dünner, als der Konvoi von der Fahrspur abbog und rasch durch offenes Gelände mit kargem Buschbestand zu der Rollbahn fuhr, wo die Cessna neben einem Zelt stand. Ein Windsack hing schlaff wie ein Elefantenrüssel an seiner Stange. Wir hielten, die vier Laster standen ausgerichtet da, als seien sie zur Inspektion vorgefahren. Die Fahrer hatten die Motoren laufen lassen und hasteten jetzt zum Landrover. Der Pilot sprach mit Kirby-Smith. Er war ein jüngerer schwarzhaariger Mann mit Brille und hellblauem Hemd. Sein Arm wies zurück zum Lugga, dann beugte er sich über die umgeklappte Windschutzscheibe, beschrieb mit der Hand einen Kreis, nickte und rannte zu seinem Flugzeug.
Von unserem Platz auf der Pritsche des Lasters konnten wir den flachen Streifen der provisorischen Rollbahn sehen, den Gestrüpp und Steine säumten. Ein Stück hinter der Rollbahn markierte dichterer Busch den Rand des Luggas, vor allem Akazien mit abgeflachten Wipfeln gab es dort. Noch weiter in der Ferne zog sich grünere Vegetation von den niedrigen Ausläufern der Berge herab, und das Horr Valley klaffte als scharfer Einschnitt zwischen zederndunklen Hängen. Der Himmel begann Farbe anzunehmen, die ersten Rosatöne der aufgehenden Sonne zeigten sich. Der Motor der Cessna sprang an, wirbelte Staub auf, als die Maschine zum Start rollte. Die Lkw-Fahrer, die ihre Instruktionen erhalten hatten, kamen angelaufen. Alle beeilten sich, um keine Zeit zu verlieren.

Der Landrover fuhr an, wendete und kam längsseits. Kirby-Smith rief: »Jetzt werden Sie zu sehen kriegen, was Sie sehen wollten.« Er verzog den Mund zu einem steifen Grinsen. Seine Schutzbrille hatte er auf die Stirn geschoben, seine linke Hand funkelte silbern in der Sonne, ein metallenes Greifwerkzeug statt des Handschuhs. Man sah die Verbindung mit dem Vorderarm jetzt genau, denn er trug ein kurzärmeliges Hemd. »Passen Sie auf Ihre Kameras auf und halten Sie die Köpfe unten. Ich möchte nicht, daß jemand verletzt wird, und Sie haben so etwas noch nie mitgemacht. Okay?« Er zog die Brille über die Augen und gab den Lastern das Zeichen, ihm zu folgen. Nur eine Hand am Lenkrad, brauste er davon zum Lugga, daß der Staub nur so wirbelte.

»Jetzt werden Sie was erleben«, sagte Karanja laut an meinem Ohr. Seine Zähne blitzten weiß in dem schwarzen Gesicht, seine Augen funkelten. Plötzlich ging seine Stimmung auf mich über, ich wurde von furchtbarer, wilder Erregung erfaßt. Das Blut sang mir in den Ohren, während der Wind den Staub an mir vorbeitrieb. Ich rief: »Abe«, aber er beachtete mich nicht, hatte nur Augen für das Flugzeug, das von der Rollbahn steil zu den Bergen aufstieg.

Eine Fahrspur war diagonal durch das Lugga gehauen worden. Wir rasten mit solchem Tempo hinein, daß die Reifen an die Kotflügel schlugen. Dann fuhren wir ins Gestrüpp und bahnten uns einen Weg durch die Dornbüsche. Zweige peitschten über uns hinweg, und der Staub erstickte uns fast. Das Flugzeug war jetzt vor uns, es beschrieb einen Bogen und tauchte herab auf eine Gruppe grüner Bäume. Seine Flügel streiften fast die Wipfel, als es in die Kurve ging. Der Busch wurde immer dichter, bis wir schließlich im zweiten Gang um Bäume herumfuhren. Plötzlich befanden wir uns auf einer Lichtung. Kirby-Smith war aus dem Landrover gestiegen, der erste Laster hielt, und Männer mit Gewehren rannten los, um ihre Positionen einzunehmen. Der zweite Laster scherte nach links aus. Der Laster vor uns bog nach rechts ab, und wir folgten ihm. Die dicken Äste eines Zahnbürstenbuschs tauchten über dem Kühler auf, und ich duckte mich, als sie zerkrachten. Der starke Geruch ihrer zerfetzten Blätter und zermalmten Zweige stieg mir in die Nase. Als ich den Kopf wieder hob, waren wir allein und fuhren langsamer. Der Mann auf dem Beifahrersitz stand jetzt, hielt etwas in der Hand. Silbernes Funkeln, und das Flugzeug schoß über uns weg, verfolgt vom Dröhnen seines Motors. Ein kurzes, scharfes Peng ertönte, das wie eine Fehlzündung klang, dann hörte ich ein Quieken und einen trompetenden Laut. Plötzlich sah ich sie, graue Kolosse, die sich im Gebüsch zusammendrängten. Der Fahrer stieg auf die Bremse, weil einer der Kolosse herumschwenkte, drohend die Ohren ausbreitete und den Rüssel nach vorn schwang.

Ich sah die kleinen Augen funkeln, hörte das dünne, wütende Quieken, als der Elefant zum Angriff überging, ohne eine Sekunde zu zögern. Der Fahrer hatte den Rückwärtsgang eingelegt und stieß zurück, daß die Büsche krachten. Der Beifahrer schwang den Arm in einer wilden Bewegung nach vorn, und etwas segelte durch die Luft. Das Riesentier kam näher, Staub stieg unter seinen Füßen auf. Dann ein Flammenblitz, eine Detonation, und der Elefant bleib verwirrt stehen. Der Fahrer hatte die Hand auf der Hupe, der unaufhörliche Ton war gräßlich. Karanja schrie, wir alle schrien, und der Beifahrer, der den Knallkörper geworfen hatte, trommelte aufs Türblech. Der Laster stand jetzt mit tuckerndem Motor. Das große Tier schüttelte den Kopf, drehte sich um und kehrte zu den anderen zurück. Der Fahrer nahm die Hand von der Hupe und sagte etwas zu seinem Nebenmann. Der nickte.

»Beide meinen, daß es das Leittier ist.« Karanjas Stimme zitterte vor Erregung. »Es sind lauter Kühe, Kühe mit Totos. Sehen Sie, jetzt kommen sie in Bewegung.«

Wir warteten, hörten, wie die anderen schrien und auf die Wagenseiten trommelten. Dann starteten wir wieder, kehrten langsam auf unserer Spur zurück, beobachteten die grauen Riesengestalten durchs Blättergewirr der Büsche. Wir flankierten die Herde, bereit, sie aufzuhalten, falls sie auf unserer Seite ausbrechen wollte. Aber die Tiere zogen geradeaus, bewegten sich wie Gespenster, lautlos und schnell, um wegzukommen von dem Geruch und dem Lärm der Lastermotoren. Das Flugzeug kreiste die ganze Zeit über uns. Plötzlich waren wir am Rand der Lichtung. Ich knallte mit den Rippen an den Haltebügel, als wir ruckartig hielten und der Motor erstarb. Die Elefanten waren stehengeblieben. Ich sagte etwas, da zischte mich der Fahrer an: »Bitte nicht sprechen.«

Ich zählte fünf ausgewachsene Elefanten, von denen zwei sehr kleine Kälber unter dem Bauch hatten. Insgesamt waren es sieben Junge, darunter einige halb ausgewachsene. Also zwölf Tiere. Die größte Kuh stand am Schluß der Herde, als sei sie unglücklich über die Lichtung und wisse nicht, welche Richtung einschlagen. Sie wendete zu uns herum, die Ohren ausgebreitet und den Rüssel erhoben wie ein Periskop, um die Witterung aufzunehmen. Die Sonne hatte sich von den Bergen gelöst und beschien die Elefantenkuh voll. Kein Zweifel, es war das Tier, das uns angegriffen hatte. Der Rüssel bewegte sich prüfend hin und her. Trotz der angespannten Situation registrierte ich, daß eine leichte Brise die Blätter über meinem Kopf rascheln machte.

Die ganze Herde hatte sich umgedreht, alle Kühe schwenkten unentschlossen die Rüssel. Von den Lastwagen kam kein Ton mehr, aber die Brise nahm zweifellos den schwachen Benzingeruch mit, denn die Leitkuh schüttelte plötzlich den Kopf, machte wieder kehrt, gab einem der Babys einen Klaps mit dem Rüssel und schob es unter seine Mutter zurück. Einen Moment lang legte sie den Rüssel wie tröstend auf den Hals der anderen Kuh, dann trabte sie um die Herde an die Spitze, und die ganze Gruppe brach rasch auf zur anderen Seite der Lichtung.

In diesem Moment erschoß Kirby-Smith die Leitkuh. Das scharfe Peitschen des Schusses verschmolz mit dem dumpfen Einschlag der schweren Kugel in Haut und Knochen. Ich sah das große Tier verhalten, sah seinen Kopf nach unten sinken und die Ohren nach hinten klappen. Noch bevor es gefallen war, krachten auf allen Seiten der Lichtung Schüsse. Drei Kühe brachen zusammen, die vierte schlug wild um sich. Dann fielen die Kleinen in einer Kakophonie von Schüssen, Quieken und trompetenden Schmerzensrufen.

In weniger als zwei Minuten war alles vorbei. Stille herrschte, und vor uns lagen die großen Berge leblosen Elefantenfleischs wie riesige Steine im schrägen Licht der Morgensonne. Die Jäger kamen auf die Lichtung, sie schwankten leicht, als hätten sie zuviel getrunken.

Der Motor unseres Lasters sprang an. Wir fuhren auf die Lichtung, und als wir hielten, stand Kirby-Smith da, die Brille auf die Stirn geschoben. Seine Augen funkelten und seine Zähne blitzten. »Nun wissen Sie, wie die Auslese vor sich geht – kurz und schmerzlos. Kein qualvoll langsamer Tod wie bei dem armen Vieh im Lodge.

Er brauchte seinen Leuten keine Befehle zu geben. Sie verstanden ihr Geschäft, waren bereits von den Lastern gesprungen und hieben mit Äxten auf die Köpfe der fünf Kühe ein, um die Stoßzähne zu lockern. Die Jäger vertauschten ihre Gewehre gegen Messer, schlitzten die Haut der Tiere auf und legten das noch warme Fleisch frei. Kirby-Smith stand wieder beim Landrover, überragt von der Antenne eines Funkgeräts, dessen Mikrophon er an die Lippen hielt. Am Rand der Lich-

tung schüttete der Küchenboy aus einem alten Kanister Dieselöl auf einen Stoß trockener Äste, und im Nu loderte ein Feuer.
Ich war vom Laster geklettert und lehnte an der Seitenwand. Meine Erregung war zwar abgeklungen, aber ich hatte einen völlig trockenen Mund, und meine Knie zitterten. Abe kauerte vor dem gefallenen Leittier, die Kamera gezückt. Zwei Afrikaner zogen einen der Stoßzähne aus der Höhlung. Der Riesenzahn war an der Wurzel rot vom Blut. Sie stellten ihn auf die Spitze, lachten und schwatzten, als sie ihn mit den Augen abmaßen. Dann wogen sie ihn auf den Händen, um sein Gewicht zu schätzen. Abe hatte sich aufgerichtet und beobachtete stumm die Szene. Seine Arme hingen kraftlos herab, die Kamera baumelte neben seinen Beinen. Plötzlich rief er mich, winkte mir. Die Schwarzen lockerten jetzt den anderen Stoßzahn. Ich ging zu Abe und betrachtete den reglosen großen Kopf, den schlaffen Rüssel und das klaffende Loch unter dem glasigen Auge. Überrascht stellte ich fest, daß Wimpern aus feinem Haar das Lid säumten.
»Gewehre sind wie Motorsägen«, sprach Abe langsam. »Ich habe einmal gefilmt, wie eine Eibensequoie gefällt wurde. Vierhundert Jahre alt, sagten die Holzfäller. Vierhundert Jahre lang gewachsen und in Minutenschnelle umgelegt. Haben Sie zusammengezählt, wie viele Jahre tierischen Wachstums hier ringsum liegen?«
Ich schüttelte den Kopf, sah fasziniert zu, wie die beiden Afrikaner den zweiten Stoßzahn auf und ab bewegten, um ihn zu lockern. Er gab plötzlich nach, und die beiden fielen lachend auf ihre Hintern.
»Zwölf Elefanten. Könnten insgesamt zweihundertfünfzig bis dreihundert Jahre sein. Niedergemäht in nicht einmal so vielen Sekunden. Für diese Leute ist das Fortschritt, der Vormarsch des zivilisierten Menschen. Genug Fleisch, um hun-

dert Eingeborene eine weitere Woche am Leben zu erhalten. Vielleicht länger, ich weiß es nicht. Doch...« Abe zuckte die Achseln. »So wenig gewonnen und so viel vernichtet.« Er hob den Kopf und sah mich an, seine Brille blitzte in der Sonne. »Sie haben gar keine Aufnahmen gemacht.«

»Nein.«

»Ihr Blut hat gekocht, und Sie haben geschrien. Wissen Sie, daß Sie geschrien haben?«

Ich antwortete nicht, dachte an das Jagdschauspiel zurück und schämte mich. Abe lächelte, tätschelte mir den Arm. »Es ist das angelsächsische Blut, denke ich. In Ihrem Herzen sind Sie ein Barbar.«

»Und Sie?« fragte ich. »Hat Sie keine Erregung gepackt?«

»Nein. Wir sind eine ältere, sensiblere Rasse. Wir sind Städter mit einer langen urbanen Geschichte. Ich hatte ein Gefühl, als stünde ich selbst dort drüben, als wäre ich selbst dieses arme Tier und versuchte mein Volk wegzuführen von Gewehren und Verfolgung.«

Hinter uns erklang eine Männerstimme: »Fangen wir mit der Kuh hier an. Was würdest du sagen, wie alt sie ist?« Es war Kirby-Smith, und neben ihm stand Mary, ein offenes Notizbuch in der Hand. Auf ihrem dunklen Gesicht hatte der Schweiß Streifen in den Staub gezeichnet, und um die Augen waren noch die Abdrücke der Brille zu sehen.

»Ich weiß es nicht«, antwortete sie. »Aber es war die Leitkuh, also dürfte sie bei ihrem letzten Zahnpaar angelangt sein.«

»Von wie weit her die wohl kommen? Sie sind in keiner sehr guten Verfassung.« Kirby-Smith bückte sich und zog an der gummiartigen Lippe der Elefantenkuh, um ihr Maul zu öffnen. Die beiden Afrikaner kamen zu Hilfe, sie streckten den Rüssel und stemmten die Kiefer mit den Stielen ihrer Äxte auf. »Neue Backenzähne rücken nach vorn, aber die alten sind ziemlich abgenützt.« Kirby-Smiths Kopf stak fast ganz in dem klaffenden Maul.»Sagen wir, ungefähr vierzig Jahre alt. Notiere sie als SH 1. Ich werde einen der Backenzähne ziehen lassen zur mikroskopischen Untersuchung.« Er gab den beiden Afrikanern einen Befehl, während er den Kiefer des Tieres weiter betastete. Dann richtete er sich auf und wischte die Hand an der Hose ab. »Man kann die Zahnbeinschichten zählen, fast wie die Ringe eines Baumstumpfs. Derzeit wird eine Untersuchung darüber durchgeführt, in welchem Alter die Elefantenkühe Herdenleittiere werden. Die hier ist vermutlich jünger als der Durchschnitt. Sie dürfte eben erst zum Leittier avanciert sein, möglicherweise hat sie sich mit ihrer Schar von einer größeren Gruppe gelöst, oder das alte Leittier ist erlegt worden. Ein interessantes Studiengebiet.« Er ging zur nächsten Kuh, einem knochigen grauen Berg.

»Alles geschieht im Interesse der Wissenschaft«, brummte Abe.

Ich sah Mary Delden an, die mit ihrem Notizbuch in der Hand neben Kirby-Smith stand und zuschaute, wie er die Kiefer auch dieses Tiers aufstemmte. Aus den Stoßzahnhöhlen sickerte Blut. Mary hatte kein Wort mit mir geredet, mich nicht einmal angeschaut.

»Zu Ihrer Information«, sagte Abe und faßte mich am Arm, »ein Elefant hat je sechs Zähne auf jeder Seite des Ober- und des Unterkiefers, doch nur ein Zahnpaar oben und eines unten ist jeweils in Gebrauch, also vier Zähne. Wenn sie abgenutzt sind, werden sie durch vier neue, von hinten nachrükkende ersetzt. Im Lauf seines Lebens verschleißt ein Tier also sechs Sätze Zähne. Sie hören mir ja gar nicht zu.«

»Sechs Sätze«, wiederholte ich, starrte auf Marys schönen, geraden Rücken und dachte an ihren Vater. Ob ihm wohl irgendwelche Eingeborene vom Tod dieser Elefanten berichteten? »Ich sehe nicht ein, was es nützt, das Alter der Tiere zu

kennen.« Ob van Delden seine Drohung wirklich wahrmachen würde, ob er es wagen würde, gegen eine so perfekt funktionierende Organisation vorzugehen?
»Die Wissenschaft, mein Freund!« röhrte Abe. »Eine Menge Elefanten sind im Lauf der Jahre erlegt worden, nur weil man beweisen wollte, daß diese Methode der Altersbestimmung zuverlässig ist. Wir dürfen die heilige Kuh der Wissenschaft nicht schmähen.«
Karanja kam mit Bechern vom Feuer her. Erst jetzt merkte ich, wie durstig ich war. Die Arbeit wurde unterbrochen, man hätte meinen können, eine Fabrik mache Teepause. Während wir umherstanden und tranken, trafen die ersten Fleischlaster aus dem Camp bei South Horr ein, beladen mit Samburu. Die Schwarzen stürzten sich auf die Kadaver und mußten mit Gewehren in Schach gehalten werden. Kirby-Smith stellte Posten auf, und jeder Mann durfte sich etwa ein Kilo Fleisch aus einem der kleineren Elefanten schneiden. Weitere Lastwagen kamen, an der Rückwand des einen hingen die Schwarzen sogar wie ein Bienenschwarm. Andere Eingeborene kamen zu Fuß, und bald wimmelte die Lichtung von halbnackten Afrikanern. Alle hatten lange feststehende Messer aus glänzendem, gehontem Stahl und mit fellbedeckten Griffen, die ziemlich abgenutzt aussahen. Im Nu lagen von drei Elefanten nur noch die Gerippe da.
Kirby-Smith hatte so etwas offenbar schon früher erlebt. Er bewachte mit seinen Leuten die übrigen Kadaver, sein Gewehr in der Hand. Als der erste Ansturm vorüber war, pickte er sich einen jungen Krieger heraus, einen ockerfarbenen, blutbespritzten Moran, der einen gewaltigen Fleischklumpen abhieb. Kirby-Smith rief ihn an, und als der Bursche seinen Befehl ignorierte, hob er das Gewehr und schoß vor ihm in den Boden. Der Moran schrie auf, fiel um und rieb sich die Beine, denn der aufspritzende Sand verursachte schreckliche

Schmerzen. Die Afrikanermenge, eben noch wuselnd wie Ameisen, war erstarrt. Kirby-Smith rief nun die Ältesten zu sich. Mit ihrer Hilfe stellte er eine Art Ordnung her. Jeder bekam eine Ration, und eine beträchtliche Zusatzration bekamen jene, die bereit waren, Lastwagen zu beladen.
Es war eine Szene, von der Kameraleute träumen: Nomadische Eingeborene, Jäger mit Gewehren, Elefanten, die in Stücke gehauen wurden, und überall Blut. Hier ließen sich Nahaufnahmen machen von halbnackten, mit Speeren und Messern bewaffneten Männern, von dunkler Haut über vorstehenden Rippen, von hageren, verschrumpelten Gesichtern, von toten Elefanten, Stoßzähnen und wabbeligem Fleisch, von Kirby-Smith, dem großen weißen Jäger, wie er auf einen Krieger feuerte, dessen roter Umhang zurückgeworfen war, dessen gelecktes Haar sich zu schlangenförmigen Spiralen löste und dessen Messer blitzte. Afrika in der Dürre. Ich hatte schon den Titel. Aber mir fehlten einführende Aufnahmen von toten Rindern um die Wasserstellen sowie von den Samburu, während sie ihre Manyattas verließen. Die Szene hier, brachte man sie allein, ergab wohl keinen tieferen Sinn. Doch ich wußte, dies waren nur leere Entschuldigungen. Ich hatte eine Chance verpaßt.
Da sagte Abe neben mir: »Sie nehmen sich also meinen Rat zu Herzen und sparen ihre Filme. Es ist doch seltsam«, sinnierte der Fernsehjournalist, »wenn man ein Interview mit nur einer Person macht, das vielleicht todlangweilig ist, hat man stets eine ganze Mannschaft zur Verfügung. Erwischt man aber ein Sujet wie das hier, bei dem man alle Register ziehen könnte, darf man von Glück sagen, wenn man eine einzige funktionierende Kamera zur Hand hat, gar nicht zu reden von einem Team.« Abe sah zu, wie der erste mit Fleisch beladene Laster abfuhr. Das Fahrzeug zog eine ganze Wolke Fliegen nach. »Hm, ich denke, wir müssen heute abend so

tun, als filmten wir.«
Fliegenschwärme standen über allen Lastern, auf den Kadavern wimmelten Fliegen. Es roch nach Urin und etwas anderem, süßerem. Die Sonne stand bereits hoch und brannte auf die Lichtung nieder, der blaue Himmel war weiß geworden vor Hitze. »Heute abend?« fragte ich.
»Heute abend findet eine weitere Treibjagd statt. Auf den Hängen dort oben treibt sich eine Herde im dichten Busch herum. Kirby-Smith hat vorgeschlagen, daß wir beide diesmal bei den Jägern bleiben und der Welt zeigen, wie sauber und ordentlich er arbeitet. Wir müssen unseren Aufenthalt verdienen.«
Der zweite vollbeladene Laster rumpelte vorbei. Auch bei den übrigen würde es nicht mehr lange dauern. Sämtliche Skelette waren ausgebeint, sie schimmerten weiß und rot in der Sonne. Die Samburu zogen nach und nach ab, ihre blutigen, in Blätter gewickelten Fleischpakete an sich gepreßt.
»Das Gleichnis von den Fischen, auf afrikanische Art«, sagte Abe. »Mit der Zeit werden Sie abstumpfen und ich auch, bis das Ganze nur noch Routinesache ist – und monoton.«
Die beiden letzten Lastwagen starteten. Die Arbeit war getan, und die Jäger schlenderten zum Feuer, wo der Küchenboy aus einem riesigen rußgeschwärzten Kessel Tee verteilte. Die Männer tranken. Ihre Arme und Leiber starrten vor getrocknetem Blut, dessen süßlich-säuerlicher Geruch in der flirrenden, ruhigen Luft hing.
Ein Landrover hatte Kirby-Smiths Partner von der Rollbahn gebracht. Die beiden Männer berieten sich angelegentlich. Mary saß allein im Schatten eines Dornbuschs, an den Zweigen über ihr hingen Webervögelnester. Ich hatte gerade beschlossen, zu ihr zu gehen, als der Fahrer des letzten Fleischlasters zu Fuß zurückkam. Er war im Lugga steckengeblie-

ben. Wir stiegen alle auf eines der Jagdfahrzeuge.
Die Fahrspur durch das Lugga war inzwischen zerwühlt und zerfurcht, fast nicht mehr passierbar. Bei einem Versuch, die tiefen Rillen der anderen Wagen zu meiden, war der Fahrer des letzten Lasters auf eine weiche Sandstelle geraten und bis zur Achse eingesackt. Nahezu eine Stunde verging, bis die Afrikaner das Fahrzeug ausgebuddelt und mit einer Winde herausgezogen hatten. Aber durchs Lugga waren sie deswegen noch lange nicht. Es blieb nichts anderes übrig, als den Wagen zu entladen, ihn leer durchs Lugga zu fahren, das Fleisch hinüberzutragen und auf der anderen Seite wieder aufzuladen. Es war halb drei, als wir endlich auf die Lichtung zurückkamen. Der Küchenboy verteilte Elefantensteaks, die außen verkohlt und innen roh waren. Ich hatte zwar einen Bärenhunger, inzwischen aber derart genug vom blutigen, vor Fliegen wimmelnden Fleisch, daß mein Magen rebellierte.
Mary sprach mit Karanja. Ich sah sie in meine Richtung blikken. Sie hatte ein Steak in der Hand, riß mit ihren weißen Zähnen daran. Langsam kam sie heran und sagte lächelnd: »Sie sind ein Fleischfresser, vergessen Sie das nicht.« Auf ihrem Kinn glänzte ein Fetttropfen, und ihre Finger, die das verkohlte Steak hielten, waren voll Blut. »Essen Sie, oder die Kräfte verlassen Sie noch vor dem Abend.« Ihre vom Safarihut beschatteten Augen schweiften zu den fernen Bergen. »Sie haben heute früh nicht gefilmt.« »Nein.«
»Warum nicht?«
»Ich habe nicht gewußt, was zu erwarten stand.«
»Das Licht wird heute abend nicht so gut sein.«
»Läßt sich nicht ändern.«
»Und die Szene mit den Samburu, wie sie auf die Lichtung strömten und auf die Kadaver einhackten – so was kriegen Sie kein zweites Mal.«

»Himmel! Dabei konnte einem speiübel werden. Glauben Sie, ich will so was noch mal sehen?«
Mary lachte. »Sie haben sich also noch immer nicht beruhigt. Aber das kommt noch, Sie werden sich dran gewöhnen. Schließlich will das Publikum solche Dinge, oder? Viel Blut, viel Gewalttätigkeiten.«
»Ich mache keine solchen Filme.«
»Natürlich. Wie konnte ich das vergessen. Sie haben es gern aus der Distanz, sozusagen indirekt. Nur Fernaufnahmen von Meeresgeschöpfen, die an der Umweltverschmutzung eingehen.«
»Elefanten sind etwas anderes als Fische«, erwiderte ich. »Elefanten sind Säugetiere, und kein Zuschauer will sehen...«
»Delphine sind auch Säugetiere. Und Wale.« Ihre Augen glühten, ihr Gesicht hatte sich gerötet. »Aber hier, hier ist es anders. Afrika erlebt man nicht aus der Distanz wie das Meer. Hier stecken Sie in allem mittendrin. Ein wesentlicher Unterschied, nicht wahr?«
»Möglich.« Ungehalten fuhr ich fort: »Sie haben kein Recht, mir eine Standpauke zu halten. Was, zum Teufel, tun denn Sie hier?«
Ihr Blick schweifte wieder zu den Bergen, und sie schwieg lange. Auch ich schwieg, nun aber kauend wie sie. »Weiß der Herrgott«, sagte sie schließlich leise. »Das frage ich mich selber... Vermutlich liegt mir das Jagen im Blut.«
»Elefantenkühe mit Jungen«, entgegnete ich, »das nennen Sie Jagen?«
Sie seufzte. »Vielleicht nicht. Aber es ist alles, was ich kriegen kann.« Dann wurde ihr Ton sachlich: »Haben Sie genug Filme? Alex hat mich gebeten, Sie danach zu fragen. Er hat sich bisher immer geweigert, Kameraleute ins Schlepptau zu nehmen. Aber da Sie nun einmal hier sind, liegt ihm viel

daran, daß Sie seine Auslesemethoden richtig festhalten. Hätten Sie einen ordentlichen Filmvorrat, brauchten Sie nicht so sparsam damit zu sein. Morgen fährt ein Laster nach Nairobi.«
»In Nairobi gibt es keine Filme«, sagte ich. »Zumindest hat Karanja das behauptet.«
»Der Laster transportiert Elfenbein. Wenn man mit Elfenbein handelt, ist in Nairobi alles zu haben.« Sie sah mich fragend an: »Nun?«
»Ich muß mit Abe reden«, stammelte ich.
»Sind Sie nicht alt genug, selbst eine Entscheidung zu treffen? Es kostet Sie nichts. Alex hat mich gebeten, das klarzustellen.« Mary zögerte, fuhr dann fort: »Bedenken Sie, Alex ist Engländer und darum an der BBC interessiert, am zweiten BBC-Programm.« Sie zuckte die Achseln. »Besprechen Sie es mit Mr. Finkel, wenn Sie müssen, aber geben Sie mir Bescheid, sobald wir im Lager sind. Und schreiben Sie mir die Marke des Films auf, den Sie brauchen. Okay?«
Als ich Abe von dem Angebot erzählte, schüttelte er lächelnd den Kopf. »Ein Köder«, sagte er. »Kirby-Smith besorgt und bezahlt die Filme, dann kann er diktieren, was Sie filmen.« Er seufzte. »Ich bin als Ausflügler hierhergekommen, um ein bißchen mehr von Afrika zu sehen, und was passiert? Man drängt mich zurück ins Geschäft. Ich will keinen Film für Alex Kirby-Smith machen. Ich will mich nicht beruflich engagieren. Wenn ich etwas filmen will, dann die Einsamkeit und Schönheit, keine blutigen Massaker, mögen sie einem noch so guten Zweck dienen.«
»Sie haben gefilmt, wie die Stoßzähne herausgehauen wurden.«
»Ja. Elfenbein. Vielleicht brauche ich das.« Er sah mich an, einen traurigen Blick in den braunen Augen. »Tun Sie, was Sie wollen, Colin. Es ist eine Frage der Motivation. Ich für

mein Teil weiß, was ich hier will. Aber Sie?« Er fügte hinzu: »Überlegen Sie es sich. Ihre Chancen, zum Rudolfsee zu kommen, stehen im Moment kaum besser, als wenn der See tausend Kilometer weg wäre.«
Das Feuer wurde gelöscht. Befehle erklangen, und ein paar Minuten später standen wir auf den Lastern und fuhren den Bergen entgegen. Diesmal hatte unser Lkw die Führung. Der Landrover folgte dicht auf, in seinem Heck türmten sich die Stoßzähne. Kirby-Smith, der mit dem Kompaß navigierte, wies uns durch Zeichen mit seiner schimmernden Metallhand den Weg. Wurden wir von einem Buschstreifen aufgehalten, der so dicht war, daß wir uns nicht durchschieben konnten, gingen wir alle mit Buschmessern an die Arbeit, hieben und schlugen den Weg frei.
Es war fast fünf, als wir den Rand eines ausgetrockneten Flußbetts erreichten. Der Landrover setzte sich an die Spitze, fuhr tastend ins Lugga hinein und dann behutsam über die Sandbänke und Kiesmulden in der Mitte des trockenen Bettes flußaufwärts. Schließlich erweitere sich das Lugga in einem großen Bogen zu den Bergen hin, deren Konturen die im Westen stehende Sonne jetzt scharf hervorhob. Hier verwendete ich meine Kamera zum erstenmal. Ich filmte Kirby-Smith, der auf dem Sitz des Landrovers stand und seinen Jägern Instruktionen gab. Durch den Sucher betrachtet, erinnerte er mich an ein Bild Rommels aus dem Wüstenkrieg, das ich vor vielen Jahren gesehen hatte – dieses braungebrannte, von der Sonne gerunzelte Gesicht, die über den Rand der Safarimütze gezogene Brille. Aber der Mann hier instruierte keine deutschen Panzertruppen, sondern Jäger mit Schnellfeuergewehren vom Kaliber 458, die sie lässig über den Schultern trugen; und er sprach Suaheli.
Eine letzte Geste mit der Hand. Ich machte einen Schwenk, als die Afrikaner zu ihren Lastern liefen, filmte dann wieder

Kirby-Smith, der die Antenne seines Funkgeräts ausgezogen hatte und ins Mikrophon sprach.
»Sie spielen also mit.« Ich wußte nicht, wie lange Abe schon neben mir stand.
»Was sonst?« fragte ich.
Er lächelte und zuckte die Schultern. »Das Licht wird tükkisch. Wolken bilden sich, und bald wird es dunkel. An Ihrer Stelle würde ich schnell eine gute Schlußeinstellung suchen.«
»Ich weiß schon, was ich tue«, erwiderte ich. Meine Worte gingen halb im Dröhnen der Cessna unter, die uns überflog. Sie flog so niedrig, daß ich sie gut vors Objektiv bekam und rasch den Auslöser drücken konnte. Ihr Fahrwerk streifte fast die Bäume an der jenseitigen Böschung. Dann zog die Maschine hoch und verschwand. Das Motorengeräusch verklang, ertrank im Brummen der Laster, die nun schlitternd und holpernd im Busch ausschwärmten.
»Vier Kühe und vermutlich drei Kälber.« Kirby-Smiths Stimme hinter mir klang schneidend. »Jeff sagt, daß ihnen ein junger Bulle nachläuft.« Er faßte mich am Arm, seine Hand umspannte fest mein nacktes Fleisch. »Halten Sie sich ganz in meiner Nähe, dann können Sie die Aktion filmen, als sähen Sie sie durchs Visier meines Gewehrs. Ich gebe stets den ersten Schuß ab. Das ist das Signal – wenn ich das Leittier erlege. Kapiert?«
Ich nickte. Er ließ mich los, ging rasch zum Landrover und fuhr ihn rückwärts in ein Dickicht immergrüner Pflanzen. Dann kam er zur Luggaböschung zurück, in der Hand sein Gewehr, um den Hals ein Fernglas. Das Gewehr war eine Rigby 416 mit Zielfernrohr. Er ließ sich auf den Boden fallen, legte das Greifwerkzeug, das ihm die linke Hand ersetzte, um den Gewehrschaft, rückte sich bequem auf den Ellbogen zurecht und hob das Gewehr an die Schulter. Es lag unverrückbar fest im Griff der Metallhand. Kirby-Smith prüfte, ob

Wind wehte, stellte sein Zielfernrohr ein, dann nahm sein Gesicht einen konzentrierten Ausdruck an, und er suchte mit einem Schwenk des Laufs die breite, offene Luggabiegung ab.

Er mußte das Surren meiner Kamera gehört haben, denn er wandte sich fast gereizt um und sagte: »Die Personenaufnahmen können Sie morgen machen. Achten Sie jetzt nur auf das, was da unten in der Biegung des Flußbetts passieren wird. Sie haben heute früh eine große Chance verpaßt. Man hat mir gesagt, daß Sie überhaupt nicht gefilmt haben. In meiner Mannschaft muß jeder sich ins Zeug legen.« Er bedeutete den anderen mit einem Winken, in Deckung zu gehen, schmiegte sich enger an den harten Sandboden, holte mehrmals tief Luft und entspannte sich.

Die Cessna wendete vor den Wolken, die über den Bergen wallten, ihre Flügel blitzten in der schrägen Sonne, als sie jäh nach unten tauchte. Der Motorenlärm drang schwach zu uns, und wir konnten auch die Laster hören, die sich noch hangaufwärts kämpften, um in die richtige Position für die Treibjagd zu gelangen. »In etwa zehn Minuten«, sagte Kirby-Smith und bedeutete Karanja, weiter nach hinten zu rücken. »Könnte auch früher sein – man weiß nie. Elefanten sind sehr schnell, wenn ihnen der Sinn danach steht.« Er drehte sich zu Mary um. »Nimm die Zeit, wenn der erste Knallkörper explodiert. Und dann wieder von meinem Schuß bis zum Fall des letzten Tieres. Hast du die Stoppuhr?«

Mary, die neben mir lag, nickte. Wir hatten uns alle auf dem Boden ausgestreckt und sprachen von da an nicht mehr. Irgendwo hinter uns erklang der monotone Ruf einer Taube. Ich kontrollierte die Filmlänge. Mehr als dreißig Meter, also konnte ich fast drei Minuten drehen. Das sollte genügen. Ich schaute auf die Uhr. Drei vor halb sechs, und die Schatten wurden rasch länger. Die Sonne stand bereits über den Bäumen im Westen, knapp über einer Wolkenbank. Wenn sie in den Wolken verschwand...? Ich überlegte, was ich in diesem Fall tun sollte. Da explodierte der erste Knallkörper. Der Ton klang unwirklich, ein fernes Peng. Die Vögel hörten ihn. In einem Baum, der voller Nestkugeln war, begann eine Kolonie grauköpfiger Weber aufgeregt zu schwatzen, und ein Star zwitscherte in der Nähe auf dem Boden. Die Taube aber schwieg plötzlich. Weit jenseits des Luggas hörten wir die Lastermotoren, die einen anderen Ton bekamen, weil sie nun auf Touren gebracht wurden. Von den Bergen wehte eine leichte Brise, die das Geschrei der Treiber herantrug, und die Cessna ging noch einmal in Sturzflug, diesmal näher bei uns. Die eigentliche Treibjagd hatte begonnen.

»Der Wind ist richtig, und das Licht ist noch gut.« Kirby-Smith sprach ruhig und beherrscht, ließ keinerlei Erregung erkennen. »Entspannen Sie sich«, flüsterte er, »und konzentrieren Sie sich auf die Mitte der Flußbiegung. Sehen Sie die Sandbank, über die der Schatten eines Baumes fällt? Etwa dort werde ich mir das Leittier holen. Dann nämlich wird auch die ganze Herde im Freien sein.«

Ich fand die Stelle und kontrollierte die Einstellung meiner Kamera, die ich im Arm liegen hatte. Ich schaute zu Abe hinüber, der auf Marys anderer Seite lag, und sah über ihre Schulter seine Kamera. Würde er die Jagd also doch filmen? Eine Minute vor halb sechs, und der untere Rand der Sonne leckte bereits an den Wolken. Doch die Laster kamen rasch näher, das Motorengeräusch wurde bedrohlich laut. Und als das Flugzeug zum drittenmal in Sturzflug ging, war es nur noch einen guten Kilometer weg. Ein weiterer Knallkörper explodierte, gefolgt von hohem Quieken und Trompeten. Die Männer schrien und trommelten wieder auf die Seiten ihrer Fahrzeuge.

»Gleich – jetzt.« Kirby-Smith holte tief Luft, die Augen auf

die jenseitige Böschung des Luggas gerichtet, das schwere Gewehr leicht vorgeschoben und den Zeigefinger der gesunden Hand in der Nähe des Abzugs. Es war eine kräftige, starke Hand mit sommersprossigem Rücken, und die Haare auf den nackten Armen waren fast weiß gebleicht. Ein Laster erschien auf der jenseitigen Böschung und hielt abrupt, der Fahrer und der Beifahrer saßen regungslos auf ihren Sitzen und warteten. Das Flugzeug kam wieder, noch niedriger diesmal. Sein Motor übertönte das Brummen der anderen Laster. Plötzlich tauchte weit oben am Luggarand eine graue Riesengestalt auf, die sich rasch bewegte. Ich sah aus dem Augenwinkel, wie Kirby-Smith das Gewehr hob und in die Schulter preßte. Der Elefant blieb an der Böschung stehen, bog den Rüssel hoch und nahm die Witterung des freien Geländes im Lugga auf. Dann stieg er die Böschung hinab, langsam jetzt, und hinter ihm die anderen mit ausgebreiteten Ohren und pendelnden Rüsseln.
In diesem Moment schoß jemand, aber nicht Kirby-Smith. Der Schuß war oben im Flußbett abgefeuert worden. Durchdringendes Quieken ertönte, und das Leittier machte so rasch kehrt, daß ich ihm kaum mit den Augen folgen konnte. Unglaublich schnell kletterte es die Böschung wieder hinauf. Auch die anderen drehten schleunigst um, sie trompeteten und quiekten. Jetzt schoß Kirby-Smith. Der Knall war so laut, daß mir die Ohren dröhnten. Doch das Leittier war schon im Busch, in den gleich darauf auch der Rest der Herde einbrach. Weitere Schüsse fielen, die Motoren wurden hochgejagt. Da loderte weiter oben im Lugga eine Stichflamme auf. Mehrere Sekunden lang stand eine große Feuerblume über den Bäumen. Sie sackte zusammen, und Rauch trat an ihre Stelle. Eine dicke Qualmwolke folgte, stieg hoch und zerteilte sich in der leichten Brise.
»Himmel!« Kirby-Smith hatte sein Gewehr fallen lassen, hielt

das Fernglas in der Rechten und blickte auf den Rauch. »Es ist einer der Lastwagen.« Er sprang auf, packte das Gewehr und rannte zum Landrover. Ich drückte rasch auf den Auslöser meiner Kamera und machte einen Schwenk, bevor ich mich hochrappelte und Kirby-Smith nachlief. Die anderen drängten sich neben mich in das Fahrzeug. Der Major startete, und wir rumpelten die Böschung hinunter und rasten dann im Lugga auf die dicke Qualmwolke zu, die über den Bäumen hängengeblieben war.

Es war der Laster, der die äußere Flanke gebildet hatte. Als wir um die Biegung des Flußbettes schossen, sahen wir ihn auf einer völlig unbewachsenen Sandbank stehen, ein rußbeschwärztes Wrack in einer öligen Wolke. Alle vier Reifen brannten. Wir erreichten die Sandbank. Aber die Hitze war so stark, daß wir nicht an das Fahrzeug herankonnten. Wir hätten ohnehin nichts zu tun vermocht, hatten wir doch weder Wasser noch Feuerlöscher. Hilflos standen wir da und schauten zu, wie es brannte.

Nicht einmal die Leichen auf der Fahrerbank konnten wir herausziehen. Es waren zwei. Wir sahen die verkohlten Überreste immer wieder einmal durch den Rauch, der nun dick von den Reifen aufstieg. »Warum sind sie nicht rausgesprungen?« Mary sprach gepreßt, war im Knistern der Flammen kaum zu hören: »Bei Gott, sie hätten doch rausspringen können.«

Kirby-Smith, der dicht neben ihr stand, sagte: »Wario kam vielleicht nicht hinterm Lenkrad vor.« Er kniff die Lippen zusammen und runzelte die Stirn. »Aber Jilo – er war jung und fix, und nichts hinderte ihn daran, ins Freie zu springen.«

Abe flüsterte mir ins Ohr: »Es sei denn, er war schon tot, als der Benzintank Feuer fing.« Was deutete Abe da an?

»Um Himmels willen«, stieß ich leise hervor.

»Es sind Schüsse gefallen, mehrere Schüsse.« Noch immer flüsternd, damit ihn die anderen nicht hörten, kombinierte Abe weiter: »Ich habe als Zeitungsreporter angefangen und eine Menge Unfälle gesehen. Ich habe aber nie erlebt, daß Menschen in Autos verbrannten, ohne irgendwie versucht zu haben, rauszukommen. Und das hier war ein offener Lastwagen.« Er wies mit einer Kopfbewegung auf Kirby-Smith: »Karanja hat ihn gewarnt. Und er ist Jäger. Er wird es schnell herausfinden.«

Mary starrte mit aufgerissenen Augen auf den Laster, das Gesicht unter der braunen Haut totenblaß. Wie erschöpft drehte sie sich um, der Anblick war zuviel für sie. In der Luft hing der unangenehme Geruch von brennendem Gummi, heißem Metall und schmorender Farbe, überlagert von dem furchtbaren Gestank röstenden Fleischs. Niemand sagte mehr etwas, sogar die Afrikaner schwiegen. Ich wußte nicht, was ich von dem Ganzen halten sollte. Abes Beobachtungen mochte ich nicht akzeptieren, ich verschloß mich vor dem, was sie bedeuteten.

Nach und nach traten wir alle zurück. Wir konnten nichts tun, als den Laster ausbrennen lassen. Die Elefanten waren verschwunden, die Jagd war zu Ende. Niemand mochte sprechen. Jeder, ob weiß oder schwarz, hielt stumme Einkehr. Es mußte ein Unfall gewesen sein!

Nach einer Weile sagte eine scharfe Stimme etwas auf Suaheli. Es war Kirby-Smith, der seinen Leuten befahl, zu ihren Fahrzeugen zurückzukehren. Die Sonne war untergegangen, die kurze afrikanische Dämmerung senkte sich über das Lugga. Nur Abe stand noch bei dem brennenden Laster, er machte Aufnahmem mit einer Kleinbildkamera. Dann wandte auch er sich ab. Aber er kam nicht zu mir, sondern ging zu Mary, die allein auf einem Stein hockte, den Kopf gesenkt, als bete sie. Ihr Gesicht war vollkommen ausdruckslos. Abe setzte sich neben sie in den Sand. Er sprach nicht, saß einfach da, als fühlte er, daß sie die stumme Gegenwart eines anderen Menschen brauchte. Ich wünschte, ich hätte sein Einfühlungsvermögen gehabt.

Kirby-Smith lehnte am Landrover, die Antenne des Funkgeräts ausgezogen und das Mikrophon in der Hand. Sein afrikanischer Fahrer und Karanja hockten nicht weit davon auf dem Boden und redeten. Die Motoren der drei verbliebenen Lastwagen sprangen nacheinander an, ihr Brummen entfernte sich in Richtung Camp. Außer uns befand sich niemand mehr auf dem offenen Gelände der Luggabiegung. Die Dämmerung ging in Dunkelheit über, die ersten Sterne erschienen, alles war ruhig.

Ich stand allein da, fühlte mich isoliert in der tiefen Stille. Kein Laut war zu hören, nicht einmal ein Vogelruf. Nichts regte sich, einzig von den noch immer glimmenden Reifen stiegen Rauchkringel auf. Meine Gedanken gerieten in Aufruhr, als ich mich mit der Möglichkeit auseinanderzusetzen versuchte, daß irgendwo dort draußen in der zunehmenden Finsternis... Ich schauderte, wollte es nicht glauben.

Dann hörte ich Kirby-Smith sagen: »Es könnte die Reibungswärme einer Kugel gewesen sein, die den Tank durchschlug.« Er und sein Fahrer bewegten sich langsam auf mich zu, eine starke Taschenlampe beleuchtete den Boden, und Abe war bei ihnen. Kirby-Smith fuhr fort: »Vielleicht hat er auch Leuchtspurmunition verwendet. Haben Sie gesehen, was für Gewehre seine Afrikaner hatten?«

»Ich verstehe nichts von Gewehren.« Abes Stimme klang in der Dunkelheit hohl. »Aber er selber hatte eine doppelläufige Flinte. Daran erinnere ich mich.«

»Eine Rigby 470, die hat er schon sehr lange. Er muß sie irgendwo versteckt gehabt haben.« Zwei Gestalten bückten sich, suchten den Boden ab. Dann stand Kirby-Smith auf und

schaltete die Taschenlampe aus. »In dem Kies hier eine verirrte Kugel zu suchen, ist ein hoffnungsloses Unterfangen.« Er blickte an dem glimmenden Laster vorbei in die Nacht. »Eine alte Lee Enfield mit Leuchtspurmunition, vermute ich.«
»Wo, zum Teufel, soll er Leuchtspurmunition herhaben?«
»Aus derselben Quelle wie die Gewehre. Von alten Schlachtfeldern. Ein großer Teil des erlegten Wildes, das ich letztes Jahr zu sehen gekriegt habe, ist mit Kugeln vom Kaliber 303 erschossen worden. Es liegt noch eine Menge Munition herum, wenn man bloß weiß, wo man suchen muß.«
Die drei schickten sich an, zum Landrover zu gehen. Dabei fragte Abe: »Haben Sie den Schädel des Fahrers gesehen?«
»Natürlich«, antwortete Kirby-Smith.
Sie kamen mit einem Pickel, einer Schaufel und einer Brechstange wieder, und wir begannen auf der Böschung ein Grab auszuheben. Wir arbeiteten im Licht der Landrover-Scheinwerfer. Als wir fertig waren, glimmte der Laster nicht mehr. Das Metall war immerhin soweit abgekühlt, daß wir die Überreste der beiden Afrikaner herausziehen konnten. Eine höchst unerfreuliche, unangenehme Arbeit. Der furchtbare Geruch hing noch immer an den zusammengeschrumpften Fleischresten, die Knochen waren brüchig von der Hitze. Der Beifahrer war ein unkenntlicher Klumpen. Karanja wies auf den Schädel des Fahrers. Genau über dem Ohr war ein rundes Loch in dem geschwärzten Knochen, und auf der anderen Schädelseite war ein größeres Loch. »Der Mann ist erschossen worden.« Karanjas Stimme klang schrill und erregt, zitterte in der noch immer stickigen, stinkenden Luft.
»Sein Gewehr muß von selbst losgegangen sein«, sagte Mary rasch. »Die Hitze...« Sie brach ab, denn der Lichtkegel von Kirby-Smiths Taschenlampe hatte das Gewehr des Fahrers erfaßt, das noch immer in der Halterung steckte.

Niemand sagte mehr etwas. Wir hoben die Leichen auf eine Zeltbahn und trugen sie schweigend zum Grab. Nachdem wir es zugeschaufelt und einen kleinen Erdhügel aufgeworfen hatten, brachte Kirby-Smith uns ins Camp zurück. Er fuhr schnell, jagte zwischen krachenden Büschen durch, umkurvte Bäume und schoß über Unebenheiten, als verschaffe der einhändige Kampf mit dem Lenkrad seinem kräftigen Körper ein Ventil für den Ärger.

An jenem Abend war die Spannung im Camp fast mit Händen zu greifen. Wahrscheinlich hatte Kirby-Smith seinem Fahrer verboten, etwas zu sagen, aber in einer beinahe verschworenen Männergemeinschaft ließ sich eine solche Sache nicht ganz verheimlichen. Jeder wußte oder spürte, daß Gefahr in der Luft lag.

Die Patrouille war zurückgekommen. Die Soldaten hatten zwischen den Trittspuren des Nashorns die Spuren menschlicher Füße gefunden. Weiter oben waren sie auf die Überreste eines Lagers gestoßen. Kirby-Smiths Fährtensucher und die Patrouilleläufer behaupteten übereinstimmend, das Lager sei in der vergangenen Nacht benutzt worden. Vom Lager hatten frische Spuren nach Norden geführt, in Richtung des Ausleseplatzes. Die Soldaten waren ihnen gefolgt, hatten sie aber am Fluß verloren und auf dem anderen Ufer keine weiteren Spuren mehr entdeckt. Der Bericht der Fährtensucher und der Patrouille reichte aus, die Afrikaner im Camp davon zu überzeugen, daß jemand auf geschickte Weise das Nashorn zum Angriff auf unsere Zelte gereizt hatte. Alle glaubten, daß Elfenbeinwilderer die Schüsse auf den Laster abgegeben hatten, um die offizielle Auslese, die sie ihrer Elfenbeinquelle beraubte, zu verhindern.

Dies alles erfuhren wir von Karanja, während wir am Feuer saßen und ein Gericht aus Posho mit Elefantenfleisch aßen. Und wir vernahmen noch etwas: Die Patrouille hatte die Spuren der Eindringlinge auch vom aufgegebenen Lager zurückverfolgt und dabei herausgefunden, daß die Eindringlinge von Osten gekommen waren, von den Hängen des Mara-Gebirges. »Vor vielen Jahren«, berichtete Karanja, »als ich angefangen hatte, für Tembo zu arbeiten – er war ja Wildhüter dieses Gebiets gewesen – haben wir einen schlimmen Wilderer gefangen, der sich in einer Höhle oben im Mara versteckt hielt.«

Der Küchenboy gab Bier aus, an jeden Mann eine Dose, und der Sergeant von der Patrouille warf einen Ast aufs Feuer. Die Flammen loderten auf, tauchten die schwarzen Gesichter in flackerndes Licht. Die Männer hockten in Gruppen zusammen und sprachen gedämpft.

Abe, der dicht neben mir saß, fragte Karanja: »Glauben Sie, daß er jetzt oben in dem alten Versteck sitzt?«

»Vielleicht.« Karanja zögerte. »Vielleicht aber ist er ganz woanders. Auf jeden Fall war es ein gutes Versteck. Übrigens – den Wilderer hätten wir damals nie gefunden, wenn wir nicht einen Spitzel bei uns gehabt hätten, der die Stelle kannte.« Nach einer Pause fügte er hinzu: »Außerdem gibt es nur zwei Wege zu dem Versteck. Man muß entweder steil von unten hinauf oder noch steiler von oben hinunter, und man muß klettern. Wäre das Überraschungsmoment nicht auf unserer Seite gewesen, er hätte uns alle umgelegt. Er war böse und hatte ein Gewehr.«

»Und was passiert morgen früh?« fragte Abe. »Rückt die Patrouille wieder aus?«

Karanja nickte. »Ja, bei Morgengrauen.«

»In welche Richtung?«

»Zum Mara hinauf.«

»Um auf der anderen Flußseite nach Spuren zu suchen?«

Karanja zog die Schultern hoch, sein Blick ging zur Seite, seine Hände legten sich fest um die Bierdose.

»Glauben Sie, daß die Patrouille Spuren findet?« bohrte Abe weiter.
»Vielleicht.«
Irgend etwas in Karanjas Art bereitete mir Sorge. Er schien auf einmal nervös und übermäßig angespannt, wollte das Gespräch offensichtlich nicht fortsetzen. Abe drehte den Öffnungsring seiner Bierdose heraus, warf ihn ins Feuer und trank. »Kennt noch jemand das Versteck?« Die Frage klang völlig unschuldig, aber ich sah, daß er Karanja aus den Augenwinkeln beobachtete.
Karanja antwortete nicht. Abe wiederholte die Frage, doch Karanja sagte nur: »Ich gehe jetzt schlafen.« Er wollte aufstehen. Da faßte Abe ihn am Arm, hielt ihn fest. Karanja knurrte: »Ich habe Ihnen gesagt, was ich weiß.«
»Ja – aber warum?« fragte Abe. »Warum haben Sie uns von dem Versteck erzählt?«
Karanja sah uns nacheinander an. Wieder schimmerte das Weiß seiner Augen so seltsam im flackernden Feuerschein. »Vielleicht können Sie oder Mr. Tait mit der Patrouille gehen.«
»Haben Sie Major Kirby-Smith etwas von dem Versteck gesagt?«
»Nein, Major Kirby-Smith nicht.«
»Also dem Sergeanten von der Patrouille?«
Karanja schwieg. Dann sprudelte er plötzlich hervor: »In der Patrouille ist ein Mann, der bei der Polizei war, als wir diesen Wilderer angebracht haben. Er weiß, daß wir ihn oben im Mara gefangen haben, aber er weiß nicht, wo.«
»Also haben Sie es ihm gesagt.«
Nach kurzem Zögern nickte Karanja. Es war ein irritiertes Nicken. »Was sollte ich denn tun? Wenn ich nicht mitmache...« Er breitete die Hände in einer Geste der Hilflosigkeit aus, griff jedoch plötzlich nach Abes Arm. »Warum hat er es

getan? Es ist verrückt, Männer zu erschießen, nur weil sie Elefanten töten.«
»Für Sie steht also fest, daß es van Delden war?«
»Wer denn sonst? Wer außer Tembo van Delden tut etwas so Verrücktes?« Er keuchte: »Schon früher einmal, als wir in Marsabit waren...«
Seine Stirn runzelte sich. »Aber jetzt ist es anders. Wenn er jetzt von der Armee geschnappt wird...« Er sah Abe an, und seine Augen schienen mir in dem Zwielicht um etwas zu bitten.
Abe fragte: »Sie wollen sich seinen Tod nicht aufs Gewissen laden, wie?«
Karanja senkte den Blick, deutete ein Nicken an. »Wenn Sie bei der Patrouille wären – ein Journalist vom CBS –, dann müßten die Soldaten vorsichtiger sein, glaube ich.« Er schien Hoffnung geschöpft zu haben: »Es geht also in Ordnung? Kann ich es arrangieren?« Gespannt saß er da, sah Abe flehentlich an.
Abe schwieg lange, er hatte den Oberkörper weit vorgeneigt, nahm ab und zu einen Schluck Bier. Endlich schien er zu einem Entschluß gekommen zu sein. »Ich habe eine bessere Idee.« Er trank sein Bier aus, stand auf und zog Karanja mit. »Wir machen einen Spaziergang, schauen, wo die Wachen postiert sind.« Im Gehen drehte er sich zu mir um: »Sie bleiben da. Ich sage Ihnen später, was ich im Sinn habe.« Er hielt den unwilligen Karanja am Arm und führte ihn vom Feuer weg.
Ich sah den beiden nach, bis sie nur noch zwei Schatten im Schein der Azetylenlampen waren, die vor den Zelteingängen hingen. Dann lehnte ich mich nach hinten auf die Ellbogen und schloß die Augen. Die Nacht war voller Geräusche, das Feuer knisterte, Stimmen wisperten, die Zikaden veranstalteten ihr endloses, mißtönendes Konzert. Irgendwo schrie eine

Eule, die erste, die ich hörte – ein klagender, langgezogener Ton. Beim Lugga unten übertönte ein Ziegenmelker mit seinem lauten, spinnradähnlichen Schnurren das Quaken der Frösche. Ich dachte daran, wie wunderbar hier unter den Bergen ein Campen gewesen wäre, wenn wir uns auf einer normalen Fotosafari befunden hätten. Kein Töten, kein Gefühl einer drohenden Gefahr.

Ein Ruf erklang, ein Sicherungsbolzen klickte. Ich öffnete die Augen, starrte in die Nacht hinaus. Abe und Karanja waren von einem Posten gestellt worden. Ihre Gesichter wurden von einer Taschenlampe angestrahlt. Keine Gefahr für die beiden. Noch nicht. Ich blickte zum Nachthimmel und beobachtete einen Satelliten, der hell war wie ein Planet und langsam seine Bahn über das samtige Firmament zog.

Aus dem Augenwinkel sah ich, wie sich eine Gestalt neben mir leise niederließ. Es war Mary. Sie fragte: »Was glaubt Abe Finkel?«

»Worüber?« Ich richtete mich auf. Das Feuer war am Erlöschen, und ich konnte den Ausdruck in ihren Augen nicht sehen.

»Über das, was passiert ist, wer es gewesen ist. Mein Gott, sind Sie langsam. Was denn sonst?« Ihre rauhe Stimme zitterte in der Nachtluft.

Mary tat mir leid. Sie wußte, daß nur ein einziger Mann es gewesen sein konnte. Und Schweigen war die einzige Antwort, die ich ihr zu geben vermochte.

»Sie meinen, ich hätte mit ihm gehen sollen, nicht wahr? Sie meinen, ich sei daran schuld. Aber es hätte nichts geändert. Er hat nie auf mich gehört.« Mary hatte die Hände zusammengepreßt, die Finger waren wie verflochten. »Sagen Sie etwas, bitte.«

»Was gibt es da zu sagen? Sie sind hier, und fertig.«

»Sie verstehen es nicht, wie?«

»Nein, ich verstehe es nicht«, erwiderte ich. »Wären Sie bei Ihrem Vater gewesen, wären Sie mit ihm gegangen...«
»Er ist nicht mein Vater.«
Ich starrte sie an. Der Ton leidenschaftlicher Heftigkeit, mit dem sie es gesagt hatte, entsetzte mich nicht weniger als das, was sie gesagt hatte. »Aber neulich im Lodge...«
»Tembo hat mir seinen Namen gegeben, mich großgezogen, doch er ist nicht mein Vater. Haben Sie es denn nicht geahnt?« Als ich den Kopf schüttelte, sagte sie: »Alex ist mein Vater. Begreifen Sie jetzt?« Sicher meinte sie, daß mein Kommentar nun endlich fällig sei, denn als ich weiterhin schwieg, fuhr sie mich ärgerlich an: »Hocken Sie nicht einfach so da und starren Sie mich nicht so an. Alex ist mein leiblicher Vater, und ich weiß nicht, was ich tun soll. Eine solche Situation – ich brauche Hilfe.« Ihr Gesicht verriet unterdrückte Verzweiflung. »Himmel noch mal! Können Sie denn gar nichts sagen?« Dann lachte sie, es war ein zitterndes, fast hysterisches Lachen. »Nein, natürlich nicht. Halten Sie den Mund, mischen Sie sich nicht ein. Und verdammt noch mal, denken Sie auch nicht darüber nach!« Ihr Blick schweifte zum Wald. »Für Sie mag alles gut und schön sein. Aber der Mann dort draußen – Sie kennen ihn nicht, wie ich ihn kenne.«
Mary schwieg eine Weile, dann sagte sie ruhig, mit leicht bitterem Unterton: »Ich dachte – auf der Konferenz – ich dachte wirklich, eine Konfrontation würde Tembo innerlich befreien. Ich dachte, wenn die beiden die Sache ausfechten würden, in aller Öffentlichkeit, vor den Delegierten, dann wäre sie erledigt. Ich dachte, daß Tembo dann zufrieden sein würde. Aber ich habe mich getäuscht. Statt dessen hat die Konfrontation den alten Haß nur noch mehr geschürt, die grundlegenden Unterschiede nur noch mehr ans Licht gebracht. Die beiden sind wie zwei Seiten ein und derselben Münze, beide sind besessen von der Richtigkeit ihres

Tuns...« Ihr Monolog, bis dahin fest gesprochen, ging an dieser Stelle in Flüstern über. Ihre ganze Verzweiflung wurde deutlich. Ihre Nerven mußten zum Zerreißen gespannt sein. »Aber doch nicht dies! Es ist durch nichts gerechtfertigt.« Sie verschränkte und löste unaufhörlich die Finger. Plötzlich riß es sie zu mir herum, und sie sagte: »Sie müssen dem ein Ende machen – irgendwie.«

»Ich?« Verblüfft starrte ich sie an. Was, zum Teufel, konnte ich denn in der Sache tun?

»Sie und der Amerikaner.« Ihre Augen waren in diesem Moment so riesig und wild, daß ich es trotz des matten Feuers erkennen konnte. »Sie müssen etwas tun. Sie sind die einzigen Menschen hier, die sich zwischen die beiden stellen können.«

Nun wußte ich überhaupt nicht mehr, was ich sagen sollte. Ich konnte ihr keinen Trost spenden.

Da traten Abe und Karanja aus dem Schatten. Sie schienen mir ziemlich deprimiert. »Die Posten passen scharf auf«, berichtete Abe. »Wir sind zweimal gestellt worden.« Er musterte Mary kurz, setzte sich auf ihre andere Seite und sagte zu ihr: »Ich glaube, Sie könnten helfen.« Noch ein prüfender Blick auf das Mädchen: »Das heißt, wenn Sie wollen. Karanja kennt ein altes Wildererversteck...«

»Ich weiß davon«, sagte sie rasch. »Die Patrouille rückt in der ersten Morgendämmerung aus.«

Abe nickte. »Die Frage ist, ob Sie zulassen wollen, daß man Ihren Vater dort schnappt, ohne daß ihn jemand warnt.«

»Stört es Sie nicht, daß er zwei Leute umgebracht hat?«

Abe lächelte irgendwie schief. »Ich habe zu viel Blutvergießen, zu viele Menschen umkommen sehen...« Er zog eine Schulter leicht hoch. »Sind ohnehin zu viele von uns auf der Welt.«

Daraufhin wandte sich Mary an Karanja, redete mit ihm in ra-

schem Suaheli. Sie stellte offensichtlich Fragen, er antwortete immer nur. Dann sagte sie zu uns: »Es kann natürlich sein, daß Tembo nicht dort ist.«
Abe nickte. »In diesem Fall kommen wir eben unverrichteter Dinge zurück. Aber wenn...« Er überlegte, sah sie voll an. »Ihnen ist klar, daß man ihn erschießen wird?«
Mary erwiderte bedächtig: »Weil mir das klar ist, hatte ich gehofft, Sie überreden zu können...« Sie richtete ihren Blick auf mich: »Genau deshalb hatte ich das Gespräch mit Ihnen angefangen, nämlich, damit er noch einmal gewarnt wird.«
Kirby-Smiths Stimme erklang, er rief nach Mary. Sie rief zurück, daß sie gleich kommen werde. »Er will mir etwas diktieren.«
»Werden Sie für Ablenkung sorgen, damit wir unbemerkt verschwinden können?«
Mary nickte langsam. »Ich glaube... Ja, selbstverständlich. Ich will, daß er gewarnt wird. Eines noch: Sie müssen ihm klarmachen, daß sein Eingreifen zwecklos ist. Morgen früh kommen noch mehr Soldaten. Er kann die Auslese nicht verhindern, und wenn er noch einmal versucht, Alex' Mannschaft anzugreifen, wird das sein Ende sein. Man wird ihn aufspüren und erschießen. Sagen Sie ihm das, bitte, wenn Sie ihn finden, und nehmen Sie ihm das Versprechen ab, daß er zur Küste geht. Es ist seine einzige Chance.«
Die Einzelheiten waren zwischen den beiden rasch vereinbart. Kurz nach Mitternacht würde Mary zu einem der Posten gehen und sagen, sie habe Leibschmerzen und müsse in die Büsche. Sie würde lange dort bleiben, damit man sich Sorgen machte, dann würde sie schreien und losrennen. Nach dem Zwischenfall mit dem Nashorn in der letzten Nacht genügte das bestimmt, um das Camp in ein Durcheinander zu versetzen. Mary stand auf. »Also, abgemacht.« Sie hatte sich schon

abgewandt, drehte sich aber noch einmal um, bückte sich und küßte Abe völlig überraschend auf die Stirn. »Sie sind ein wundersamer Mensch. Vielen Dank.« Mit raschem Schritt strebte sie dem Zeltdach zu, unter dem Kirby-Smith an einem Tisch saß. Sein Gesicht wurde von einer Azetylenlampe beleuchtet, um die zahllose Insekten schwirrten.
»Und Sie?« Abe hatte sich dicht neben mich gesetzt. »Was werden Sie tun? Mitkommen oder morgen die Auslese filmen?«
Ich überlegte, wie es sein würde, im Finstern durch den Wald zu klettern, in der dichten Vegetation die Hänge des Maras zu erklimmen. Ein solcher Nachtmarsch – weiß Gott, was uns da begegnen würde, Elefanten, Nashörner. Kirby-Smith hatte sogar von Löwen gesprochen. Und falls wir es wirklich schafften, falls wir das Wildererversteck fanden und van Delden dort war – was dann? Würde er tun, was Mary verlangte?
»Glauben Sie wirklich, daß Sie ihn finden?«
Abe machte einen Buckel. »Es ist einen Versuch wert.«
»Sie gehen also heute nacht los?«
»Ja. Karanja sagt, daß von der Seite des Flusses, auf der South Horr liegt, ein Pfad hinaufführt.«
»Und Karanja führt Sie?«
»Er glaubt, daß er sich an den Weg erinnert.«
Ich schaute zu Karanja, der mit verschränkten Beinen dahockte, die Hände auf den Knien, das Gesicht finster. Ich verstand nicht, warum der Mann seine Karriere, ja sein Leben riskierte. Ich fragte ihn danach. Er sagte einfach: »Ich muß.« Sein Blick ruhte wie hilflos auf mir. »Wenn ich es nicht tue, bin ich ein Judas.« Mit weicher Stimme fügte er hinzu: »Viele Jahre sind vergangen, und ich hatte fast vergessen, wie sehr ich diesen Mann liebe...«
Ich dachte an van Delden und versuchte herauszufinden, was er an sich haben mochte, daß er solche Treue und Zuneigung

weckte. Ich hatte so etwas noch nie erlebt, es überstieg mein Fassungsvermögen. Und Abe – warum nahm er für einen Mann, den er kaum kannte, ein derartiges Risiko auf sich?
»Warum tun Sie es?« fragte ich ihn.
Doch Abe setzte nur dieses kleine Lächeln auf, das einen rasend machen konnte. »Fragen Sie nicht«, antwortete er, »solches Wissen ist nicht unser.«
»Was soll das heißen?«
»Nur, daß ich es nicht weiß. Sie sollten Ihren Horaz noch einmal lesen. Er formuliert es sehr gut. In Latein vermutlich noch besser, aber ich habe in der Schule nicht Latein und nicht Griechisch gelernt, ich konnte keine entsprechende Schule besuchen.« Er blickte an mir vorbei auf die Glutreste des Feuers. »Wenn wir van Delden finden, wird er nicht tun, was Mary verlangt. Er ist gewarnt, das ist alles. Und er wird einfach sein Camp verlegen. Was mich dabei betrifft, so werde ich etwas zu sehen kriegen, was ich noch nie gesehen habe – einen Menschen in totaler Aktion bei der Verteidigung einer anderen Spezies. Das zu filmen, und zwar so, daß der Zuschauer alles durch van Deldens Augen sieht, die Elefanten, die Lastwagen, die sich zur Treibjagd sammeln, die Jäger, die auf ihre Beute lauern, den langen Lauf des Gewehrs, das Visier, das sich auf sein Ziel richtet, auch wenn dieses Ziel kein Elefant, sondern ein Mensch ist, den Laster, der sich in eine einzige FLamme verwandelt... Aber das war heute.« Abe wiegte bedauernd den Kopf. »Ich habe heute eine große Chance verpaßt.«
»Hätten Sie es denn gefilmt?«
»Natürlich. Eine solche Chance bekomme ich nicht wieder. Das nächste Mal wird es anders sein.«
»Es wird kein nächstes Mal geben«, sagte ich. »Sollte van Delden es versuchen, kassiert ihn die Armee.«
»Oh, ich weiß nicht. Ich glaube, er kennt das Gelände besser

als die Armee.« Abe reckte sich. »Auf jeden Fall will ich bei ihm sein, wenn die Auslese wieder beginnt. Ich will nicht bei den Jägern sein. Ich stehe auf der Seite der Elefanten, wissen Sie.«

»Dann werden Sie in echte Schwierigkeiten geraten.« Abe machte mir Sorgen, ich konnte mir nicht helfen. Er war mir ans Herz gewachsen. Daß er auf den Mara wollte, zu einem Mann, der sich in eine solch schreckliche Lage gebracht hatte, schien mir äußerst gefährlich. Doch als ich es ihm zu erklären versuchte, lachte er nur.

»Vielleicht finde ich ihn gar nicht«, sagte er.

»Mag sein, aber der Sergeant wird wissen, daß Sie versucht haben, van Delden zu warnen.«

»So?« Abe sah mich mit einem seltsamen Ausdruck an. »Und wenn schon. Es kümmert mich nicht, was mir passiert. Jetzt nicht mehr.« Sein Blick war zu den Glutresten zurückgewandert. Nach einer Weile fuhr er fort: »Ich weiß, Sie denken daran, daß van Delden zwei Menschen umgebracht hat. Aber das ist nicht entscheidend.« Er machte eine Pause, blickte mich dann an und lächelte wieder. »Das schockiert Sie, wie? Sollte es aber nicht. Nicht, wenn Sie es im Kontext der ganzen sinnlosen Töterei betrachten, die auf unserer Welt stattfindet. Sehen Sie, van Delden glaubt leidenschaftlich an das, was er tut. Für ihn ist es gerechtfertigt.« Abe streckte die Hand aus, legte sie mir aufs Knie. »Wahrscheinlich sind Sie zu neu in diesem Spiel, um erfassen zu können, worum es hier geht. Van Delden ist kein gewöhnlicher Mensch. Er ist etwas Einmaliges. Er hat sich so mit den Elefanten identifiziert, daß sie in gewissem Sinn sein Volk sind.«

»Er hätte die beiden Männer nicht ermorden müssen«, erwiderte ich eigensinnig.

»Nein? Wie sonst sollte er die Schlächterei aufhalten? Wie sonst die Tiere vor der Ausrottung schützen?«

»Er brauchte nur das Leittier zum Umdrehen zu bringen.«
»Das hätte für heute genügt. Aber eben nur für heute. Und morgen? Und übermorgen? Die Kühlwagen stehen da, die riesige Kühlanlage ist leer, und die Nachricht von der Anwesenheit der Tiere verbreitet sich wie ein Lauffeuer von South Horr nach Baragoi und Maralal. Sie haben selbst gesehen, wie die Eingeborenen nach Fleisch gieren. Ein Mann allein gegen eine Gruppe Berufsjäger, die noch dazu von der Armee unterstützt werden.« Abe starrte wieder in die Glutreste. »Ist schon eine verdammt sonderbare Geschichte, die kurioseste, die mir je unterkam.«
Es war dumm von mir, aber ich dachte, die Story als solche und nicht die Sorge um die Elefanten oder van Deldens Sicherheit hätte ihn auf die verrückte Idee gebracht, mitten in der Nacht auf den Mara zu steigen. Doch als ich meine Gedanken in Worte faßte, fauchte er mich wütend an: »Sie Idiot! Wie wollen Sie meine Motive verstehen, wenn ich sie selber nicht verstehe? Ich weiß nur eines, daß ich gehen werde. Das hier ist nichts für mich. Kirby-Smith kann mir nicht geben, was ich in Afrika suche. Aber dieser van Delden – ich glaube, der kann es.« Abe stand auf. »Ich werde jetzt eine Weile schlafen. Ob Sie mitkommen oder nicht, liegt ganz bei Ihnen.«

III

DIE LETZTE ZUFLUCHT

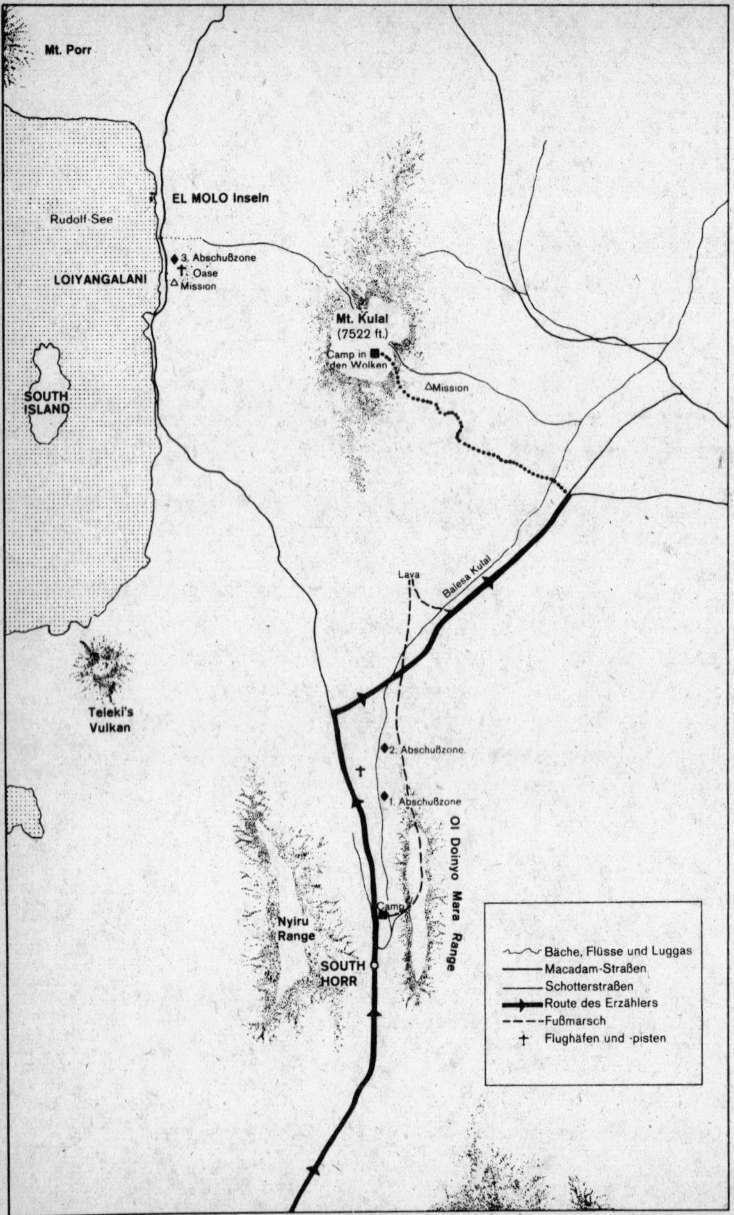
Mt. Porr
EL MOLO Inseln
Rudolf-See
3. Abschußzone
Oase
LOIYANGALANI
Mission
Mt. Kulal
(7522 ft.)
Camp in
den Wolken
Mission
SOUTH
ISLAND
Lava
Balesa Kulal
Teleki's
Vulkan
2. Abschußzone
1. Abschußzone
Ol Doinyo Mara Range
Camp
Nyiru
Range
SOUTH
HORR
Bäche, Flüsse und Luggas
Macadam-Straßen
Schotterstraßen
Route des Erzählers
Fußmarsch
Flughäfen und -pisten

I

Der Mond stand hoch am Himmel, doch sein Licht drang kaum durch das Blätterdach. Immergrüne Sträucher wechselten ab mit dichtem, undurchdringlichem Buschwerk, mit Stämmen hoher Bäume und mit seildicken Lianenschlingen. Mein Herz hämmerte, weil wir rasch aufwärtsstiegen, dem Strahl von Karanjas Taschenlampe folgend. Wir marschierten seit zwei Stunden ohne Pause. Ich hörte Abe keuchen, manchmal auch stolpern. Keiner von uns beiden war fit, trotzdem stieg Abe beharrlich weiter, und ich stieg ihm nach. Die Kamera und das Gepäck wurden immer schwerer, meine Schultern schmerzten. Ich dachte nicht mehr daran, daß uns irgendein Nachttier begegnen könnte, fragte mich auch nicht mehr, warum ich hier war, anstatt unten im Camp zu schlafen. Wir hatten das Camp in einem wilden Durcheinander rennender und schreiender Männer verlassen. Doch sooft wir auch kurz anhielten und horchten, weil wir mit Verfolgern rechnen mußten, hörten wir nichts. Nur das Laub raschelte, und gelegentlich fiel eine Nuß oder eine andere Frucht zu Boden.

Endlich kamen wir an einen Wasserlauf. Es war derselbe kleine Fluß, den die Straße unterhalb von South Horr in einer Furt durchquerte. Hier war er schmaler, eigentlich ein Bergbach. Das Wasser floß rasch über glatte Steine, und das Bachbett bildete einen dunklen Tunnel, der sich durch dichtes Unterholz emporwand. Wir wateten bachaufwärts, tasteten vorsichtig nach Trittsteinen. Das Mondlicht schimmerte ab und zu auf dem Wasser und dem Lauf des Gewehres, das Karanja einem der Jäger entwendet hatte. Im Schatten war alles schwarz, Affen bewegten sich ruhelos in den Bäumen, stießen immer wieder ein hartes, höhnisches Bellen aus. Am Ufer regte sich etwas, und wir verhielten, als dieses Etwas krachend durchs Dickicht brach und davonhastete. »Nyati«, sagte Karanja, »ein Büffel.«

Bald lichtete sich der Busch, wir wechselten in einen Zedernwald. Wir verließen das Bachbett, kletterten auf kürzestem Weg bergan. Jetzt befanden wir uns nicht mehr in den Ausläufern des Maras, sondern im Gebirge selbst. Wir waren erschöpft, als wir den Pfad wieder erreichten. Er war hier breiter und leicht feucht, da er unter Bäumen verlief. Die festgestampfte Erde wies die Abdrücke von Elefantenfüßen auf.

Abe ließ sich zu Boden fallen. »Wie weit noch?« keuchte er.

»Ich trage jetzt Ihre Tasche«, sagte Karanja.

Abe schüttelte den Kopf. »Sie müssen die Hände frei haben, falls uns was begegnet. Will nur wissen, wie weit es noch ist...«

»Eine Stunde, vielleicht zwei. Es ist lange her, seit ich hier war.«

»Sie haben den Weg doch nicht vergessen? Sie kennen sich aus?«

»Ndio.«

»Und dieser Pfad führt zum Versteck?«

Karanja erwiderte: »Wir müssen weiter. Vielleicht wartet die Patrouille bis zum Morgen, vielleicht aber ist man schon hinter uns her.« Er bückte sich und ergriff Abes Tasche. Es ging weiter, wir stiegen den Pfad hinauf, der sich an der Bergflanke durch den Zedernwald emporschlängelte und um Felsbrokken führte. Immer wieder fiel am Wegrand das Gelände steil ab.

Zwischen den Zedern wuchsen stellenweise Laubbäume und Sträucher. Jetzt waren sie von den Elefanten kahlgefressen

und bildeten eine Art Lichtungen im Wald; geknickte Stämme ragten aus einem Gewirr zertrampelter Äste, und nur die Wipfel der größten Bäume waren unversehrt. Zum erstenmal gewahrte ich hier, welche Rolle die Elefanten in der natürlichen Ordnung der afrikanischen Ökologie spielten. Als ich auf die erste solche Lichtung kam, nachdem ich über abgebrochene Äste gestolpert und in glitschigen Elefantenkot getreten war, staunte ich nicht schlecht, welche Auswirkungen es hatte, wenn derart große Tiere im Wald weideten.
Karanja war stehengeblieben. »Viele Elefanten sind hier vorbeigezogen«, sagte er und schaute sich vorsichtig um.
»Wann?« fragte Abe.
Karanja hob einen der Kotbälle auf und roch daran. »Der ist alt. Aber der ...« Er stellte den Fuß auf einen kleineren, weicheren Ball. »Der ist frisch.«
»Wie frisch?«
Karanja bückte sich, um daran zu riechen, schüttelte dann den Kopf. »Vielleicht von heute abend, vielleicht von gestern nacht. Ich bin nicht Mukunga. Mukunga könnte auf die Stunde genau sagen, wie alt der Kot ist.« Er richtete sich auf, ließ den Blick wieder über die Lichtung schweifen. »Viele Elefanten«, wiederholte er, und aus seiner Stimme klang Unbehagen. Er trieb zur Eile: »Gehen wir, rasch bitte. Es ist nicht mehr weit.«
Wir stiegen über das Gewirr zerbrochener Äste, arbeiteten uns regelrecht durch zum Wald, versuchten mit den Augen das Dunkel vor uns zu durchdringen, erwarteten jeden Moment, zwischen den Bäumen die undeutliche Gestalt eines Elefanten wahrzunehmen. Nachdem wir weitere Lichtungen verwüsteten Laubbestandes überquert hatten, gelangten wir unter eine Felswand, und Karanja blieb stehen. Der Mond stand im Westen, sein Licht fiel voll auf den Berg. Zackige Spitzen ragten über uns zu den Sternen auf. Vor uns tat sich

wieder eine Lichtung auf, unbewältigbar schien der Verhau aus abgerissenen Ästen und zertrampelten Büschen. Ich sah Zweige schwanken. Plötzlich splitterte ein Stamm, und tiefes Knurren war zu vernehmen. Karanja wich zurück. Er musterte suchend die Wand neben uns. »Ndovu«, flüsterte er. »Wir steigen am besten in die Felsen.« Er fand eine Spalte. Während wir kletterten, kam das Knurren näher. Dann ein dünnes Quieken, ein Krachen von Ästen, anschließend lauernde Stille.

Wir warteten geduckt in der Felsrinne, horchten. Wieder dieses polternde Knurren, noch näher. Plötzlich bewegte sich unter uns eine graue Gestalt. Stoßzähne schimmerten blaß im Mondlicht, ein Rüssel hob sich witternd. Der Elefant war stehengeblieben. Ich erkannte, daß es eine Kuh war, denn zwei Kälber folgten ihr auf dem Fuß, ein halb erwachsenes und ein winziges, das nicht größer schien als ein Shetlandpony. Das Baby hatte in seinem Rüsselchen einen Zweig, den es ins Maul zu manövrieren versuchte. Ich glaubte, auf dem kleinen Gesicht einen verdutzt-konzentrierten Ausdruck zu erkennen. Die Kuh drehte sich um, breitete warnend die Ohren aus. Ihr Magen knurrte. Sie stand so nahe, daß ich deutlich die gummiartige, nach hinten gebogene Oberkante ihrer Ohren sah, die knochigen Umrisse des riesigen Schädels und die tiefen Furchen in dem schwingenden Rüssel.

Das Baby warf auf die Warnung der Mutter den Zweig weg und verschwand aus meinem Blickfeld. Die Mutter hatte es mit dem Fuß unter ihren Bauch geschoben. Das Ältere wollte sich an ihr vorbeidrängen. Schrilles Quieken erklang, als die Mutter den Rüssel niedersausen ließ und das Kalb mit einem Hieb an ihre hagere Flanke beförderte. Einen Moment blieben Mutter und Kinder so stehen, dann hob die Kuh wieder den Rüssel und prüfte mit der empfindlichen Spitze die Luft, als spüre sie unsere Nähe im Felsen. Hinter ihr tauchte der

übrige Familienverband auf. Es waren Kühe, die zwei oder drei größere Kälber in die Mitte genommen hatten. Sie schwenkten beunruhigt die Rüssel und scharrten mit den Füßen unruhig auf dem Boden.
Karanja stieß einen kurzen, scharfen Pfiff aus und stand auf. Er hielt sich an einem Schößling fest, der in der Spalte wuchs. Stille. Dann wogte die graue Flut von Köpfen und gewölbten Rücken vorbei. Ein paar Sekunden, und der Pfad unter uns war frei. Bald war nirgends mehr ein Laut zu hören.
Abe fragte leise: »Haben Sie es gesehen?« Seine Stimme zitterte vor Überraschung und Staunen. »Als die Kuh mit ausgebreiteten Ohren genau unter uns stand?«
»Was soll ich gesehen haben?« Ich dachte noch an das Elefantenbaby in der Gruppe, die auf mich wie eine eng verschworene Sippe gewirkt hatte, die durch die Nacht floh. Woher die Tiere wohl kamen? Wohin sie wohl wollten?«
»Vermutlich hat mir das Licht einen Possen gespielt«, murmelte Abe.
Als wir zum Pfad zurückkletterten, hörte ich ihn Karanja fragen, wie weit die Aberdares und Treetops von hier entfernt seien.
Karanja antwortete nur: »Sehr weit.« Er übernahm wieder die Führung, das Gewehr in der Hand, den Kopf vorgeschoben, den Blick auf den Pfad gerichtet.
Wir erreichten den Rand der Lichtung. Neben mir sagte Abe: »Sie hat zwei Kälber, und das kleine, das kann nicht mehr als ein paar Monate alt sein. Haben Sie es gesehen?« Er hatte offenbar das dringende Bedürfnis zu sprechen und kümmerte sich nicht darum, daß uns vielleicht noch mehr Elefanten entgegenkamen. »Könnte ein so kleines Elefantenbaby diesen weiten Weg schaffen? Und nach Norden sind sie gezogen. Meinen Sie, es waren die Elefanten, die wir bei der Baringo-

Piste gesehen haben?« Ich schwieg, blickte nervös auf die andere Seite der Lichtung. Als Abe keine Antwort bekam, fuhr er fort: »Van Delden schien zu glauben, daß eine Art ererbter Instinkt die Tiere hierher treibt. Aber das Gebiet weiter nördlich ist Wüste. He, Karanja!« Abe schloß zu Karanja auf: »Alle Spuren, die wir gesehen haben, gehen doch nach Norden. Richtig?«

»Ja, alle gehen nach Norden.«

»Und wohin?«

»Der Major glaubt, nach Äthiopien oder vielleicht an den Omo River.« Wir befanden uns nun mitten auf der Lichtung. Karanja ging langsam weiter, suchte mit den Augen das Gelände vor uns ab. Man sah nicht sehr weit, denn das Gebüsch war hier dichter. Unmittelbar neben uns stand ein Baum, von dem Streifen zerrissener, dünner Rinde hingen, die im Mondlicht wie blasse Papierschlangen ausschauten.

»Die Wüste können sie nicht überqueren. Sie sehen völlig erschöpft aus, und sie haben Kälber dabei. Diese Kälber...«

Ein scharfes Zischen Karanjas brachte Abe zum Schweigen. Karanja war stehengeblieben und schaute angestrengt nach vorn. Wir standen dicht beisammen und horchten. Nichts. Alles war still, kein Lüftchen regte sich. Der Pfad lag vor uns im Mondlicht, führte jenseits der Lichtung ins Dunkel unter den Zedern. Plötzlich sahen wir aus dem Wald eine verschwommene Riesengestalt auf uns zukommen. Keine Zeit mehr, zu der Felsspalte zurückzulaufen. Und den Pfad säumte auf beiden Seiten undurchdringlicher Busch.

Karanja ließ Abes Tasche fallen und brachte das Gewehr in Anschlag. Ich hörte das Klicken beim Spannen des Hahns. Auch der Elefant hörte es, seine Ohren fuhren auseinander, der Rüssel ging hoch, bewegte sich schlangengleich über dem Kopf...

Ob der Elefant uns witterte oder sah, wußte ich nicht. Sein

linkes Auge funkelte im Mondlicht. Und mit einemmal hatte ich das Gefühl, es sei direkt auf mich gerichtet. Mein Herz hämmerte, mein Mund war trocken. Karanja schien zu spüren, was ich vorhatte, denn er zischte: »Stehenbleiben! Auch wenn er angreift. Nicht bewegen.« Er trat, das Gewehr weiter im Anschlag, ein paar Schritte nach vorn. Der Elefant war keine hundert Meter von uns entfernt.

Vermutlich hatte er Karanja vortreten sehen, denn er krümmte plötzlich den Rüssel und stieß einen wilden Trompetenton aus, der von den Felsen zurückprallte. Dann Stille. Der graue Koloß kam auf uns zu, leise, langsam, fast zögernd. Seine Bewegungen erinnerten mich an den vom Hunger geschwächten Elefanten im Lodge. Wieder blieb er stehen, stieg mit beiden Vorderfüßen auf einen Baumstumpf, den Kopf erhoben und die Ohren ausgebreitet. Er sah im Mondlicht ungeheuerlich aus, ich starrte ihn wie gebannt an, hatte den deutlichen Eindruck, er fülle die ganze Lichtung aus.

»Er blufft«, wisperte Karanja. Doch seine Stimme zitterte, und ich glaubte ihm nicht. Das Tier schwang das rechte Vorderbein vor und zurück, schleuderte Blätter und zerbrochene Aststückchen umher. Es wiegte den Körper leicht von einer Seite zur anderen, rollte den Rüssel zusammen und streckte ihn wieder.

»Ich habe davon gelesen«, flüsterte Abe. »Habe nie gedacht, daß ich es erleben würde.« Er klang eher erregt als ängstlich. Mit einemmal schob der Elefant den Rüssel unter die Stoßzähne und griff an. Er trabte schwerfällig heran, nahte trotzdem unheimlich schnell und verursachte zu meiner Überraschung fast kein Geräusch.

Ich meinte, Karanja würde schießen, und blieb stehen wie angewurzelt. Doch statt zu schießen, sprang Karanja auf einen umgestürzten Baumstamm und hob beide Arme. Das Gewehr hoch überm Kopf, sah er dem Tier entgegen. Als der Elefant

keine zehn Meter mehr entfernt war, als der riesige, knochige Schädel mit den wie Segeln ausgebreiteten Ohren schon den ganzen Himmel zu verdecken schien und die Stoßzähne uns im nächsten Augenblick aufzuspießen drohten, da bremste der Koloß plötzlich und kam schlitternd zum Halten. Er schüttelte wütend den Kopf und schwenkte den Rüssel, daß das Reisig nur so flog. Einen Moment lang verharrte er reglos, den Rüssel gestreckt und den Kopf hochgereckt, als stehe er auf Zehenspitzen und betrachtete etwas hinter uns. Wieder zerriß der Trompetenton die Stille, dann schien der Dickhäuter mit einemmal kleiner zu werden, die Haut an seinen Flanken bekam Falten, die Knochen traten vor, seine Ohren legten sich nach hinten, und sein Rüssel wurde schlaff. Wieder schüttelte er den Kopf, gleichsam wütend auf sich selbst, weil er uns nicht hatte in die Flucht schlagen können. Er drehte langsam ab und trollte sich, Kopf und Schwanz erhoben. Fast lautlos, wie ein Gespenst, glitt er in das Gewirr geknickter, halb zertrampelter Büsche und verschwand hangabwärts.
Karanja stieß einen hörbaren Seufzer der Erleichterung aus. Er war sich seiner Sache also nicht so sicher gewesen. »Es ist schon lange her, seit ich erlebt habe, daß Elefanten sich so verhalten. Tembo nannte das ...« Er runzelte die Stirn, lachte nervös. »Ich weiß nicht mehr, wie er es genannt hat.«
»Gut gemacht!« Abe schlug ihm lachend auf die Schulter. »Aber woher haben Sie gewußt, daß wir nicht niedergetrampelt würden!«
Karanja zuckte die Achseln, er strahlte jetzt übers ganze Gesicht und war sichtlich zufrieden mit sich. »Das ist ein Bulle gewesen«, erklärte er, »ein ziemlich unsicherer. Sie haben ja gesehen, wie er den Fuß geschwungen und sich gewiegt hat, wie er dann trompetet und sich aufgebläht hat. Bullen greifen selten wirklich an. Kühe eher, besonders, wenn sie Junge haben. Aber Bullen nicht.«

»Würde man dies als Einschüchterungsgebärde bezeichnen?«
»Ndio.« Karanja nickte eifrig. »Einschüchterungsgebärde.«
»Gehen wir«, sagte ich. Mich ärgerte, daß Abe gelassen dastehen und das Verhalten des Tieres erörtern konnte, während mir die Knie zitterten und ich ganz schwach vor Schreck über den Angriff war. Abe schien völlig unbeeindruckt. Das Erlebnis in Treetops, das weiß Gott wie viele Jahre zurücklag, hatte ihn offenbar davon überzeugt, daß kein Tier wirklicher Feindseligkeit fähig sei. Ich ergriff seine Tasche und ging weiter über die Lichtung, wollte so schnell wie möglich von diesem Pfad herunter. Noch immer sah ich den Koloß zum Halten kommen und den gewölbten Riesenschädel mit den Segelohren die Sterne auslöschen.
Hinter mir sagte Karanja: »Das ist das Wort, das Tembo van Delden gebraucht hat – Einschüchterungsgebärde. Woher kennen Sie es?«
»Ich habe es gelesen.«
»In einem Buch?«
»Ja, in einem Buch.«
Karanja seufzte. »Es ist schwer für mich. Ich habe nicht genug Bücher – und gar keine solchen Bücher.«
Die Zedern schlossen sich über uns, und wir stiegen vorsichtig den Pfad empor, der sich durch den Wald aufwärts wand. Zahllose Elefanten hatten ihn benutzt, ihre großen Fußabdrücke waren überall zu sehen, und überall stießen wir auf Exkremente, abgerissene Blätter und weggeworfene Schößlinge. Einmal schreckten wir einen Vogel auf, der flügelschlagend an uns vorbeiflog, stumm wie eine Eule. »Ein Bergadler«, sagte Karanja. »Sie sind auf dem Marsabit sehr häufig.«
Wir passierten ein steiles Felsstück, fast eine Klippe, die wir durch die Baumwipfel oben sahen. »Bald geht es in die Felsen«, erklärte Karanja. Im Augenblick bewegten wir uns auf

einem ebenen Wegstück und kamen leichter voran.
Ich hatte die zweite Luft bekommen und dachte an die vor uns liegenden Tage, an die alte Karte und die ausgedehnte Halbwüste um die Bergkette, auf der wir uns befanden. Der Wipfelbaldachin über uns wurde dünner, und ich konnte Abe jetzt sehen. Sein Gesicht wirkte erschöpft, sein schmaler Rükken war gekrümmt, und sein Atem ging in kurzen Stößen.
»Schaffen Sie es noch?« fragte ich ihn.
»Geht schon«, antwortete er, mühsam lächelnd. »Bin nur nicht so jung wie Sie. Und CBS hat uns nie Zeit zu einem Fitnesstraining gelassen.«
Wir hatten die Klippe passiert, kamen an eine tiefe Spalte im Felsen und hörten Wasser plätschern. Ein Rinnsal, das oben über schleimiggrünes Gestein lief, fiel in einen Tümpel, den niedergetrampelte Farne säumten. Elefanten hatten alles zertreten, der Boden war übersät mit den Abdrücken ihrer Füße, und Dung lag umher. Wir wateten in den Tümpel und tranken von dem Wasser, das vom Felsen rann. Es war klar und wunderbar frisch. Nachdem wir uns sattgetrunken hatten, bespülten wir unsere Gesichter, wuschen die Salzkruste ab, die der Schweiß hatte entstehen lassen.
Karanja trank nur wenig, begann sogleich mit seiner Taschenlampe den Boden abzusuchen.
»Irgendwelche Menschenspuren?« fragte Abe.
Karanja schüttelte den Kopf und richtete sich auf. »Zu viele Elefanten.«
»Wie weit ist es noch?«
»Nicht mehr weit.«
»Und Sie glauben nach wie vor, daß van Delden dort oben auf dem Berg steckt?« Abe schien Zweifel zu haben. »Es ist ein verdammt weiter Weg zu dem Lugga, wo er die Auslese verhindert hat.«
»Dreizehn Kilometer vielleicht. Das ist nichts.« Karanja stand

neben uns, das Gewehr auf der Schulter, und tastete mit den Händen nach einem Griff in dem glitschigen Felsen. »Steigen wir hinauf.« Er kletterte los, suchte mit dem Fuß nach einem Tritt. Das Gestein bildete eine Art rutschiger Treppe, die in einem Winkel von etwa fünfundvierzig Grad nach oben führte. Wegen unserer Kameras und unserer Taschen kamen wir nur langsam voran. Nach gut sechzig Metern wurde die Treppe flacher, sie mündete in eine Reihe seichter Felsmulden, über denen sich eine tief eingekerbte, kluftartige Rinne hochzog. Es war ziemlich dunkel, den Mond verbarg eine schwarze Felszinne. Die Rinne verengte sich nach oben, und wir hörten wieder Wasser plätschern. Herabgestürztes Geröll lag rings um uns, alles war schwarz, und kein Lüftchen regte sich.

Karanja knipste seine Taschenlampe an und suchte. Plötzlich bückte er sich: »Angalia!« Er deutete auf etwas. Obwohl er ganz leise gesprochen hatte, hallte seine Stimme von den Klippen wider, ein unheimliches Echo in der Finsternis. Was ihn zu dem Ausruf veranlaßt hatte, war nicht zu erkennen. »Der Stein da – er ist von der Stelle bewegt worden. Sehen Sie, hier der Abdruck einer Ferse. Und da – eine Zehe.« Es erforderte ein gut Teil Phantasie, die schwachen Zeichen im Geröll so zu deuten, doch Karanja war offenbar überzeugt: »Ein Mann mit Stiefeln und einer ohne Schuhe. Jetzt wissen wir, daß Tembo da gewesen ist.«

Ich sah mich um, strengte den Blick an und suchte die Felsbrocken ab, denn ich erinnerte mich nur allzu genau, wie Mtome gespenstergleich aus dem Busch aufgetaucht war, als Mary mich vom Lodge zu van Delden gebracht hatte. Es war erst eine gute Woche her. Dennoch schien es mir, paradoxerweise, eine Ewigkeit zurückzuliegen. Mtome hatte sich völlig lautlos bewegt.

»Wo?« flüsterte ich, und die Haare sträubten sich mir bei dem

Gedanken, daß aus dem Schatten ein Schuß krachen könnte, »wo ist das Versteck?«
»Es ist schwer zu finden«, antwortete Karanja leise und schaute scharf in die Finsternis. Hoch über uns schimmerte eine Felszacke hell vor dem mondblassen, sternenübersäten Himmel. Die Rinne daneben war schwarz, nicht mit Blicken zu ergründen und erfüllt vom Plätschern des Wassers, das über eine unsichtbare Felskante fiel. »Es ist weiter oben, glaube ich. Als wir den Wilderer gefangen haben, sind wir von oben gekommen.«
»Eine schöne Klettertour«, meinte Abe und schaute hinauf zu der Stelle, wo das V der Rinne in die Horizontlinie eingeschnitten war.
Karanja nickte.
»Aber Sie sind mit ihm hier heruntergestiegen.«
»Ndio.« Karanja überlegte kurz, sagte dann: »Sie bleiben bitte hier.« Er trat ins Dunkel der Rinne, seine Gestalt verschmolz mit den Felsen, und ich sah ihn nicht mehr. Nach einigen Minuten hörten wir ihn oben leise etwas rufen. Er nannte auch seinen Namen, dann unsere. Ich glaube, er sprach in zwei Sprachen, denn er wiederholte die Namen. Danach herrschte lange Stille.
»Van Delden ist nicht da«, konstatierte Abe müde.
»Nun denn«, sagte ich, »wenn er nicht da ist, brauchen wir nicht zu flüstern wie eine Bande Verschwörer.« Die Atmosphäre begann mir auf die Nerven zu gehen, und dagegen gab es nur ein Mittel. »Mr. van Delden!« rief ich laut, und die Klippen wiederholten noch immer »Delden«, als ich in die Nacht posaunte, wer wir waren und warum wir gekommen waren: »Eine Patrouille will Sie morgen früh kassieren. Wir sind hier, um Sie zu warnen. Mary hat uns darum gebeten.« Das Echo meiner Worte verklang, erneut trat Stille ein, und wir hörten nur das Wasser. Keine Antwort kam.

»Schade«, murmelte Abe enttäuscht. »Wenn wir mit ihm hätten gehen können...« Im Bachbett hinter uns rollte ein Stein. Ich fuhr herum, starrte in die Finsternis. Nichts regte sich. Da faßte mich eine Hand am Arm, und Karanja sagte: »Sie machen zuviel Lärm. Das ist gefährlich, wenn die Patrouille hinter uns ist.«

»Ist doch egal«, erwiderte ich. »Van Delden ist ja nicht da.«

»Ihnen kann es egal sein. Aber mir nicht...« Die Unsicherheit in seiner Stimme und sein unruhiger Blick in dem matten Licht brachten mir erst wieder zu Bewußtsein, was er riskierte, indem er uns hier heraufführte.

Abe erging es offenbar genauso: »Tut mir leid«, sagte er. »Sie hatten gehofft, mit ihm reden zu können, nicht wahr?«

Karanja nickte.

»Und jetzt?«

Langes Schweigen, dann antwortete Karanja: »Jetzt muß ich versuchen, ihn zu finden.« Kaum hörbar fügte er hinzu: »Mir bleibt nichts anderes mehr übrig.«

»Und was glauben Sie, wo er ist?«

Karanja zögerte. »Vielleicht wartet er draußen in der Wüste zum Kulal hin, wo morgen die Jagd stattfinden soll.«

»Ein schönes Stück Weg.« Abe schien Bedenken zu haben. »Vielleicht wenn wir hier rasten, eine Weile schlafen...«

Karanja schüttelte den Kopf. »Ich muß schnellstens vorwärtskommen. Am Morgen trifft noch mehr Militär ein, weitere Patrouillen werden ausgeschickt. Sie schaffen es nicht.«

Abe stellte die Kameratasche ab und setzte sich auf einen Stein. »Okay, Sie wollen uns also hierlassen und allein losziehen, wenn ich Sie recht verstehe.«

Karanja nickte. Er stand unschlüssig da, starrte in das schwarze V der Rinne hinauf. »Ja, ich muß es tun.« Er sagte es zögernd, mochte nicht glauben, daß van Delden fort war und daß er das ganze Risiko umsonst auf sich genommen

hatte. Er drehte sich langsam um: »Sie sind hier in Sicherheit. Morgen früh, wenn die Patrouille kommt, sagen Sie bitte dem Sergeanten, daß ich nach Nairobi zurückgegangen bin.«
»Wird er das glauben?« fragte ich.
»Vielleicht.« Karanja schien seine Zweifel zu haben. »Sagen Sie ihm es auf jeden Fall, bitte.« Er straffte die Schultern: »Ich gehe jetzt. Auf Wiedersehen, Mr. Finkel. Hat mich gefreut, Sie kennenzulernen.«
»Ich könnte ja sagen, ich sei es gewesen, der darauf bestanden hatte, daß Sie uns hierher führen«, murmelte Abe.
»Hat keinen Sinn. Nicht, nachdem ich den Minibus eingebüßt habe.«
»Das war meine Schuld.«
Karanja schüttelte den Kopf. »Keiner glaubt mir das.« Er drückte Abe die Hand, dann mir – und war im nächsten Augenblick verschwunden. Seine Taschenlampe blitzte noch einmal auf, als er die ersten Tritte in der steilen Felstreppe suchte. Danach blieb es dunkel, und wir waren allein.
»Armer Teufel!« sagte Abe leise. »Die vielen Jahre mit van Delden...« Er stützte den Kopf in die Hände. »Und falls er van Delden findet, was dann? Welche Zukunftsaussichten bieten sich einem Mann, wenn er die Position aufgibt, die er in der Hierarchie dieses neuen afrikanischen Regimes erreicht hat?«
Abes Worte riefen mir die Nachtfahrt zur Serengeti und Karanjas Angst bei dieser Fahrt ins Gedächtnis. Und jetzt war Karanja völlig auf sich gestellt, wollte sich allein durch die Wüste schlagen, um den Mann zu suchen, der vor Jahren, in einer anderen Zeit, eine Art Gott für ihn gewesen war. »Was glauben Sie, warum er das tut?« fragte ich. »Die Brücken derart hinter sich abzubrechen – das ergibt doch keinen Sinn.«
Abe lachte. »Sie wollen immer wissen, warum.«

»Sie nicht?« fragte ich gereizt. »Sie sind Reporter. Also müssen Sie neugierig sein.«
»O ja, das bin ich auch. Aber Logik und Emotion...« Abe verzog den Mund und legte den Kopf schief. »Der Mensch ist eine verrückte Mischung, und ich habe den Versuch schon lange aufgegeben, sein Verhalten rational zu erklären. Glauben Sie, daß Karanja es schafft? Allein und ohne Wasser?«
»Woher soll ich das wissen?«
»Sie haben einiges über die Gegend hier gelesen und müßten sich eine gewisse Vorstellung machen können. Haben Sie dieses Buch mit?«
»Ja.«
»Ich würde gern noch mal reinschauen, wenn es hell wird.«
»Also wollen Sie hier auf die Patrouille warten!«
»Was sonst?«
»Man wird uns unter Eskorte nach Nairobi zurückschikken.« »Vermutlich.«
Ich hockte da, wütend auf mich selbst. Wäre ich im Camp geblieben, hätte ich am Morgen filmen können, Etwas, das sich gut hätte verkaufen lassen. Ich verdammter Idiot...
»Mr. Finkel.« Die Stimme aus der Dunkelheit war so leise, daß wir sie im Plätschern des Wassers kaum hörten. »Sie sind jetzt allein, nicht?« Eine Schattengestalt bewegte sich, trat näher und sagte: »Cornelius von Delden.«
Die Konturen seines Kopfes waren gegen die Sterne zu sehen, sein Bart und sein langes, wehendes Haar schimmerten weiß, der Doppellauf seines Gewehrs glänzte matt. Er rief leise in die Finsternis, vermutlich eine Anweisung. »Wir müssen jetzt auf einem anderen Weg hinunter, und das dauert länger.« Er schaute auf die Uhr. »Ich wollte um drei aufbrechen, und es ist schon später.«
Abe stand auf und trat vor van Delden: »Wohin wollten Sie?«

»Eine Elefantenfamilie dort unten muß in Bewegung gehalten werden, sonst gerät sie in die Auslesezone. Wir sind bei Einbruch der Dunkelheit auf die Tiere gestoßen, auf der nördlichen Schulter des Mara-Massivs, als sie an einem wilden Feigenbaum weideten.«
»Und wir sind auf dem Weg herauf einer anderen Gruppe begegnet«, erwiderte Abe. »Aber Sie können jetzt nichts mehr unternehmen, van Delden. Sie haben zwei Afrikaner erschossen, und die Armee schickt weitere Truppen.«
Doch van Delden fragte nur: »Wo sind Sie dieser neuen Schar begegnet?«
»Bei der ersten Felswand, etwa achthundert Meter von hier.«
»Wie viele?«
»Wir haben sie nicht gezählt.«
»Bis jetzt haben wir siebenunddreißig gesichtet. Drei Familienverbände und ein paar einzelne Bullen. Alle ziehen nach Norden. Sind Ihre auch nach Norden gezogen?«
Abe nickte. »Und die Spuren, die wir gesehen haben, gehen ebenfalls alle nach Norden. Aber Ihnen bleibt keine Zeit mehr, sich um Elefanten zu sorgen. Ihre einzige Chance besteht darin, schnellstens von hier zu verschwinden.« In drängendem Ton fuhr er fort: »Gehen Sie zur Küste. Mary läßt Sie darum bitten.«
Van Delden schüttelte den Kopf. »Ich denke nicht daran, jetzt wegzugehen. Die Elefanten dort unten brauchen mich, und ich will wissen, wohin sie ziehen. Wenn ich sie bis zur Morgendämmerung aus der Auslesezone treiben und ihnen dann folgen kann ...«
Er brach ab und rief leise nach Mukunga. Der Schwarze tauchte wie ein Schatten an seiner Seite auf, ausgerüstet mit Gewehr und Patronengurt. Van Delden redete flüsternd auf ihn ein. Er bediente sich Mukungas Sprache und gebrauchte

mehrmals das Wort *Simba.* Mukunga nickte, seine weißen Zähne schimmerten in der Dunkelheit. Dann verschwand er, rasch und lautlos wie eine Katze, die Felsen hinunter, die wir heraufgeklettert waren. »Mukunga kann einen Löwen glänzend nachmachen«, sagte van Delden. »Bullen lassen sich nicht leicht beeindrucken, aber Kühe, die Kälber dabeihaben, scheuen Löwen. Er wird die Herde in Trab halten, und er schafft das allein besser.«

»Und wenn er auf die Patrouille stößt?« Abes Stimme klang plötzlich zornig. »Wenn Sie Ihr Leben riskieren, ist das Ihre Sache. Aber einen Mann loszuschicken...«

»Ich weiß, was ich tue«, entgegnete van Delden scharf. »Sie haben selber Ihr Leben riskiert, indem Sie hierhergekommen sind – warum? Was ist der Grund für Ihr Kommen?«

»Ich habe es Ihnen schon gesagt, Mary hat uns darum gebeten.«

»Sie ist eine Närrin, wie kann sie zwei Leute losschicken, die nichts von Afrika wissen. Und Karanja, warum ist er gekommen?«

»Das weiß Gott, nachdem Sie den armen Kerl haben glauben lassen, Sie seien nicht da. Aber er hat etwas gesagt, daß er sich an seine Liebe zu Ihnen erinnere und daß er es tue, weil er dem Sergeanten der Patrouille von dem Wildererversteck habe berichten müssen...«

»Das hat er gesagt?« Van Delden lachte leise in sich hinein, fügte dann hart hinzu: »Verrückter Schuft. Jetzt ist er Kimanis Mann.« Er rief Mtome. Zu uns sagte er: »Wir brechen auf, falls Sie bereit sind. Ich fürchte, es wird ziemlich anstrengend für Sie. Und wir haben nichts zu beißen. Haben Sie Proviant dabei?«

Abe schüttelte den Kopf. »Sie nehmen uns wirklich mit?« Er klang leicht überrascht.

»Ich kann Sie nicht gut hierlassen. Sie müßten der Patrouille

sagen, daß Karanja recht hatte, und die Leute haben bestimmt einen guten Fährtensucher.« Er wandte sich zum Gehen, zögerte und drehte sich nochmals zu Abe um. »Diese Elefanten, denen Sie begegnet sind, das waren doch sicher Kühe, oder?«
»Ich denke, schon. Sie hatten mehrere Junge bei sich. Aber hinter ihnen kam ein Bulle, ein großer, hagerer Einzelgänger.« Abe erzählte van Delden, wie Karanja den Angriff des Bullen abgewehrt hatte.
»Verdammt verrückt von ihm.« Aus van Deldens Stimme sprach widerwilliger Respekt. »Sie hätten umkommen können, alle drei.«
»Das glaube ich nicht«, murmelte Abe. »Karanja schien zu wissen, was er tat, und der Bulle war seiner selbst nicht sicher.«
»Sie hatten Glück, das ist alles. In Marsabit, zu meiner Zeit, konnte man so etwas ohne großes Risiko tun. Die Elefanten waren in Sicherheit und wußten es. Aber hier, nach allem, was passiert ist...« Van Delden schüttelte den Kopf. »Hier haben alle Elefanten den verzweifelten Drang, vom Menschen wegzukommen. Ich bin bereits dreimal angenommen worden. Sie hatten verdammtes Glück.« Er machte eine Pause und fuhr nach einer Weile fort, als denke er laut: »Ein Bulle, haben Sie gesagt. In der Nähe des Familienverbandes, den wir bei Einbruch der Dunkelheit sahen, trieben sich ebenfalls Bullen herum, und einer war bei der Herde, deren Ausrottung wir verhindern konnten.« Van Delden schien noch etwas sagen zu wollen, drehte sich dann aber zur Seite und fügte nur noch hinzu: »Warten Sie hier.« Er trat in die Rinne zurück, stieg die Felsen hinauf, rief leise nach Mtome und erteilte ihm Befehle.
Ich schaute Abe an. »Sie gehen mit van Delden?«
Er nickte, und ich sah Erregung in seinen Augen blitzen. »Das war von vornherein meine Absicht.«

»Wenn er aber Kirby-Smiths Mannschaft noch mal angreift...?« Ich dachte an den Elefanten im Lodge. Van Delden konnte uns für seine Zwecke benutzen, was er mit Karanja vermutlich bereits tat. »Ihnen ist doch klar, daß er absichtlich gewartet hat, bis Karanja allein losgezogen war.«
»Natürlich. Was erwarteten Sie anderes, nachdem Sie so durch die Gegend gebrüllt hatten?«
»Wie meinen Sie das?«
»Sie haben auf dem ganzen Hang verkündet, daß die Patrouille unterwegs ist, und van Delden wußte sofort, daß nur ein einziger Mensch das Wildererversteck verraten haben konnte.«
»Also bin ich schuld – wollen Sie das sagen? Ich bin schuld, wenn Karanja umkommt?«
»Ist doch völlig unwichtig.« Abe hatte sich auf den Boden gesetzt, er lehnte auf den Ellbogen und blickte zu den Sternen. »Nach Norden«, murmelte er. »Die einzige Wanderung, von der ich gelesen habe, fand zwischen dem Tana River und dem einstigen Tansania statt. Vor vielen Jahren, als es noch große Herden gab. Aber ob da nur Bullen beteiligt waren – Bullen haben einen größeren Aktionsradius als Kühe...« Er schien über ein Rätsel nachzugrübeln, das mit unserer Situation nichts zu tun hatte.
»Ihnen ist wohl gleichgültig, daß Sie Ihr Leben riskieren.« Der Ton meiner Worte klang hoch und nervös.
Abe lächelte mich an. »Angst?«
»Ja. Sie haben offenbar keine. Und das begreife ich nicht.«
»Sie haben recht, es ist mir ziemlich gleichgültig, ob ich mein Leben riskiere oder nicht.« Langsam drehte er sich zu mir her, lehnte nur noch auf einem Ellbogen. »Sie können längs am Bach hinunterklettern und den Weg zurückgehen, den wir gekommen sind. Irgendwo werden Sie auf die Patrouille stoßen. Weil Sie jetzt noch wählen können, sollte ich Ihnen wohl

folgendes sagen: Meine Frau ist gestorben, vor etwas mehr als einem Jahr. Es war ein langsames, schmerzenreiches Ende. Wir sind einander sehr nahegestanden. Danach – ja, ich glaube, danach hat sich meine Einstellung zum Leben geändert. Sie haben nie geliebt, nicht wahr?«
»Natürlich habe ich geliebt.«
»Aber nicht eine einzige Frau viele Jahre lang...« Seine Stimme verklang schleppend.
»Haben Sie keine Kinder?« fragte ich.
»Nein. Und wenn, ich glaube nicht, daß das etwas ändern würde. Inzwischen wären sie ohnehin längst erwachsen. So lange haben wir zusammengelebt!« Er drehte sich wieder zurück, lehnte sich auf beide Ellbogen. »Nun wissen Sie's – besser kann ich nicht erklären, warum ich hier bin, warum ich mit van Delden gehen werde. Sie müssen tun, was Sie wollen.«
Doch in diesem Augenblick erschien van Delden wieder, Mtome neben sich, und mir blieb keine Wahl mehr.
»Zeit, daß wir gehen.« Van Delden hob Abes Tasche, prüfte ihr Gewicht. »Was ist darin, Filme?«
Abe nickte. »Und ein paar Kleidungsstücke.«
»Hemd, zweite Hose, Socken, Handtuch, Pullover, das ist alles, was Sie brauchen.«
»Ohne Filme ist meine Kamera wertlos.«
»Wir reisen mit leichtem Gepäck.«
»Ich denke, das gibt den Ausschlag«, murmelte Abe, der noch immer auf seinem Stein hockte, eigensinnig. »Ich gehe nicht ohne meine Kamera.«
Van Delden musterte ihn kurz, stieß dann meine Tasche mit dem Fuß an. »Ebenfalls Filme?« Nachdem ich ihm den Inhalt der Tasche aufgezählt hatte, entschied er: »Na gut, eine Kamera und eine Tasche mit so vielen Filmen, wie Sie nach Ihrem Dafürhalten tragen können.« Er wollte gehen, drehte sich

aber nochmals um: »Hat dieser österreichische Graf nicht am Ufer des Rudolfsees Elefanten gejagt? Wann war das? Ich weiß es nicht mehr.«

»Im März 1888«, antwortete ich.

»Nur Kühe, oder waren auch Bullen dabei?«

»Bullen und Kühe.«

Van Delden nickte. »Sehr interessant, vorausgesetzt er konnte Bullen von Kühen unterscheiden. Es ist schon lange her, daß ich von Höhnels Bericht über diese Expedition gelesen habe. Wenn das Buch nicht zu schwer ist, nehmen Sie es mit. Und die Karte auch.« Er stieg in die Felsen. Bei uns blieb Mtome, der aufmerksam zusah, wie wir umpackten.

»Welche Kamera?« fragte mich Abe. »Ich habe noch nie mit einer Beaulieu gearbeitet, aber ich glaube, sie ist leichter, also sollten wir die mitnehmen.«

»Welche Sie meinen.« Abe wußte, daß die Beaulieu mir persönlich gehörte, und wollte mir vermutlich einen Gefallen tun. Doch mir war in dem Moment alles egal. Ich war düsterster Stimmung und felsenfest überzeugt, daß wir keine Gelegenheit mehr haben würden, irgend etwas zu filmen. Wie sollten wir in der Gesellschaft eines Mannes, der eine Art Guerillakrieg führte, zum Filmen kommen? Wir konnten von Glück sagen, wenn wir am Leben blieben. Erst Kirby-Smith und jetzt van Delden – seltsam, wie Publicity-bewußt die beiden waren. Jedem schien daran zu liegen, daß seine Aktivitäten aufgezeichnet wurden.

Wir versteckten Abes Box und die Tasche mit unseren restlichen Sachen in einer kleinen Spalte unter Steinen. Dann hieß es klettern. Es ging zu einer Nische über dem Wildererversteck hinauf, wo van Delden und Dima damit beschäftigt waren, alle Spuren zu beseitigen. Nachdem sie den Boden mit einem Laubwedel gefegt hatten, brachen wir auf. Wir kraxelten einen Felshang hinauf, verließen nun den kleinen Wasser-

lauf. Nach meiner Armbanduhr war es halb vier durch. Der Mond hatte sich bereits jenseits des Tales hinter die Berge verkrochen.
Wir befanden uns in reinem Fels, über uns ragten Wände und schwarze Zacken auf. Van Delden legte ein flottes Tempo vor. Die Sterne gaben kaum Licht, wir mußten immer wieder im Dunkeln nach Tritten suchen. Die Tasche, die ich trug, wurde bleischwer, das Gewicht zerrte an meinen Schultern. Einmal wartete van Delden auf mich. »Soll einer meiner Leute Ihnen die Tasche abnehmen?«
Ich schüttelte den Kopf. Die beiden Afrikaner waren bereits mit Tornistern, Umhängen aus Decken, Wasserflaschen, Munitionsgurten und Gewehren bepackt. »Ich werde es schon schaffen«, sagte ich. Da wir die Filmausrüstung nun einmal mitgenommen hatten, mußte ich mich eben an das Gewicht gewöhnen. Für Abe war der Weg mühselig genug, obwohl er nur die Kamera zu tragen hatte.
Kurz darauf begann der Abstieg. Bald hatten wir die Felsen hinter uns und gelangten wieder in den Zedernwald, folgten einer Art Wildwechsel. Es war sehr dunkel unter den Bäumen, und der Wechsel führte steil hinunter zur Nordschulter des Bergmassivs. Hier trennte sich van Delden von uns. Er nahm Mtome mit. Erklärung gab er keine, sondern sagte nur: »Dima wird sich um Sie kümmern. Er weiß, wohin er zu gehen hat.« Der Wald verschlang die beiden, und wir waren allein mit Dima, der drängte: »Wir schnell gehen. Bald hell sein.«
»Wohin gehen wir?« fragte ich ihn.
Er antwortete nicht, schritt wortlos weiter. Abe neben mir sagte: »Die Frage ist, wohin geht van Delden?«
»Er wird sich mit Mukunga treffen, denke ich.«
Abe bezweifelte das: »Dann hätten sie doch zusammen gehen können.«
Dima bedeutete uns mit einem Zischen, ruhig zu sein, und wir

stolperten schweigend weiter durch die Finsternis. Nach und nach lichtete sich der Wald. Unter die Zedern mischten sich Laubbäume, und diese schrumpften zu Büschen, als im Osten der erste Lichtschimmer erschien. Mehr als eine halbe Stunde war vergangen, seit van Delden uns verlassen hatte. Da wir nun in flacheres Gelände kamen, beschleunigte Dima das Tempo. Eine Zeitlang bemerkte ich gar nicht, wie es langsam heller wurde, dann war mit einemmal die Morgendämmerung da, und wir erblickten jenseits des Horr Valley die ganze Nyiru-Kette, steil aufragende, nackte Felszacken. Vor uns senkte sich das Land zum wüstenbraunen Sand und Kies hinab, und weit voraus, wo der Horizont mit dem milchweißen Himmel verschmolz, glaubte ich den Gipfel des Kulals zu gewahren.

Wir kamen in trockenes Buschland mit Dornensträuchern und Akazien. Hier sahen wir ein Zebra, das den Morans entronnen war. Es war ein Grévy-Zebra, von jener Art, die in der öden Nordregion lebte, einen großen Kopf, einen kräftigen Hals und dichter beisammenliegende Streifen hatte. Das Zebra beobachtete uns neugierig. Erst als wir seinen Fluchtbereich erreichten, lief es davon. Ab und zu blieb es stehen, um zurückzuschauen. Die Luft funkelte und war von einer Frische, wie ich sie seit der Ankunft in Afrika nicht erlebt hatte.

Wir durchquerten ein Lugga, dessen Randbewuchs das Laub aus Wassermangel hängen ließ. Vermutlich handelte es sich um das Lugga, in dem wir am Abend vorher mit Kirby-Smith gewesen waren, allerdings ein ganzes Stück weiter östlich. Dima machte nun noch längere Schritte, denn auf dem harten, sandigen Kies ging es sich gut. Wir passierten den Dornbuschverhau um eine alte Manyatta, und ich fragte mich, was van Delden wohl plante und ob Mukunga die Elefanten rechtzeitig aus der Auslesezone bekommen hatte. Kirby-

Smith würde jetzt aus dem Camp aufbrechen, und bald würde das Flugzeug in der Luft sein. »Wir müßten eigentlich das Flugzeug sehen, sobald es gestartet ist«, sagte ich.
Abe drehte den Kopf ganz zu mir herum. »Wenn wir es sehen, kann der Pilot auch uns sehen.« Er wirkte erschöpft, hatte tiefe Einkerbungen im Gesicht und dunkle Ringe unter den Augen.
»Vielleicht will van Delden ganau das.«
Abe lächelte matt. »Vielleicht.«
Schweigend zogen wir im blassen, kühlen Licht des Übergangsstadiums zwischen Nacht und Tag weiter. Doch nun wurde es rasch vollends hell, dann schob mit einemmal die Sonne ihren großen, flammendroten Schild in den östlichen Himmel, und das Land nahm Farbe an. Das matte Wüstenbraun um uns verwandelte sich in trockenes Blutrot, alles war mit Licht übergossen, Gestrüpp, Dornbüsche und vorbeischießende Vögel leuchteten im roten Glutschein, der die kommende Hitze ankündigte. Es war phantastisch, atemberaubend, zumal ich es als Fußgänger erlebte und nicht durch die Staubwolke einer Lastwagenkolonne. In diesem sagenhaften Sonnenaufgang entdeckte ich eine Giraffe. Ihr langer Hals ragte wie ein Pfahl empor, und der kleine Kopf sah uns über einen Weißdorn an. Ich wollte stehenbleiben und diesen Moment verblüffender Schönheit genießen, doch Dima trieb uns weiter.
Die Giraffe bewegte sich, aus der einen wurden vier. Auf den dünnen Körpern mit der abfallenden Rückenlinie schimmerten Flecken in sattem Rotbraun, die von unregelmäßigen weißen Linien begrenzt wurden; es sah aus, als habe man ein weitmaschiges Netz über die Tiere geworfen. Sie standen still da und beobachteten uns, trotteten dann in einem rollenden, kamelähnlichen Gang davon. Für kurze Zeit gingen sie in einen überaus anmutigen Galopp über, wobei sie eine Strau-

ßenfamilie aufscheuchten. »Netzgiraffen«, stieß Abe hervor, als mache er sich in Gedanken eine Notiz. Er verhielt ein paar Sekunden, um ihnen nachzublicken, trottete dann müde weiter, die Schultern gebeugt.

Das Gelände stieg nun langsam an, und die Hitze nahm rasch zu. Mir hämmerte das Blut in den Ohren, auch ich war müde. Abe und ich bewegten uns wie in Trance vorwärts. Kies und Sand blendeten in der Sonne, und in dem heißen Wind begannen sich wirbelnde Staubteufel zu bilden. Von einer Anhöhe sahen wir dann zum erstenmal die berüchtigte Lavalandschaft. Wie ein Eisenbahndamm erhob sich eine Wand mit tiefschwarzen Schattenstellen, auf der kein Baum und kein Strauch, einfach gar nichts wuchs. Dahinter schienen Schlakkehaufen aufgetürmt, alte Berwerkshalden. »Wir da hingehen«, sagte Dima und wies auf den schaurigen Lavadamm. »Wir da Quelle finden.«

»Sie wird trocken sein«, erwiderte Abe.

Der Afrikaner nickte. »Trocken.« Er wandte sein schwarzglänzendes Gesicht nach Norden und runzelte die Stirn. »Einmal es wieder regnen«, sagte er voll Hoffnung, aber ohne Überzeugung. »Nach Regen Wüste sehr gut.«

Der höckerige Rücken des Kulals lag am Horizont wie ein gestrandeter Wal. In dem klaren Frühlicht schimmerte der Waldgürtel des Berges smaragdgrün unter der rosa-weißen Wolke, die den Gipfel verhüllte.

Während wir noch beeindruckt auf die Öde vor uns blickten, drang durch die Morgenstille schwach ein Schuß zu uns. Er kam von links, ein dünner, harter Ton, und gleich darauf erfolgten ein zweiter und ein dritter Knall. Dann ringelte sich Rauch hoch, als habe weit im Westen jemand ein Freudenfeuer entzündet. Ich schaute Abe an: »Was ist das, wieder ein Laster?« Mein Gott, der Mann würde doch so etwas nicht ein zweites Mal tun.

»Kein Laster«, entgegnete Abe leise. »Das Flugzeug, glaube ich.«
Dima griff nach meiner Tasche, entwand sie mir. »Wir schnell gehen.« Er sagte es drängend, schulterte die Tasche und lief mit langen, leichten Schritten los.
»Es kann nur – das Flugzeug sein«, stieß Abe hervor. »Die Elefanten...« Doch er mußte jetzt traben und hatte keine Luft mehr zum Sprechen. Ich nahm ihm die Kamera ab. Während wir den nach Norden geneigten Hang hinabeilten, verschwand erst der Kulal, dann auch der Lavadamm aus unserem Blickfeld. Unser Horizont wurde zunehmend enger. Zehn Minuten später stießen wir auf die erste Lava, einen Streifen zerbröckelter, perforierter Steine, die uns zu einer langsameren Gangart zwangen. Wir mußten uns vorsichtig einen Weg darüber suchen, auf wackeligen Brocken vulkanischen Erstarrungsgesteins balancieren.
Danach schoben sich immer häufiger Lavastränge in den Wüstenkies, bald gab es nur noch vereinzelte Kiesstellen, und kurz darauf waren wir ganz von Lava umringt. Es war eine unvorstellbare Öde. Behutsam bewegten wir uns zwischen den großen runden Steinbrocken hindurch. Vor uns erhob sich jetzt der schattenschwarze Damm, der auf mich wirkte wie ein Kolossalgemälde der industriellen Revolution, gepinselt von einem Verrückten.
Noch nie im Leben hatte ich einen so elenden Landstrich gesehen, so teuflisches Mondlandschaftsgeröll. Es sah aus, als seien gewaltige Schokoladenriegel durch einen riesigen Fleischwolf gedreht und von Gigantenhänden unbeherrscht auf die Erde geschleudert worden. Und der Damm, als wir ihn schließlich erreichten, erwies sich als zerbröckelnde Wand aus porösem metallischem Gestein mit unzähligen Löchern. Man konnte glauben, vor einer rußgeschwärzten Häuserzeile zu stehen, die unter schweren Beschuß genommen worden

war und sich im Einstürzen befand.
Wir bewegten uns langsam am versteinten Fundament des Dammes entlang, wie Krabben am Rande eines Riffs. Obwohl wir im Schatten waren, brachte die Hitze uns schier um. Abe fiel zweimal hin, und nur die Tatsache, daß er die Hände frei hatte, bewahrte ihn vor ernsteren Verletzungen. Beim zweitenmal schürfte er sich das Knie auf und riß ein Loch in seine Hose. Wir brauchten mehr als zwanzig Minuten für einen Kilometer. Der Schatten wurde härter, die Sonne brannte immer sengender auf das Lavafeld herunter und erzeugte ein so blendendes Licht, daß die Augen schmerzten. Dima war ein gutes Stück vor uns. Ich stolperte, fing mich gerade noch, und als ich wieder hochschaute, war er verschwunden. Weit links draußen stand ein Dornstrauch auf dem Kopf, die erste von der Hitze hervorgerufene Luftspiegelung. Ich entdeckte Dima nirgends und hatte plötzlich das verrückte Gefühl, er sei von der Lava verschlungen worden. Auf einmal war er wieder da, er winkte uns, trug nichts mehr außer seinem Gewehr.
Eine große Spalte klaffte in der Lavaklippe, und Dima wartete am Eingang auf uns. »Jetzt hierbleiben, bis Tembo kommen.«
Die Spalte war ein tiefer dunkler Riß in der Bruchlinie, und ganz innen bedeckte brauner Grus, der aussah wie sehr grober Sand, das zerbröckelte Gestein auf dem Boden. Im Vergleich zu draußen war es kühl. Abe ließ sich hinfallen, seine schmächtige Brust hob und senkte sich rasch, sein Mund stand offen, und er keuchte vor Erschöpfung.
»Wo ist das Wasser?« fragte ich Dima.
»Trocken jetzt. Ganz trocken.« Er wies auf die Stelle, wo er mit den Händen im Grus gebuddelt hatte. Die Mulde fühlte sich kühl, aber knochentrocken an.
»Was tun wir jetzt? Woher kriegen wir Wasser?«
»Jetzt schlafen«, erwiderte Dima.

Mit ausgedörrten Lippen und trockener Zunge schaute ich auf die Wasserflasche an Dimas Gürtel. Doch als ich den Afrikaner bat, uns etwas zu geben, schüttelte er den Kopf. »Nicht trinken. Wenn Tembo kommen...«

»Wir wollen jetzt trinken.«

»Nicht trinken«, wiederholte er unnachgiebig. Ich starrte durstig auf die Wasserflasche, wohl wissend, daß wir nichts bekommen würden. Dima hatte seine Befehle, und das konnte nur eines bedeuten: Van Delden wußte verdammt genau, daß es zwischen hier und dem Rudolfsee kein Wasser gab.

»Wie weit ist es zum See?«

Dima zuckte die Achseln. »Für diese Mann« – er machte eine Kopfbewegung zu Abe hin, der mit geschlossenen Augen auf dem Rücken lag – »zu weit, ich glauben.«

Ich setzte mich hin und lehnte den Rücken an das rauhe, metallische Gestein. Eine Woge von Müdigkeit überschwemmte mich, und wenn schon ich todmüde war... »Wie geht es Ihnen?« fragte ich Abe. Er antwortete nicht, und da erst bemerkte ich, daß er schlief. Die Zunge in seinem offenstehenden Mund sah dunkel und rauh aus. Ich schloß die Augen und war wenige Sekunden später ebenfalls eingeschlafen.

Stöhnender Wind und ein schabendes Rieseln von Sand weckten mich. Dima hockte im Eingang, das Gewehr in die Decke gewickelt und die Augen zu Schlitzen zusammengekniffen. Auf der Lava draußen lag gedämpftes Licht, man sah nichts, nur bräunlichen Dunst: vom Wind getriebenen Sand. Das Windgestöhn erstarb, das Sandrieseln legte sich, und es wurde heller, immer heller, bis wir wieder das hitzeflimmernde Geröll sahen, das in schmerzhaft grelles Licht getaucht war. Wir hatten jetzt keinen Schatten mehr, die Sonne fiel fast senkrecht in die Spalte, und mein ganzer Körper röstete. Ich schaute auf die Uhr und stellte überrascht fest, daß

es bereits nach elf war. Ich hatte beinahe zwei Stunden geschlafen.
Das Stöhnen begann von neuem, war aber diesmal weiter weg und klang wie das Brausen eines fernen Schnellzugs. »Der verdammte Wind«, murmelte Abe.
»Wie lange geht das schon so?« fragte ich ihn.
»Etwa eine Stunde, denke ich. Der Wind kommt und geht.«
Ich nickte. Der Anblick seiner gesprungenen Lippen brachte mir meine eigene Ausgedörrtheit zu Bewußtsein. Gott, war die Sonne heiß!
»Was ist mit van Delden?«
Abe zog die Schulter hoch, eine winzige Bewegung, als koste ihn sogar das zuviel Anstrengung. Ich lehnte mich wieder an die Steinwand und versuchte mir vorzustellen, wie es sein mußte, wilde Elefanten in die Klauen eines Sandsturms zu treiben. Mir fiel von Höhnels Beschreibung der Hurrikanböen ein, die vom Kulal wehten. Hätte es nur geregnet. Ich schloß die Augen vor der blendenden Helle. Irgendwann hörte ich Abe leise sagen: »In zwei Stunden haben wir wieder Schatten.«
»Glauben Sie, daß van Delden kommt?«
Abe antwortete nicht, und als ich wieder zu ihm hinsah, hatte er sein Handtuch auf dem Kopf, um die Sonne abzuhalten. Durch zusammengekniffene Lider schaute ich auf das Lavafeld hinaus, wo der Wind den Sand jetzt in Spiralen hochwirbelte. »Heute abend«, sagte ich, »wenn es kühler ist und kein Wind weht, müssen wir versuchen, die Wasserstelle Sirima zu erreichen.«
»Wie weit?«
Die Entfernung spielte hier eine nebensächliche Rolle. Ich versuchte Abe zu erklären, was für eine Art Gelände wir würden durchqueren müssen, erinnerte mich jedoch nicht mehr, wie lange Teleki gebraucht hatte. Vier Stunden? Einen ganzen

Tag? Ich wußte es nicht und hatte nicht die Energie, das Buch herauszuholen und nachzuschauen. »Der Mond wird scheinen«, murmelte ich. »Ein Nachtmarsch...«
»Hat keinen Sinn«, erwiderte Abe. »Wird trocken sein wie das Loch hier.«
»Es gibt immer noch den See.«
»Vergessen Sie ihn.« Seine Stimme war lauter geworden. »In einer solchen Gegend können keine Elefanten leben, und ich gehe nirgends hin, wo es keine Elefanten gibt.«
»Es hat am Rudolfsee Elefanten gegeben, als Teleki dort war. Eine ganze Menge.«
»Immer dieser Teleki«, knurrte Abe. »Immer zitieren Sie Teleki. Seither sind fast hundert Jahre vergangen. Das Klima hat sich geändert. Alles hat sich geändert. Und wenn van Delden nicht kommt, gehe ich zurück.«
Ich fragte Dima: »Gibt es am Rudolfsee Elefanten?«
Er runzelte die Stirn und schüttelte den Kopf. Ich wußte nicht, ob er mich nicht verstand oder ob er zum Ausdruck bringen wollte, daß es keine Elefanten gebe.
»Wir werden uns entscheiden, wenn es kühler ist«, brummte ich.
»Tun Sie, was Sie wollen«, erwiderte Abe verdrossen und hüllte den Kopf wieder ins Handtuch, weil eine neue stöhnende, zerstörerische Windbö Sand in die Spalte trieb.
Ich mußte eingedöst sein, denn als ich die Augen wieder öffnete, war Dima von seinem Platz als Wachhund verschwunden. Ich zwang mich, aufzustehen und zum Eingang zu gehen. Kein Wind wehte, und die Sonne stand direkt über uns. Die von der Lava reflektierte Helligkeit war schlimmer als das Licht der stärksten Bogenlampe in einem Fernsehstudio. Einen Moment lang sah ich nichts als eine entfernte Sandfahne, von der leises Rauschen zu mir drang. Keine Spur vom Kulal; brauner Dunst verhüllte ihn. Ich hielt die Hand über die Au-

gen und blickte angestrengt nach Süden, wo etwas in der Hitze schimmerte. Büsche, Bäume – oder bewegte es sich? Ich war mir nicht sicher. Die Gebilde verschmolzen zu einem, das eine teilte sich in drei, nein fünf, verschwommene Gebilde, die plötzlich zu laufen begannen.

Ich brauchte eine ganze Weile, bis ich erkannte, daß es Strauße waren. Und noch länger brauchte ich, um mir auszuknobeln, daß etwas sie aufgeschreckt haben mußte. Sie waren mehr als zwei Kilometer weg, außerhalb der Lava draußen, wo die ersten Büsche wie Schilf schwankten. Ein Mann erschien klar und scharf, doch seine Gestalt wurde sofort von der Hitze verzerrt, und ein Sandteufel wirbelte genau an der Stelle auf, wo ich ihn erblickt hatte.

»Was ist?«

Ich drehte mich um und sah Abe zum Eingang kommen. Als ich wieder hinausschaute, war der Sandteufel verschwunden, und ich gewahrte zwei Männer, nicht einen. »Van Delden«, sagte ich. »Zumindest glaube ich, daß er es ist. Dima ist ihm entgegengegangen.« Ich hatte Dima am äußeren Ende des Lavadammes entdeckt, sein regloser dunkler Körper verschmolz fast mit dem Gestein. Eine braune, dunstige Sandfahne trieb westlich von uns hin, und die Sonne verbreitete glühende Hitze.

»Was er wohl mit den Elefanten gemacht hat?« murmelte Abe.

Die Gestalten bewegten sich im Zeitlupentempo, krochen entlang der flirrenden Sichtgrenze auf Dima und die Lavawand zu. Eine Brise strich mir übers Gesicht, der Sanddunst kam näher, das Windgestöhn wurde lauter. Wir kehrten in die erstickende Stauhitze der Spalte zurück und wickelten uns die Handtücher um die Köpfe. Aber diesmal erreichte der Sand uns nicht. Als wir wieder zum Eingang traten, sah ich die Gestalten ganz deutlich. Dima kam gelaufen, er eilte ein gutes

Stück vor den beiden her.
Keuchend langte er bei uns an, Schweiß glänzte auf seiner Stirn. »Tembo sagt, hineingehen.« Er drängte uns in die Spalte. Ein paar Minuten später traf van Delden ein, knapp hinter ihm Mtome. Beide ließen sich hinfallen, waren völlig ausgepumpt. Mit Entsetzen sah ich die tiefen Kerben in van Deldens Gesicht, die man sogar durch den Bart wahrnahm.
»Was ist passiert? fragte ich.
Er antwortete nicht gleich, wischte mit dem Ärmel der Buschjacke über sein Gesicht. Dann lehnte er sich mit dem Rücken an die Gesteinswand und schloß die Augen, den Feldstecher noch um den Hals. Sein Gewehr hatte er neben sich gestellt. »Beim Flugzeug war natürlich ein Posten, und der verdammte Narr wußte nichts Besseres, als sich ins Cockpit zu setzen. Er ist eingeschlafen und erst rausgekrochen, als er den Landrover vom South-Horr-Camp kommen hörte. Am Steuer saß Alex' Partner, Jeff Saunders, und er hatte vier Soldaten dabei.« Van Deldens Stimme war belegt, fast ein Krächzen. »Uns blieb nicht viel Zeit. Wir haben das Flugzeug in Brand geschossen und sind losgerannt. Mußten auf unseren Spuren bis zum Fluß zurück und dann flußaufwärts waten. Der einzige sichere Weg, die Leute abzuschütteln. Es war eine höllische Strecke.«
»Warum haben Sie gewartet, bis der Posten draußen war?« fragte Abe.
Van Delden öffnete blinzelnd die Augen. »Er hätte umkommen können, darum. Der arme Teufel schob nicht Wache, weil er selbst es wollte. Er war ein Soldat, kein Jäger.«
Abe schüttelte den Kopf, lächelte über den feinen Unterschied. »Wo ist Mukunga?« fragte er.
»Noch auf der Schulter des Maras bei den Elefanten.«
»Werden sie entkommen?«
»Ich glaube doch. Ohne Flugzeug kostet es viel Zeit, sie auf-

zuspüren. Dann ist es zu spät, um die Auslese richtig zu organisieren. Und sollten die Tiere wirklich eingeholt werden, dürfte die Pirsch gefährlich werden. Mukunga hat in der Nähe der Elefanten die ganze Nacht Löwentöne von sich gegeben. Die Tiere sind bestimmt sehr erregt und gereizt.« Van Delden schloß die Augen wieder, holte tief Luft und machte einige kurze Atemübungen.

»Es gibt kein Wasser«, sagte Abe.

»Nein. Ernsthaft habe ich damit auch gar nicht gerechnet.«

»Was tun wir also jetzt?«

»Auf Mukunga warten. Er weiß, wo er uns findet.«

»Ja. Aber dann? Wohin gehen wir von hier aus?«

»Sirima, Rudolfsee, Balessa Kulal – wo immer die Elefanten hinziehen.« Van Delden sah zu mir her. »Haben Sie dieses Buch mit? Ich würde gern nachlesen, was von Höhnel über die Elefanten schreibt, die sie am Ufer des Sees geschossen haben. Am Ostufer, nicht wahr?«

»Ja, aber als Teleki und seine Leute den See entdeckten, kamen sie vom Nyiru-Gebirge, nicht von hier, wo wir jetzt sind.« Ich grub das Buch aus der Tasche und reichte es van Delden. »Wenn ich mich recht erinnere, haben sie genau südlich des Sees zwei Elefantenherden aufgespürt, dann nichts mehr, bis sie sich nördlich der Longondoti-Berge befanden.«

Van Delden nickte. »Elefanten würden nie in das Lavagebiet unterhalb des Kulals gehen.«

»Wie sollen sie dann in das Gebiet nördlich der Longondoti-Berge gelangt sein?«

»Sie könnten aus Abbesinien am Seeufer entlang nach Süden gewandert sein. Aber wenn sie nach Norden gezogen sind, wie die Tiere, denen wir folgen, dann müssen sie entweder den Kulal überquert haben oder dem Balessa Kulal bis hinauf zur Ostseite des Berges gefolgt sein. Gewöhnlich gibt es dort

Wasser unter der Erdoberfläche, aber ich glaube, jetzt nicht, nicht nach dieser Trockenheit.« Van Delden hatte das Buch aufgeschlagen und zog eine Halbbrille mit Stahlfassung aus seiner Proviantasche. Ich konnte nur staunen über die Zähigkeit dieses Mannes. Er war fast die ganze Nacht und den halben Tag unterwegs gewesen und besaß noch die Energie, in von Höhnels Buch etwas nachzulesen.
Das Heulen des Windes wurde lauter, Sand trieb gegen die Lavaränder der Spalte. Wir rollten uns auf dem Boden zusammen und bedeckten die Köpfe. Diesmal wehte der Wind lange, doch selbst als das stöhnende Heulen verklang, blieb ich in mich selbst zurückgezogen. Ich überlegte, was die Nacht wohl bringen und wo ich morgen sein würde. Weiter voraus wagte ich nicht zu denken, da ich nun an diesen alten Mann mit seiner seltsamen Besessenheit gekettet war. Als ich einmal das Handtuch vom Gesicht hob, sah ich ihn an der Felswand lehnen, aber er hatte die Augen geschlossen. Das Buch und die Brille lagen neben ihm auf dem Boden. Die anderen schliefen ebenfalls. Ich dachte an Battersea Park im Sommer, an den Schatten von Bäumen und döste darüber ein.
Als ich endlich wieder an die Bewußtseinsoberfläche tauchte, hatte die Sonne ihre Position verändert. Sie schien schräg, und wir befanden uns im Schatten. Van Delden hatte das Buch erneut in der Hand und machte sich Notizen. Er sah mich über seine Brille an. »Sie hatten recht«, sagte er. »Zwei Elefantenherden genau südlich des Sees am Rand der Lavafelder. Danach nichts bis zu den Longondoti-Bergen, wo er dann auf einen jungen Bullen stieß.« Van Delden blätterte ein paar Seiten zurück. »Das war am 17. März. Fünf Tage später verzichtete Teleki auf den Abschuß einer Herde von *›sechs Kühen mit fünf Kleinen verschiedenen Alters... Der Graf erlegte ein Nashorn, und wir hörten in der Nacht Löwen brüllen‹*. An

der Alia-Bucht was das. Tags darauf brachte Teleki fünf Elefanten zur Strecke. Er schoß so wütend, daß ihm die Munition ausging und daß er im Lager neue holen lassen mußte. Um zwei Herden ging es da, eine mit sechs Kühen und Jungen, die andere mit fünf ausgewachsenen Bullen. Wie Sie sagten, Bullen und Kühe, und zwar am Ufer und im Wasser.« Van Delden lehnte sich zurück. »Ich kann mich nicht erinnern, je gehört zu haben, daß Elefanten Seegras weideten.«
Ich hatte mich aufgesetzt, weil es mir Mühe bereitete, ihm zu folgen, zumal die Müdigkeit seinen seltsamen Akzent noch verstärkte. »Ein Bulle weidete Seegras«, sagte ich. »Und er zertrümmerte das Kanu, das sie von der Küste mitgebracht hatten.«
»Von Höhnel schreibt nicht, daß es ein Bulle war, und er schreibt auch nicht, daß der Elefant das Zeug tatsächlich fraß.« Van Delden schaute in das Buch. »Es heißt nur, der Elefant habe friedlich ›*Seegras ausgerissen*‹. Natürlich kann das kein Seegras, sondern nur Wasserknöterich gewesen sein. Später« – van Delden blätterte ein paar Seiten weiter – später hat Teleki ›*sehr viele Elefanten*‹ gesehen, ›*erst zwei, dann vier riesige Tiere mit gewaltigen Stoßzähnen; dann eine Herde aus zwölf Bullen, von denen vier sehr alt waren; dann drei junge Bullen mit Stoßzähnen bis zum Boden; und schließlich eine Herde von vierzehn Tieren, größer als alle, denen wir bisher begegnet waren*‹. Und einen solchen Anblick kommentiert er einzig damit, daß er den Wert des Elfenbeins zusammenzählt!« Van Delden stieß wieder dieses Lachen aus, das halb Bellen, halb Grunzen war. Er blätterte um und verkündete: »Ah, hier ist, was ich suche: Mittwoch, 28. März. ›*Im Lauf des Nachmittags zog eine Herde weiblicher Elefanten mit Jungen unweit des Lagers in den See hinunter, sie blieben lange bis zu den Bäuchen im Wasser stehen, rissen mit den Rüsseln Seegras aus, von dem sie das Wasser abschüttelten,*

bevor sie es fraßen.‹« Van Delden klappte das Buch zu, daß es klatschte. »Der Mann ist ein zu fader Schreiber, um das erfunden zu haben.« Müde fuhr er fort: »Doch im unteren Teil des Sees gibt es keine Wasserpflanzen, und die Alia-Bucht liegt gut hundertfünfzig Kilometer weiter im Norden, hinter den Longondoti-Bergen und Jarigole.«

»Davor liegt doch Loiengalani«, sagte ich. »Laut Karte ist es eine Oase.«

Van Delden nickte. »Dort gibt es immer Wasser. Es kommt vom Kulal herunter, durch eine große Schlucht. Vom Horr Valley führt eine Straße nach Loiengalani, die Missionare haben sie gebaut. Doch selbst wenn die Straße den Krieg überdauert hat und nicht durch Erdbeben zerstört worden ist, taugt sie nichts für Elefanten. Denen würde sie ganz und gar nicht behagen. Sie führt durch das gottverlassenste Land, das ich kenne, nichts als Lava und alte Vulkanschlote.« Van Delden blickte in die blendende Helle hinaus. »Nein, meine Vermutung ist, daß die Elefanten den Kulal im Osten umgehen. Sie werden zum Balessa Kulal ziehen. Wenn sie da kein Wasser finden, können wir nur versuchen, sie zu dem Weg zu treiben, der auf die Schulter des Kulals, an der Mission vorbei und in den Wald führt.« Er schüttelte den Kopf. »Nicht einfach, aber wir werden es versuchen müssen. Alex kann dort keine Auslese durchführen – zu weit und zu dichter Wald. Zumindest war er dicht. Ich weiß nicht, wie er jetzt ist.«

»Oben ist er noch grün«, sagte ich. »Man sieht es.«

Van Delden schwieg eine Weile, schaute dann auf die Uhr. »Fast zwei. Versuchen wir lieber zu schlafen. In drei Stunden trinken wir etwas, und um halb sechs brechen wir auf. Mal sehen, ob wir Mukunga finden können, bevor es dunkel wird.« Er steckte die Brille ein, legte das Buch auf unsere Tasche, streckte sich aus und schlief im nächsten Augenblick.

Ich blieb sitzen, dachte über seine Worte nach, und in mir

wuchs die Gewißheit, daß ich nie auf die große Felsenpyramide des Porr kommen würde. So nahe! Ich ergriff von Höhnels Buch, faltete die ausgefranste, am hinteren Deckel befestigte Karte auseinander. Die Expeditionsroute war darauf in Rot eingezeichnet, und neben jedem Lager stand das Datum. Die Männer waren am 5. März unserem augenblicklichen Versteck am nächsten gewesen und erst an 13. März unterhalb des Mount Porr am Seeufer entlanggezogen. Ich faltete die Karte zusammen und warf das Buch angewidert auf den Boden. Eine große Expedition mit einer Herde Rinder als Verpflegung, und sie hatte mehr als eine Woche für weniger als achtzig Kilometer gebraucht.
Ich legte mich hin. Irgendwann wachte ich von Stimmen auf. Mukunga war da, er hockte neben van Delden und redete hastig. Mehrmals wiederholte er die Worte Ndovu und Askari.
»Was ist passiert?« fragte ich. Van Delden winkte ungeduldig ab und ließ sich weiter von Mukunga berichten. Schließlich nahm Mukunga einen Schluck aus seiner Wasserflasche und rollte sich zusammen. Er schlief sofort ein. Abe bewegte sich unruhig und bat um Wasser.
»Liegen Sie still«, sagte van Delden, »dann brauchen Sie keines.«
»Mukunga hat Wasser bekommen.«
»Er ist gelaufen, darum. Die Patrouille, die man Ihnen hinterhergeschickt hat, ist auf die Elefantenspuren gestoßen. Wären die Soldaten nicht von ihrem Verlangen nach Fleisch abgelenkt worden, hätten sie Mukunga erwischt. Sie haben ein ausgewachsenes Kalb geschossen und lagern nun bei dem Kadaver.«
Wir brachen zur festgesetzten Zeit auf, nachdem jeder einen Schluck Wasser getrunken hatte. Der Wind war abgeflaut, die Sonne stand tief im Westen. Der Kulal hinter uns war ein riesiger, in rötliches Licht getauchter Höcker, der Wald unter-

halb des Gipfels schimmerte grün, und die Wolkenkappe war verschwunden. Im Abendlicht sah man alles ganz klar. Eine Straußenfamilie erwartete uns, als wir zwischen den letzten Lavabrocken hindurch ins Buschland traten. Zehn Minuten später stießen wir auf die Spuren eines Fahrzeugs.
Die Sonne ging rotglühend unter, Farbe überflutete die trostlose Landschaft und illuminierte links von uns den Lavadamm, der auf einmal purpurn, grün und schwefelgelb leuchtete. Durch die Abendstille drang leise das Brummen eines hochtourig gefahrenen Motors zu uns. Van Delden sagte etwas zu Mukunga, und der Afrikaner lief los. Mit lockeren Schritten eilte er eine Anhöhe hinauf, die von einem bizarr gewachsenen Dornbusch gekrönt wurde. Als wir den Busch erreichten, war Mukunga bereits auf der anderen Seite ein gutes Stück unten. Er rannte auf ein Dickicht zu, hinter dem er offenbar Deckung suchen wollte. Noch weiter unten, in der Ebene, wirbelte ein Landrover Staub auf, und eine Schar Elefanten bewegte sich verwirrt im Kreis.
Der Landrover wendete immer wieder. Was die Insassen damit bezweckten, war klar. Sie wollten die Elefanten in eine andere Richtung lenken, indem sie ständig hin und her fuhren und den Tieren so den Weg abschnitten. Van Delden war stehengeblieben und blickte böse nach unten, den Kopf vorgeschoben. »Zu spät«, knurrte er. »Noch eine Stunde, und sie...« Er brach ab, erstarrte. »Wer ist das?« Aus dem Dikkicht war eine Gestalt aufgetaucht, die in der Endlosigkeit der leicht welligen Kiesebene winzig wirkte. Doch trotz der großen Entfernung sah ich, daß es ein Afrikaner war und daß er ein Gewehr in der Hand hatte.
»Wer ist das?« wiederholte van Delden und hob seinen Feldstecher an die Augen.
Mir kam ein Gedanke, und ich drehte mich zu Abe um. Er hatte die Kamera am Gesicht, schaute durchs Okular.

»Können Sie ihn erkennen?« fragte ich. Abe schüttelte den Kopf.
»Von den Jägern kann es keiner sein«, murmelte van Delden. »Sie würden sich nie zu Fuß dorthin wagen, in die Nähe derart erregter Elefanten.«
Der Landrover hatte erneut gewendet, sein Brummen wurde nun überlagert vom Quieken und Trompeten der Tiere. Plötzlich hörten wir wieder den Landrover allein. Die Elefanten hatten sich dicht zusammengedrängt, die Kälber in der Mitte verschwanden völlig zwischen den grauen Rücken und den ausgebreiteten Ohren. Alle Köpfe waren dem Landrover zugewandt. Von hinten nahte der Afrikaner, er war in einen zügigen Trott gefallen und leicht seitlich ausgeschert.
Abe riß mir die Tasche aus der Hand, zog den Reißverschluß auf wühlte nach der Teleskoplinse. »Das Licht ist nicht gut, aber der Versuch lohnt sich.« Er fieberte vor Erregung, seine Hände zitterten, als er die Linse wechselte. In dem Moment knallte ein Schuß. Die verängstigten Tiere blieben stumm und reglos stehen wie Skulpturen. Mukunga war noch nicht bei dem Dickicht, er stand jetzt, das Gewehr noch auf der Schulter, und blickte zu der Elefantengruppe und der Staubwolke des Landrovers. Nur der unbekannte Afrikaner konnte geschossen haben, aber ich sah ihn nirgends. Es war, als habe die Wüste ihn verschluckt. Dort, wo er gewesen war, gab es keinen Baum oder Strauch, hinter dem er sich hätte verbergen können.
Ein zweiter Schuß, dann ein dritter, und auf einmal schleuderte der Landrover, als sei er dem Fahrer halb außer Kontrolle geraten.
Die Elefanten hatten sich umgedreht, schwenkten die Rüssel und suchten die neue Gefahrenquelle. Keiner trompetete. Der Landrover stand jetzt.
Ich hatte den Afrikaner wieder entdeckt, er lag auf dem

Bauch, das Gewehr vor sich. Sein Körper verschmolz fast mit dem vom Sonnenuntergang roten Wüstenkies. In der Stille hörten wir, gerade noch vernehmbar, den Landrovermotor im Leerlauf tuckern. Auch die Elefanten hörten ihn, er lenkte sie von der so nahe bei ihnen liegenden Gestalt ab. Sie hatten sich wieder umgedreht, das Motorengeräusch zog sie an wie ein Magnet. Plötzlich löste sich ein Elefant aus der Herde und begann laut zu trompeten. Im nächsten Augenblick stob Sand unter seinen Füßen auf, und er griff an, den Kopf erhoben und den Rüssel unter die Stoßzähne gerollt. Neben mir hörte ich das leise Surren der Kamera, dann ging es unter im Aufjaulen des Motors. Der Landrover fuhr los, er strebte in unsere Richtung, bewegte sich aber nur langsam und holpernd vorwärts. Die immer wieder durchdrehenden Räder schleuderten Fahnen roten Staubs hoch. Der Elefant holte rasch auf, hatte offenbar keinen Scheinangriff im Sinn. Er meinte es ernst.

»Was ist denn los, zum Teufel«, stieß ich leise hervor.

Abe, der dicht neben mir stand, zischte durch die Zähne: »Sie haben einen Plattfuß.«

Der Landrover hielt, vermutlich um auf Vierradantrieb zu schalten. Abe hatte die Kamera laufen, als der Elefant das Fahrzeug erreichte, den Kopf senkte und die Stoßzähne ins Heck rammte. Mit wogenden Flanken schob er den Landrover etwa zwanzig Meter weiter. Der Beifahrer, der ein Gewehr in der Hand hatte, versuchte verzweifelt, sich in dem schwankenden Gefährt umzudrehen. Der Elefant hob den Kopf, riß die Stoßzähne aus dem Heck, rammte sie erneut hinein, tat es noch einmal und noch einmal und trompetete wütend. Dann bekam er die Stoßzähne unter das Fahrzeug und stemmte es, bedrohlich knurrend, in die Höhe. Einen Moment lang dachte ich, er würde den Landrover kurzerhand auf die Schnauze kippten und umwerfen, doch da kam der

Mann mit dem Gewehr endlich in eine kniende Position. Der Knall seines Schusses schien alles erstarren zu lassen. Der Elefant stand da, hielt den Landrover noch immer hochkant, der Motor jaulte, und die Hinterräder drehten sich leer. Dann klappten die Ohren des Tieres langsam nach hinten, Kopf und Schultern sackten nach unten. Als es in die Knie brach, bekamen die Räder wieder Bodenkontakt, Metall knirschte, und der Landrover schoß mit einem Satz vorwärts.

Der Fahrer mußte uns gesehen haben, denn er hielt nun genau auf uns zu, rumpelte im Vierradantrieb knirschend über das lockere Gestein. Das platte Hinterrad rollte auf der Felge. Durch den Fahrzeugstaub wirkte der tote, reglos daliegende Elefant wie ein großer grauer Findling, und dahinter bewegte sich die Herde im Kreis, halb verhüllt von ihrer eigenen Staubwolke. Das Quieken und Knurren der Tiere hörte sich aus der Ferne an wie das Tosen einer von Panik erfaßten Menge.

Der Landrover kam die Anhöhe vollends herauf. In den letzten Sonnenstrahlen sah ich, daß Mary fuhr. Der neben ihr sitzende Kirby-Smith griff ins Lenkrad, um an uns vorbeizukommen. Doch Mary hielt. Der Motor tuckerte leise, ansonsten herrschte Stille, sogar die Elefanten waren ruhig. Niemand sprach. Kirby-Smith saß da, das Gesicht von Staub und Schweiß verkrustet, und van Delden musterte ihn mit vorgeschobenem Kopf.

»Laß das Gewehr liegen und steig aus.« Van Delden ging langsam auf das Fahrzeug zu. Mary und Kirby-Smith starrten ihn an wie gelähmt. Unter der Sonnenbräune war Marys Gesicht blutleer und weiß. Sie schob die Brille hoch, blickte den Mann an ihrer Seite aus großen, ängstlichen Augen an, und ihre Lippen bewegten sich. Er schüttelte als Antwort auf ihre geflüsterten Worte den Kopf, stieg langsam aus und blieb beim Wagen stehen. Das Gewehr hatte er auf dem Sitz liegenlassen.

Langsam nahm er die Brille ab, sah van Delden an. Er lächelte, sichtlich um Ungezwungenheit bemüht. »Du hättest uns beinahe umgebracht.«

»Vielleicht tue ich es das nächste Mal«, erwiderte van Delden ruhig. »Aber die Schüsse hat keiner von meinen Leuten abgegeben.«

»Wer dann?«

Van Delden zuckte die Achseln, sein Blick war auf Mary gerichtet. »Nach allem, was ich dir beigebracht habe!« sagte er rauh und zornig. »Steig aus!«

Sie schüttelte den Kopf, schaute ihn stumm an.

Einen Augenblick lang dachte ich, er würde sie gewaltsam vom Fahrersitz zerren. »Steig aus«, wiederholte er, und sein Ton gab deutlich zu verstehen, daß er nicht ertragen konnte, sie in Kirby-Smiths Landrover sitzen zu sehen. »Hör schon auf, mit diesem Mann da herumzutändeln.«

Marys Kinn klappte herunter, ihre Augen weiteten sich entsetzt. »Das glaubst du? Du glaubst, weil meine Mutter…«

»Halt den Mund!«

Sein Ton war wie ein Schlag ins Gesicht. Mary wich zurück, klammerte sich mit den Händen ans Lenkrad, den Oberkörper steif aufgerichtet. Die beiden starrten einander an. Dann wandte sich van Delden an Kirby-Smith: »Ich habe sie dazu erzogen, das Leben zu achten.« Er ging um den Wagen herum, trat nahe vor Kirby-Smith. »Ich warne dich, Alex«, sagte er langsam. »Ich werde alles tun, alles…«

»Du hast bereits genug getan«, erwiderte Kirby-Smith mit hoher, ärgerlicher Stimme. »Gestern war es ein Laster, und zwei Leute sind tot. Heute früh hast du mein Flugzeug in Brand geschossen. So kann das nicht weitergehen.«

»Warum nicht? Glaubst du, ich gebe auf?« Van Delden neigte den großen Kopf leicht vor und fuhr in gemäßigterem, fast vernünftigen Ton fort: »Sogar du mußt erkannt haben, daß diese Wanderung der Elefanten nach Norden irgendwie seltsam ist. Du mußt ihren Zustand bemerkt haben. Ich habe zwei im Stehen sterben sehen. Obwohl sie völlig erschöpft sind, machen sie nicht halt. Nicht einmal du mit deinen Jägern kannst sie zum Umkehren bringen. Immer mehr kommen, in Familienverbänden, die klein und unausgewogen sind. Hast du das nicht bemerkt? Kühe und Bullen gemischt. Die ganz alten und die ganz jungen haben sie verloren. Nur ein paar Kälber sind noch übrig. Ein mitleiderregender Anblick. Ich folge ihnen seit drei Tagen, habe sie beobachtet. Alle streben hierher, und ich habe das Gefühl, daß hier eine Art Tor zu einem sicheren Ort ist, von dem sie wissen. Hast du auch diese Beobachtung gemacht? Du hast Flugzeuge oben gehabt und mußt beträchtlich mehr über ihre Bewegungen wissen als ich.« Er hielt inne, sah Kirby-Smith prüfend an. »Nun? Habe ich recht? Sind dies die letzten traurigen Überreste, die auf ihrer Suche nach einem sicheren Ort hier zusammenkommen?«

Kirby-Smith zögerte, überlegte offenbar, wie er van Deldens Ausbruch am besten parieren könne. »Die Tiere scheinen tatsächlich hier zusammenzukommen...«

»Kleine Gruppen aus dem ganzen hiesigen Teil Afrikas. Alles, was übrig ist.«

»Das würde ich nicht sagen.« Kirby-Smith bemühte sich krampfhaft um eine lässige Haltung. Er fuhr rasch fort: »Weißt du, es ist wirklich nicht möglich, die Verteilung und den zahlenmäßigen Umfang der Elefantenpopulation genau zu ermitteln. Es können mehr übrig sein, als du meinst.«

Van Delden nickte, fuhr sich mit den Fingern durch den Bart. »Ein schöner, tröstlicher Gedanke. Ich würde gern glauben, daß du recht hast. Aber ich habe so lange unter Elefanten gelebt, daß ich spüre, wenn etwas Ungewöhnliches vorgeht. Ich sage dir, Alex, was du hier erlebst, ist eine höchst ungewöhnliche Wanderung. Vielleicht ist es das letzte Mal, daß diese großen Tiere in ausreichender Zahl durch Afrika ziehen.« Noch immer ruhig und eindringlich sprechend, fügte er hinzu: »Schon einmal sind sie fast ausgerottet worden. Damals mußte das Römische Reich untergehen, damit sie erhalten blieben – die Handelsverbindungen, durch welche das Elfenbein in den Osten gelangte, brachen ab. Es war fast, als schließe das Land sich ab, um sein Eigentum zu schützen. Aber diesmal...«

»Ich glaube, du übertreibst.«

»Ich hoffe, daß ich das tue. Doch als die Jäger seinerzeit die letzten Kaffernbüffel vor den Visieren hatten, wußten sie auch nicht, daß es die letzten waren.«

»Ich versichere dir, ich habe keine Absicht, alle Tiere abzuschießen. Das habe ich auf der Konferenz klargestellt. Ich habe mich immer an meine Quote gehalten...«

»Deine Quote!« Van Delden stieß sein bellendes Lachen aus. »Du wirst tun, war Kimani dir aufträgt, und wie ich den kleinen Kerl kenne, geht es ihm um Elfenbein. Er ist ein Geschäftsmann genau wie du, und wenn es kein Elfenbein, keine Elefanten mehr gibt, nehmt ihr euch eine andere gewinnversprechende Spezies vor, die noch nicht ausgerottet ist, bis ihr eines Tages bei Quoten für Warzenschweine landet.« Er sah Kirby-Smith fest an und sagte ruhig: »Du hast einen langen Marsch vor dir, mach dich also lieber auf die Beine.«

Kirby-Smith brauchte einen Moment, um zu begreifen, was van Delden meinte. Dann glitt sein Blick zum Landrover. Ich sah, daß er den Abstand abschätzte und überlegte, ob er hineinspringen könne. Auch van Delden sah es: »Bleib, wo du bist, Alex. Ich brauche ein Fahrzeug, also borge ich mir deines. Und ich nehme Mary mit.«

»Das hat sie zu entscheiden.« Die Augen noch immer auf dem Wagen, fuhr Kirby-Smith fort: »Mir meinen Landrover zu nehmen, bringt dich nicht weit. Und was die Auslese angeht, du kannst mich nicht aufhalten. Ich habe einen Regierungsvertrag und die Unterstützung der Armee. Gegen die Armee kannst du nicht an.«

»Hier oben kann ich alles.« Van Delden sagte es langsam, mit dem Brustton der Überzeugung. »Ich kenne diese Gegend. Du nicht.« Er drehte sich um und befahl Dima, den Reifen zu wechseln. Dann langte er in den Landrover, stellte den Motor ab, ergriff das Gewehr, entfernte die Patronen und warf es ins Heck. Er trat wieder vor Kirby-Smith und sagte gelassen, fast im Konversationston: »Ich habe nichts zu verlieren, weißt du. Überhaupt nichts. Das Leben auf den Seychellen bedeutet mir nicht viel. Als man mich aus Afrika hinausgeworfen hat, bin ich nur dorthin gegangen, weil die Inseln leicht erreichbar waren, nicht weil es mich hinzog. Du dagegen – du hast dein Leben immer viel klüger geplant als ich. Du hast viel zu verlieren, nicht wahr? Alles, was du im Lauf der Jahre aufgebaut hast.«

Kirby-Smith zuckte leicht die Achseln, und danach standen die beiden nur noch schweigend voreinander, während Dima den Wagenheber unter die Hinterachse schob. Die Sonne war längst untergegangen, und auf der dunkel werdenden Ebene unten waren keine Elefanten mehr. Nichts rührte sich, nirgends entdeckte ich eine Spur von dem Afrikaner, der die Schüsse abgegeben hatte.

»Seien Sie so gut und helfen Sie Dima«, sagte van Delden zu mir, ohne Kirby-Smith aus den Augen zu lassen. Ich machte mich daran, das Fahrzeug hochzukurbeln, froh, etwas zu tun zu haben. Mary saß immer noch hinterm Lenkrad, einen starren, verlorenen Ausdruck auf ihrem Gesicht. Doch schließlich stieg sie aus und half mir, das Reserverad loszuschrauben. Sie hatte wohl das Bedürfnis, sich mit irgend etwas abzulenken.

Dima besaß ganz offensichtlich Übung im Reifenwechseln. Wir brauchten nicht lange, um das beschädigte Rad abzumontieren. Ich steckte es auf den Halter am Wagenheck. Die Felge war arg zerbeult, der Außenmantel völlig zerfetzt. Hinter mir hörte ich Kirby-Smith mit Abe sprechen und ihn bitten, van Delden zur Vernunft zu bringen: »Heute früh ist noch mehr Militär ins Camp gekommen, die Armee hat jetzt zwei Patrouillen draußen. Den Minibus haben die Soldaten bereits gefunden, und es ist nur eine Frage der Zeit...«

»Sie könnten die Auslese abbrechen«, entgegnete Abe freundlich.

»Sie haben doch gesehen, was er gestern angestellt hat. Zwei Leute erschossen.«

»Ich bin nur ein Journalist.«

»Sie haben es gesehen. Sie sind Zeuge.«

»Die beiden sind erschossen worden, ja. Aber ich habe nicht gesehen, wer sie erschossen hat.«

»Ich habe sie erschossen«, knurrte van Delden.

Kirby-Smith setzte zu einer Erwiderung an, beherrschte sich aber und sagte zu Abe: »Morgen schickt die Armee ein neues Flugzeug. Er hat keine Chance... «

»O nein, er hat keine Chance«, pflichtete ihm Abe bei. »Aber er wird trotzdem nicht aufgeben.«

»Dann halten Sie ihn auf. Sie haben gehört, was er gerade gesagt hat. Sie können es bezeugen.«

Abe schüttelte lächelnd den Kopf. »Ich habe nichts gehört. Sehen Sie, Major, ich bin nicht einverstanden mit dem, was Sie tun. Erwarten Sie also nicht, daß ich Ihnen Hilfestellung gebe.«

Dima und ich zogen die Radmuttern an. Mary stand neben mir, einfach so, und beobachtete die drei starren Blicks. Das blasse Oval ihres Gesichts war ausdruckslos, ihr Körper angespannt. Ich konnte mir ungefähr vorstellen, was sie empfand, zweifellos tobten die widerstreitendsten Gefühle und Emotionen in ihr. Unterm Landrover erklang metallisches Kratzen, als Dima den Wagenheber herauszog. Kirby-Smith hörte es: »Sei gescheit, Cornelius. Der ganze hiesige Bezirk der Föderation untersteht Brigadier Osman und seiner Armeebrigade.« Wieder bemühte er sich, ungezwungen und vernünftig zu erscheinen. »Die alten Tage sind dahin. Vergangen für immer. Wenn du meinen Landrover nimmst...« Er zögerte, versuchte es dann mit einer Wendung: »Ich will dir sagen, was ich tun werde. Ich sollte es nicht tun, aber um der alten Zeiten willen werde ich den Wagen auftanken und dich nach Marsabit rüberfahren. Von dort müßtest du es zur Küste schaffen.«

»Und was ist mit den Elefanten?« Van Delden lachte. »Nein. Wenn du einen Handel mit mir abschließen willst, du kennst meine Bedingungen.«

»Ich habe dir gesagt, daß ich unter Vertrag stehe. Ich kann diesen Vertrag nicht brechen.«

»Du meinst, du willst ihn nicht brechen. Verständlich, denn wie ich höre, hast du dich sehr bemüht, ihn zu bekommen.« Van Delden schob seinen großen, weißmähnigen Kopf vor. »Aber es ist ein Vertrag, den du nicht erfüllen kannst. Sag das deinen Herren.« Er verstummte kurz, faßte dann sein Wollen zusammen: »Ich schere mich keinen Deut um mein Leben, das habe ich dir gesagt. Auch keinen Deut um deines. Jetzt geht es mir ausschließlich darum, daß möglichst viele dieser Elefanten an ihr Ziel gelangen, wo immer es ist. Dann können sie sich ausruhen und erholen, Junge bekommen und den langen, langsamen Zyklus der Bestandsvermehrung von vorn beginnen. Nur das ist wichtig, und das ist alles, was ich will.« Kirby-Smith schüttelte den Kopf. »Dein Problem ist, daß du zu lange allein gelebt hast. Was du willst, ist nicht wichtig.

Nicht mehr.« Er hatte die Stimme gehoben, sein Bedürfnis nach Selbstrechtfertigung war deutlich zu spüren: »Wichtig ist jetzt, was das Volk will. Das Volk und die Regierung dieser neuen Föderation...«

Doch van Delden hatte ihm den Rücken zugekehrt. »Dima«, sagte er und wies mit einer Kopfbewegung zum Fahrersitz. Nachdem der Afrikaner sich ans Lenkrad gesetzt und den Motor angelassen hatte, trat van Delden zu Mary: »Steig hinten ein.«

Mary schüttelte den Kopf, ihre Augen waren unnatürlich hell: »Ich komme nicht mit.«

»Steig ein.«

»Ich komme nicht mit, sage ich dir.« Sie klammerte sich mit den Händen an den Verschlußbügel der Motorhaube, und als er sie am Arm faßte, schüttelte sie ihn wild ab. »Nein, sage ich, nein!« Ihre Stimme klang schrill, fast hysterisch. »Ich wünschte bei Gott, ich hätte die beiden nicht gebeten, dich zu warnen.«

Zu meiner Überraschung wandte sich van Delden an mich: »Schaffen Sie sie hinten rein und sorgen Sie dafür, daß sie drinnen bleibt.« Seine Stimme war erstaunlich sanft. Er sah Abe an: »Ich denke doch, daß Sie mit uns kommen.«

»Natürlich komme ich mit.«

»Dann steigen Sie ein. Es wird bald schwierig werden, den Spuren der Tiere zu folgen.«

Die ersten Sterne leuchteten bereits am Nachthimmel. Ich versuchte, Marys Arm zu nehmen, aber sie wich vor mir zurück, drehte sich zu ihrem Vater um, der reglos dastand, und sah ihn starr an. Die anderen kletterten in den Landrover. Ich fürchtete schon, Schwierigkeiten zu bekommen, da machte Mary plötzlich kehrt und ging zum Heck, den Kopf erhoben, das Gesicht starr. Sie stieg ein und setzte sich nahe an die

Heckklappe. Als ich mich neben sie setzte, hörte ich Kirby-Smith sagen: »Was ist mit meinem Gewehr? Ich gehe nicht ohne mein Gewehr.«
Van Delden musterte ihn kurz. »Dein Gewehr. Natürlich.« Er stieg aus, langte ins Fahrzeug, ergriff das Gewehr am Lauf, trat zurück, hob es hoch und schlug den Schaft krachend auf die Nabe des Reserverads. Dann reichte er es wortlos Kirby-Smith und setzte sich wieder neben Dima auf den Beifahrersitz.
Ich hörte nicht, was Kirby-Smith sagte, seine Worte gingen im Aufheulen des Motors unter. Wir fuhren an, die Scheinwerfer flammten auf, und eine Sekunde lang beleuchteten ihn die Rücklichter rot, eine einsame Gestalt, mit einem zerbrochenen Gewehr in der Hand. Dann verschwand er im Dunkel, eingehüllt vom Sandstaub, den unsere Räder aufgewirbelt hatten.
»Das hätte er nicht tun sollen«, stieß Mary hervor und war trotzdem kaum zu hören. Ein Zittern lief durch ihren Körper. »Alex wird ihm das nie verzeihen.«
Es wäre sinnlos gewesen, sie darauf hinzuweisen, daß es offenbar auch einiges gab, was van Delden nie verzeihen konnte. Außerdem – sie hatte recht: Kirby-Smith war in seinem Stolz zutiefst verletzt worden. Ich stellte ihn mir vor, wie er am Morgen mit dem zertrümmerten Gewehr müde ins Camp wanken würde. Vor seinen afrikanischen Jägern und vor dem Militär das Gesicht zu verlieren..., nein, das würde er von Delden wirklich nie verzeihen.
Ich streckte den Arm, ergriff Marys Hand; sie fühlte sich heiß an und zitterte. Mary blieb einen Moment lang völlig passiv, dann schloß sie krampfhaft die Finger, als habe sie das verzweifelte Bedürfnis, sich an jemandem festzuhalten. Ihr Körper war angespannt und starr, während wir den Abhang hinabdonnerten und ins flache Land hinausbrausten. Dann

entspannte sie sich allmählich, ihre Finger lockerten sich und ließen meine Hand los.
Die Kiesebene war ein schmaler, kaum achthundert Meter messender Streifen. Zu unserer Linken säumten sie düstere schwarze Lavabrocken, zu unserer Rechten war über den Konturen der Berge das Kreuz des Südens schwach zu sehen. Wir wandten uns nach Osten, schlingerten und schlitterten, weil Dima immer wieder großen, vom Wind freigelegten Steinen ausweichen mußte. Dann wurden wir langsamer, suchten mit abgeblendeten Scheinwerfern nach den Spuren der Elefanten.

2

Es dauerte ziemlich lange, bis wir die Elefantenspuren fanden. Wir fuhren langsam über einen breiten Geländestreifen hin und her, Mukunga und van Delden standen vorn im Landrover. Doch dann war es Dima, der einen abgebrochenen Ast an einer kleinen Akazie entdeckte. Nun stieg Mukunga aus und folgte im Scheinwerferlicht den Spuren zu Fuß. Es war ein mühseliges Unterfangen, und der Mond ging bereits auf, als wir die Tiere endlich sichteten, dunkle, reglose Silhouetten. Dima stellte den Motor ab und schaltete die Lichter aus, Dunkelheit hüllte uns ein. Der Mond stand wie eine halbe Orange über der harten, schwarzen Horizontlinie. Abe neigte sich vor: »Was glauben Sie, wohin die Elefanten ziehen?« Als van Delden nicht antwortete, fügte er hinzu: »In dieser wasserlosen Wüste können Sie nicht überleben.«
»Sprechen Sie nicht. Schauen Sie.«
Wir saßen schweigend da, während der Mond sich langsam vom Horizont löste und die Farbe von mattem Orange in Weiß wechselte. Dieses Mondlicht beleuchtete nun die Wüste, ließ die Formen der Elefanten genauer erkennen. Wir sahen mehrere halb erwachsene Kälber, die sich an ihre Mütter schmiegten. Weiter vorn, ein kurzes Stück links von ihnen, entdeckten wir eine Gruppe, die aus lauter erwachsenen Tieren bestand und sich ruhelos bewegte.
»Bullen.« Van Delden hatte den Feldstecher an den Augen. »Seltsam, daß ein halbes Dutzend Bullen sich zu den Kühen und ihren Jungen gesellt.«
Kein Wind wehte. Leises Knurren drang gespenstisch durch

die Stille. Nach einer Weile legten die Tiere die Ohren an ihre massigen Schultern und hörten auf, mit den Rüsseln die Luft zu prüfen. Ein Bulle drehte uns den Rücken zu, dann ein zweiter, und gleich darauf geriet die ganze Herde, auch die Kühe und die Kälber, in Bewegung. Wir fuhren langsam hinterher, durch eine blaßweiße, dürre Landschaft. Der Mond hing jetzt senkrecht über der Frontklappe am Himmel, wie eine große Laterne. Ein Stück vor uns bewegten sich die Elefanten auf ihn zu, als würden sie von seinem Licht angezogen.

Plötzlich hielt der Landrover. Van Delden hob wieder seinen Feldstecher und blickte starr auf die fahlen Riesengestalten. Ein Elefant war stehengeblieben, strich mit dem Rüssel über etwas am Boden, stieß es leicht mit dem Vorderfuß an. »Toto«, murmelte Mukunga, und van Delden nickte. Alle Elefanten standen jetzt, die Kühe drängten sich zu einem massigen Block zusammen und schauten zu uns her, die Ohren ausgebreitet, die Rüssel schwingend. Sie waren ungefähr zweihundert Meter entfernt und machten einen so bedrohlichen Eindruck, daß ich einen Moment lang fürchtete, sie würden angreifen. Auch die Bullen waren unruhig, bewegten sich im Kreis, wirkten verwirrt und feindselig.

»Haben sie uns gewittert?« fragte Abe.

Van Delden schüttelte den Kopf. »Der Landrover stört sie. Somit verfügen sie bereits über die Erfahrung, daß man sie aus Fahrzeugen jagt.«

Zwei Kühe lösten sich von dem eng zusammengedrängten Familienverband und gingen langsam zu der erregten Mutter zurück, die ihr Kalb auf die Füße bekommen hatte. Es stand mit gesenktem Kopf und flach angelegten Ohren da, der kleine Rüssel hing schlaff nach unten. Die drei Kühe umringten das Kleine, strichen ihm mit den Rüsseln über den Körper, wie um ihm Selbstvertrauen zu geben, und drängten es behut-

sam vorwärts. »Kann nicht älter als ein paar Monate sein.« Van Delden klang verwundert. »Das erste Toto, das wir zu Gesicht bekommen. Wir haben sehr wenige Kälber gesehen, und von denen waren die meisten fast erwachsen.«
»Ist die Dürre der Grund?« fragte Abe.
»Die Dürre und die Tatsache, daß die Kälber den Raubtieren und dem Menschen am stärksten ausgeliefert sind.«
»Und dies hier ist das erste Elefantenbaby, das Sie sehen. Seltsam, daß es am Leben geblieben ist.«
»Die Mutter ist vermutlich das Leittier des Verbandes. Das könnte die Erklärung sein.« Van Delden schüttelte den Kopf. »Schaut nicht danach aus, als würde es noch lange durchhalten.«
Das Junge war nun vor unseren Blicken verborgen, die drei Elefantenkühe umdrängten es und bewegten sich langsam auf die anderen Tiere zu. Dies war für die Gruppe das Signal zum Aufbruch. Doch als Dima die Hand ausstreckte, um den Motor anzulassen, hielt van Delden ihn zurück. Die Mutter war erneut stehengeblieben, und ich sah das Baby kurz zwischen ihren Vorderbeinen. Ein größeres Kalb war jetzt neben ihr, preßte sich an ihre Flanke. Sie stieß das Baby weg, und Mary sagte entsetzt: »Sie hat keine Milch.« Das Baby taumelte zu einer anderen Kuh, schob sich zwischen ihre Vorderbeine und versuchte zu saugen. Dann kippte es zur Seite und brach auf dem blassen Sand zusammen. Wieder umringten es die drei Elefantenkühe, das ältere Kalb trabte rastlos um sie herum, und die übrige Herde beobachtete die Gruppe voll Unbehagen. Diesmal erhob sich das kleine Kalb nicht mehr. Trotz der beträchtlichen Entfernung spürte ich die Aufgewühltheit der Tiere. Ihre Verzweiflung ließ sich an ihren Bewegungen ablesen. Weitere Elefanten kamen heran, blickten auf das kleine Bündel am Boden und fuhren ihm mit dem Rüssel über den Körper, andere drehten sich im Kreis oder

traten unruhig von einem Fuß auf den anderen und schwangen die Köpfe hin und her.
Abe hatte im Wagenheck einen Feldstecher gefunden und preßte ihn an die Augen. Er neigte sich erregt vor. Ich hörte ihn murmeln, es sei die gleiche. Danach sagte er nichts mehr.
Wir warteten fast eine Stunde, erst dann begann sich die kleine Gruppe um das zusammengebrochene Kalb aufzulösen. Die Mutter und die beiden anderen Kühe versuchten weiterhin, es mit den Rüsseln auf die Füße zu stellen oder mit den Stoßzähnen hochzuheben.
Van Delden sagte: »In Marsabit zog eine meiner Elefantenkühe einmal drei oder vier Tage mit ihrem toten Kalb auf den Stoßzähnen umher. Ich glaube aber nicht, daß die hier noch lange bleiben.«
Die Bullen brachen als erste auf, und ich erkannte, daß sie keine so enge Familienbeziehung hatten. Als sie zum Horizont hin verschwanden, gerieten die Kühe in heftige Erregung. Schließlich setzten auch sie sich in Bewegung, blieben jedoch immer wieder stehen und schauten zurück, drehten sich manchmal halb um, als seien sie nicht ganz willens, weiterzuziehen. Nach einer Zeitlang folgten ihnen die beiden Kühe, und nur die Mutter stand noch unentschlossen da, das ältere Kalb dicht neben sich. Sie fuhr mit dem Rüssel über den Körper ihres Babys, als wollte sie es ihrem Gedächtnis einprägen. Endlich wandte sie sich ab und ging schleppend den anderen nach, tat ihre Verzweiflung durch knurrende, rumpelnde Töne kund, legte immer wieder ihren Rüssel über Kopf und Rücken des älteren Kalbes.
Abe ließ den Feldstecher sinken. »Sie ist sehr mager – ganz anders – muß halb verhungert sein.«
Van Delden nickte. »Keines der Tiere ist in guter Verfassung. Sieht so aus, als kämen sie von weit her und seien schnell gewandert.«

»Es ist die Herde, die wir letzte Nacht gesehen haben.« Abe starrte den davonziehenden Elefanten nach. »Sie kommen von sehr weit her.« Er wiegte den Kopf, seine Augen hinter der Brille leuchteten seltsam.
Dima ließ den Motor an. Da rief Mary nebern mir mit hoher, drängender Stimme: »Du kannst es nicht liegenlassen – nicht so!«
»Warum nicht?« fragte van Delden. »Es ist nicht unsere Aufgabe, in den Lauf der Natur einzugreifen. Oder hast du das vergessen?«
»Aber wenn es noch lebt? Du kannst es doch nicht...«
»Falls du dich von der dummen Sentimentalität der Städte hast anstecken lassen, lege sie schnellstens ab. Solange du bei mir bist...«
»Ich wollte nicht mitkommen.«
Van Delden nickte. »Stimmt. Aber du bist jetzt hier, also streite nicht mit mir.« Er befahl Dima, weiterzufahren, und Mary blickte finster auf seinen Hinterkopf. »Du hättest es erschießen können«, murmelte sie. »Alex an deiner Stelle...«
Abe unterbrach sie ärgerlich, fast schreiend: »Reicht es nicht, das mitangesehen zu haben? Wozu auch noch darüber reden?!«
Das reglose Kalb lag verlassen in der mondhellen Landschaft. Die Mutter folgte der Herde, das halb erwachsene Junge noch immer neben sich. Doch ihre Bewegungen waren langsam, und sie wandte immer wieder den Kopf, als erwarte sie selbst jetzt noch, daß das Baby sich erhebe und ihr nachkomme. Schließlich blieb sie neben einer verkümmerten Akazie stehen und begann an einem Ast zu reißen. Wir blieben ebenfalls stehen, Abe hob den Feldstecher wieder und beobachtete sie scharf, als sie den Ast abbrach, dann die ganze Strecke zurücklief und ihn auf das stille Bündel im Sand legte. Sie ver-

harrte eine Weile mit gesenktem Kopf, betastete noch einmal mit dem Rüssel das Bündel. Plötzlich drehte sie sich um und trabte, sichtlich entschlossen, den anderen nach, die gerade über einen mit Dornbüschen gesprenkelten Hang verschwanden. Die Füße der Elefantenkuh verursachten keinerlei Geräusch, und obwohl sie langsam zu laufen schien, kam sie überraschend schnell voran. Wir warteten, bis sie außer Sicht war, und fuhren dann hinterher. Als wir sie wieder sahen, hatte sie zu ihrer Gruppe aufgeschlossen, die in dichter Formation den Bullen nacheilte.

Der Mond rückte über der Frontklappe allmählich nach rechts, bis er über Abes Kopf stand. Die Elefanten hatten die Richtung geändert. Sie strebten jetzt nach Norden, und der ferne Kulal ragte links von uns auf, ein blasser, breiter Koloß mit Wolkenkappe.

Ich beugte mich über Marys Knie und rief nach vorn zu van Delden: »Sie ziehen zum Balessa Kulal, nicht wahr?!«

»Vermutlich. Es ist nicht mehr weit zu dem Flußbett.«

Abe faßte mich am Arm: »Aber das ist doch ein ausgetrockneter Wasserlauf. Haben Sie nicht gesagt, daß er trocken sei? Jemand hat es gesagt.«

Der Landrover hielt schlitternd. Die Elefanten hatten sich eng zusammengedrängt, schienen eine Art Konferenz abzuhalten. Ich griff nach dem Feldstecher, der bei Abes Füßen lag. Wahrscheinlich war ein weiteres Kalb in Schwierigkeiten.

»Wieviel Wasser braucht ein Elefant? Ich habe irgendwo gelesen, hundertzwanzig Liter am Tag. Stimmt das?«

»Sie nennen das ungefähre Durchschnittsquantum eines voll ausgewachsenen Tieres«, antwortete van Delden.

»Teufel! Es müssen um die zwanzig Elefanten sein!« sagte Abe. Er fragte mich: »Sind sie so deutlich zu sehen, daß man sie zählen kann? Wie viele sind es genau?«

Durch den Feldstecher sah ich sie tatsächlich sehr deutlich, sie

standen in einer Reihe, als seien sie an eine Art Zaun gelangt.
»Ich zähle siebzehn«, sagte ich, »bin mir aber nicht ganz sicher, weil mehrere große Kälber dabei sind. Die halten sich sehr dicht an ihre Mütter.«
»Das macht etwa zweitausend Liter am Tag«, rechnete Abe. »Eine Menge Wasser, die in einer so trockenen Gegend wie dieser hier nur ein Mann von Aarons Kaliber hervorzaubern könnte...«
Van Delden ersuchte ihn, still zu sein. Die Elefanten hatten sich wieder in Bewegung gesetzt, und er gab Dima das Zeichen, weiterzufahren. Doch wir waren den Tieren zu nahe. Beim Geräusch des anspringenden Motors wirbelten mehrere Elefanten herum und blieben stehen, die Ohren ausgebreitet, als wollten sie angreifen. Die Mutter des zusammengebrochenen Babys trat vor, schwang ihren Rüssel und warf Sand in die Luft. Van Delden schaltete rasch die Zündung aus. In der plötzlichen Stille konnten wir die Tiere hören, sie gaben tiefe, rumpelnde Töne von sich. Ungefähr eine Minute lang beobachteten sie uns. Da jedoch vom Berg herab eine leichte Brise zu uns her wehte und der Landrover sich weder bewegte noch ein Geräusch verursachte, entspannten sich die Elefanten. Schließlich verloren sie das Interesse an uns und trabten ihren Artgenossen nach. Gelegentlich schaute einer zurück.
»Hätte die Kuh uns angegriffen, wenn wir näher herangefahren wären?« fragte Abe, als wir wieder starteten.
Van Delden nickte. »Vermutlich. Sie ist zutiefst verzweifelt. Die anderen hätten uns bestimmt auch angegriffen. Obwohl sie fast am Ende ihrer Kräfte sind, würden Kühe, die Kälber zu verteidigen haben, ohne Zögern angreifen.«
Wir konnten die Herde gerade noch sehen, und ein paar Minuten später entdeckten wir, was sie aufgehalten hatte: eine mit Steinen gesäumte Fahrspur, auf der man die schwachen Abdrücke von Autoreifen erkannte. Van Delden bemerkte,

der Weg führe durch die Wüste Chalbi nach Kargi und weiter nach Marsabit. »Nach drei bis fünf Kilometern kommen die Tiere an eine Kreuzung, und genau westlich davon gibt es einen Brunnen.«

»Aus einem Brunnen können sie nicht trinken«, murmelte Abe.

»Er wird ohnehin ausgetrocknet sein.«

»Schaffen sie es durch die Chalbi?«

Die Bullen könnten es schaffen. Aber nicht die Kühe mit den Jungen.«

Während wir so durch die strenge Schönheit der mondhellen Nacht fuhren, in einem Wüstenstrich, der sich weiß zum blassen Horizont hinzog und über dem der Kulal hoch aufragte, hatte ich ein Gefühl des Unwirklichen, mir war, alles sei nur ein Traum; ich sah den Tod des kleinen Kalbes, die Verzweiflung seiner Mutter und ihrer Familiengruppe, sah die ganze makabre Szene lebhaft vor mir, und doch war alles seltsam fern. Vor uns die Elefanten aber, undeutliche, gespenstische Gestalten, strebten beharrlich der feindseligen, wasserlosen Wüste Chalbi zu. Mein Blick schweifte über die trockene, verdorrte Landschaft, und ich wußte, daß uns Schlimmes bevorstand, falls die Herde tatsächlich versuchte, die Chalbi zu durchqueren. Mit einemmal wurde ich mir der Trockenheit meines Mundes bewußt. Im Heck des Landrovers stand nur ein einziger Kanister, der vermutlich Benzin enthielt, und es gab nichts, das nach Lebensmitteln aussah. Vor vierundzwanzig Stunden hatten wir zum letztenmal etwas gegessen. »Wie weit ist es bis zu dem Brunnen?« fragte ich, hoffend, daß van Delden sich täusche und wir irgendwie an Wasser gelangen würden.

Mary lachte, ihre Zähne schimmerten weiß im Oval ihres Gesichts. »Haben Sie noch nie Durst gelitten?«

Ich schüttelte den Kopf. Wir hatten die Fahrspur verlassen,

kamen immer wieder an Gestrüpp und gelegentlich an Dornbäumen vorbei. Wir fuhren in nördlicher Richtung über Land, unsere Geschwindigkeit nahm jetzt zu. Das Gestrüpp wurde allmählich dichter, und es gab mehr Bäume. Unvermittelt hielten wir, und Dima stellte den Motor ab. In der Stille waren das Rumpeln und das Knurren der Elefanten wieder zu hören. Wir waren ihnen näher als vorher, doch sie ignorierten uns, standen Schulter an Schulter im Kreis.

Sie hatten den Brunnen gefunden.

Mehrere Minuten verharrten die Tiere in dieser Aufstellung. Zwei der jüngeren Kälber zeigten Anzeichen von Erschöpfung: eines hockte ganz allein auf den Hinterbacken und ließ die Ohren hängen wie ein niedergeschlagener Bluthund; das andere drängte sich unter seine Mutter und suchte nach einer Zitze, wurde aber stets mit dem Rüssel oder dem Fuß weggeschoben. Zwei fast ausgewachsene Junge warteten geduldig, sie scharrten nur ab und zu auf dem Boden oder tasteten ihn mit dem Rüssel ab.

Die Kühe lösten sich als erste aus dem Kreis, weggelockt von den Klagelauten ihrer Jungen. Sie befühlten unsicher den Boden und buddelten ihn mit scharrenden Bewegungen der Vorderbeine auf, wobei die Zehennägel als Spaten fungierten. Eine der Kühe grub mit dem Vorderfuß etwa einen Meter tief. Zwei jüngere Weibchen kamen ihr zu Hilfe, schleuderten den lockeren Sand mit den eng zusammengezogenen Rüsselspitzen aus dem Loch. Sie konnten das Wasser riechen, erreichten es aber nicht.

Die Bullen begannen sich im Kreis zu drehen, schwenkten die Rüssel, und in ihren Leibern rumpelte es. Sie waren unsicher und gereizter Stimmung, die größeren Tiere gingen die anderen an, wenn sie ihnen in den Weg kamen. Schließlich zog einer der Bullen weiter. Andere folgten ihm in einem torkelnden Trott, die Haut der Hinterbacken hing herab wie eine

ausgebeulte Hose. Die Kühe schauten ihnen nach, einige gruben noch immer in dem weichen Sand. Von uns nahmen sie keine Notiz. Sie gaben unaufhörlich rumpelnde Töne von sich, dann wurden die Jungen unter viel Gequieke und Geknurre in Marschordnung gebracht und weggeführt, hinaus jetzt aus dem trockenen Balessa Kulal und auf den Vulkankegel zu, der im Mondlicht über uns aufragte.
Van Delden lehnte sich zurück und zündete seine Pfeife an. Der Tabak roch in der trockenen Luft überaus stark. »Es gibt dort eine Schlucht«, sagte er, »sie verläuft in Richtung See und spaltet den Berg fast in zwei Hälften. Sieht so aus, als wollten sie dorthin.«
»Hat sie Wasser?« fragte Abe.
»Nein. Bei einer solchen Dürre nicht. Zumindest glaube ich das nicht. Aber die Schlucht ist schattig, und es wächst genügend Grünzeug für sie zum Fressen.« Van Delden verstummte, rauchte, wartete. Als die Elefanten über eine Anhöhe, die ein Ausläufer der langen Schulter des Kulals zu sein schien, trotteten und dann verschwanden, meinte er: »Da wir jetzt wissen, wohin sie ziehen, hat es keinen Sinn, gutes Fleisch verderben zu lassen.« Er gab Dima einen Befehl, worauf wir wendeten und auf unserer Spur zu dem zusammengebrochenen Elefantenbaby zurückfuhren. Ich wußte nicht, ob es wirklich tot war, aber es regte sich nicht, als Mtome mit dem Messer zustieß und Fleischklumpen herauszuschneiden begann. Blut verdunkelte den Sand. Ich fuhr mit Dima im Landrover los, um Feuerholz zu suchen.
Es war ein seltsames, unheimliches Mahl. Wir hockten neben dem Kadaver des Elefantenbabys, die Wüste schimmerte weiß im Mondlicht, kleine Flammen züngelten aus den Ästen, die wir mit einer zur Ausrüstung des Landrovers gehörenden Panga von Dornsträuchern gehauen hatten. Abe weigerte sich zunächst, das geschwärzte Fleisch anzurühren. Doch als

Mary sagte: »Um Himmels willen, seien Sie vernünftig«, und ihn mit kleinen Stückchen von ihrem eigenen Steak zu füttern begann, überwand er seine Abscheu. Mary paßte auf, ob er auch wirklich aß, dann fragte sie mich: »Was ist eigentlich aus Karanja geworden? Wo ist er?« Als ich ihr erzählte, in welcher Absicht er uns letzte Nacht verlassen hatte, nickte sie: »Also war es Karanja.« Sie wandte sich an van Delden: »Karanja hat auf Alex und mich geschossen, nicht wahr?«
Van Delden, der zwischen Mukunga und Dima saß, nagte an einem Rippenknochen. »Könnte sein«, sagte er und bearbeitete weiter den Knochen mit den Zähnen.
»Aber, warum? Ich begreife nicht, warum...«
Van Delden sah Mary an, den Knochen in der Hand wie einen Maiskolben: »Weil er in eine andere Welt zurückgekehrt ist und weil er die Elefanten auf seine Weise liebt.«
Abe schüttelte den Kopf. »Wenn es Karanja war, warum ist er dann verschwunden? Er muß Sie doch gesehen haben.«
»Er weiß, daß ich ihm nicht traue.«
»Aber er wollte sich Ihnen anschließen.«
»Vielleicht.« Van Delden warf den Knochen weg und angelte sich ein zweites Stück Fleisch aus der Glut. »Er ist ein ehemaliger Missionszögling, wissen Sie. Schlau wie eine Meerkatze.«
»Und hübsch«, flüsterte mir Mary mit einem eigenartigen Blick zu.
»Obwohl ich ihn seit Jahren kenne, könnte ich nicht sagen, was in seinem Schädel vorgeht. Er ist gerissen und tut nie etwas ohne Grund. Außerdem zieht er gern eine Schau ab.«
»Doch ein solcher Schuß«, murmelte Abe. »Den Reifen eines fahrenden Wagens zu treffen. Er hätte das nicht riskieren dürfen, zumal Mary am Lenkrad saß.«
»Er hat nicht gewußt, daß es Mary war, und riskiert hat er

nichts. Er ist ein ausgezeichneter Schütze. Wissen Sie, als er von der Mission zum Wild-Department kam, taugte er lediglich für Büroarbeit. Die meisten meiner Boys machten sich über ihn lustig, also ging er daran, ein besserer Schütze zu werden als sie alle. Ich habe selbst erlebt, wie er eine angeschossene Löwin in ein Dickicht verfolgte, ohne zu zögern und übers ganze Gesicht grinsend. Angeberei, würde man sagen, aber es war nicht nur das. Karanja wußte, was er tat, wußte, wie plötzlich der Angriff kommen würde. Wissen Sie, eine Löwin knurrt nicht erst warnend wie ein Löwe, sondern mit dem Knurren erfolgt auch schon der Sprung. Ich hatte damals einen Malariaanfall und wagte es nicht, selbst zu gehen, ich war zu wacklig. Ich gab Karanja mein Gewehr, und er holte die Löwin mit einem einzigen Schuß herunter, sie fiel ihm vor die Füße.« Van Delden wischte sich die Hände am Bart ab. »Solange er Publikum hat... Er muß Publikum haben.« Nach kurzer Pause sagte er zu Mtome: »Chai, braue uns Chai, und danach brechen wir auf.« Erklärend fügte er hinzu: »Wir werden Dima absetzen, er soll den Elefanten folgen. Dann fahren wir weiter auf den Berg. Ich habe das Gefühl, daß sie dorthin wollen. Auf dem Kulal gibt es immer Wasser.«

An der Seite des Landrovers hing ein Wassersack aus Ziegenleder, ein Chargul, den ich bis dahin nicht bemerkt hatte. Mtome brachte aus dem Wagenheck ein geschwärztes Gefäß zum Vorschein, im Nu war der Tee fertig, und der einzige Emailbecher machte die Runde.

Der Mond stand hoch am Himmel, als wir endlich die weißen Knochenreste des Kadavers verließen; aus einem Packen roten Fleisches sickerte Blut ins Heck des Landrovers. Wir überquerten die Fahrspur wieder, hielten an dem Brunnen und ließen den Eimer an seinem ausgefransten Seil hinab. Es gab keinen Klatsch, als er unten aufkam, und er kam völlig leer herauf, als wir ihn mit der schwergängigen Holzwinde hochkurbelten. Dima trennte sich hier von uns, nachdem er seine Wasserflasche aus dem Chargul gefüllt und sich etwas Fleisch genommen hatte. »Kambi ya mawingo«, sagte van Delden zu ihm und stieg auf den Fahrersitz. Dima, das Gewehr am Riemen über der Schulter, winkte bestätigend mit der Hand und zog los, hinter den Elefanten her.

Van Delden schaute ihm nach, bis die einsame Gestalt aus unserem Blickfeld verschwunden war. Dann ließ er den Motor an. »Kambi ya mawingo – das bedeutet Camp in den Wolken. Wenn wir zu dem Camp durchkommen, bleiben wir dort über Nacht. Ich möchte mir die Westschlucht ansehen.« Wir schlugen jetzt eine westliche Richtung ein, nahmen den Weg, der die lange Schulter des Kulals erklomm. Ich spürte die heiße Luft vorbeistreichen und sagte mir, daß ich nun wenigstens einen Teil dessen bekommen würde, was ich erstrebt hatte. Denn wir fuhren auf den Vulkanriesen zu, über den Pieter van Delden mit solcher Ehrfurcht geschrieben hatte.

Es war eine anstrengende Fahrt, und sie wurde um so beschwerlicher, je höher wir kamen. Der Weg verschlechterte sich zusehends, und schließlich krochen wir im ersten Gang mit mahlenden Rädern um Haarnadelkurven, deren Erdböschungen überall zerbröckelten. An manchen Stellen fiel das Gelände neben dem Weg, der zweifellos lange nicht benutzt worden war, steil zu der weit unten liegenden mondweißen Ebene ab. Wir kamen auf den Kamm der Schulter, bogen um eine Kurve und befanden uns plötzlich am Rand einer gähnenden Schlucht, auf deren anderer Seite senkrecht aufsteigende Klippen und Felsvorsprünge blaß schimmerten. Vor uns füllte der gewaltige Kegel des Berges den Himmel, halb verhüllt von Wolken. Die Schlucht führte in den Berg hinein, verlor sich im Schatten.

Wir hielten, alle stiegen aus und traten auf eine flache Fels-

plattform, die frei im Raum zu hängen schien. Der Schluchtgrund mußte gute siebenhundert Meter unter uns liegen. Van Delden suchte die Tiefe mit seinem Feldstecher ab. Mukunga, bäuchlings auf dem Felsboden ausgestreckt, schob seinen wolligen Kopf über den Rand und schaute hinunter.
»Phantastisch!« murmelte Abe, der beim schrägen Blick in den dunklen Abgrund scharf die Luft eingesogen hatte. »Einfach phantastisch! Es muß schon ein höllisches Erdbeben gewesen sein, damit der Berg sich derart spaltete.« Er starrte hinab und fügte traurig hinzu: »Da gibt es keinen Weg, auf dem sie herausklettern könnten. Bestimmt nicht.«
»Die Wandrobo hatten einen Weg«, sagte van Delden.
»Waren Sie schon mal in der Schlucht?«
»Einmal, aber nicht bis am Ende.«
»Woher wissen Sie dann von dem Weg?«
»Jack Mallinson hat mir davon erzählt«, erklärte van Delden. »Er war hier Missionar, und er behauptete, die Waldbewohner würden zwischen dieser Schlucht und der Westschlucht, die zum See hinunterführt, hin und her wechseln.«
Abe schüttelte den Kopf. »Bergbewohner vielleicht. Aber keine Elefanten. Sie werden da unten wie in einer Falle gefangen sein.« Die Art, wie er es sagte, beschwor vor meinem inneren Auge ein Bild der Elefanten, wie sie von der immer näher rückenden Jägerkette gegen steile Felswände zurückgedrängt wurden.
Van Delden senkte den Feldstecher und musterte Abe neugierig. »Wir können nichts dagegen tun.«
»Und morgen, wenn Alex dieser Herde in die Schlucht folgt – wo wirst du dann sein?« fragte Mary. Ihre Stimme war ein heiseres, kaum hörbares Flüstern. »Da ist auch noch Karanja. Karanja hat Alex nie gemocht, und falls er dort unten sein sollte ...«
»Du glaubst, er würde Alex erschießen?«

Mary zögerte, sah ihn starr an. »Damals, die Sache mit Enderbie... Als sie passierte, waren nur du und Karanja in Marsabit. Das weiß ich jetzt. Also muß es entweder...«
»Du weißt nichts darüber. Du warst nicht dort.« Van Delden hatte Mary am Arm gefaßt, um sie zum Schweigen zu bringen. Die beiden standen einen Moment stumm voreinander. Dann ließ er sie los, bückte sich und tippte Mukunga auf die Schulter: »Siehst du was?«
»Hapana, Tembo. Zu dunkel.« Mukunga stand auf.
Van Delden nickte, trat auf den Weg zurück. »Fahren wir.«
»Die Tiere haben keine Chance«, murmelte Abe.
»Dima wird uns berichten, was unten vorgeht.«
Abe sagte nichts mehr. Mein Blick schweifte zum Gipfel des Berges. Ich dachte an van Deldens Vater, der den Kulal vor so vielen Jahren ganz allein erstiegen hatte. Allerdings nicht aus dieser Richtung. Er war vom Rudolfsee aufgebrochen. Sechs Tage hatte er darauf verwendet, den Berg zu erforschen, und war schließlich vom Hunger und der feuchten Kühle der Wolken zurückgetrieben worden. Er hatte keine Spuren einer alten Kultur entdeckt, war nur auf das kleine schwarze Volk der Wandrobo gestoßen, das im Regenwald lebte und sich als feindselig erwiesen hatte. Während ich auf die riesige dunkle Masse des Berges blickte, überkam mich ein Gefühl der Hoffnungslosigkeit. Welche Aussicht bestand schon, daß ich auf die Überreste jener Kultur stieß, die vor fünf- oder zehntausend Jahren Töpfer zu einer bestimmten Zeichnung angeregt hatte? Das ganze Gebiet hier gehörte zum Rift Valley, das immer wieder von Vulkanausbrüchen erschüttert worden war; in der langen Zeit konnte soviel geschehen sein.
Der Motor des Landrovers sprang an, ich drehte mich um und sah van Delden wieder hinterm Lenkrad sitzen. »Los, rasch jetzt. Wir brauchen Schlaf und haben noch ein Stück Wegs vor uns.«

Die beiden Afrikaner stiegen ein. Mary zögerte, blickte nochmals in die Schlucht hinunter. Im Mondlicht wirkte ihr Gesicht blaß. Plötzlich machte sie kehrt und ging zum Wagen. Ich folgte ihr. Nur Abe blieb am Rand des Abgrunds stehen, eine schmächtige, einsame Gestalt.

»Mr. Finkel!«

Abe drehte sich um wie im Traum. »Ich komme nicht mit«, sagte er. »Ich gehe zurück.« Er sprach stockend, und ich sah ihm an, daß er über seinen eigenen Entschluß entsetzt war. »Die Schlucht ist nichts anderes als eine riesige Falle aus Felsen. Wenn nicht jemand die Elefanten heraustreibt...«

»Mann, seien Sie kein Narr«, entgegnete van Delden scharf. »Sie bekommen die Elefanten nicht aus der Schlucht, Sie werden höchstens totgetrampelt.«

»Ich möchte es wenigstens versuchen.« Es war verrückt, und Abe wußte es. Trotzdem wollte er den ganzen Weg zurückmarschieren und in die Schlucht gehen, ohne Gewehr, ohne Nahrung, allein. Er würde zum erstenmal in Afrika auf sich gestellt sein.

Van Delden zuckte die Achseln: »Tun Sie, was Sie nicht lassen können.«

Ich schickte mich an, aus dem Wagen zu klettern. Eigentlich wollte ich es nicht, aber ich konnte ihn doch nicht allein losziehen lassen. Mary faßte mich am Arm. »Seien Sie kein Idiot«, zischte sie. Aber nicht sie, sondern van Delden ließ mich einhalten. Er lehnte sich leicht aus dem Wagen und sprach ruhig zu Abe: »Sie treiben die Tiere also aus der Schlucht, und morgen kann Alex sie dann mit seinen Lastern einkreisen. Und wenn Alex sie nicht umbringt, wird es die Hitze tun. Es ist dort draußen tagsüber heiß wie in einem Backofen. Um Gottes willen, Mann, steigen Sie jetzt ein. Die Elefanten brauchen Zeit, sich zu erholen. Dima wird uns sagen, wo sie sind, wenn wir ihn morgen früh auflesen.«

Langes Schweigen herrschte. Abe stand nun unentschlossen da, er wirkte vor dem Bergriesen zwergenhaft. Langsam drehte er sich wieder zur Schlucht um, schaute hinunter.
»Was hat er bloß?« flüsterte Mary. »Warum macht er sich solche Sorgen?«
Ich konnte es ihr nicht sagen, war mir selbst nicht sicher. Vielleicht sah er dort unten den Geist seiner verstorbenen Frau gefangen. In diesem unheimlichen Licht schien alles möglich. Als van Delden mir scharf befahl: »Holen Sie ihn«, schüttelte ich den Kopf. Van Delden jagte den Motor hoch. Das Dröhnen schien Abe aus seinen Träumen zu reißen. Er schaute zu uns her, seine Schultern sackten nach unten. Langsam, noch immer halb abwesend, kam er heran und stieg in den Landrover.
Nach einigen weiteren Kurven wurde der Weg gerade. Wir näherten uns der Mission. Dicht neben mir flüsterte Mary: »Mein ganzes Leben lang wollte ich hier herauf, aber er hat es nie erlaubt«
»Warum nicht?«
Mary zuckte die Achseln. Die Bewegungen ihres Körpers, der meinen berührte, waren verwirrend. »Als Tembo nach Marsabit ging, war ich erst fünfzehn.« Sie kicherte leise. »Vielleicht traute er mir nicht. Von Marsabit zum Kulal brauchte man zwei Tage, man mußte also in der Wüste draußen campen. Er hat mich statt dessen nach Nairobi in die Schule geschickt.«
Wir hatten einen baumlosen Streifen Grasland erreicht, die Wolken hingen niedrig und warfen dunkle Schatten. Kein Wind wehte und nichts regte sich, als wir vom Weg abbogen und zu einem schwarzen Felsauswuchs fuhren, der wie eine Burgruine in den Himmel ragte. Darunter lag eine Wasserstelle, die einst von den Rindern der Mission benutzt worden war. Ein Rohr speiste sie, und aus diesem Rohr floß auch jetzt

noch ein dünner Wasserstrahl. Rinder gab es keine mehr. Der Boden war jetzt übersät mit Fußabdrücken von Elefanten, sie hatten das dürre, versengte Gras niedergetrampelt und die Wasserstelle in eine regelrechte Schlammsuhle verwandelt.
»Es gibt also Wasser hier«, sagte Abe.
Van Delden nickte. »Das machen der Wald und die Nähe des Sees«, erläutert er. »Eine solche Kombination erzeugt in derartiger Höhe gewöhnlich Wolkenbildung.«
»Sie haben das gewußt und die Tiere trotzdem in die Schlucht ziehen lassen?! Dabei hätten sie geradewegs hier heraufkommen können.« Abe sah van Delden vorwurfsvoll an. »Es wäre doch möglich gewesen, sie auf den Weg zu treiben, zu diesem Wasser hier.«
»Vielleicht.« Van Delden bekannte seine Zweifel: »Aber die Elefanten waren nicht in der Stimmung, sich treiben zu lassen. Zudem wußte ich nicht, was wir hier vorfinden würden.«
»Sie haben gesagt, auf dem Kulal gebe es immer Wasser.«
Van Delden erwiderte ärgerlich: »Mann, in den letzten Jahren ist in diesem Teil Afrikas eine Menge passiert, und Mallinson ist schon lange fort. Was in Marsabit geschah, konnte auch hier geschehen sein. Ich war kaum aus Marsabit weg, da ließ der verdammte Missionar die Rendille und die Samburu in den Wald. Dima hat sich vor etwa einem Jahr dort aufgehalten. Er sagt, der ganze Berg sei kahl, nichts als Shambas, und der See, den wir Paradies nannten, sei vertrocknet, ebenso die meisten Wasserstellen. Und kein einziger Elefant zu sehen.«
Van Delden drehte sich zu Mukunga um, der in gebückter Haltung den Boden ums Wasserrohr untersuchte: »Sind Totos dabei, Mukunga?«
»Ndio. Ndovu na watoto yao walikuwa hapa.«
»Er sagt, Kühe mit Kälbern seien hier gewesen.« Van Delden schien verwundert. »Ich hatte hier nie Kühe gesehen. Entwe-

der machen sie inzwischen auf ihrem Weg nach Norden hier Station, oder einige meiner Elefanten aus Marsabit sind hierher übersiedelt.«
»Aber Sie haben gesagt, daß Kühe mit Jungen die Chalbi nicht durchqueren können.«
»Zur Zeit können sie es nicht. Doch ab und an regnet es. Vielleicht haben sie die Wüste während einer solchen Periode durchquert.«
Mtome war dabei, den Ziegenledersack mit dem frischen, klaren Wasser aus dem Rohr zu füllen. Ich dachte an alle die Eingeborenen, deren Rinder und Kamele verendet waren. »Warum sind die Stämme aus der Umgebung nicht hierher gezogen?« fragte ich van Delden.
»Sie sind Wüstenbewohner, und der Kulal ist kalt und feucht. Außerdem fürchten ihn die meisten.
»Und was ist mit den Rindern der Mission?«
»Die Mission ist bei Ausbruch des Afrikanischen Krieges geschlossen worden.«
Der Wassersack war voll, und Mtome trat beiseite. Van Delden ging zum Rohr, trank aus den zusammengelegten Händen, benetzte sich dann Gesicht und Hals.
Abe stand neben ihm und wartete, bis die Reihe an ihn kam. Er fragte van Delden: »Würden Sie Ihre Elefanten erkennen, wenn Sie sie jetzt sähen?«
»Natürlich.«
»Nach mehr als zwei Jahren? Es ist mindestens zwei Jahre her, daß Sie Afrika verlassen mußten.«
»Fast drei. Aber ich würde sie trotzdem erkennen. Und sie mich auch.«
»Ich habe gehört, Sie könnten mit ihnen reden.«
Van Delden richtete sich lächelnd auf: »Sie werden doch nicht alles glauben, was Sie hören, Mr. Finkel. Ich kann einige ihrer Knurrlaute imitieren, aber mein Vokabular, wenn man es so

nennen will, ist begrenzt. Ich wäre nicht in der Lage, beispielsweise eine Kuh zu fragen, wie sie hierher gekommen ist.« Er ging zum Landrover. »Belassen wir es dabei, nicht?«
Abe folgte ihm und fragte beharrlich weiter: »Und woran würden Sie Ihre Elefanten erkennen? An Ohrenmarkierungen? Oder haben Sie eine andere Methode?«
»Manchmal an der Art, wie sie sich bewegen, am Ton ihrer Knurr-, Quiek- oder Rumpellaute. Freilich, die Ohrmarkierungen sind am zuverlässigsten.«
»In drei Jahren können Sie sich verändert haben.«
»Es können weitere Risse hinzugekommen sein, ja. Aber die alten Markierungen bleiben.«
Wir saßen alle wieder im Landrover, und van Delden hatte bereits den Motor angelassen. Abe neigte sich vor und fragte eindringlich: »Somit glauben Sie nicht, daß ein großer, gut erkennbarer Riß im Ohr sich verändert hätte?«
»Nein, das glaube ich nicht.« Van Delden warf einen raschen Blick nach hinten auf Abe, Interesse in den Augen: »Sie haben einen der Elefanten, denen wir vorhin gefolgt sind, schon früher gesehen, stimmt's?«
Abe nickte bedächtig.
»Wo?« fragte van Delden.
»In Treetops. Vor langer Zeit.«
Van Delden musterte ihn kurz, lächelte dann. »Deshalb also wollten Sie von dem Kalb nichts essen. Es war die Mutter, wie?« Während er einkuppelte und auf den Weg zurückfuhr, sagte er: »Dieser Riß dürfte sich kaum verändert haben. Zeigen Sie mir die Kuh, wenn wir ihr wieder begegnen.«
Die Missionsstation lag auf einer Anhöhe über dem Weg. In dem wechselnden Licht - der Mond verschwand immer wieder kurz hinter Dunstfetzen, die sich von der Wolkenkappe des Berges lösten – sahen die verstreuten einstöckigen Gebäude dramatisch aus. Durch die Dächer wuchs Laub, die

Farbe war überall abgeblättert, und die Veranda eines der Häuser war fast völlig zusammengebrochen. Wo der Weg nach rechts abbog, zu einigen Lagerschuppen, hielt van Delden und blickte wortlos auf ein Gebäude, offensichtlich ein ehemaliges Wohnhaus. Es mußte einmal schön gewesen sein, aber jetzt war das Dach durchgesackt und auf einer Seite ganz eingebrochen. »Elefanten«, murmelte van Delden. Dann wandte er sich an Abe: »Hier hat Jack Mallinson gewohnt. Er und auch sein Vorgänger waren sich der ökologischen Bedeutung des Waldes klar bewußt. Wenn man den Wald fällt, bilden sich keine Wolken über dem Kulal, es gibt keinen Regen, nur Winderosion, wie wir es auf dem Marsabit, dem Meru und den Aberdares erlebt haben, überall im Land. Darum ist das Wasser hier in Rohre gefaßt – damit die Rinder keinen Grund hatten, in den Wald zu gehen. Ein hartes Stück Arbeit für eine so abgelegene, schwer erreichbare Mission, deren Hauptproblem die Versorgung war.«

»Und damals hat es hier keine Elefanten gegeben?« fragte Abe.

»Ein einzelner Bulle – das ist alles, was Jack und ich je gesehen haben. Ich kam eine Zeitlang ziemlich regelmäßig her, um dem Großen Kudu nachzuspüren. Die Gegend hier ist günstig für Kudus. Den Kulal kann man übrigens nicht mit dem Marsabit vergleichen. Der Marsabit ist viel niedriger, und dort gibt es keine Gewitter.« Van Delden blickte angestrengt in den schwarzen Schatten vor uns. »Jetzt geht es in den Wald. Wir haben noch ungefähr zehn Kilometer, und wenn die Elefanten sich hier für ständig niedergelassen haben, kommen wir wahrscheinlich nur langsam vorwärts und müssen eine Menge Bäume aus dem Weg räumen.« Er schaltete das Fernlicht ein und ging auf Vierradantrieb, dann fuhren wir nach links durch die Überreste eines Tores und zuckelten einen kaum auszumachenden Pfad hinab, der mit weichem Wald-

humus bedeckt war. Ein dichtes Blätterdach schloß sich plötzlich über uns und verdunkelte den Mond.
Anfangs verlief die Fahrt glatt, doch nach knapp eineinhalb Kilometern mußten wir uns durch dichtstehende, wurzelähnliche Stämmchen kämpfen. »Es ist, als würde man in einem Maisfeld fahren«, sagte Abe, während wir uns duckten, um nicht von zurückschnellenden Stämmchen oder abgebrochenen Teilen getroffen zu werden. Zweimal stieg Mtome aus und hieb den Weg mit der Panga frei. Nachdem wir mühsam ein sumpfiges Flußbett durchquert hatten, stieg der Weg wieder an, und wir schlitterten und rutschten über schmutzbedeckte Steine. So ging es einen guten Kilometer, wir fuhren langsam, aber stetig. Unvermittelt gelangten wir in ein Waldstück, wo ganz offensichtlich Elefanten geweidet hatten. Ihr Dung lag überall herum, Baumleichen versperrten den Weg. Wir wateten nun im knietiefen Schmutz vor dem Landrover her und räumten die umgestürzten Bäume weg. Bald waren wir über und über mit Dreck und schleimigem Kot beschmiert. Zum Glück mußten wir nur ziemlich kleine Bäume beiseite heben, dennoch war ich, als wir das Waldstück hinter uns hatten und der Weg wieder frei schien, völlig ausgepumpt. Mary, die genauso hart geschuftet hatte wie jeder von uns, schlief sofort ein.
Kurz darauf mündete unser Pfad in einen anderen, auf dem wir nach links abbogen. Wir fuhren jetzt an einem Grat aufwärts, der mir als Hauptkamm des Berges erschien. Die Bäume waren hier höher, der Boden fester und weniger schmutzig. Steine gab es kaum, nur Elefantenbollen, die im Scheinwerferlicht manchmal wie Steinbrocken aussahen. Wir blieben im Vierradantrieb, konnten jedoch schnell fahren, denn auf dem Weg lagen lediglich abgerissene, zerbrochene Äste und Zweige, aber keine Baumstämme mehr. Es war sehr dunkel in dem Hochwald, dunkel und feucht, und vom Mond

sahen wir nicht den geringsten Schimmer. Tiefhängende Wolken hüllten die Baumwipfel ein, und der Gegensatz zu dem trockenen Wüstenland unten weckte in mir ein starkes Gefühl der Vorahnung. Ich wußte nicht, was zu erwarten stand, aber meine Müdigkeit war verflogen. Ich lehnte mich vor, versuchte weiter zu sehen, als die Scheinwerfer reichten, und hatte den Eindruck, wenn ich nur genau achtgäbe, würde sich mir etwas Wunderbares offenbaren.

Vermutlich hatte ich einen leichten Höhenrausch. Das einzig Bemerkenswerte, das wir sahen, war einer der heiligen Bäume. Van Delden zeigte uns den Riesen, der einen gewaltigen Umfang hatte, und erklärte: »Die Waldbewohner glauben, wenn diese Bäume gefällt würden, käme das Ende der Welt. Es ist ein Tabu, das Jack Mallinson stets respektierte. Die Wandrobo würden die Zerstörung dieses Waldes nie überleben.«

»Sind Sie je welchen begegnet?« fragte ich, denn mir schien, daß ich die gesuchte alte Kultur wohl nur mit Hilfe des Volkes finden konnte, das hier zu Hause war.

Doch van Delden schüttelte den Kopf. »Jack kannte natürlich einige. Er streifte immer allein durch den Wald, er liebte ihn. Und gelegentlich kamen einer Safarimannschaft, die den Kulal bestieg, Lebensmittel oder Kleidungsstücke weg, aber die Diebe kriegte nie jemand zu sehen. Die Wandrobo kennen ihren Wald und bewegen sich wie Schatten im Nebel. Sie sind ein sehr verschlossenes ...«

Van Delden stieg auf die Bremse, daß wir nach vorn flogen. Dann fuhren wir rückwährts, und im Scheinwerferlicht nahten zwei graue Riesengestalten mit erhobenen Köpfen. Die Rüssel unter die Stoßzähne gesteckt, griffen sie an. Sie kamen rasch heran, Schulter an Schulter, füllten die ganze Pfadbreite aus. Ich sah, wie ihre Füße sich bewegten, hörte aber kein Geräusch, kein Trompeten, nur das Brummen des Motors. Un-

terholz zerbrach unter unseren Rädern, und plötzlich krachte das Heck des Landrovers an einen Baumstamm, daß es uns von den Sitzen warf. Wir standen, der Motor erstarb. Van Delden schaltete die Lichter aus, alles war schwarz und still. Ich wußte nicht, was nun werden sollte, lag einfach da und wagte keine Bewegung. Dann trompeteten die Elefanten. In der Stille klang es erschreckend und nahe, der furchterregendste Ton, den ich je gehört hatte. Die Scheinwerfer gingen an, und ich sah das Paar auf dem Pfad stehen, die Rüssel nach oben gebogen. Die Augen in den großen, gewölbten Köpfen funkelten im Licht. Der Anlasser jaulte, der Motor sprang an, und dann fuhren wir geradewegs auf sie los. Die Hupe plärrte. Als wir den Pfad wieder erreichten, riß van Delden das Lenkrad herum, und wir schlugen einen Haken zwischen den Bäumen durch. Ich sah kurz die beiden Riesenschädel über uns, das helle Elfenbein der Stoßzähne und die gekrümmten Rüssel. Dann waren wir vorbei und rasten den Pfad entlang.
Keiner sprach, als wir unsere Gliedmaßen sortierten. Mukunga, der vorn neben van Delden saß, hielt noch immer das Gewehr schußbereit in den Händen. Van Delden drehte den Kopf zurück und lachte: »Alles in Ordnung da hinten? Mit dir, Toto?«
»Ich bin okay, Tembo. Wir sind alle okay.« Mary lachte ebenfalls. Sie hatte mich am Arm gefaßt und sagte nun: »Sie zittern ja wie Espenlaub. Warten Sie erst mal, bis der Motor nicht anspringt und die Elefanten sich über Sie beugen und ihre Stoßzähne in die Karosserie rammen.« Ihr Griff war hart, ihre Augen funkelten vor Erregung.
Abe fragte: »Waren das Bullen oder Kühe?«
»Kühe«, antwortete van Delden.
»Aus Marsabit? Haben Sie sie erkannt?«
»In dem Licht und während sie uns angriffen?!« Van Delden

lachte. »Keine Chance.« Ernst fügte er hinzu: »Kühe greifen normalerweise nicht ohne jede Vorwarnung an. Ich frage mich, wo sie den Menschen derart übergekriegt haben, daß ihre Natur sich geändert hat.« Er fuhr jetzt langsamer, Mukunga und er schauten aufmerksam nach vorn. Einmal schaltete er den Motor aus, aber kein Laut war zu hören. Stille herrschte in dem nebelverhangenen Wald.
Ein Stück weiter wichen die Bäume zurück, und wir kamen auf eine Lichtung, eigentlich eine Wiese, die links vom Weg steil anstieg. Schatten bewegten sich im Nebel, und wir hielten erneut. Ein kleiner Teich neben dem Pfad war zu einer Schlammsuhle zertrampelt, und das Gras auf dem Hang darüber lag flach auf dem Boden. »Kambi ya mawingo«, sagte van Delden. »Aber kein Platz für uns. Ist bereits besetzt.« Die undeutlichen Formen auf der Lichtung verschwammen in dem leichten Nieselregen, der kurz vorher eingesetzt hatte, vollends. »Wir werden weiter oben, auf den freien Hängen, campen müssen.« Der Motor brüllte auf, und wir schossen über die Lichtung zu dem dunklen Tunnel der Bäume auf der anderen Seite. Elefanten glitten schemenhaft vorbei. Der Pfad war übersät mit abgebrochenen Zweigen, so daß wir durch ein Meer halbverwelkten Laubes rauschten.
Nach und nach wurden die Zweige weniger, bis der Pfad fast frei war. Nur die fußballgroßen Kotkugeln zeigten noch an, daß Elefanten ihn benutzt hatten. Der Wald lichtete sich, die Bäume wurden niedriger, und plötzlich endete der Pfad an einem tiefen, querlaufenden Graben. Van Delden stieß den Landrover ins Unterholz zurück und schaltete den Motor aus. Dunkelheit und tiefste Stille umgaben uns, nur das leise Tropfen des Wassers von den Blättern war zu hören. »Was jetzt?« fragte Abe, Spannung klang aus seiner Stimme.
Van Delden stieg aus. »Wir gehen zu Fuß weiter. Ein paar hundert Meter, mehr nicht. Ziehen Sie alles an, was Sie haben.

Die Nacht wird kalt.«

Es tat gut, in die Pullover zu kommen, denn die Fahrt hatte uns ganz schön abgekühlt. Mary wickelte sich in eine Decke, die sie unter dem Vordersitz gefunden hatte. Dann umgingen wir den Graben und stiegen durch ein Gewirr dünnstämmiger Pflanzen empor. Nach etwa zweihundert Metern kamen wir, wie van Delden gesagt hatte, ins Freie und hatten Gras unter den Füßen. Die Wolkenkappe war hier dünner, das Mondlicht schimmerte durch. Wir schlugen am Waldrand Äste und machten Feuer, kauerten uns nieder, dankbar für die Wärme, und tranken kochendheißen Tee aus unserem einzigen Becher, der von Hand zu Hand ging. Es war erst kurz nach Mitternacht, obwohl ich den Eindruck hatte, wir seien viele Stunden gefahren.

Abes Neugier war offenbar von keiner Müdigkeit zu dämpfen. »Wie lange vermag der Wald eine solche Zahl Elefanten zu ernähren?« wollte er wissen.

Van Delden legte den Kopf schief. »Um diese Frage beantworten zu können, müßte man eine regelrechte Zählung durchführen, und wir wissen nicht, wieviel von dem Laub geeignet ist für sie. Nicht alles, fürchte ich. Wie ich Ihnen sagte, war der Kulal nie ein natürlicher Lebensraum für Elefanten.«

»Sie meinen also, es sei nur eine Raststation auf dem Weg nach Norden.«

»Möglich wäre es.« Van Delden zog seine Pfeife heraus und begann sie zu stopfen. »Genau das will ich herausfinden.«

»Wenn die Elefanten aber nur durchziehen, müssen sie einen Weg auf den Berg und einen Weg vom Berg hinunter kennen. Habe ich recht?«

»Es ist logisch. Doch Tiere werden vom Instinkt geleitet, nicht von der Logik.«

»Sind Sie da so sicher? Würde der Instinkt allein sie nach

Norden weisen? Für die Elefanten herrscht eine Krisenzeit, und wie Sie selbst gesagt haben, könnten die Tiere aus einem tiefsitzenden Wissen heraus nach Norden ziehen. Das wäre kein Instinkt. Es wäre etwas, das von einer Generation an die andere weitergegeben wird. Oder vielleicht ist es ihren Genen eingeprägt.«

»Nichts als Spekulationen.« Ein Streichholz flammte auf, das adlernasige, bärtige Gesicht war kurz in Licht getaucht, als van Delden seine Pfeife anzündete. Der Tabakrauch mutete in dieser seltsamen Umgebung tröstlich normal an. »In Marsabit hat es vor dem Krieg, als Kenia noch ein eigener Staat war, einen Elefanten gegeben – Ahmed. Der größte, den bis dahin jemand zu Gesicht bekam. Er stand unter dem Schutz von Jomo Kenyatta. Der einzige Elefant, dessen Elfenbein nicht gefährdet war. Man schätzte, daß er bei seinem Tod mehr als siebzig Jahre zählte. Das ist mehr, als die meisten erreichen. Der Durchschnitt liegt bei etwa fünfzig Jahren. Doch selbst wenn man fünfzig Jahre ansetzt und drei Generationen zurückgeht, ist man vor dem Burenkrieg, vor Cecil Rhodes und dem Hauptzuzug englischer Siedler.« Van Delden schwieg einen Moment, machte einen Zug aus seiner Pfeife. Dann fuhr er fort: »Die Elefanten können sich verständigen, das weiß ich. Aber was sie einander mitzuteilen vermögen, das steht auf einem anderen Blatt. Das Wissen über ein sicheres Territorium ist eine sehr abstrakte Information im Vergleich zu Warnungen vor Gefahr, zu Verhaltensanweisungen oder Angaben über Futterstellen.«

Abe nickte, zog eine Zigarettenpackung heraus und betrachtete sie nachdenklich. Es war seine letzte Packung, und sie enthielt nur noch drei Stück. Er steckte sie weg, sog den Rauch von van Deldens Pfeife ein. »Wie viele Gesprächstöne haben Sie identifiziert?« fragte er.

»Etwa vierzig.«

»Und alle betreffen normale Alltagsdinge wie Futter und Verhalten?«
»Diejenigen, die ich identifiziert habe, ja.«
»Wie steht es mit außersinnlicher Wahrnehmung?«
»Ich bin kein Tierpsychiater.«
»Soll das heißen, daß Sie nicht daran glauben?«
»Es heißt nur, daß ich mich an das halte, was ich weiß. Dinge wie Telepathie...« Er blickte ins Feuer, fuhr sich mit den Fingern durch den Bart. »Ich weiß es einfach nicht. Jeder, der in enger Gemeinschaft mit Tieren lebt, hat schon Verhaltensmuster beobachtet, die sich nicht erklären lassen.«
»Also haben Sie keine Ahnung, warum die Elefanten nach Norden ziehen und warum es hier zu dieser Konzentration kommt?«
Van Delden stieß Rauchwölkchen aus und schüttelte den Kopf. »Jede Aussage, die ich jetzt machte, wäre reine Raterei. Es könnte sein, daß umherziehende Bullen sich an Marsabit als sicheres Gebiet erinnern, nichts einfacher als das. Aber der Richtungswechsel zum Kulal hieße doch, daß sie auch wissen, daß Marsabit sie nicht mehr ernähren kann.« Er wiegte den Kopf und blickte nachdenklich ins Feuer. »Ererbte Erinnerung, ein angeborener Überlebensinstinkt? Ich weiß nicht, was sie nach Norden ziehen läßt, aber sie tun es. Und wenn es einen Weg aus dieser Schlucht gibt...« Er klopfte die Pfeife aus und stand auf. »Wir werden sehen, was Dima uns morgen früh zu berichten hat.« Ich hörte ihn noch etwas über unseren enormen Benzinverbrauch sagen, aber ich war bereits so müde, daß ich die Augen kaum mehr offenhalten konnte. Mary schlief schon, in ihre Decke gerollt, und nahe am Feuer lag Mukunga auf dem Rücken, den Mund offen und leise schnarchend.
Ich streckte mich im Gras aus. Die Flammen zuckten auf meinen Lidern, weil Mtome neue Äste nachlegte. Die Stimmen

drangen nur noch als undeutliches Gemurmel zu mir; was gesprochen wurde, verstand ich nicht mehr, ich war verloren für die Welt.
Vielleicht träumte ich, doch das konnte kaum sein: Ich war viel zu erschöpft, um zu träumen. Dennoch – ich wachte von einem durchdringenden Schrei auf, der mir noch in den Ohren nachhallte... Das Herz schlug mir im Hals, und ich zitterte. Das Feuer glühte schwach, wärmte aber nicht mehr. In den Bäumen hinter uns raschelte der Wind, und es war kalt, feuchtkalt. Ich wußte sofort, wo ich war und wer die Gestalten waren, die neben mir lagen. Außer mir hatte sich keiner gerührt. Nichts war mehr zu hören. Durch ein Loch in den Wolken schienen Sterne. Da – im Schatten der Bäume bewegte sich etwas. Das Mondlicht wurde einen Moment lang stärker, und ich meinte, ein haariges Wesen aufrecht stehen zu sehen. Von Angst gepackt, setzte ich mich auf. Gedanken an Wandrobo, Yetis und andere primitive Wilde, die auf Bergen hausten, schossen mir durch den Kopf. Wieder dieser durchdringende Schrei... Ein Schrei der Wut und Furcht, bei dem sich mir die Nackenhaare sträubten. Das Wesen war verschwunden.
Ich saß zitternd da und starrte in den Wald. Doch das Wolkenloch hatte sich geschlossen, und alles war wieder dunkel.
»Ein Babuin-Pavian«, sagte neben mir eine leise, beruhigende Stimme. Im restlichen Glutschein konnte ich das bärtige Gesicht van Deldens eben noch erkennen, er hatte ein Auge offen und den Mund zu einem Lächeln verzogen. »Ich hätte Sie vorwarnen sollen.«
»Er sah so groß aus«, murmelte ich.
»Ja, sie sind sehr groß hier oben; sie leben in der Schlucht.«
»Ich dachte, wir hätten die Schlucht kilometer weit hinter uns gelassen.«
»Der Kulal ist voller Schluchten.« Sein Auge schloß sich, und

ich legte mich hin.
Als nächstes wußte ich erst wieder, daß der Morgen dämmerte und Mtome versuchte, das Feuer mit nassen Zweigen anzufachen, die er im nahen Unterholz gebrochen hatte. Es war ein grauer, nebeliger Morgen; die Wiese, auf der Wassertropfen perlten, senkte sich in einer weichen Linie bergab und verlor sich unten im Dunstschleier. Ich blieb liegen, klammerte mich an die letzten Reste des Schlafs, fror zu sehr, um mich zu bewegen. Irgendwo schien die Sonne, und unsere milchige Welt begann seltsam zu schillern.
Mary kam aus den Büschen. Mit der Decke um die Schultern sah sie aus wie eine Squaw, ihr schwarzes Haar hing feucht herab. »Eine Brise kommt auf«, sagte sie.
Ich spürte den Wind auf dem Gesicht. Flammen züngelten auf der Feuerstelle, und über uns wirbelte der Nebel, irisierendes Sonnenlicht flammte auf und erlosch. Weit rechts oben tauchte ein gespenstischer Felsblock am Himmel auf. Er war einen Moment zu sehen, eine körperlos im Raum hängende breite Zacke, dann wurde sie von den sich langsam drehenden Wolken wieder verschlungen.
Van Delden setzte sich auf, sein Haar und sein Bart schimmerten feucht. »Wie spät ist es?«
»Acht Uhr vorbei«, antwortete Mary. Der Nebel hatte sich etwas gehoben. Mary schaute zu der Stelle hinab, wo die Grashänge abrupt in einem Gewirr kleiner Felsbrocken endeten. »Ich möchte den See sehen«, sagte sie. »Wir müßten ihn doch von hier sehen können, oder?«
»Wenn die Wolke sich verzieht«, erwiderte van Delden.
»Sie verzieht sich bereits, und sie ist ziemlich dünn. Die Sonne wird sie bald wegbrennen.«
»Vielleicht, aber der Kulal ist unberechenbar. Ich will die Schlucht da vorn sehen, dazu bin ich hergekommen.«
Abe setzte sich mit einem Ruck auf. »Glauben Sie, daß die

Elefanten es geschafft haben könnten, in diese Schlucht hier herüberzuwechseln?«
»Sie führt zum See hinunter, und wenn die Brise anhält...« Van Delden blickte zu der dünnen Nebelschicht hinauf. »Dima wird jetzt bei der Mission sein, aber er kann warten. Wir frühstücken und schauen, ob es aufklart.«
Ich stand auf und ging in die Büsche. Abe folgte mir: »Ich habe kaum geschlafen, und Sie?« Sein Gesicht war dünn, wie zusammengeschrumpft.
»Der Babuin hat mich geweckt.«
»Welcher Babuin? Ich habe keinen gehört.«
»Sie waren wie tot. Er hat Ihnen praktisch in die Ohren gekreischt.«
Abe lachte. »Also habe ich doch geschlafen. Aber ich fühle mich nicht so. Ich habe mir Sorgen um die Elefanten und um Karanja gemacht. Glauben Sie, daß Karanja die Schüsse abgegeben hat?«
»Van Delden scheint es zu glauben.« Ein blasser Sonnenstrahl drang durch die Zweige. »Dima wird uns dazu wohl etwas sagen können.« Ich trat rasch wieder ins Freie. Es war jetzt wärmer, der Himmel wies blaue Stellen auf, und der Nebel wirbelte im Wind. Die anderen standen ums Feuer, schauten zu der Stelle hinunter, wo die Grasmatten über den Rand der Schlucht stürzten. Immer mehr Matten schälten sich aus dem Dunst, in der klaffenden Schlucht wallte Nebel, Felszacken erschienen und verschwanden wieder. Plötzlich wurde der Dunstschleier ganz davongeweht, und tief unter uns tauchte der Rudolfsee auf, eine sonnenfunkelnde Wasserfläche, die sich weit nach Norden und Süden erstreckte. Eine kahle, braune Insel, offenbar reine Lava, erhob sich aus dem Wasser, und das jenseitige Ufer war gerade noch als Klippenlinie zu erkennen. Der See selbst schimmerte hellblau und war weiß gesprenkelt.

»Der Jadesee«, murmelte Mary. »Aber er ist blau, nicht grün.«
Van Delden nickte. »Dort unten geht ein höllischer Wind.«
Es war wie eine verblüffende, phantastische Offenbarung. Dann zog der Nebel wieder auf und verhüllte alles – nach einem so kurzen Augenblick, daß ich kaum an die wirkliche Existenz des Gesehenen glauben konnte. Erneut wirbelten Wolken über die Sonne.
»Wie weit ist der See unter uns?« Mary schien noch ganz verzaubert.
»Etwa zweitausend Meter«, antwortete van Delden.
»Der Kulal ist doch höher.«
»Der Gipfel liegt im Nordosten von hier, auf der anderen Seite der Schlucht. Wir sind ein gutes Stück niedriger.«
»Und die Schlucht führt nach Loiengalani hinab?«
»Das Wasser aus dieser Schlucht macht Loiengalani zur Oase.«
Mary drehte sich um, schaute verzückt auf den Nebel, der sich am Rand der Schlucht entlangwälzte. »Ich gehe sie mir ansehen.«
Van Delden nickte geistesabwesend, drehte seine Pfeife in den Fingern. Das Teewasser kochte, und Mtome, der mit gekreuzten Beinen am Feuer saß wie ein schwarzer Priester bei einem primitiven Ritus, warf eine Handvoll Teeblätter hinein. Elefantenkalbsteaks brutzelten an ihren Stöcken. Die glühende Holzkohle loderte immer wieder kurz auf. Der Nebel fiel wieder. Mary wurde zur gespenstischen Gestalt, die in eine milchige Leere davonging.
»Heute nacht«, murmelte van Delden, sog an seiner leeren Pfeife und sah Abe von der Seite an, »heute nacht habe ich nachgedacht. Bei der Fahrt auf den unteren Berg sind wir nirgends auf Elefantendung gestoßen. Haben Sie Dungbälle gesehen?«

»Erst bei der Mission, davor nicht.« Abes Gesicht verriet plötzliches Interesse. »Sie meinen, es gibt einen Weg aus der Ostschlucht herauf?«

»Eine Menge Elefanten sind durch den Wald hier gezogen, und sie sind nicht die Missionsstraße heraufgekommen.« Van Delden nickte mehrmals. »Ja, genau das glaube ich. Es muß einen Weg geben, den sie alle benutzen.« Er blickte kurz ins Feuer, schlug sich dann mit der Hand auf die Hüfte und sah, den großen Kopf vorgeschoben, die blassen Augen funkelnd, Abe erneut an. »Wenn das der Fall ist, haben die Elefanten einen angeborenen Überlebenssinn, der aus den Erfahrungen früherer Generationen schöpft. Genau das, wovon Sie gestern abend gesprochen haben. Ich habe am Rudolfsee nie Elefanten gesehen. Zu meinen Lebzeiten hat es dort nie welche gegeben. Aber laut von Höhnel hat Teleki am Ufer Elefanten geschossen, und sie haben dort Wasserpflanzen gefressen. Woher haben weit im Süden von hier Elefanten gewußt, daß es im See Wasserpflanzen gibt oder daß der Rudolfsee überhaupt existiert?«

»Sie haben es nicht gewußt«, erwiderte Abe. »Es ist entweder Intuition oder eine ererbte Erinnerung.«

»Oder sie vermögen durch die Töne, die sie von sich geben, mehr auszudrücken, als ich bisher gemeint habe. Irgendein wandernder Bulle ...« Mtome reichte van Delden den Blechbecher mit Tee, und der alte Jäger gab ihn an Abe weiter. »Eine Art Telepathie?« Er wiegte den Kopf. »Das käme Ihrer außersinnlichen Wahrnehmung nahe.«

»Ich denke, wir müssen akzeptieren«, sagte Abe langsam und blies auf den Tee, »daß es Kommunikationsformen gibt, die uns unbekannt sind. Oder die wir im Materialismus unserer Zivilisation vielleicht vergessen haben.«

Van Delden brummte skeptisch, sein Blick schweifte zur Schlucht. Der Nebel hüllte uns wieder ganz ein, keine Spur

von Mary, nur das feuchte Grün des zähen Grases. Van Delden rief Mukunga, der frisches Brennmaterial zum Feuer zog, etwas zu, worauf der Afrikaner alles fallen ließ und in den Nebel davonging. Ich folgte ihm, in der Hoffnung, daß der Nebel sich von neuem lichten würde. Allein hätte ich es wohl nicht gewagt, aber ich wollte in die Schlucht hinunterschauen. Im Weggehen hörte ich Abe sagen: »Die Vogelzüge, die Jungaale, die jungen Lachse – ich glaube, wir wissen noch nicht viel...«
Ich schaute über die Schulter zurück, der Nebel hatte die beiden bereits verschlungen, und nur die Feuersglut schimmerte noch mattrot durch das dicke Wolkentuch, das auf dem Berg lag. Von irgendwoher kam ein schwacher Schrei. Er verlor sich in Echorufen, die von der Entfernung und der Feuchtigkeit gedämpft wurden. »Nyani«, sagte Mukunga, und sein Runzelgesicht grinste mich an. Er legte einen Schritt zu, so daß ich fast laufen mußte. Das Gras hörte auf, wir kamen in Felsen, und er blieb unvermittelt stehen, denn vor uns fiel das Gelände in einer Reihe von Felsbändern und Simsen steil ab. Der Schrei des Babuins klang nun lauter, hallte aus der Schlucht herauf.
»Wo ist sie?«
Mukunga hob die Hand, horchte. Plötzlich fragte links von uns Marys Stimme: »Sind Sie das, Colin?«
Mary tauchte aus einer Senke im Schluchtrand auf. »Flamps«, sagte sie. Ihre Augen funkelten, die Anstrengung und die Luftfeuchtigkeit hatten ihrem Gesicht eine frische Farbe gegeben. »Ich bin sicher, daß ich Flamps gesehen habe, bevor sich diese verdammte Wolke wieder dazwischenschob.«
Ich spürte leichten Wind auf dem Gesicht, der Nebel zu meinen Füßen geriet ins Wallen, begann grau zu schimmern. Mary strich sich das feuchte Haar aus der Stirn. »Die Flamps

waren auf einer Art Insel, vielleicht zwei oder drei Kilometer schluchtabwärts. Die Insel erschien nur für einen Moment, sie schwamm im Nebel und leuchtete in einem Sonnenstrahl intensiv grün. Die Flamps standen auf den Hängen, graue Klumpen, wie Felsen; aber ich habe gesehen, wie sie sich bewegten – ich bin sicher, daß sie sich bewegten.«

»Dann muß ein Weg hinunterführen«, sagte ich. Oder gab es eine Verbindung zwischen dieser Schlucht und derjenigen, in die wir am Vorabend geschaut hatten? »Sind Sie auch ganz sicher, daß es Elefanten und keine Babuins waren?«

»Seien Sie nicht dumm. Ich bin unter Elefanten aufgewachsen und außerdem weitsichtig.« Ihr Gesicht verdüsterte sich plötzlich. »Glauben Sie, daß es die von gestern sind? Wenn eine einzige riesige Schlucht den Berg spaltet...« Ich wußte, was Mary dachte: Kamen die Elefanten durch, würden auch die Jäger durchkommen. Sie hob den Kopf: »Schauen Sie! Die Sonne.« Ihr Gesicht strahlte, und sie lachte. »Jetzt, in dieser Sekunde, interessiert mich nur, daß die Welt schön ist. Der Nebel, die Schlucht, alles...« Sie zögerte, blickte auf den Nebel, der sich nun in einem weißen Strom die Schlucht hinunterwälzte. »Seltsam«, murmelte sie. »Dort unten, wo wir herkommen, ist alles Hitze, Sand und Lava, Härte des Lebens – Wirklichkeit. Aber hier oben...« Sie sah mich wieder an, lächelte. »Wir wollen die Wirklichkeit vergessen, nicht? Nur den Augenblick genießen.«

Ich nickte unsicher, wußte nicht recht, was sie erwartete. Der an uns vorbeiströmende Nebel wurde heller, die verwaschene Sonnenscheibe ließ Myriaden in der Luft schwebender Tröpfchen auffunkeln. Ich blickte die strahlende Mary an, mein Blut begann auf die von ihr ausgehende Vitalität zu reagieren.

»Schauen Sie!« Mary wies schluchtaufwärts. Ich drehte mich um und sah die breite Felszacke erneut, die ich schon zuvor

gesehen hatte. Sie schwebte wieder frei am Himmel. Aber diesmal verschwand sie nicht.
Der Wind hatte ziemlich aufgefrischt. Ich spürte seinen Druck auf meinem Körper, und er wehte Mary das dunkle Haar aus dem Gesicht. Ein Bündel Sonnenstrahlen glitt über das Gras, die Bergwiesen schälten sich immer weiter heraus, breite, abwärts geschwungene Matten von unglaublich leuchtendem Grün. Mukunga bewegte sich, reckte den Hals. Er sagte etwas und kletterte die Felsen hinunter, gewandt wie eine Ziege. Auf einem Vorsprung blieb er stehen und schaute hinab.
»Er meint, jemanden gesehen zu haben.«
»Einen Menschen?«
Er ist sich nicht sicher. Vielleicht einen Babuin.« Mary hatte mir den Rücken zugedreht, blickte in die Schlucht und schaute zu, wie die Sonne die Wolken verbrannte und der Wind sie zerfetzte. »Da!« Marys Insel war aufgetaucht, ein zerklüfteter Block aus Felsen und Gras, der in einem weißen Baumwollmeer schwamm. »Sehen Sie sie?« Mary hatte die Hand ausgestreckt. »Schade, daß wir den Feldstecher nicht mitgenommen haben.«
Graue Formen tüpfelten das Gras, aber ob es Elefanten oder Felsbrocken waren, konnte ich nicht unterscheiden. Außerdem interessierte mich der Gipfel viel mehr, denn dort erhob sich blanker Fels aus der grünen Pyramide wie eine Burg oder eine umwallte Stadt. Es war jedoch zu weit weg, um erkennen zu können, ob es sich um Überreste menschlicher Behausungen handelte. Die Schlucht öffnete sich immer weiter, die Wolken lösten sich in vereinzelte Schleier auf, der ferne See begann durchzuschimmern. Mukunga rief uns etwas zu und kletterte wieder herauf.
»Was sagt er?« fragte ich.
Mary zog die Achsel hoch. »Ich habe ihn nicht verstanden.«

Hinter uns erklang van Deldens Stimme: »Es sind also Elefanten dort unten.« Er hatte den Feldstecher an den Augen und kaute an einem Stück Fleisch. »Mindestens ein halbes Dutzend, darunter ein oder zwei halb erwachsene. Was hat Mukunga?«

»Er glaubt, etwas gesehen zu haben«, antwortete Mary.

»Iß lieber etwas«, riet er ihr. »Wir müssen gleich aufbrechen.«

Die Babuins schwiegen jetzt. Man hörte nichts als den Wind, und der See wurde klarer, eine schimmernde Fläche hellen Wassers, soweit man sah. Ich spürte die Sonne, genoß dankbar ihre Wärme. »Darf ich mal durch das Glas schauen?«

Van Delden reichte mir den Feldstecher. Doch so aufmerksam ich auch den aus verwittertem Vulkangestein bestehenden Gipfel absuchte, ich entdeckte nichts, was auf Menschenspuren hingedeutet hätte. Derweil stemmten sich auf Marys Insel zwei junge Elefanten, wahrscheinlich Bullen, in einem Scheinkampf gegeneinander, jeder spannte die Muskeln gegen den Druck des Kopfs und der Stoßzähne des anderen, und unweit davon säugte eine Kuh ein halb erwachsenes Kalb. Die friedliche Szene war eine richtige Wohltat nach dem, was ich bei South Horr erlebt hatte.

Hinter mir hörte ich Mukunga rasch sprechen, in seiner Muttersprache etwas erklären. »Er glaubt, daß er zwei Männer hat aus der Schlucht klettern sehen«, sagte van Delden. »Könnten Wandrobo sein, vielleicht auch Samburu. Die Samburu haben früher ihre Rinder auf den unteren Hängen geweidet.« Er fragte Mukunga etwas. Das Wort Nyani fiel mehrmals zwischen den beiden, schließlich erklärte van Delden: »Es können auch Babuins gewesen sein, Mukunga ist sich nicht sicher. Das Laub war ziemlich dicht, und er hat nur einen kurzen Blick auf die beiden Gestalten erhascht.« Zu Mary sagte er:

»Dein Tee wird schwarz und bitter.«
Sie nickte, blickte aber weiter in die Schlucht hinunter. Der Wind flaute ebenso rasch wieder ab, wie er aufgekommen war. Wolken legten sich wie Rauchkringel um die grünen Hänge der Felseninsel, verbargen die Elefanten vor uns. Wir machten uns auf den Rückweg. Die Sonne war bereits halb verdunkelt, und der Gipfel des Kulals verschwand in einer Wolkenbank. »In dieser Schlucht unten«, sagte ich zu van Delden, »hat Ihr Vater einige seiner Keramikfunde gemacht.«
»Wo genau?« Aus seiner Stimme hörte ich, daß es ihn nicht wirklich interessierte.
»Ich kann es Ihnen auf der Karte zeigen«, antwortete ich. »Alle Fundstellen sind darauf angegeben.« Van Delden schwieg. Ich fragte ihn, ob er mit den Wandrobo reden könne, falls die beiden Gestalten in der Schlucht Wandrobo gewesen seien.
»Ich glaube, Dima könnte es. Er ist ein Boran und kennt die Bevölkerung der hiesigen Gegend. Aber ich kann es bestimmt nicht, ebenso wenig Mukunga.« Van Delden schritt nun rasch aus, rief Mtome.
Mary sagte ruhig: »Keramik interessiert ihn nicht, und seinen Vater hat er gehaßt.«
»Warum hat er mich dann gebeten, das Manuskript und die Karte mitzuschleppen?«
Sie zuckte die Achseln: »Vielleicht meint er, daraus etwas über den Kulal oder den Rudolfsee erfahren zu können – etwas, das er nicht weiß.«
»Zum Beispiel?«
»Etwas über Elefanten«, erwiderte sie und grinste mich an. »Oder über Wasser. Eine Quelle, die er nicht kennt, von der aber die Elefanten wissen.«
Als wir am Feuer anlangten, senkte sich der Nebel wieder auf

uns, dicker als je zuvor.
Ich saß da, trank Tee, kaute an einem großen Stück Fleisch und fragte mich, warum ich nicht den Mumm hatte, in den Nebel hinauszugehen. Es mußte einen Weg in die Schlucht geben, und wenn ich die Waldbewohner treffen konnte, die den Berg kannten... Ich stellte mir vor, daß kleine dunkelhäutige Männer mich auf den Felsgipfel brachten, der Nebel sich wie ein Schleier hob und einen seltsamen urzeitlichen Steinwall freigab, eine Mauer, die an die alten Inkabauten erinnerte. Doch das waren nur Hirngespinste. Ich hing Tagträumen nach und wußte genau, daß ich ohne van Delden und seine Afrikaner keine Überlebenschance hatte. Als sie das Lager abbrachen und am Waldrand zum Landrover zurückgingen, ging ich hinterher, in der Hand die Tasche mit den Filmen und dem Manuskript.
»Warum sind Sie nicht losgezogen, um nachzuschauen, was in der Schlucht unten ist?« Marys lachende Augen funkelten leicht spöttisch. Sie hatte meine Gedanken erraten.
»Wie kommen Sie darauf?«
»An was sonst sollten Sie mit einem so verlorenen, verträumten Ausdruck auf dem Gesicht schon gedacht haben? Na, warum sind Sie nicht losgezogen?«
»Weil ich nicht die Nerven dazu habe«, erwiderte ich aufgebracht.
»Und wenn ich mir ein Gewehr besorgt hätte?«
»Sie wären mitgekommen?«
Mary nickte strahlend, und ich wußte nicht, ob sie es ernst meinte oder sich über mich lustig machte. »Ich bin eine ziemlich gute Schützin. Zumindest war ich es.«
Doch wir befanden uns schon im Wald, rutschten hintereinander einen verschlammten Wildwechsel hinab. Ich sah bereits den Graben durch die niedrigen Bäume. Er war tiefer, als ich in der Nacht gemeint hatte. Auf dem Boden, zwischen

den hohen, senkrechten Wänden, verlief ein Wasserrohr – jenes, das die Mission versorgte. Über dem Graben schimmerte der Landrover durch den Blättervorhang.
Wir stiegen ein und fuhren los, waren jedoch kaum auf dem Weg draußen, als der Motor spuckte und starb. Die Benzinuhr stand auf leer, und ich fragte van Delden, was sie angezeigt hatte, als er am Abend vorher gestartet war.
»Mehr als halb, also an die vierzig Liter. Zum Glück hat Alex neben dem Werkzeugkasten einen Reservekanister montieren lassen.«
Wir können, genaugenommen, nicht soviel Sprit verbraucht haben, sagte ich mir. Während Mtome den Reservekanister aus seiner Halterung löste, sprang ich ab, kroch unters Fahrzeug und wischte mit bloßen Händen den Schmutz vom Tank. Er wies Roststellen auf, doch nicht durch sie, sondern durch eine Beule an der seitlichen Schweißnaht sickerte Benzin auf meine Finger. »Wir haben den Tank an einem Ast oder einem Stein leckgeschlagen«, rief ich nach oben.
»Genau das habe ich befürchtet«, erwiderte van Delden. »Der Benzinverbrauch hier herauf war viel zu hoch.« Er fügte hinzu: »Höchstwahrscheinlich ist eine dieser Kugeln abgeprallt.«
Wir fanden Isolierband im Werkzeugkasten und verklebten das Leck, so gut es ging. Ich fürchtete jedoch, daß es nicht lange halten würde. Der Reservekanister war nur zu knapp zwei Dritteln voll, so daß wir bestenfalls noch zwölf Liter hatten.
Im Kambi ya Mawingo mußten wir warten, bis ein Bulle mit riesigen Stoßzähnen an der Quelle seine Morgentoilette beendet hatte. Die Sonne schien wieder, der Grashang funkelte vor Nässe, dampfte in der Hitze, und gelbe Schwalbenschwänze sonnten sich mit ausgebreiteten Fügeln auf den geknickten Büschen neben uns.

Tiefe Stille herrschte, während wir dem Elefanten zusahen, der mit seinem Rüssel Wasser aufsog und es sich über Kopf und Rücken spritzte. Er bewegte sich wie in Zeitlupe.
»Schauen Sie! Ein Turako«, flüsterte Mary. Der Vogel beäugte uns von einem Ast herunter, den schwarzen Kopf schiefgelegt. Sein Körper war leuchtend grün, und die Flügelspitzen schimmerten rot. Ein Stück tiefer ließ ein Honigsauger, der in sattem Smaragdgrün blitzte, seinen gekrümmten Schnabel vorschnellen. Der Ort strahlte ungeheuren Frieden aus. Dann trollte sich der Bulle, er schlenderte gemächlich den Hang hinauf, und wir fuhren an der Quelle vorbei ins Dunkel des Hochwalds.
Wir kamen zu der Weggabelung, waren somit von der oberen Bergschulter herunter. Ab hier ging es stetig abwärts, und wir schafften die Strecke zur Mission in etwa einer halben Stunde, fuhren krachend über abgebrochene Äste, ohne einmal halten zu müssen. Keine Spur von Dima. Die Mission auf dem Hang über uns schien verlassen, niemand antwortete auf unser Hupen.
»Schauen Sie nach dem Tank«, ersuchte mich van Delden und stieg mit seinen beiden Afrikanern zu den Missionsgebäuden hinauf.
Das Isolierband hing zerfetzt herab, und ich roch das ausfließende Benzin, noch bevor ich die Finger auf die Stelle legte. Mukunga rief immer wieder nach Dima, und über mir sagte Abe: »Vielleicht ist er zu der Lichtung gegangen.« Ich bat Mary, mir einen Lumpen und das restliche Isolierband zu geben. Während ich den Schmutz vom Tank wischte, glaubte ich ein fernes Summen zu hören. Mukunga rief nicht mehr, alles war still bis auf das ferne, hornissenähnliche Summen.
»Hören Sie was?« fragte ich.
Nach kurzer Pause sagte Mary: »Klingt wie ein Motor.«
»Von der Straße unten?«

»Nein. Es scheint über uns zu sein.«
Ich verklebte das Leck vollends, und als ich unter dem Landrover hervorkroch, hörte ich ganz deutlich das Dröhnen eines Motors hoch oben am Berg.
»Muß ein Flugzeug sein«, sagte Abe.
Auch van Delden mußte es gehört haben. Er stand neben der zerbrochenen Veranda und starrte zum Himmel.
»Da!« Mary hatte den Arm erhoben, und nun sah auch ich die Maschine. Sie kam über die bewaldeten Hänge, berührte fast die Baumwipfel, ging in die Kurve und hielt genau auf uns zu. Das Summen, jetzt ein Tosen, jagte über uns hinweg. Die Maschine überflog uns so niedrig, daß ich den Luftsog spürte, die Föderationskennzeichen und sogar das Gesicht des Piloten sah, der zu uns herunterschaute.
Es war ein zweimotoriger Eindecker, der nun in einer engen Schleife zu den Missionsgebäuden hochzog. »Ist das Murphy?« Abe starrte nach oben, beschattete die Augen mit den Händen. »Es ist ein Armeeflugzeug, und ich meine...« Seine Worte gingen im Dröhnen unter, als die Maschine über die Mission donnerte. Sie stieg über dem Wald empor, verkleinerte sich zu einem in der Sonne funkelnden, metallischen Fleck. »Ich bin sicher, daß es Murphy ist.«
Van Delden war zurück: »Mary, Mr. Finkel – schnell! Aussteigen! Ich lasse Sie hier, alle drei.« Mich fragte er: »Was ist mit dem Leck?« Als ich es ihm erklärt hatte, sagte er: »Macht nichts. Jetzt geht es nur noch bergab, und mit dem, was im Tank ist, käme ich ohnehin nicht mehr herauf.«
Das Flugzeug kam wieder, glitt mit gedrosselten Motoren heran, die Nase so hoch, daß es fast abzuschmieren drohte. Als es über uns war, flatterte etwas Weißes aus dem offenen Cockpitfenster, und ich sah Pat Marphy winken. Dann jagte er die Motoren hoch, stieg, wendete und flog entlang der Schlucht davon. Das abgeworfene Weiße war sein Taschen-

tuch, in dessen Ecke er eine Botschaft geknotet hatte: *K-S plus Armeeunterstützung ziehen durch Kulal-Ostschlucht. Rate Ihnen, schnellstens nach Marsabit zu gehen. Gebe Funkmeldung über verlassenen Landrover bei Kulal-Mission durch. Viel Glück, Pat. (Vernichten!)*

Van Delden las uns die Nachricht vor, hielt dann ein brennendes Streichholz daran.

»Ich komme mit«, sagte Abe. Er wußte, wir alle wußten, daß van Delden in die Schlucht hinunter wollte.

Van Delden schüttelte den Kopf. Mtome lud bereits die Fleischreste aus, Mukunga kontrollierte die Gewehre und die Munition. »Sie bleiben da, alle drei. Ich weiß nicht, was mit Dima ist, aber wenn er auftaucht, sagen Sie ihm, daß er hier warten soll.« Er ging auf die Fahrerseite. »Braten Sie sofort das Fleisch, nehmen Sie es mit in den Wald und verbergen Sie sich. Bestimmt wird eine Patrouille hierhergeschickt.«

»Was hast du vor?« Mary saß noch im Heck des Landrovers. Ihre Stimme, ihr starres Gesicht, die kerzengerade, gespannte Haltung und die geballten Hände verrieten, was sie dachte. »Bitte«, sagte sie, »geh in den Wald zurück. Geh zurück, bevor es zu spät ist.«

Van Delden schaute sie kurz an, den großen Kopf zwischen die massigen Schultern gezogen. Durch seine nur halb zugeknöpfte Buschjacke sah man die grauen Haare auf seiner Brust. »Ich bin nie im Leben vor etwas davongelaufen.«

»Aber du kannst nichts unternehmen.« Mary sprach mit dem Mut der Verzweiflung, als versuche sie, die Schranke seiner Hartnäckigkeit mit der Stärke ihrer Gefühle zu durchbrechen. »Bitte. Mir zuliebe«

Er schüttelte den Kopf, eine langsame, ärgerliche Bewegung. »Wenn er aufhört, Elefanten unzubringen, dann gehe ich. Eher nicht.«

»Ich komme mit. Ich rede mit ihm.«

Wieder schüttelte er den Kopf. Dann sagte er überraschend sanft: »Es gibt nichts, was du tun könntest. Wir sind alle, wie wir sind.« Er lächelte, und dieses Lächeln grub Runzeln um seine Augen, milderte die harten Gesichtszüge. »Du bleibst hier und wartest auf mich. Bei Einbruch der Dunkelheit bin ich wieder da. Steig jetzt aus, sei vernünftig.«
»Ich komme mit.«
»Nein.« Er streckte die Hand aus, faßte sie am Arm. Seine Stimme war drängend: »Ich habe es eilig.«
Mary schüttelte stumm den Kopf, die Augen aufgerissen. Sie bog den Körper zurück, versuchte sich aus dem Griff seiner Hand zu befreien. »Nein. Du wirst ihn umbringen.«
»Nicht, wenn ich ihn irgendwie anders aufhalten kann.« Van Delden sah Mary scharf an; er wußte, daß sie jetzt an ihren Vater dachte, nicht an ihn. Die blassen Augen wurden hart, und alle Weichheit war aus seiner Stimme verschwunden, als er wieder sprach: »Du tust, was ich sage, du wartest hier – und wenn ich nicht wiederkomme, kannst du zu ihm gehen und die letzten fliehenden Reste der ostafrikanischen Elefanten abknallen.« Er neigte sich vor, packte sie mit beiden Händen und hob sie aus dem Landrover. Als sie auf dem Boden stand, legte er ihr den Arm um die Schultern, wie er es auf der Straße von Baringo mit Karanja gemacht hatte, und sagte sanft: »Es ist nicht deine Schuld, Toto. Warte hier und bete für uns. Bete für uns beide.« Er neigte den Kopf und küßte sie auf die Stirn. »Was immer auch geschieht, du mußt nicht das Gefühl haben, daß du daran Schuld bist.«
Er ließ sie los, winkte Mtome und Mukunga und setzte sich hinters Lenkrad. Der Motor sprang an, die beiden Afrikaner stiegen rasch ein. »Kümmert euch jetzt um das Fleisch«, rief van Delden. »Haltet dann nach der Patrouille Ausschau. Und versteckt euch gut.« Er legte den Gang ein, und der Landrover jagte den Weg hinunter, ließ eine Staubwolke hinter sich zu-

rück. Mary stand stumm und reglos, beobachtete, wie er um die erste Kurve verschwand. Erst als sich der Staub gelegt hatte, machte sie langsam kehrt, wie im Traum, das Gesicht blaß und verzerrt. Mit kleiner, ausdrucksloser Stimme sagte sie: »So war es mein ganzes Leben lang.« Und ich wußte, sie sprach davon, daß van Delden immer wieder verschwunden war und sie hatte warten lassen.

»Er wird diese Elefanten irgendwie aus der Schlucht bringen«, sagte Abe, um Marys Ängste zu lindern, aber die mangelnde Überzeugung in seinen Worten verstärkte sie nur noch.

»Wie denn?«

Abe zuckte die Achseln, lächelte unbestimmt. »Er wird schon einen Weg finden.«

»Und die Armee? Was ist mit der Armee?« Mary sah uns starr an, verschränkte nervös die Finger. Sie lachte auf, ein hoher, schwankender Ton. Dann fuhr sie mit einem wehmütigen Lächeln fort: »Das Problem ist, daß ich ihn liebe. Samt allen seinen Fehlern, seiner Besessenheit, seiner dummen, verdammten Hartnäckigkeit, seiner rücksichtslosen Gleichgültigkeit gegenüber anderen Menschen – ich kann nicht anders, ich liebe ihn.« Sie seufzte. »Etwas, das er nie wissen wird.« Bitter fügte sie hinzu: »Und selbst wenn er es wüßte, er würde es nicht verstehen.«

Es gab nichts, was Abe oder ich hätten sagen können, keinen Trost, den wir ihr hätten spenden können. Wir blieben stumm, alle drei.

»Na, ich denke, er kann auf sich aufpassen«, meinte Abe schließlich verlegen.

»O ja, das kann er.« Mary stieß ein unechtes, sprödes Lachen aus. »Er ist über sechzig und hat nie etwas Schlimmeres abbekommen als ein paar Messerstiche und einen Hieb auf die Schulter von einem Menschenfresser. Warum also sich um ihn sorgen – oder um Alex? Was geschrieben steht, steht geschrieben.« Sie schien wieder zum Leben zu erwachen, sagte in festem, praktischem Ton: »Los, setzen wir lieber das Fleisch aufs Feuer, bevor es von Maden wimmelt.«

3

In der Missionsstation herrschte eine absonderliche Atmosphäre. Termiten hatten die Holzteile der Gebäude zerfressen, der Wald drang immer weiter vor, und überall stieß man auf Spuren und Exkremente von Tieren. Schlimmer noch als bei der Konferenz im Lodge, fühlten wir uns hier als Eindringlinge in einen Gebäudekomplex, den man einst für einen ganz anderen Zweck errichtet hatte. Freilich empfanden wir die Verlassenheit hier als weit bedrückender, sie war überwältigend. Unsere Schritte hallten in leeren Räumen, die erfüllt waren von der Geistlichkeit einer dem Christentum geweihten Gemeinde. Der Zerfall des Stofflichen war keine Folge des Krieges; lediglich die Zeit und die stumme Invasion der Natur hatten ihre Spuren hinterlassen, so daß mich nicht das Gefühl beschlich, der Ort sei entweiht worden. Allein die traurige Tatsache, daß dieses so vielversprechende Unternehmen gescheitert war, wirkte deprimierend genug, und ich glaube, wir waren alle drei froh, von der Mission fortzumüssen. Wir schafften unsere Sachen zum Waldrand, von wo wir die Straße und die Wasserstelle sahen, die Missionsgebäude aber nicht im Blickfeld hatten.

Wir machten Feuer, und während Mary das restliche Fleisch garte, ging ich über den Wiesenstreifen zur Wasserstelle, um den Plastikkanister zu füllen, den wir in der verlassenen Küche gefunden hatten. Der Boden um das Wasserrohr war so verschlammt und so schmierig vom Kot der Tiere, daß ich Stiefel und Socken auszog und die Hosenbeine hochkrempelte, bevor ich hineinwatete. Die Sonne brannte heiß, und als der Kanister voll war, zog ich auch das Hemd aus, steckte den Kopf unter die Leitung und ließ mir das klare, kalte Wasser über mein stoppeliges Gesicht und über den Rücken rinnen. Wie wunderbar, daß es hier oben auf dem Kulal Wasser gab, obwohl die ganze Nordregion verdorrte. Nachdem ich mich erfrischt hatte, lief ich barfuß den Hang bis zum Kamm hinauf. Zwischen die Felsen gekauert, hatte ich einen ziemlich freien Blick auf die Straße, die an der ockerfarbenen unteren Bergschulter in Haarnadelkurven zur Ebene hinunterführte.

Ich blieb eine ganze Weile liegen, die Sonne trocknete meinen bloßen Rücken. Die leere, wüstengelbe Ebene unten flimmerte vor Hitze, und in der Ferne schimmerten die Berge des Maras. Ich kniff die Augen wegen des blendenden Lichts zusammen, doch so sehr ich mich auch anstrengte, ich sah nichts, keine Bewegung, nur hier und da den tanzenden Wirbel eines Sandteufels. Nichts als Leere, nirgends die Staubwolke eines Fahrzeugs, und auch die Bergstraße war leer, soweit ich sah. Befriedigt entspannte ich mich, genoß die Einsamkeit, das Gefühl, auf einem Bergkamm von unglaublicher Abgeschiedenheit zu sein, in einer von Menschen unberührten Welt. Und hinter mir erhob sich der Vulkankoloß mit seinem Urwald, diese große Wasserquelle und der Entstehungsort von Gewittern, die den See peitschten. Während ich so dalag, hätte es mir nichts ausgemacht, nie mehr in die Zivilisation zurückzukehren.

Nur zögernd, fast widerwillig nahm ich ein fernes Rufen zur Kenntnis und wandte den Kopf. Eine kleine Herde Büffel, die in der Sonne schwarz glänzten, stand auf halbem Weg zwischen Wald und Wasserstelle. Die Tiere blickten reglos zu dem schwachen Rauch, der über unserem Feuer hing.

Ich sprang auf – und setzte mich sofort wieder hin, denn ich war ja allein und unbewaffnet, von den anderen abgeschnit-

ten. Die Rufe hatten aufgehört, doch die Büffel standen weiterhin mit erhobenen Köpfen da, blickten zu den erstarrten Gestalten am Feuer. Die Tiere ließen keine Feindseligkeit erkennen, nur äußerste Wachsamkeit. Und sie sahen so gewöhnlich aus, erinnerten mich an Langhornrinder.
Endlich setzten sie sich in Bewegung. Sie brachen wie eine schwarze Woge über die Wasserstelle herein, trampelten mit den Hufen den Schmutz breit, denn es drängte einer den anderen weg, um ans Wasser zu kommen. Ich konnte nichts tun, als sitzenbleiben und warten, bis sie verschwunden sein würden. Ein Büffel, der sich sattgetrunken hatte, trottete zu meinem Kanister, schnüffelte mit feuchter Nase daran und leckte an meinen Stiefeln. Am Waldrand regte sich etwas. Eine schlammbedeckte Riesengestalt zerteilte den Laubvorhang – ein Elefant. Er kam gemächlich näher, in dem weichen, leisen Trott, bei dem keine Bodenberührung stattzufinden scheint. Der Elefant entdeckte die Büffel und blieb stehen, wedelte mit den Ohren, untersuchte mit dem Rüssel unentschlossen das Gras. Dann trottete er weiter, zum Schluß schob er sich gleichsam vor, und die Büffel machten ihm mit viel Geschnaube und Gestoße Platz. Die Szene erinnerte mich an Abes Schilderung der Vorgänge auf der Salzlecke von Treetops, denn sowohl die Büffel als auch der Elefant gebärdeten sich wild, aber in ihrem Verhalten war nichts wirklich Aggressives. Der Elefant legte die Rüsselspitze über das Rohr, sog Wasser ein und goß es sich ins Maul. Als er seinen Durst gelöscht hatte, spritzte er sich das Wasser über Kopf und Ohren, bis aller Schmutz abgespült war und die vordere Hälte seines Körpers in der Sonne dunkel glänzte.
Ich versuchte vergeblich, die Büffel zu zählen, und fragte mich, wie lange es wohl dauern würde, bis ich meine Sachen holen könnte. Plötzlich fiel mir ein, daß ich doch vorhin mehr als zwei Gestalten hatte am Feuer stehen sehen. Aber als ich

jetzt hinschaute, war das Feuer fast aus, nur kleine Flämmchen zuckten noch aus dem Aschehaufen, und ich entdeckte keine Spur von Abe, Mary oder sonst jemandem. Ich versuchte mich genau zu erinnern, was ich gesehen hatte, als die Rufe erklungen waren und ich den Kopf gewandt hatte. Doch mir stand einzig mein Entsetzen beim Anblick der dunklen Herde klar im Gedächtnis.

Ich schaute wieder zu den Büffeln. Sie befanden sich endlich im Aufbruch, kehrten gemächlich zum Wald zurück. Der Elefant aber blieb. Er kniete jetzt, ein Bild unschuldiger Freude, saugte an dem Rohr, und jedesmal, wenn er den Rüssel über den Kopf zurückbog, erschienen in dem zerstäubenden Wasser kurz die prismatischen Farben eines Regenbogens.

Das Feuer erlosch ganz, und nichts rührte sich, die Sonne verbrannte meine nackten Schultern. Endlich beendete der Elefant seine Waschungen und stand auf. Er trank ein letztes Mal am Rohr, drehte sich um und schlenderte langsam davon. In dem Moment, wo er unter den Bäumen verschwand, rannte ich den Hang hinunter, zog meine Stiefel und mein Hemd an, packte den Wasserkanister und hastete zur Feuerstelle. Das Laub am Waldrand zitterte in der Hitze, kein Tier tauchte vor mir auf. Nirgends eine Spur von Abe oder Mary.

Ich stand bei der ausgeglühten Asche, fühlte mich schrecklich verlassen, doch schließlich verlieh mir der Schutz der Bäume so viel Vertrauen, daß ich nach den beiden rief. Meine Stimme klang laut in der glühenden Stille. Von den Missionsgebäuden her kam ein Antwortruf, dann erschien Mary auf dem Weg, sie winkte und kam lässig auf mich zu.

»Wo waren Sie?« fragte ich. »Warum haben Sie nicht auf mich gewartet?«

»Wir wußten nicht, wie lange Sie festgenagelt sein würden.« Mary lachte. »Der Bulle hätte den ganzen Vormittag bleiben

können, und wir wollten uns die Karte vom Kulal ansehen, die Reverend Mallinson gezeichnet hat. Sie ist in dem Haus dort hinten.« Mary faßte einen der Kanistergriffe und half mir tragen, als wir den Hang zum Weg hinuntergingen. »Karanja ist aufgetaucht, während Sie die Aussicht genossen haben.«
»Karanja?«
Mary nickte. »Karanja und Dima, sie sind zusammen gekommen.« Marys Blick ruhte auf dem Weg, der zur Bergschulter hinabführte. »Wenn wir von der Karte gewußt hätten...« Sie sah mich an: »Wissen Sie, es gibt einen Pfad aus der Ostschlucht herauf. Er ist auf der Karte eingezeichnet, ein Wildpfad. Die Elefanten befinden sich auf dem Berg in Sicherheit.«
Also war van Delden völlig sinnloserweise in die Ebene hinuntergefahren.
»Von den Felsen dort oben müssen Sie eine gute Aussicht gehabt haben. Konnten Sie irgendwo ein Fahrzeug ausmachen?«
»Nein, keins.«
Mary wechselte den Griff am Kanister. »Hm, ich hoffe bei Gott, daß Tembo es rechtzeitig herausfindet. Sollte er glauben, daß die Elefanten noch in der Schlucht sind und Alex sie erwischen könnte...« Ihre Stimme erstarb. »Sind Sie ganz sicher, daß Sie nichts gesehen haben? Keine Spur von dem Landrover? Der Weg, den wir heraufgekommen sind, muß von dort oben weitgehend einzusehen sein...«
»Ich sagte schon – kein Fahrzeug – nichts.« Ich war verärgert, weil die beiden mich so völlig mir selbst überlassen hatten. »Wo ist Abe? Warum hat er nicht auf mich gewartet?«
»Als Dima die Karte erwähnte, bestand er darauf, sie sich sofort anzuschauen. Jetzt will er natürlich in den Wald zu den Elefanten.«
Ich fragte Mary nach Karanja. Zweifellos waren er und Dima

sich im Mondschein praktisch in die Hände gelaufen, als sie den Elefanten auf dem schmalen Wildpfad folgten, der in Serpentinen an der steilen Schluchtwand emporführte.
»Hat Karanja gesagt, warum er den Elefanten nachgegangen ist?« »Ich habe ihn nicht gefragt.«
»Aber Sie müssen doch...«
»Er ist momentan sehr von sich eingenommen.«
Wir hatten die Missionsstation erreicht, und sie lenkte unsere Schritte nach links, zum Wohnhaus des Missionars. Nun hielt sie den Kopf gesenkt, schien in Gedanken versunken zu sein.
»Haben Sie ihn gefragt, warum er Ihren Landrover zusammengeschossen hat?«
»Es war nicht mein Landrover, und er hat nicht gewußt, daß ich am Lenkrad saß.«
»Was, zum Teufel, hat das mit meiner Frage zu tun?« erwiderte ich gereizt. Es erklärte sein Motiv nicht und verriet auch nicht, warum er zu verhindern versucht hatte, daß der Landrover die Elefanten einkreiste. Ich sagte zu ihr, daß wir unbedingt erfahren müßten, was in Karanja vorging.
Da wurde sie böse. »Ihnen ist es also egal, daß ich hätte umkommen können«, fauchte sie.
»Um Himmels willen!« Ich entwand ihr den Kanister und nahm ihn in die andere Hand. »Ich will doch nur wissen, warum er es getan hat. Wenn die Armee ihn schnappt, hat er große Chancen, erschossen zu werden.«
»Könnte auch sein, daß man ihn statt Kimani zum Minister macht.«
Ich warf ihr einen kurzen Blick zu, in der Meinung, sie scherze. Doch sie scherzte ohne Zweifel nicht. Ich sagte: »Sie scheinen im Ernst zu sprechen. Er hat es aus einem politischen Motiv getan. Um auf sich aufmerksam zu machen. Meinen Sie das?«

»Alles, was in diesem Land mit Wild zu tun hat, ist politisch. Das habe ich ihnen bereits einmal gesagt.«

»Aber Karanja ist Afrikaner, Regierungsangestellter. Es ist etwas anderes, wenn van Delden das Gesetz selbst in die Hände nimmt...«

»Wirklich? Er hat zwei Schwarze umgebracht und ist von Geburt Südafrikaner. Man läßt ihn bestimmt nicht ungestraft davonkommen.«

»Und wie steht es mit Karanja? Van Delden warnen, auf Kirby-Smith schießen...«

»Karanja ist einer von ihnen, und Alex ist ein weißer Jäger. Wenn Karanja sich gegen Alex stellt, hat er die Unterstützung aller, die für die Afrikanisierung eintreten.«

»Dies wohl, aber...«

»Ach«, rief Mary, »es ist unmöglich, mit Ihnen über Afrika zu reden.« Wir hatten das Tor vor dem Wohnhaus des Missionars erreicht, und Mary öffnete es rasch. »Fragen Sie doch Karanja selbst«, sagte sie. »Vielleicht vermag er es Ihnen zu erklären.«

Die Tür des halb zerfallenen Hauses stand offen, und ich hörte Stimmen. Sie kamen aus dem linken Raum. Abe und Dima betrachteten eine an die Wand geheftete Karte. Karanja saß am Schreibtisch des Missionars; das Gewehr hatte er an die hölzerne Armlehne des Stuhles gelehnt. Als wir eintraten, sagte er gerade: »Nein. Ich gehe nicht von hier weg, bis ich mit Tembo gesprochen habe.« Aus seiner Stimme klang Entschlossenheit, er war auf eine undefinierbare Art anders – selbstsicherer, fast autoritär. »Es ist wichtig, daß ich mit ihm spreche.« Er drehte sich in seinem Stuhl halb zu uns um. »Mr. Tait, machen Sie Ihrem amerikanischen Freund klar, daß es gefährlich für ihn ist, allein in den Wald zu ziehen.«

»Es ist nicht gefährlich, wenn Sie mitkommen, Karanja«, erwiderte Abe. »Sie wissen fast soviel über Elefanten wie...«

»Ich sage Ihnen, daß ich nicht mitkomme. Ich bleibe hier und warte auf Tembo.« Karanja befahl Dima, hinauszugehen und ein Auge auf den Weg zu haben.
Abe winkte mich zu sich: »Kommen Sie her und schauen Sie sich diese Karte an. Sie auch, Mary. Genau hier sind wir jetzt.« Er legte den Finger auf das Papier. Es war vergilbt von Sonne und Feuchtigkeit, und die Tinte war verblaßt, aber man erkannte die Gebäude und den Fahrweg noch, der sich bergwärts schlängelte. Sämtliche Schluchten waren eingezeichnet, ebenso die Steige und Wildpfade, die Wasserleitung in einer gestrichelten Linie und in der Kartenmitte der Gipfel des Kulals, neben dem die Höhe in Fuß zu lesen stand. »Die Elefanten sind auf diesem Steig aus der Ostschlucht herausgekommen.« Abe fuhr mit dem Finger die Zickzacklinie nach und wies dann auf eine Stelle genau nördlich der Mission. »Hier haben Dima und Karanja sie verlassen. Der Maßstab ist eins zu fünfzigtausend, also sind es nur etwa fünf Kilometer. Die müßten wir in zwei Stunden schaffen. Das ergibt neun Stunden, seit die beiden sich von den Elefanten getrennt haben. Die Tiere werden nicht weit gezogen sein.«
»Vielleicht kommen sie herunter zum Wasser«, sagte Karanja. »In dem Fall sehen Sie sie, ohne daß Sie in den Wald müssen.«
»Es gibt Wasser beim Kambi ya mawingo«, erklärte Mary. »Bestimmt auch an anderen Stellen.«
»Na, und was meinen denn Sie?« versuchte Abe mich auf seine Seite zu bringen. »Wenn wir die Wandrobo finden, bekommen Sie womöglich Ihr archäologisches Rätsel gelöst.«
Ich schüttelte den Kopf, dachte an den Elefanten bei der Wasserstelle und an die beiden, die uns in der Nacht angegriffen hatten. »Van Delden hat gesagt, wir sollen hier auf ihn warten.«

»Es könnte passieren, daß er gar nicht mehr kommt.«
»Wenn Tembo sagt, er kommt, dann kommt er«, bemerkte Karanja.
Abe zuckte die Achseln: »Okay, Colin, Sie und Mary bleiben mit Karanja hier, ich nehme Dima mit...«
»Nein.« Mary schüttelte energisch den Kopf. »Ich bleibe nicht hier, wenn Sie losziehen und den Berg erforschen.«
»Es ist ja nur für ein paar Stunden.«
»Ich möchte diese Elefanten sehen« – Mary sah mich finster an – »und jetzt, wo Karanja hier ist... Wenn Abe mutig zu Fuß in den Wald zieht« – Mary setzte durch Schweigen einen langen Gedankenstrich – »wovor haben Sie eigentlich Angst? Dima hat doch ein Gewehr dabei!«
Ich zögerte. Ich konnte ihr das Unbehagen nicht erklären, das der Berg in mir weckte, konnte ihr zudem nicht von Abes Frau erzählen und ihr obendrein nicht sagen, daß Abes Hang zum Risiko nach meinem Gefühl einem Todeswunsch gleichkam. Ich zögerte lange. Doch schließlich gab ich nach: »In Ordnung, ich komme mit.«
Karanja stand auf. »Es ist nicht gut, wenn wir uns trennen.«
Wir hätten wahrscheinlich noch mehr Zeit mit Argumentieren vergeudet, aber da steckte Dima den Kopf zur Tür herein. »Patrouille«, zischte er. Alle verstummten. In der Stille war ein nahendes Fahrzeug zu hören. Wir packten schleunigst unsere Sachen. Als wir durchs Tor eilten, hielt der Wagen bereits unten auf dem Weg. Sicher rannten schon ein Dutzend oder mehr afrikanische Soldaten den Hang zu den Missionsgebäuden herauf.
Abe sprang noch einmal ins Haus zurück. Als er wieder erschien, sahen wir, daß er sich die Kulalkarte vorn in die Buschjacke stopfte.
Wir hasteten den leicht abwärts führenden Weg entlang bis zum Sumpfstreifen mit dem dichten Rohrbestand. Hier hieß

Karanja uns warten und ging zurück, um nachzuschauen, was die Patrouille machte.
»Und Sie haben gesagt, daß keine Fahrzeuge auf der Ebene unten sind«, flüsterte Mary vorwurfsvoll. »Nichts auf der Straße.«
»Die Bergschulter muß den Wagen verdeckt haben.«
Ein paar Minuten später kam Karanja angelaufen und meldete, die Patrouille sei uns dicht auf den Fersen, folge uns auf dem Weg zum Wald. Er mahnte zur Eile, hastete voran, strebte einem schmalen Wildpfad zu, der durch die Bäume aufwärts führte. Auf diesem Pfad waren Dima und er zur Mission gekommen. Kurz nach Mittag erreichten wir die Stelle, wo sie die Elefanten verlassen hatten. Von ihnen kündeten jedoch nur frisch abgeweidete Büsche und Schößlinge sowie Dungbälle, die sich warm anfühlten.
Karanja blieb kurz stehen und lauschte angestrengt, aber im Wald herrschte Stille wie in einer Kirche. Der Afrikaner trieb uns weiter. Wir folgten nun den Spuren der Elefanten durch ein Gewirr abgebrochener Äste, von dem Karanja hoffte, daß es der Patrouille die Verfolgung erschweren würde.
Der Pfad verbreiterte sich, die Zahl der Elefantenspuren nahm zu. Dann wurde der Boden ebener, und plötzlich standen wir in der heißen Sonne: wir befanden uns auf einer kleinen Schneise, auf der es zahllose Schmetterlinge gab und Honigsauger umherschossen. Die Grasmatte fiel steil ab, und über die Laubbäume an ihrem unteren Rand sahen wir nach Osten in die Chalbi hinaus. Der Wüstensand schimmerte bis hin zum fernen blauen Horizont, über dem ein Hitzeschleier lag, weiß wie eine Salzmulde.
Die Elefantenspuren führten oben quer über den Hang; sie tauchten wieder in dichten Wald, unter wilde Oliven und andere hohe Bäume, die durch ein Netzwerk seildicker Lianenstränge miteinander verbunden waren.

»Was glauben Sie, wo wir jetzt sind?« Abe hatte die Karte auseinandergefaltet und hielt sie Karanja hin.
Der Afrikaner blickte darauf und schüttelte den Kopf. »Wir kommen bald zur westlichen Schlucht«, murmelte er.
»Und dann?«
Karanja legte den Kopf schief und horchte. »Wenn wir in die Schlucht steigen, folgt uns vielleicht niemand.«
»Ein Wildpfad ist eingezeichnet, aber er verläuft die ganze Strecke im Zickzack, also dürfte er sehr steil sein. Könnten Elefanten einen solchen Weg bergab bewältigen?« Abe dachte immer noch an die Elefanten und nicht an die Patrouille, die uns verfolgte.
Karanja zuckte die Achseln. »Gehen wir«, sagte er kurz. »Es ist nicht mehr weit.«
Die Bäume wurden niedriger und der Wald lichtete sich zusehends, je höher wir kamen. Plötzlich sahen wir weiße, blendende Helle vor uns. Wir gelangten aus dem Unterholz auf einen grünen Streifen zähen afrikanischen Grases, der sich über einen welligen Kamm zog und dann in mehreren Felsstufen zum fernen Flimmern des Rudolfsees hinabstürzte. Direkt vor uns brach der Streifen seitlich ab, verschwand abrupt ins Leere. Jenseits des Abgrunds hob sich ein gewaltiger Felsgipfel grau, grün und schattenschwarz vom blaßblauen, wolkenlosen Himmel ab. Ein Adler segelte über der Gipfelflanke, stellte sich kurz in den Wind, so daß er aussah wie ein Schmutzfleck auf einem Farbdia. Er stieß herab und verschwand, ein ferner Schrei, irgendwo starb ein Lebewesen.
Auf der Grasnarbe vor uns lagen runde Elefantenkotbollen wie Fußbälle auf einem leeren Fußballplatz. Wir gingen übers Gras zum Rand der Schlucht. Wie tief sie wohl war? Siebenhundert, tausend Meter? Man konnte die Tiefe nicht schätzen, es gab nichts, woran sich die Höhe oder Entfernung hätte

annähernd messen lassen. Obwohl wir auf einer Felsplattform standen, sahen wir den Grund der Schlucht nicht, blickten nur auf Terrassen mit Gras und Knieholz hinab, die sich in schattigen Klüften verloren.

Abe schüttelte den Kopf: »Kein Elefant könnte...«

Doch Karanja wies nach rechts, wo auf einer halb eingestürzten Felsterrasse ein vielbegangener Pfad über die braune Erde lief. »Wildsteig«, sagte er knapp. Dann blickte er angestrengt zum Gipfel gegenüber, kniff die Augen gegen die blendende Helligkeit zusammen. »Ist auf der anderen Seite ein Pfad eingezeichnet?«

Abe zog die Karte wieder heraus. »Nein. Auf dem Boden der Schlucht führt einer entlang, das ist alles.«

»Vielleicht verläuft er schluchtaufwärts und um die andere Seite des Kulals herum.«

Abe schüttelte den Kopf. »Oben in der Schlucht überquert er eine Anhöhe und verläuft dann an der Bergschulter in östlicher Richtung abwärts.« Er schaute zum Gipfel. »Das dort ist kein Ort für Elefanten.«

»Ich denke nicht an Elefanten, Mr. Finkel.«

»Woran dann – daß wir hinunter müssen und drüben wieder hinauf? Glauben Sie wirklich, die Patrouille würde uns in die Schlucht folgen? In ein paar Stunden ist es dunkel.«

Karanja erwiderte nichts.

Mary murmelte: »Ich wollte, Tembo wäre da. Er hat keine Möglichkeit, in Erfahrung zu bringen, wo wir sind.« Sie suchte mit Blicken die andere Seite der Schlucht ab. »Es sei denn« – sie drehte sich ruckartig zu Karanja um – »glaubst du, er würde ein Feuer sehen, wenn wir knapp unterm Gipfel eines anzündeten? Der Gipfel ist wolkenfrei, es müßte meilenweit zu sehen sein.«

Karanja machte ein zweifelndes Gesicht. »Auf solche Weise haben wir uns Signale gegeben, bevor wir Sprechfunkgeräte

kriegten«, räumte er ein, »aber es ist gefährlich.«
Ich wußte nicht, ob sich das »gefährlich« auf die Patrouille oder auf den Berg bezog, doch ich verspürte tiefes Unbehagen.
»Es ist Vulkangestein, also dürfte es stellenweise bröckeln.« Mary blickte wieder zum Gipfel, den Hut so tief in die Stirn gezogen, daß er ihre Augen beschattete. »Über das letzte Stück bin ich mir nicht sicher, aber bis zu dem Felsband knapp unterm Gipfel...« Sie fragte Karanja: »Glaubst du, er würde es sehen?«
»Möglicherweise zieht die Wolke später wieder auf.«
»Dann schnell.« Mary hatte es plötzlich eilig. »Wir suchen einen Weg hinauf, und wenn Tembo das Feuer sieht, ist es vielleicht noch nicht zu spät...« Mary beendete den Satz schleppend, sie war sich der Bedeutung von Karanjas Zögern bewußt geworden. »Zumindest besteht eine Chance, daß er es sieht«, fuhr sie fort, »wenn er auf der Schulter draußen und nicht im Wald ist.« Karanja nickte unsicher, mit besorgtem Blick.
Wir machten uns an den Abstieg, kamen in ein Gewirr lockerer Steine. Der Weg war steil, wand sich in Serpentinen an der Flanke des ersten von mehreren vorspringenden Felsbändern abwärts. Und er wies Rutschspuren von schweren Körpern auf, die sich vor uns hier nach unten bewegt hatten. Je tiefer wir in die Schlucht kamen, desto heißer wurde es. Gelegentlich reckte dichtes Unterholz feuchte Blätter in die schwüle, stehende Luft, und das Gefühl, eingeschlossen zu sein, verstärkte sich zusehends. Ein Quieken auf dem Schluchtgrund ließ uns kurz innehalten, doch wir sahen nichts von den Elefanten, und auch sonst rührte sich nichts. Wenig später traten wir unter einem steilen Felsvorsprung aus einem Dickicht und hatten freien Ausblick nach unten. Die Felsen-»Insel«, die wir schon am Morgen gesehen hatten, ragte mitten aus der

Schlucht, und das Grün der steilen Matten war mit Gestalten gesprenkelt, die sich bewegten. Dima grinste: »Nyani.« Als ich in der grellen Sonne meinen Blick konzentrierte, erkannte ich, daß es Babuins waren, die geduckt auf allen vieren krochen. Junge krallten sich ins Fell ihrer Mütter.
Die Insel hatte von oben näher ausgesehen, als sie in Wirklichkeit war. Wir befanden uns nur zur Hälfte unten. Ich hatte den Eindruck, ein überdimensionaler Stöpsel aus Felsen und Gras blockiere die Schlucht. Mary ließ die Augen über die gegenüberliegende Wand schweifen, die, von unserer Position aus gesehen, fast senkrecht hochzuragen schien. Den Gipfel des Kulals verbargen vorspringende Felssimse. »Ganz bestimmt gibt es dort einen Wildpfad«, sagte sie.
»Nicht für Elefanten«, entgegnete Karanja mit Nachdruck.
»Nein, für Kudus.«
Karanja nickte. »Es ist ein guter Platz für den Großen Kudu.«
»Zum Teufel mit den Kudus«, brummte Abe. »Suchen Sie mir diese Elefanten.« Wie als Reaktion auf seine Worte, erklang von unten ein dünnes Quieken.
»Ndovu.« Dima nickte eifrig. Doch das Quieken wiederholte sich nicht. Stille herrschte wieder, alles verhielt sich ruhig in der stehenden Luft. Einzig die Babuins gaben ihr hustendes Grunzen von sich.
Wir brauchten eine weitere halbe Stunde, um den Grund der Schlucht zu erreichen. Immer wieder hörten wir Elefanten, sahen sie jedoch nicht. Hier gab es Wasser, köstliches fließendes Wasser. Es strömte in einem tiefen, schattigen Bett dahin, das sich um Klippen und Felsblöcke wand wie ein winziger Canyon. An den Rändern hatten sich breitere, seichte Becken gebildet, auf denen Laub von der ringsum üppig sprießenden Pflanzenwelt schwamm. Die Luftfeuchtigkeit war hoch, und uns lief der Schweiß herunter. Karanja schickte Dima ein Stück voraus. Selbst behielt er den steilen Pfad, den wir her-

abgekommen waren, im unruhigen Auge. Abe und ich folgten Marys Beispiel, zogen die Safaristiefel aus und steckten die nackten Füße in einen Tümpel. Kleine Vögel flitzten vor der Felswand umher. Von der Patrouille war nichts zu entdecken. Schluchtabwärts erklang schwaches Rumpeln mehrerer Elefanten und das Knacken von Ästen.
Dima kam nach etwa zehn Minuten zurück, tappte mit seinen schwarzen Spreizfüßen vorsichtig durch die Bachmitte. Er berichtete von einem vielbenutzten Wildpfad, auf dem er Elefanten gesehen hatte, aber nicht jene, denen Karanja und er in der Nacht gefolgt waren. Die kleine Gruppe, die er aufgespürt hatte, bestand aus drei Kühen und zwei fast erwachsenen Kälbern. Er sagte, weiter schluchtabwärts seien noch mehr Elefanten, die er jedoch nur gehört, aber nicht zu Gesicht bekommen habe.
Abe wollte sofort weiter. Aber Karanja, der nun das Kommando hatte, machte sich immer noch Sorgen wegen der Patrouille. Ob sie uns folgte oder nicht, ließ sich nur mit Sicherheit feststellen, wenn wir an der gegenüberliegenden Schluchtwand zu einem günstigen Aussichtspunkt kletterten. Noch saßen wir am Wasser, kauten ledriges Elefantenfleisch und tranken, soviel wir konnten, während wir die Lage erörterten. Der Aufstieg sah schwierig aus, zwischen senkrechte Wände schoben sich Spalten voll lockeren Gesteins und verfilzter Vegetation. Abe war so vernünftig, einzusehen, daß eine solche Tour über seine Kräfte ging. Schließlich traf Karanja die Entscheidung. Dima würde mit Abe bachabwärts weitergehen und die ganze Zeit im oder am Wasser bleiben. Mary und ich würden mit Karanja versuchen, die andere Seite der Schlucht zu erklimmen. Falls die Patrouille uns wirklich nachkam, würde sie lediglich auf die Spuren von uns dreien stoßen. Und zu diesem Zeitpunkt wollten wir schon ein gutes Stück oben sein.

Ich ließ die Tasche mit den Filmen bei Abe. Als wir schluchtaufwärts davongingen, rief er mir nach: »Wenn Sie auf dem Gipfel eine alte Stadt finden, lassen Sie es mich wissen, dann komme ich und filme sie für Sie.«
»Wenn die alte Stadt perlenbesetzte Tore hat«, rief ich zurück, »lasse ich sie öffnen, damit Sie auf Ihrem Elefanten durchreiten können.« Es war ein Scherz, weiter nichts, aber ich sollte später noch daran denken.
Abe patschte bereits hinter Dima das Bachbett hinab. Ich sah ihn nicken und winken, dann verschwand er um eine Felsenecke. Wir begannen an der Nordwand nach einem Einstieg zu suchen, doch jede Spalte, in der wir es probierten, erwies sich als unüberwindlich, war verstopft mit herabgestürztem Gestein und Pflanzenwuchs. Schließlich brachten uns alte Kudu-Exkremente auf die richtige Spur. Mary entdeckte den kaum sichtbaren Dung auf einem Geröllhaufen unter einer überhängenden Klippe. Die Geröllbahn führte hinter dem Überhang aufwärts, und nach einigen Minuten steiler, fast senkrechter Kletterei von Felsstück zu Felsstück kamen wir auf eine Grasmatte, die mit Gesteinsbrocken übersät war. Es sah aus, als habe eine Bande Riesen versucht, den Berg zu zerstören. Hätten nicht vereinzelte Kudus hier geweidet, wir würden nie einen Weg hinauf gefunden haben. Die Exkremente dieser Antilopen waren wie Wegweiser, und sowohl Karanja als auch Mary schienen mit sicherem Instinkt der Spur der blassen, strohtrockenen Fäkalien zu folgen.
Wir bewegten uns in der prallen Sonne, das Klettern kostete Kraft, und ich war froh über die häufigen Pausen, die Karanja machte, um die gegenüberliegende Schluchtseite zu betrachten. Bei jedem neuen Stehenbleiben konnten wir einen neuen Abschnitt des Pfades, den wir herabgestiegen waren, einsehen und beruhigt feststellen, daß sich nichts Verdächtiges rührte. Schließlich bekamen wir den oberen Schluchtrand, eine Zak-

kenlinie am blendend hellen Himmel, ins Blickfeld. Wieder nichts.
Der Aufstieg wurde für eine Weile einfacher, unser Weg wand sich durch glatte Felsblöcke. Als wir wieder einmal hielten – die Sonne stand bereits ziemlich tief, die ganze Schluchtseite gegenüber lag im Schatten –, flüsterte Karanja plötzlich heiser: »Soldaten. Nicht rühren.« Er hätte sie nie gesehen, wenn sie schon auf dem Weg gewesen wären, doch sie bewegten sich erst am Horizont überm Schluchtrand. Sie liefen vor, kletterten auf Felsblöcke und schauten nach unten.
Wir standen alle drei reglos da, bestimmt deutlich zu sehen im schrägen Sonnenlicht. Ähnlich deutlich waren wir uns des Umstands bewußt, daß die Gewehrkugeln der Soldaten leicht die enge Schlucht überqueren konnten. Mary, die knapp über mir stand, neigte sich vorsichtig nach vorn und faßte mich an der Schulter: »Sehen Sie sie?« fragte sie flüsternd. »Dort, wo der Weg beginnt.«
»Natürlich sehe ich sie.« Die Soldaten sprangen von den Felsblöcken herab, krochen auf Gesteinsvorsprünge hinaus, suchten den Pfad ab.
»Nicht die Soldaten. Elefanten – dort – im Grün der ersten Terrasse.« Ihr Gesicht war dicht neben meinem, ihre Stimme bebte vor Erregung. »Darum schauen sie alle nach unten.«
»Scht«, zischte Karanja über uns. »Nicht sprechen, nicht rühren.«
Ich sah die Elefanten nicht. Die Sonne schien mir in die Augen, und weil die Schluchtwand schattendunkel war, konnte man kaum den Pfad ausmachen, den wir herabgekommen waren.
»Fast auf gleicher Höhe wie wir«, hauchte Mary, schob die Hand über meine Schulter und zeigte hinüber.
Jetzt sah ich sie auf dem Pfad, an der Stelle, wo er sich zwischen Felsen durchwand und dann steil abwärts führte – mit

Schmutz bepflasterte braungraue Gestalten, die sich vorsichtig bewegten. Ein Rüssel krümmte sich über niedrigem Gebüsch, ein großer, zurückgebogener Kopf erschien, dann der ganze Elefant, der auf den Hinterbacken saß, als vollführe er einen komischen Zirkusakt. Er rutschte auf der Kehrseite bergab, die mächtigen Säulenbeine nach vorn gestemmt. Knapp vor dem Rand eines Steilabbruchs kam er zum Halten. Hinter ihm quiekte ein Junges jämmerlich, ein zweiter rutschender Elefant hielt es mit dem Rüssel.

Wir sahen verblüfft, ungläubig zu, wie die ganze Herde – siebzehn Tiere – den gefährlichen Abstieg zu dem Steilabbruch bewältigte, ohne daß etwas passierte, und hinter einem Felsvorsprung in das Walddickicht verschwand, das die nächste Terrasse bedeckte. »Ich hätte es nicht für möglich gehalten«, hauchte Mary. »Tembo hat davon gesprochen, daß sie in den Aberdares und im Ngorongoro steile Bergpässe überqueren, aber ich hatte es nie gesehen, also nicht recht geglaubt.« Sie kicherte leise. »Die Patrouille hat keine Chance, jetzt in die Schlucht runterzukommen, weil die Herde den Pfad blockiert. Die Tiere dürften unsere Spuren bestens gelöscht haben.« Die Elefanten hatten auf der nächsten Terrasse zu weiden begonnen, und Mary flüsterte mir ins Ohr: »Sie haben sie gezählt, was?«

Ich nickte, wünschte bei Gott, ich hätte meine Kamera gehabt. Hätte die Sonne hinter uns gestanden und die verdammte Patrouille sich nicht dort oben herumgetrieben, welche Bilder wären das geworden! Einmalige Aufnahmen. Ich konnte mich nicht erinnern, je so etwas in einem Film gesehen zu haben.

»Nach meiner Zählung sind es genauso viele wie gestern nacht.«

»Ich nickte. »Sieht so aus, als würde Abe seinen Elefanten doch wiedersehen.«

»Hoffentlich nicht«, wisperte Mary. »Die Tiere sind verängstigt und erschöpft, und wenn sie merken, daß es dort Wasser gibt...«

Karanja gebot uns erneut mit einem Zischen, still zu sein. Wir sprachen nicht mehr, beobachteten nur noch stumm die afrikanischen Soldaten am gegenüberliegenden Schluchtrand. Die Elefanten stiegen inzwischen langsam den Pfad hinunter. Ich dachte an Abe, stellte mir vor, wie er mit hochgerollten Hosenbeinen entspannt an einem Tümpel saß, die Füße im Wasser, und wie plötzlich im letzten Licht die Elefanten auftauchten. Ernste Sorgen machte ich mir nicht, er hatte ja Dima bei sich.

Fast eine halbe Stunde standen wir reglos an der Bergflanke, dann sammelte sich die Patrouille endlich und zog ab zum Wald. Doch selbst nachdem die Soldaten verschwunden waren, mußten wir uns auf Karanjas Geheiß absolut still verhalten. Erst als Karanja überzeugt war, daß die Patrouille tatsächlich in die Mission zurückkehrte, um dort zu übernachten, trat er zu uns. »Es wird spät«, sagte er drängend und blickte besorgt auf die langen Schatten der Felsblöcke um uns.

»Wir müssen höher hinauf«, sagte Mary. »Hoch genug, damit Tembo das Feuer sieht. Der Himmel ist klar, später wird der Mond aufgehen. Wir können bei Mondschein absteigen.«

Die beiden argumentierten eine Weile, Mary erklärte, das Feuer sei von der Mission nicht zu sehen, doch Karanja zögerte noch immer, obwohl von der Patrouille keine Gefahr mehr drohte. Er stand unentschlossen da, schaute über die Schlucht zu dem Pfad, wo die Elefanten wieder auf einem Steilstück zwischen zwei Terrassen ihren ungewöhnlichen Zirkusakt vollführten. Mit einemmal nickte er, drehte sich zum Berg um und kletterte weiter, eine stämmige schwarze Gestalt, die mit den Händen nach Griffen tastete. Ich folgte knapp hinter ihm. Bald spürte ich einen von ihm ausgehenden

Widerwillen, die in ihm aufkommende Spannung, und ich wußte, daß er Angst hatte. Die abwärts rutschenden Elefanten waren für ihn in keiner Weise bemerkenswert. Seine Phantasie arbeitete auf einer anderen Welle, er empfand den alten Aberglauben seiner Rasse weitaus stärker als irgendein Wunder tierischen Verhaltens. Wir kletterten höher und höher, die Welt blieb immer weiter zurück, die Schlucht, die langgezogenen Grasschultern des Berges, das dunkle Grün des Regenwaldes, der wie ein Mantel über seinem breiten Rücken lag – das alles sahen wir jetzt, da wir uns dem Gipfel näherten, wie auf einer ausgebreiteten topographischen Karte.

»Schlimmer Ort«, murmelte Karanja, als ich zu ihm auf einen Felsvorsprung kraxelte.

»Woher wollen Sie das wissen? Sie waren doch noch nie hier.« Ich keuchte, die Höhe drückte auf meine Lungen.

»Nein. Aber alle sagen es. Niemand mag den Kulal. Wolken. Gewitter. Wind.« Seine Augen rollten nach oben, als erwarte er jeden Augenblick, daß aus dem wolkenlosen Himmel eine Hurrikanbö über uns fege. »Sogar Tembo mag den Kulal nicht. Ein sehr gefährlicher Berg.«

Die Sonne stand tief im Westen und tauchte den Rudolfsee in sattes Jadegrün, die Klippen der fernen Turkana-Küste bildeten eine blasse braune Linie, und kein Lüftchen regte sich.

Nach weiteren dreißig Metern erreichten wir ein breites Gesims unter dem Felsband. Hier gab es Spalten und tiefe Rinnen, die mit Gestrüpp und verkrüppelten Bäumen bewachsen waren. Wir rasteten kurz, schauten der roten Sonnenscheibe zu, die immer größer wurde, langsam hinter den Rand der Erde sank und dem Himmel eine unglaubliche, leuchtend grüne Färbung verlieh. Die flachen Gebirgszüge jenseits des Sees wurden schwarz, bauschige weiße Wolken über dem

Mara fingen plötzlich Feuer, und der Himmel überzog sich purpurn. Wir begannen die Rinnen nach Feuerholz abzusuchen, das wir auf dem Sims stapelten.
Noch bevor wir fertig waren, erschienen die ersten Sterne. Als es zu dunkel wurde, um weiterzusuchen, machte Karanja sich daran, unseren Holzstoß in Brand zu setzen. Anfangs brachte er nur Rauch zustande, denn das Holz war grün und feucht. Doch allmählich erwärmte es sich, und bald züngelten die ersten Flämmchen, bis auf einmal der ganze Stoß lichterloh zu brennen anfing.
Tosend schossen die Flammen hoch, Funkenschauer sprühten in die samtige Dunkelheit, dann beleuchtete eine regelrecht Feuersbrunst die Felswand. Schatten tanzten und flakkerten, unsere Gesichter glühten rot im Flammenschein. Karanja hatte mit seiner Panga aus einem langen Ast eine Art Gabel zurechtgehauen, und als der ganze Stoß glühte, begann er daraus einen Pfeil zu formen, der nach Westen in die Schlucht hinunter wies. Ich bemerkte nicht, daß die Sterne über dem Mara erloschen waren. Ich war wie ein Junge in der Guy-Fawkes-Nacht, wachte über das Freudenfeuer, das wir angezündet hatten, beobachtete die Funken, die auf dem Hitzestrom in die Nacht hinaufschossen, schaute in die rote Glut, die hinter uns den Felsen wärmte, betrachtete unsere riesigen, dräuenden Schatten. Es war aufregend, packend – ein tosendes Feuer auf einem Berg, den vor uns vielleicht noch niemand bestiegen hatte.
Dann war es geschafft. Der Signalpfeil aus Glutstücken mußte aus der Ferne wie rotglühende, aus einem neuen Vulkanschlot fließende Lava aussehen. Wir drei saßen da, betrachteten unser Werk, spürten die Hitze auf unseren Leibern und genossen eine Art urzeitliches Machtgefühl: der Berg war erobert, wir waren die Herren und schickten unsere Botschaft in die Welt hinaus. Marys Gesicht leuchtete im Feuerschein, das

dunkle Haar fiel ihr auf die Schultern, sie saß mit gekreuzten Beinen, hielt die schmalen Hände zur Glut hin, und die Flammen tanzten in ihren Augen. Karanja grinste, daß seine weißen Zähne blitzten, und sein Gesicht mit der breiten, flachen Nase war nicht mehr schwarz, sondern von dunklem Bronzerot.

»Glaubst du, daß er es sieht?« fragte ihn Mary.

»Wenn er zum Kulal schaut.«

»Er muß es sehen.«

Weit im Osten wurde in einem weichen Licht, das mich an die Lichtglocke einer fernen Großstadt erinnerte, die Wüste sichtbar. Unser Feuer brannte nicht mehr, sondern glühte nur noch rot, so daß wir den Mond deutlich sahen, als er über der Chalbi aufging. Er wirkte wie ein riesiger Lampion, sein leicht schiefes Kürbisgesicht schimmerte orange, wie von innen beleuchtet. Karanja ging wieder Holz suchen. Der Mond war ein afrikanischer Mond, und Karanja war Afrikaner, er sah ihn als etwas Alltägliches an. Aber ich empfand ihn als seltsam unirdisch, während er langsam, einem gespenstischen Phönix gleich, über der Wüste hochstieg und dem Sand unter sich die Farbe getrockneten Blutes verlieh. Mary sah ihn anders, sie saß neben mir, die Arme um die Knie geschlungen, das Gesicht verzückt. »Ist das schön«, sagte sie leise, und ich hatte das Gefühl, der Berg bebe wie vor Lachen. Ein Funke stob hoch, und in der Spalte hinter uns sauste Karanjas Panga auf Holz.

»Ich wünschte, er wäre da«, murmelte Mary.

»Wer? Ihr Vater?«

»Wenn Sie wollen.«

Ich wollte schon fragen, welchen sie meinte, sagte mir jedoch, daß sie in diesem Moment bestimmt nicht an van Delden als an ihren Vater denken konnte. Die Feuersglut, die uns wärmte, war nicht für van Deldens Sicherheit gemeint, sondern sollte ihn nur von Kirby-Smith weglocken. Ich stand auf und ging in die Spalte, um Karanja zu helfen. Es gab etwas, das ich ihn fragen mußte. Und als wir an den Ästen eines halb abgestorbenen Baumkrüppels zerrten, Schulter an Schulter in der finsteren Spalte stehend, sagte ich: »Sie mögen den Berg nicht.«

»Nein.«

»Wovor fürchten Sie sich – vor Teufeln?«

Er drehte mir das Gesicht zu und lachte, seine Augen schimmerten weiß. »Nicht vor Teufeln, Mr. Tait. Nur: der Berg ist ein Vulkan und schon viele Male ausgebrochen.«

»Warum sind Sie dann hier?«

Er richtete den Oberkörper auf, ließ die Hand mit der Panga locker hängen. »Ich will nicht, daß die Armee Tembo in der Schlucht erwischt, und wenn er Major Kirby-Smith erschießt – beides wäre politisch schlecht.« Karanja schüttelte den Kopf. »Es ist besser, ich bin bei ihm.«

»Was können Sie denn tun?«

Er zuckte die Achseln so leicht, daß ich die Bewegung im Widerschein der Glut kaum sah. »Vielleicht nichts. Ich weiß es nicht.« Er stand reglos da, eine dunkle, nach innen gekehrte Gestalt. »Es ist schwer für mich. Ich bin Afrikaner und habe außerhalb meines Landes keinen Einfluß. Ich kann nicht über Elefanten schreiben. Aber jetzt, wo ich gesehen habe, was hier geschieht, wie sie aus dieser Schlucht alle auf den Berg klettern und zum Rudolfsee streben...« Er machte eine kurze Pause. »Tembo und ich denken jetzt gleich, und ich habe Freunde in der Regierung. Wenn ich ihnen sage, daß auch ich versuche, das Töten aufzuhalten...« Sein Blick wanderte ins Dunkel der Schlucht hinaus. »Die Elefanten sind ein Teil unseres Erbes, und vielleicht erlebe ich es eines Tages, daß sie den Kulal wieder überqueren, aber in umgekehrter Richtung, daß sie nach Süden in die Gegenden ziehen, wo sie gelebt haben, als ich ein junger Mann war, in Schutzgebiete, wo die Welt sie wieder betrachten kann. Ruhige, würdige Elefanten, die in Frieden ihre Kälber aufziehen. Keine fliehenden, halb verhungerten und verängstigten Tiere, die alles angreifen.« Er schüttelte den Kopf, lächelte über sich selbst. »Vielleicht ein Traum, aber ich hoffe, daß er Wirklichkeit wird.«

Ich sagte nichts, war überrascht von der Tiefe seiner Gefühle und der Ähnlichkeit seiner Worte mit jenen van Deldens. Doch hier oben, sozusagen in den Festungsmauern des Kulals, konnte man sich leicht gegen das Töten der Elefanten erklären. Etwas anderes war es, eine solche Erklärung in die Praxis umzusetzen. Und wenn Karanja wieder anfing, auf Kirby-Smith zu schießen... »Sie bringen es noch fertig, daß man Sie erschießt«, sagte ich. »Kann sein, daß Sie politische Freunde haben, aber die sind weit weg.«

»Okay, dann werde ich eben erschossen.« Er lachte, daß seine Zähne blitzten. »Aber wenn ich erschossen werde, kommt es in die Zeitungen, und alle wissen, daß Karanja gestorben ist, weil er sich der Politik der Ausrottung widersetzt hat.« Er lachte noch immer, als sei der Tod völlig unwichtig. Als er merkte, daß mich diese Gleichgültigkeit gegenüber dem Tod entsetzte, schlug er mir auf den Rücken. »Kein Grund zur Angst.« Er erkannte nicht, daß mein Entsetzen der Härte dieser mir fremden Welt galt, wo der Tod jedem über die Schulter zu schauen schien.

Wir zerhieben den Baum vollends und zogen die Äste ans Feuer, doch das frische Holz wollte nicht brennen. Nur der Mond beleuchtete jetzt die Felsen, sein Licht war weiß und hell, verwandelte die Wüste in Schnee. »Wir sehen genug, um den Weg nach unten zu finden«, sagte ich. Mary schüttelte den Kopf. Sie saß dicht am Feuer, starrte zum Mond. Auch Karanja schien von ihm fasziniert, und plötzlich merkte ich, daß der Mond einen Hof hatte und die Luft kühler geworden war, daß eine feuchte Brise wehte. Während wir hochblickten, verstärkte sich der Hof, sein großer Kreis füllte den halben Himmel. Die Wüste verschwamm und verschwand, das Mondlicht verblaßte, und einen Augenblick später war der Hof weg, und der Mond selbst schimmerte nur noch schwach durch einen Schleier. Feuchte Kühle strich mir übers Gesicht. Mit einemmal hüllten uns Wolken ein. Alles war dunkel, nur die restliche Glut warf einen roten Widerschein auf den Feuchtigkeitsvorhang, der sich niedergesenkt hatte.

»Heißt das, daß wir für die Nacht hier festsitzen?« fragte ich.

Mary nickte.

Ein greller Blitz zuckte in die Schlucht hinunter, unmittelbar gefolgt vom Krachen des Donners, der den ganzen Berg zu erschüttern schien. Dann setzte der Wind ein, er wehte aus der Wüste zum Rudolfsee, und gleich darauf begann es zu regnen. Einen Moment lang goß es fürchterlich. Wir sahen die Hand vor den Augen nicht, als wir uns in die Spalte tasteten. Das Donnern brach überhaupt nicht mehr ab, ein Blitz nach dem anderen beleuchtete die Felsen, in deren Schutz wir uns verkrochen hatten. Karanja lag zusammengerollt wie ein Fetus da, die Arme über dem Kopf und die Augen fest zugekniffen; er stöhnte leise. Der Wind flaute ab, und die Luft begann vor Elektrizität zu knistern. Ich spürte sie auf meinem Körper kribbeln, während ich, geduckt in der feuchten Felsnische stehend, dem Gewitter zuhörte, das von der anderen Schluchtseite auf uns einschlug. Es war wie Artillerie-Sperrfeuer, ein ohrenbetäubendes Krachen.

Nach einer Weile kroch ich zum Rand der Spalte, legte mich auf den bebenden Boden, kniff die Augen halb zu und beobachtete die Entladungen; gleißende Blitze in leuchtendem Elektroblau zischten auf die Felsen nieder, und in ihrem Widerschein sah ich den schwarzen, wallenden Bauch der gewaltigen Gewitterwolke über mir. Ein Blitz, der mir fast die

Augen versengte, schlug knapp neben dem kaum noch glimmenden Feuer ein, und wieder krachte im selben Augenblick der Donner, der sich hier mit dem Bersten des Felsens zu einer einzigen Detonation verband. Die Erde bebte, und der Geruch nach pulverisiertem Stein drang zu mir.

Damit war aber auch das Schlimmste vorbei. Ich lag und horchte, wie die Gewitterzelle blitzend und donnernd über den Gipfel davonzog. Der Lärm ebbte nach und nach zu einem grollenden Sperrfeuer in weiter Ferne ab. Ich kroch hinaus, um das Feuer anzufachen und in Gang zu halten. Mich schauderte, denn die feuchte Luft wirbelte noch immer.

Mary gesellte sich zu mir, als ich die Glutreste, mehr durch gutes Zureden als durch Können, zum Brennen gebracht hatte. Wir setzten uns ans Feuer, so nahe es ging, betrachteten seinen Widerschein auf dem dichten Nebel, der wie Rauch aus der Schlucht heraufwallte. Weiterhin zuckten Blitze hinter dem Berggipfel, dünnes Donnerrollen traf die Felsen.

Mary ließ sich zu Boden gleiten und schaute zu mir hoch. Im Feuerschein waren ihre Augen riesig und leuchtend. »Angst?« Ich antwortete nicht, merkte erst jetzt, daß sie die Hand ausgestreckt hatte. Sie faßte mich am Arm, zog mich neben sich. »Ich *habe* Angst«, stieß sie leise hervor, das Gesicht rot überhaucht. »Weißt du nicht, was man tut, wenn ein Mädchen Angst hat?« Lachen gluckste in ihrer Kehle, die Glut in ihren Augen war nicht länger vom Feuer entliehen, ihre leidenschaftliche Natur hatte sich entzündet.

Das Blut in meinen Adern wallte auf, ich verspürte dieses plötzliche schmerzliche Sehnen, dann war ihr Hemd offen und ihre Brüste waren nackt. Sie nahm meinen Kopf in beide Hände, zog ihn nach unten, bot mir voll Verlangen den Mund. Der Kuß, die Berührung ihrer Zunge, jagte mir einen feurigen Schauer durch den Leib, ihre Hände zerrten an meinen Kleidern, streichelten mich, und sie preßte ihre Brüste,

ihr festes Fleisch an meines.
Irgendein Rest puritanischen Herkommens ließ mich unwillkürlich zurückweichen, und Abes Warnung schoß mir durch den Kopf. »Was ist mit Karanja?« fragte ich leise, die Lippen in ihrem Haar vergraben.
»Karanja?« Wieder gluckste das Lachen. »In Afrika ist die Paarung etwas Normales.« Sie bog den Kopf nach hinten, sah mich aufmerksam an. »Du bist doch normal, oder?«
»Ja.«
»Na, dann...«
Dann sorgte ich mich um nichts mehr. Wir suchten beide den Trost und die Wärme, die wir brauchten, die Versicherung unserer körperlichen Existenz. Es war keine Liebe. Es war etwas Wildes, Urzeitliches, völlig Primitives. Unsere Körper wurden von entfesselten Naturkräften mitgerissen, und in dem Drang, uns gegenseitig die Tatsache unseres Überlebens einzuprägen, schienen wir mit derselben knisternden Elektrizität geladen wie die Luft, die wir atmeten. Es war, als sei das Gewitter in uns gefahren. Voll Leidenschaft ließen wir sein Toben wiedererstehen. Als wir endlich erschöpft beide auf dem Rücken lagen, nackt am Feuer ausgestreckt, funkelten Sterne über uns, und der Donner grollte nur ganz leise noch in der Ferne...
Irgendwann lächelte der Mond einen kurzen Augenblick durch ein gezacktes Loch in den Wolken auf uns herunter. Er verschwand wieder. Und wieder hüllte uns ein Nebellaken ein. Ich schlief mit Unterbrechungen. Als ich im Morgengrauen erwachte, hing feuchte Kühle in der Luft. Wir waren beide korrekt angezogen. In der Nacht hatten wir uns an die Glutreste gerollt, ich hatte mir sogar den Pullover an der Schulter versengt. Kein Wind wehte, und der Nebel auf unserem Gesims vermittelte das Gefühl, in einem leeren Raum gefangen zu sein. Man sah nichts als den Felsen hinter uns, der

sich in die Wolken reckte. Ich suchte mit den Augen die Felswand ab und überlegte, was sich wohl hinter dem Nebelschleier verberge.
Plötzlich fragte Mary: »Ist Pieter van Delden je auf den Gipfel des Kulals gelangt?«
»Nein«, antwortete ich. »Er ist nie bis zu dieser Schluchtseite vorgedrungen.«
»Du hast jetzt deine Chance!« Mary sprang auf, schüttelte ihr feuchtes glattes Haar, daß die Tropfen flogen, schlang die Arme um den Körper und schaute nach oben.
Karanja sagte: »Wir müssen absteigen.« Irgendwann in der Nacht war er aus dem dunklen Schoß der Spalte gekommen, hatte die Wärme des Feuers gesucht. Nun hockte er zusammengekauert neben den erkalteten Ascheresten und zitterte in seinem dünnen Hemd. Seine schwarze Haut war blau vor Kälte, und er wollte nichts als in die Schlucht hinunter.
»Geh du vor«, erwiderte Mary. »Wir kommen nach.«
Karanja schüttelte den Kopf, erklärte, wir sollten lieber sofort absteigen, solange das Wetter es noch erlaubte. Doch Luftströme hatten den Nebel zum Wirbeln gebracht, und die Sonne schimmerte schwach durch.
»Die Wolke wird sich bald verziehen«, sagte Mary.
Karanja schien dies zu akzeptieren, also ließen wir ihn am Feuer zurück, das er wieder zu entfachen versuchte. Wir kletterten die Spaltenwand hinauf, in der durch Erosion Tritte entstanden waren. Es ging einfacher, als ich erwartet hatte. Über dem Felsband wurde der Hang sanfter, wir gelangten in ein Chaos nebelumschleierter Felsbrocken und Geröllstreifen – Gesteinsschutt eines von Vulkanausbrüchen erschütterten Berges. Je höher wir kamen, desto schlechter wurde die Sicht, und schließlich wußte keiner von uns mit Sicherheit, ob wir tatsächlich auf dem Gipfel standen, denn uns umgab ein regelrechter Alptraum von Felsburgen und Rissen,

die wir in der grauen, wabernden Wolke nur verschwommen sahen.

»Wo ist nun deine alte Stadt?« Mary lachte mich aus, ihr Haar wehte im leichten Wind, und ihr Gesicht schimmerte feucht.

»Na, wenigstens sind wir oben, und ich konnte mich selbst überzeugen.« Ich wandte mich zum Gehen, wußte jetzt, daß bestimmt keine Menschen der Frühzeit so töricht gewesen waren, auf derart unsicherem Boden zu bauen. Wenn es also nicht auf dem Kulal gewesen war, mußte es auf dem Porr gewesen sein, dem einzigen bemerkenswerten Berg neben dem Kulal. Als wir uns an den Abstieg machten, fragte ich mich, ob wir wohl bis zu dieser alleinstehenden Bergpyramide auf halber Höhe des Rudolfsees vordringen würden. Die Frage beschäftigte mich so, daß ich die Richtung verlor. Die Wolkenkappe des Kulals hatte sich zu weißem, schimmerndem Nebel aufgehellt, und es begann zu nieseln. Wir blieben beide stehen, wurden uns plötzlich bewußt, daß es in diesem verschwommenen Felsverhau nichts gab, woran wir uns orientieren konnten. Wir hatten lediglich die Gewißheit, uns auf dem Hang zu befinden, der in die Schlucht hinabführte. Also stiegen wir weiter abwärts, bis wir unvermittelt am Rand eines Abgrunds anlangten: wir waren wieder auf dem Felsband, und unter uns fiel die Wand senkrecht ins Leere. Etwas ratlos riefen wir nach Karanja. Unsere Rufe verloren sich in der Wolke, fanden kein Echo. Doch dann hörten wir etwa hundert Meter weiter links, hinter einer zerbröckelnden Felszacke, einen Antwortruf.

Erst als wir am Feuer hockten, merkten wir, daß wir vor Kälte zitterten.

»Wir sollten lieber sofort absteigen«, sagte Karanja, »bevor der Nebel sich verzieht.« Er dachte an die Patrouille, die womöglich bei Morgengrauen von der Mission ausgerückt war. Aber als ich den Kopf hob und ihm in die Augen schaute, er-

kannte ich, daß es Karanja nicht nur um die Patrouille ging. Zwischen uns herrschte plötzliches Verständnis: Wir wollten beide möglichst schnell hinunter von diesem verdammten Berg, bevor sich ein neues Gewitter zusammenbraute.
Mary empfand wohl dasselbe, denn sie stand sofort auf. Sie hielt sich dicht hinter Karanja, als er von dem Sims kletterte. Er bewegte sich rasch, folgte mit untrüglicher Sicherheit der Route, auf der wir heraufgestiegen waren. Als wir etwa die Hälfte der Strecke geschafft hatten, strich uns eine leichte Brise über die Gesichter, der Nebel hob sich und wurde zu einem weißen Gewoge, in dem sich das Sonnenlicht fing. Die seltsame Helligkeit machte uns fast blind. Die gegenüberliegende Schluchtseite erschien als dunkler Schatten, dann als etwas Sichtbares, aber noch Verschwommenes. Wenige Sekunden später löste sich der Nebel auf wie Rauch. Die Sonne schien auf uns herab, und es war plötzlich heiß.
Die Abruptheit dieses Wechsels verblüffte mich. Alles war sauber, frisch und klar zu sehen, als schauten wir durch ein Vergrößerungsglas. Aber die Sonne stand nicht an einem blauen, sondern an einem weißen Himmel und hatte einen großen Hof. Mary meinte, es sei ein Eisring. Sie hatte so etwas einmal am Kilimandscharo gesehen.
Wir kamen auf dem Grund der Schlucht an und wandten uns bachabwärts. Nichts deutete darauf hin, daß vor uns hier Menschen gegangen waren. Wir entdeckten nur Elefantenspuren. Wieder erblickten wir die Insel aus Felsen und Gras, sie rückte langsam näher, bis sie die Schlucht zu blockieren schien. Ab und zu drang der Schrei eines Babuins durch die heiße Stille. Wir befanden uns unmittelbar bei der Insel, leichter Wind wehte von hinten, als plötzlich das Rumpeln und Quieken von Elefanten ertönte. Dann ein Schmerzensschrei und das Krachen schwerer Körper im dichten Busch. Erneut Stille. Karanja ging vorsichtig weiter, das Gewehr

schußbereit in der Hand.
»Was war das – ein Babuin?« fragte ich.
Er schüttelte den Kopf. »Nein, kein Babuin.«
Mary sagte: »Es klang wie von einem Menschen.«
Der Pfad wand sich zwischen engen Felsblöcken durch, lastende Stille und drückende Hitze herrschten. Karanja rief leise: »Dima! Dima!«
Wir bogen um eine Ecke und standen am Bach, den hier dichtes Gestrüpp säumte... Plötzlich sahen wir Dima, der sich halb hinter einen Felsbrocken geduckt hatte, das Gewehr im Anschlag. Bei unserem Anblick sprang er auf, rief uns zu sich. Mit wenigen Schritten waren wir bei ihm.
Zu seinen Füßen lag Abe, das Gesicht schneeweiß. Blut floß aus einer Kopfwunde, und die rechte Hand stand in einem grotesken Winkel ab. Abe hatte die Augen offen, aber sie waren glasig, so daß ich einen Moment lang meinte, er sei tot. Doch dann bewegte er die Lippen und fragte flüsternd: »Ist die Kamera in Ordnung, Colin?« Er wußte nicht, daß er sie mit der Linken an den Bauch preßte. Als ich es ihm sagte, wisperte er: »Nehmen Sie sie, bitte. Etwa eineinhalb Minuten sind gedreht, alles Nahaufnahmen.« Er schloß die Augen, Schweißperlen standen ihm auf dem Gesicht.
Mary kam vom Bach her, wo sie ihr Halstuch befeuchtet hatte. Sie wischte Abe das Gesicht ab, begann dann behutsam seinen Hemdärmel aufzurollen. Sein Arm sah aus, als sei er von einem schweren Hammer getroffen worden. Das Fleisch war gequetscht, und beide Knochen waren knapp über dem Handgelenk gebrochen. Mary richtete den Arm mit einer schnellen, energischen Bewegung gerade, die Knochen knirschten, und Abe stieß einen langen, dünnen Schrei aus.
»Wir müssen den Arm schienen.« Abe hatte das Bewußtsein verloren. Mary schaute zu Dima hoch: »Was ist denn passiert, um Gottes willen?«

Dima sprudelte die Erklärung in raschem Suaheli hervor. Als er kurz innehielt, sagte Mary zu Karanja: »Er hätte schießen können.«
Dima schüttelte eigensinnig den Kopf. »Patrouille schnell da, wenn hören Gewehr.«
»Zum Teufel mit der Patrouille«, erwiderte Mary ärgerlich. »Abe hätte den Tod finden können. Und die Patrouille, wo sie auch sein mag, ist außer Hörweite.«
»Das hat Dima nicht gewußt«, verteidigte ihn Karanja. »Und wären wir nicht die Schlucht heruntergekommen...«
»Das Kalb hat uns gewittert, willst du das sagen?«
Karanja nickte unglücklich.
Ich fragte: »Ein Elefantenkalb? Ein Kalb kann das doch nicht gewesen sein.«
»Nein? Schon mit einem halben Jahr wiegt ein Junges etwa zwölf Zentner, und dieses große Kalb von ihr muß mindestens fünf Jahre alt sein; das ist die durchschnittliche Spanne zwischen zwei Geburten.«
»Aber was ist denn passiert?«
Mary sah mich ungehalten an, weil ich kein Wort von Dimas Erklärung verstanden hatte. »Es war der Elefant, den Abe Sally nennt«, sagte sie. »Dima und er hatten sich hier in die Felsen verkrochen, um auf uns zu warten. Dann kam diese Herde, die Kuh voraus. Sie hielt auf der freien Stelle dort, und Abe konnte der Gelegenheit nicht widerstehen. Er stieg mit seiner Kamera von den Felsen...« Mary bat Karanja, ein paar Äste zu schneiden, die sie als Schienen benutzen konnte. »Dima sagt, er habe Abe aufzuhalten versucht, aber Abe hat nicht auf ihn gehört. Die Kuh kam zum Wasser, und das Seltsame war, Abes Anwesenheit schien sie nicht zu stören. Abe kauerte dort drüben, während sie trank und sich mit Wasser bespritzte. Nur der Bach war zwischen den beiden, und Abe filmte. Da passierte es. Die Kuh breitete die Ohren aus, fuhr

herum, schaute schluchtaufwärts und trompetete. In dem Moment kam das Kalb genau hinter Abe aus dem Dickicht. Es gehorchte dem Befehl seiner Mutter, wollte zu ihr, und Abe war ihm im Weg. Es beförderte ihn mit einem Rüsselhieb beiseite, watete durch den Bach, und die ganze Herde verschwand wie der Blitz durch die krachenden Büsche schluchtabwärts.«

»Es war meine Schuld.« Abe hatte die Augen wieder geöffnet, stützte sich mühsam auf den linken Ellenbogen und fuhr eindringlich fort: »Ich war zwischen dem Kalb und seiner Mutter. Ich hätte wissen müssen...« Er sank erschöpft zurück, die Lippen vor Schmerzen verzogen. »Mir war entfallen – daß sie noch ein Kalb hat.« Flüsternd fügte er hinzu: »Sie war so ruhig, so entspannt – bis sie Gefahr witterte. Sie schien begriffen zu haben, daß ich ihr nichts tun wollte, daß ich unbewaffnet war.« Er schloß die Augen vor dem blendenden Licht. »Ich bin froh, daß Dima sie nicht erschossen hat. Das Kalb kann nichts dafür.« Er legte Mary die gesunde Hand auf den Arm. »Wird das Schienen sehr weh tun? Ich bin ein schrecklicher Feigling.«

»Sie werden's überstehen«, erklärte Mary fröhlich. »Es wird einen Moment lang weh tun, mehr nicht.«

Doch es tat viel länger weh als einen Moment. Wir hielten Abe zu dritt fest, und er schrie und schrie. Dann verlor er gottlob das Bewußtsein, und Mary konnte den Arm vollends schienen, ohne daß Abe sich ständig aufbäumte. Schweißbedeckt hockte sie sich auf die Fersen zurück und schaute auf den mit Handtuchstreifen bandagierten Arm nieder. »Ich hoffe, es ist gut. Ich habe das bisher nur bei Tieren gemacht, und gewöhnlich hatten wir ein Narkosemittel.« Mary blickte zu uns hoch. »Wie weit ist es nach Loiengalani? Dort gibt es eine Landebahn, und wenn ein Flugzeug... Wo ist die Karte?«

Ich holte sie aus unserer Tasche. Das Oasen-Camp Loienga-

lani war etwa zehn Kilometer entfernt. »Er kann nicht soweit laufen.«
»Er wird es müssen. Oder wir tragen ihn. Er muß in ein Krankenhaus geschafft werden.«
Wir brachen sofort auf, als Abe das Bewußtsein wiedererlangte. Ich wollte unsere ganzen Sachen zurücklassen, aber Abe protestierte, und auch Karanja bestand darauf, daß wir die Kamera und die Filme mitnahmen; er schien sie für wertvoller zu halten als den Wasserkanister.
Der Elefanten wegen konnten wir nicht auf der Schluchtsohle gehen, sondern mußten ein Stück den Hang hinauf. Nach einer Zeitlang gelangten wir auf einen Kamm, der zum See wies. Wir machten viele Pausen. Abe war benommen und hatte Schmerzen, hielt sich aber zähe auf den Beinen. Die Hitze verstärkte sich mit fortschreitender Tageszeit, und der See rückte langsam näher.
Der Abstieg über die untersten Ausläufer des Kulals war am schlimmsten. Wir brauchten mehr als eine Stunde, um ein Lavafeld mit scharfgezackten, brüchigen Steinblöcken zu überqueren. Die Sonne des Spätnachmittags schlug erbarmungslos zu, es hatte bestimmt sechs- bis achtunddreißig Grad. Auf das Lavafeld folgten lange, gewellte Sanddünen mit vereinzelten Gruppen von Dornbüschen und Ginster. Mittlerweile hatten wir das ganze Fleisch gegessen und fast alles Wasser getrunken. Abe war kaum noch bei Bewußtsein. Zwischen zweien von uns hängend, taumelte er vorwärts. Doch wir sahen jetzt die Oase mit den abgebrochenen Palmen, die feuergeschwärzten Gebäude des Touristen-Camps, denen die Dächer fehlten, und die Überreste einer Mission, die laut Dima von Italienern geleitet worden war. Weit hinter den Palmen sah man den See, flach wie eine Stahlplatte, darüber erhoben sich die gezackten Vulkankonturen der Südinsel, und in der Ferne verschwamm das Turkana-Ufer. Kein Wind wehte,

nichts regte sich am Wasser, nirgends waren Elefanten, und nicht einmal in der Elmolo-Manyatta mit ihren dichtstehenden, kegelförmigen Behausungen entdeckten wir ein Lebenszeichen.
Wir hatten fest gehofft, daß die Elmolo uns mit Fisch versorgen würden, denn dieser kleine, hier am Ufer heimische Stamm lebt seit Jahrhunderten vom Fischreichtum des Sees, besonders von den Tilapias und den riesigen Nilbarschen. Nun mußten wir unsere Fische selbst fangen. Dima und Karanja eilten leichten Schrittes voraus und verschwanden bald aus unserem Blickfeld. Wir sahen sie erst wieder, als wir uns schon im Schutz der Dumpalmen befanden. Abe war in einen tiefen Schlaf der Erschöpfung gefallen, Mary und ich standen am Rand der kleinen Landstufe, auf welcher die Palmen wuchsen, und schauten über die Niederung zur untergehenden Sonne. Unter uns befand sich eine Rollbahn; der ausgefranste Luftsack hing schlaff an seiner Stange. In einem grün gesäumten Graben rann Oasenwasser zu dem Eingeborenendorf hinaus, und hinter der Manyatta strebten zwei kleine Gestalten auf den schimmernden Halbkreis des Hafens zu. Als sie bei der Mole verschwunden waren, bewegte sich nirgends mehr etwas, nur auf dem See flogen Vögel in dunklen Formationen knapp über der Wasseroberfläche dahin.
Die Sonne war untergegangen, tiefe Stille herrschte, der Himmel leuchtete in kräftigem Purpur, und aus dem blassen, fast glänzenden Wasser ragte schwarz die Südinsel zum Himmel, ein häßliches Gebilde aus Vulkanschloten und alten Lavaströmen. Vor Jahren, so erinnerte ich mich, hatte eine britische Expedition dort zwei Männer abgesetzt, und sie waren nie wieder gesehen worden. Als ich Mary das erzählte, nannte sie die Namen der beiden: Martin und Dyson. »Der Expeditionsleiter hieß Fuchs«, sagte sie und fügte hinzu: »Tembo war mehrere Male drüben, einmal mit einem Fischerfloß der

Elmolo. Es gibt dort eine Ziegenherde und die größten Krokodile, die er je gesehen hat. Er hält die Insel für den gottverlassensten Platz auf Erden.«

Die Nacht brach an, und mit den Sternen kamen die Moskitos. Wir dösten immer wieder ein und wurden furchtbar zerstochen. Wind erhob sich, rüttelte an den Palmwedeln über uns, und der Mond schielte herab, schiefer denn je. Endlich erklangen Rufe, und die beiden Afrikaner kamen mit einem alten Fischernetz voller ausgenommener, gesäuberter Tilapias. Wir machten Feuer, spießten die flachen Fische auf Dornbuschäste und brieten sie. Während wir am Feuer hockten, das Fischfleisch von den Gräten fieselten und die Moskitos abzuwehren versuchten, tauchte aus den Palmen plötzlich eine dunkle Gestalt auf. Karanja packte sein Gewehr, und wir sprangen alle auf.

Es war Mukunga. Er streckte uns etwas entgegen, einen blutigen, in ein Palmblatt gewickelten Packen. »Tembo schicken Geschenk.«

»Was ist das? Wo ist er?« fragte Mary.

Es war Krokodilfleisch. Van Delden lagerte etwa elf Kilometer nördlich von uns an der Elmolo-Bucht, wie Mukunga sagte. Ich kannte sie von der Karte, eine flache Ufereinbuchtung gegenüber den kleinen Elmolo-Inseln. »Ich vom Hügel der Toten schauen und aufpassen. Rauch hier sehen.« Er war mit einem Laster da, den er außer Hörweite hatte stehenlassen. »Sie Fleisch essen, dann mit mir gehen. Loiengalani nicht gut – jetzt Upepo.«

Der Mond war hinter schwarzen Wolken verschwunden, und der Wind toste mit einemmal in den Palmen wie die Brandung an einem Riff. Böen fegten übers Feuer, das Fleisch zischte. Mukunga redete in raschem Suaheli, gestikulierte und lachte. Er erzählte, wie sie den Laster an sich gebracht hatten. Ich saß da, lauschte auf das Brausen des Windes und dachte über van

Delden nach. Irgendwann bat Abe Mary: »Fragen Sie ihn doch, ob er am Seeufer irgendwo Elefanten gesehen hat.«
»Ndovu?« Mukunga nickte.
Nachdem Mary dem Afrikaner eine Weile zugehört hatte, dolmetschte sie: »Ja, es sind Elefanten in der Elmolo-Bucht, eine ganze Herde, und weiter im Norden sind noch mehr. Mukunga sagt, daß sie die Wasserpflanzen fressen, daß überall entlang der Küste kleine Gruppen im Wasser waten.«
»Weiß Kirby-Smith das?«
Mary nickte. »Ja. Alex weiß es.« So leise, daß ich sie durch den Wind kaum verstand, fügte sie hinzu: »Er verlegt seine Mannschaft nach Loiengalani.« Sie schloß die Augen, saß reglos und sagte nichts mehr. Schließlich bedeckte Karanja die Feuerstelle mit Sand, und wir gingen durch die Palmenreihen zum Lastwagen.

IV

WILDHÜTER DER NORDREGION

Der Mond war verschwunden, und schwarze Wolken hingen über der Oase, als wir auf einer holperigen Piste nach Norden fuhren. Heftige Böen trieben unsere eigene Staubwolke an uns vorbei. Wir durchquerten ein Lugga, in dessen Rand sich die Piste wie ein Tor in eine alte Feldschanze einschnitt. Dahinter wehte der Wind weniger stark. Es gab spärliche Vegetation, vor allem Dornbäume. Kleine Vögel hüpften im Scheinwerferlicht vor unseren Rädern weg wie Heuschrekken.
»Namaquatauben, glaube ich.« Mary lehnte sich nach vorn, legte die Hand auf Abes Schulter.
Abe, auf dem Beifahrersitz, drehte den Kopf halb zu ihr zurück: »Wir fahren in einem Lastwagen der Jäger, nicht wahr? Wie hat er ihn an sich gebracht?«
»Geraubt.«
»Ja, aber wie? Hat Mukunga es erzählt?«
Mary nickte, schwieg eine Weile. Vermutlich mochte sie nicht darüber sprechen, denn dies hieß, darüber nachzudenken, was bald geschehen mußte. Schließlich berichtete sie doch, was sich zugetragen hatte, nachdem van Delden von der Mission abgefahren war. Er hatte den Landrover die untere Bergschulter im Leerlauf hinabrollen lassen, bis zu einem Punkt, wo man gut in die Schlucht sehen und das Fahrzeug im Schutz einiger Felsen parken konnte. Unten kehrte eine Gruppe Jäger aus der Schlucht zurück. Sie gingen langsam zu den Fahrzeugen, die zwischen den auseinanderstrebenden Schluchtwänden im flachen Buschland standen. Wenig später sahen

van Delden und die beiden Afrikaner von einem anderen Beobachtungspunkt die Fahrzeuge über die Ebene kriechen. Bei dem Brunnen, wo die Elefanten nach Wasser gegraben hatten, bogen zwei Laster auf den Weg zur Mission ein. Der erste war ein Dreitonner der Armee mit der Patrouille. »Den ließen sie passieren«, berichtete Mary, »dann blockierten sie die Straße mit dem Landrover und lockten das zweite Fahrzeug, das wegen der Staubwolke in einigem Abstand folgte, in einen Hinterhalt.«

»Und die Männer, die darin saßen? Es waren doch Afrikaner, oder?«

»Ja, vier. Er hat sie beim Brunnen abgesetzt.«

Der Mond befreite sich aus den Wolken, und ich sah Abes Gesicht. Es war totenblaß und faltig. »Immerhin hat er sie nicht erschossen«, sagte er.

»Was ist aus dem Landrover geworden?« fragte ich.

»Sie haben ihn über die Felswand in die Schlucht gestoßen.«

Die Piste war härter geworden, links erhob sich schwarz ein Hügelkamm, vor uns schimmerte Wasser. Abe hielt sich krampfhaft aufrecht. »Und was wird jetzt, Mary? Sie haben angedeutet, daß Kirby-Smith nach Loiengalani geht.«

Mary nickte, wieder den verschlossenen Ausdruck auf dem Gesicht. »Er wollte heute morgen das Lager abbrechen. Zumindest haben die Jäger das behauptet.«

»Um es nach Loiengalani zu verlegen?«

»Ja.«

»Warum ist er dann noch nicht hier? Nirgends ist was von ihm zu sehen, obwohl es doch nicht mehr als eine Tagesfahrt weg sein kann.«

»Vermutlich ist die Straße schuld. Mukunga sagt, daß sie bei Sirima sehr schlecht ist, dort, wo sie über die Lavafelder führt. Erdbeben haben mehrere Abschnitte der Betonpiste zerstört, die einst die Missionare gebaut hatten, um ihre Laster über die schlimmsten Steine zu kriegen. Vielleicht haben sie es nicht geschafft.«

Abe schwieg, er wußte, daß Mary dies verzweifelt hoffte. Wir fuhren nun ein Stück über dem See an der Hügelflanke entlang. Das Wasser war seicht, eigentlich war das ganze Ufer ein Sumpfgebiet. Zahllose Vögel, die wie schwarze Steine aussahen, schliefen hier. Die Scheinwerfer machten einen Schwenk, und statt der schwarzen Steine gab es weiße. Drei Pelikane zogen im Zeitlupentempo ihre Schnäbel mit den Kehlhautsäcken unter den Flügeln hervor. Ein riesiger Reiher, der Wache zu halten schien, hob seinen schmalen Kopf, und einige Störche wechselten das Standbein im Schlamm. Und am Rand der Sichtweite bewegten sich graue Steinblöcke. »Elefanten?« fragte ich.

Mukunga schüttelte den Kopf. »Kiboko.«

»Flußpferde«, übersetzte Mary.

Dann kamen wir ans eigentliche Ufer. Der Mond schien so hell, daß wir über dem aufgepeitschten Wasser draußen einige Inseln schimmern sahen. Die Piste endete, und wir fuhren auf dem Strand. Der Laster bockte mehrmals, als wir uns im ersten Gang auf eine Anhöhe kämpften, die mit alten Hügelgräbern gesprenkelt war. »Hügel der Toten«, rief Mukunga durch den Lärm von Motor und Brandung.

Wir hielten, und van Delden stand da wie ein Prophet in feindseliger Steinwüste. Sein weißes Haar wehte, auf seiner Schulter lag ein Gewehr, das er am Lauf hielt.

»Bist du's, Toto? Ich fürchtete schon, wir hätten dich verloren.« Er sprach sanft, Zuneigung klang aus seiner Stimme.

»Hast du unser Signal denn nicht gesehen? Wir sind auf den Kulal gestiegen und haben dort ein Feuer angezündet.« Mary war nervös, sprudelte die Worte rasch hervor.

Van Delden schüttelte den Kopf. Dann erfaßte sein Blick Karanja, und er sagte: »Du warst es also wirklich.« Er fragte nicht, warum Karanja auf Kirby-Smiths Landrover geschossen hatte und dann den Elefanten gefolgt war. Er stand einfach da, lächelte Karanja an, zeigte die Zähne in seinem Bart. »Du dummer kleiner Angeber.« Er sagte es liebevoll, fast bewundernd, und wollte offenbar noch etwas hinzufügen, aber Mary sprach ihn an, um die Sache mit Abes Arm zu erklären.

»Ist das Flugzeug hier oben gewesen?« fragte sie. »Wir müssen ihn in ein Krankenhaus schaffen.«

»Armeeflugzeuge haben noch etwas anderes zu tun, als mich zu suchen.« Van Delden trat zu Abe, prüfte den Verband. »Gute Arbeit hast du da geleistet.« Er fügte hinzu: »In Loiengalani kann jetzt ohnehin keine Maschine landen, solange der Upepo nicht abflaut.«

Der Laster war mit einem Erstehilfekasten ausgerüstet, und van Delden spritzte Abe ein Antibiotikum. Dann errichteten wir zum Schutz vor dem Wind kleine Steinwälle und legten uns schlafen. Der Boden war sehr hart, Wind und Wasser tosten unaufhörlich, trotzdem schlief ich fast sofort ein.

Im ersten Morgenlicht weckten mich Stimmen. Mary argumentierte mit van Delden.

»Es würde nichts nützen«, sagte sie.

»Vorgestern früh hast du anders gedacht.«

»Da hatte ich Angst, ihr würdet einander umbringen.«

»Die Lage hat sich nicht geändert.«

Nach einer langen Pause meinte Mary mit gezwungener Fröhlichkeit: »Vielleicht ist er umgekehrt. Mukunga sagt, die Straße sei in schlechtem Zustand.«

»Wir sind durchgekommen.«

»Aber bei dem Wind...«

»Der Wind wird ihn nicht aufhalten, und er hat Leute genug, um die Straße an den Stellen zu reparieren, wo sie von dem Lavahang zum Ufer herunterführt.«

»Er wird seine Kühlwagen keiner solchen Straße aussetzen.«

»Es gibt noch eine andere, weiter landeinwärts. Sie ist Anfang 1973 für die Mission gebaut worden. Auf irgendeinem Weg wird er heute kommen.«
Schweigen herrschte. Schließlich sagte Mary: »Nun gut, ich werde es versuchen. Aber warum müssen immer die anderen nachgeben, nie du?« Sie sprach abgehackt, mit tiefer, düsterer Stimme. »So war es immer. Kannst du nie den Standpunkt eines anderen Menschen akzeptieren?«
»Nicht in dieser Sache.«
Wieder herrschte Schweigen. Dann sprach van Delden: »Sag es ihm. Sag ihm, daß er seine Leute zum Taleinschnitt von South Horr zurückziehen soll.«
»Warum ich? Warum sprichst du nicht selber mit ihm?«
Das kurze, bellende Lachen erklang. »Wir haben einander nichts mehr zu sagen.«
»Wenn du nur vernünftig mit ihm reden würdest! Nicht drohend. Wenn du versuchen würdest, dich mit ihm auf ein Limit zu einigen,..«
»Du weißt, es würde nicht klappen.«
»Weil du ihn haßt.«
»Wir sprechen nicht dieselbe Sprache, das ist alles.«
»Du haßt ihn«, wiederholte sie, und ihre Stimme war nicht mehr düster, sondern hoch und wild.
»Das reicht, Mary.«
»Nein. Nein, es reicht nicht. Du hast ihn immer gehaßt, seit...«
Das Klatschen eines Schlages und Marys entsetzter Aufschrei brachten mich auf die Beine. Die beiden erblickten mich und drehten sich in dem fahlen Morgenlicht fast schuldbewußt von mir weg. Van Delden rief barsch: »Holen Sie bitte Wasser aus dem See. Ich mache Feuer.«
In Gedanken noch bei der Szene, ging ich den Abhang hinunter, vorbei an den Steinhaufen der Hügelgräber. Das Licht

nahm stetig zu, und das Wasser schimmerte matt, kleine Wellen rauschten leise. Hatte Mary recht? Handelte van Delden aus dem verletzten Stolz eines Mannes, der seine Frau an einen anderen Mann verloren hatte?
Die Sumpfniederungen landeinwärts waren noch eine lichtlose, blasse Fläche, Wasserhühner bewegten sich ruckartig vorwärts, und Stelzvögel gingen am Rand draußen auf Nahrungssuche. Die Pelikane waren verschwunden, ebenso die Störche, aber Reiher standen noch reglos da. Ich mußte an die Serengeti und an van Deldens Auftritt auf der Konferenz denken, an seinen tiefen Zorn dort, und ich wußte auf einmal: Es war kein verletzter Stolz.
Den Strand, den ich inzwischen erreicht hatte, bedeckte schwarzer Lavakies, das Wasser war lauwarm und schmeckte alkalisch. Ich hätte mich gern ausgezogen, um hineinzuwaten, aber als ich den Kanister füllte, wirbelte in einem Schwarm Fische etwas Großes, und die Wasseroberfläche wurde zu Schaum gepeitscht, der silbern funkelte. Der Himmel färbte sich langsam blaßblau, kleine weiße Wolken trieben dahin wie Nebelfetzen. Die Inseln unweit des Ufers jedoch waren noch dunkle Silhouetten. Ich ließ den Kanister stehen und ging am Ufer entlang zu einem Gebilde, das einem Einbaum glich, den man auf den dunklen Ufersand gezogen hatte. Nahebei lagen drei gestrandete Balken. Als ich herankam, erhoben sich diese drei auf kurzen Beinen und glitten unter ärgerlichem Zischen ins Wasser. Dicht neben den geraden Furchen, welche die Krokodile eingedrückt hatten, entdeckte ich die großen, runden Fußstapfen eines Flußpferds im groben Sand. Der vermeintliche Einbaum aber erwies sich als Floß aus drei zusammengebundenen Stämmen.
Die Wolken begannen zu glühen, während ich den Hügel wieder hinaufstieg. Das Licht wurde intensiv und kräftig, alles strahlte in rauher Schönheit. In einem rußgeschwärzten

Topf kochte bereits Wasser, und Mtome hockte neben dem heißen Steinofen und knetete Posho zu Teig. Mukunga rupfte zwei am Vorabend geschossene Nilgänse. Van Delden, der sein Gewehr reinigte, schaute auf: »Wenn der Upepo abflaut, bringe ich Sie vielleicht mit dem Floß raus.«

Ich schüttelte den Kopf. »Bemühen Sie sich nicht.«

»Sie wollten doch den Porr sehen, oder? Von hier sieht man ihn nicht.«

»Ich verzichte dankend, wenn ich mit diesem Ding auf den See hinaus müßte.«

»Es ist ein ziemlich sicheres Gefährt, wenn kein Wind weht. Die Elmolo benutzen es, um mit Speeren Barsche zu fangen. Haben Sie das Manuskript noch?« Als ich ihm sagte, daß ich es in der Kulalschlucht weggeworfen hatte, meinte er: »Schade. Ich hätte es gern gelesen, während wir warten.« Er legte das Gewehr weg und angelte etwas aus der Tasche seiner Buschjacke. »Das dürfte Sie interessieren.« Er reichte mir einen Tonscherben, der sehr verwittert war, aber noch die dunkelbraunen Linien einer Zeichnung erkennen ließ.

»Wo haben Sie ihn gefunden?«

»Auf der ersten Insel dort, in einer Kluft, und in die Felsen sind Zeichen eingeritzt. Zu schwach, als daß man erkennen könnte, was sie darstellen. Ist Pieter van Delden auf den Inseln gewesen?«

Ich schüttelte den Kopf, drehte den Scherben in der Hand. »Glauben Sie, daß er von einem Gefäß stammt?«

»Behalten Sie ihn, wenn Sie wollen. Bringen Sie ihn ins British Museum, dort wird man es Ihnen sagen können. Es gibt noch mehr davon auf dem Boden der Kluft, allerdings durchweg kleine Stücke, soviel ich gesehen habe. Vielleicht wenn Sie auf den anderen Inseln suchen...« Plötzliches Vogelgeschrei ließ ihn verstummen und nach seinem Gewehr greifen.

Wir drehten uns alle um, schauten in das flache Sumpfland,

wo die Vögel sich unruhig bewegten. Etwas hatte sie gestört. Um die Hügelflanke erschien ein Elefant. Er näherte sich langsam, blieb am Sumpfrand stehen, untersuchte mit dem Rüssel die Pflanzen dort. Die Bewegungen des Dickhäuters hatten eine ruhige, lässige Würde, die vollkommen im Einklang mit unserer urtümlichen Umgebung stand. Mich erfaßte ein Gefühl der Zeitlosigkeit, ich hätte eine Million Jahre zurückversetzt sein können, noch weiter zurück, in eine Periode vielleicht, wo die ersten Vorfahren des Menschen die Ufer dieses alten Sees bevölkert hatten.

»Ein Bulle«, sagte van Delden leise.

Rücken und Kopf des Elefanten waren mit Schlamm bepflastert. Die Sonne, die über unserem Hügel stand und mit ihren heißen Strahlen das Land ziegelgelb färbte, verwandelte das Grau des Elefanten in blasses Ocker und ließ ihn mit der Umgebung aus Sand und Felsen verschmelzen. Dennoch entdeckte ich, während er entlang des Sumpfrandes weiter zum See trottete, auf seiner Schulter eine häßliche, klaffende Wunde. Weitere Elefanten erschienen langsam und müde auf der Bildfläche. Ich zählte sieben, alles erwachsene Tiere. Allesamt strebten sie in torkelndem, geräuschlosem Trott zum See, der jetzt saphirblau leuchtete. Die Inseln vor dem Seeufer waren keine undeutlichen Höcker mehr, sondern – im hellen Licht – klare und scharfe Vulkangebilde; sie glommen in Braun- und Rottönen und hatten, wo der Wind die Wellen anbranden ließ, eine weiße Schaumkrause. Der Elefantenbulle, der vorausgetrottet war, stand jetzt wie ein Felsblock im See und bespritzte sich mit Wasser. Sein Rüssel ging auf und nieder, sein Körper hatte bereits den alten schwarzen Schimmer, und die Wunde war als offener roter Riß erkennbar.

»Eine untergehende Welt«, murmelte Mary.

Van Delden sah sie scharf an und sagte: »Das ist ihre letzte

Zuflucht.«
»Die kann sie nicht ernähren.«
»Immer kommst du mit irgendeinem Scheinargument...«
Van Delden wandte sich brüsk zur Seite, redete mit Mukunga in dessen Sprache, Mary aus dem Gespräch ausschließend, als fürchte er, wieder in Rage zu geraten. Wir tranken Tee und frühstückten. Die ganze Zeit war ich mir der Spannung zwischen den beiden bewußt.
Der Tonscherben, den van Delden mir gegeben hatte, schien mit einemmal bedeutungslos neben den hageren grauen Riesengestalten, die nun alle im See standen und durstig tranken. Von wie weit her sie wohl kamen? Von den Aberdares, wo man die Wälder fast ganz abgeholzt hatte? Oder waren sie aus dem Tsavo hierher gezogen, über mehrere hundert Kilometer feindseligen, vom Menschen bevölkerten Landes, in dem alle ihre Jungen abgeschlachtet und sie zahlenmäßig dezimiert worden waren? Ich ergriff den Scherben und schleuderte ihn in einem Anfall von Widerwillen gegen eines der Hügelgräber, an dem er zerbarst. »Sie sollten mir lieber zeigen, wie man ein Gewehr handhabt«, sagte ich zu van Delden. »Ich habe noch nie im Leben geschossen.«
»Später«, antwortete er. »Wenn Sie dann noch wollen.« Er unterhielt sich mit Abe über den See und dessen seltsame Färbung. Ich legte mich auf den Rücken und dachte über die Elefanten nach. Weil der Wind seit geraumer Zeit nachgelassen hatte, waren die Steine unter mir sengend heiß. Vogelscharen flogen niedrig über den See, und Fischschwärme, die unter der Wasseroberfläche dunkle Wolken bildeten, gerieten immer wieder in wilden Aufruhr und trieben Myriaden von Silbertropfen hoch. Van Deldens Stimme aber plätscherte sanft in der Hitze: »Angeblich sind es die Algen. Bei ruhigem Wetter ist der See wirklich jadegrün, die ganzen Algen steigen an die Oberfläche und bilden eine grüne Haut pflanzlichen Le-

bens. Doch wenn der Upepo einsetzt, sinkt alles nach unten, und der See nimmt ein hartes Blau an. Wenn ich hier oben war, hatte ich ihn am frühen Morgen meist blau gesehen, dann war der Wind abgeflaut, und der See hatte sich grün gefärbt. Sie werden es erleben – spätestens um die Mittagszeit wird er grün.«

Mukunga sagte etwas und stand auf. Karanja erhob sich ebenfalls: »Ich begleite ihn.«

»Nein. Einer reicht.«

Karanja schüttelte den Kopf. »Es ist besser, ich begleite ihn. Wenn die Jagdlaster kommen, ist bestimmt eine Armeeabteilung zur Unterstützung dabei. Vielleicht kenne ich den Offizier.« Er schulterte sein Gewehr und folgte Mukunga, ohne van Deldens Erlaubnis abzuwarten. Der alte Mann sagte kein Wort mehr. Lange schaute er dem davonfahrenden Lastwagen nach. Ich konnte mir vorstellen, was er dachte: Dies ist erneut ein anderer Karanja, ich darf mich nicht auf ihn verlassen.

Der Laster verschwand hinter einer Anhöhe. Van Delden zuckte leicht die Achseln und sagte dann zu mir: »Okay, wenn Sie ein paar Schüsse versuchen wollen, wir haben überzählige Gewehre und genügend Munition.«

Er ließ mich auf eine alte Blechbüchse feuern, die wir auf eines der Hügelgräber gestellt hatten. Nach den ersten Schüssen verschwanden die Elefanten hinter einer niedrigen Erhebung in nördlicher Richtung. Van Delden, der sie beobachtete, nickte befriedigt. »Je weiter sie nach Norden ziehen, desto besser für sie. Ich hätte sie alle miteinander gern von diesem Berg weg und auf dem Marsch nach Norden.« Er überlegte, fügte dann hinzu: »Bis zur äthiopischen Grenze haben sie es noch weit. Der See ist etwa dreihundert Kilometer lang.«

Ich schoß ein Dutzend Magazine leer und traf mit den letzten Schüssen die Büchse zweimal aus einer Entfernung von fünf-

zig Metern. »Immer mit der Ruhe«, sagte van Delden, »das ist das Geheimnis. Egal, was auf Sie zukommt, halten Sie einfach den Atem an, danach zielen und schießen Sie. Ruhe auch beim Anvisieren des Zieles, keinerlei Nervosität, genau als würden Sie auf diese Blechbüchse dort schießen. Okay?«
Der See wurde allmählich grün, kein Lüftchen regte sich, lastende Schwüle herrschte. Mary planschte im seichten Wasser. Ich ging hinunter, watete in den Kleidern zu ihr. Das nasse Haar klebte ihr am Kopf, ließ ihn kleiner erscheinen, und ich sah die Konturen ihrer Brüste, die Warzen zeichneten sich durchs dünne Khaki ihres Hemdes ab. Das Wasser war lauwarm, es reflektierte die Sonne mit blendender Helle. Weit im Norden schwebte ein Spielzeugelefant über dem See – die feuchte Hitze hatte sein Bild gehoben.
»Du bist also jetzt ein Meisterschütze.« Mary grinste mich an. Ich tauchte, packte sie an den Beinen und warf sie um. Wir alberten und lachten im Wasser, bis unsere Augen schmerzten und unsere Köpfe von der Hitze brannten.
Dann kehrte ich auf den Hügel zurück, um nach Abe zu schauen. Er lag unter der Lkw-Plane, die an der Leeseite eines Hügelgrabens aufgespannt war, im Schatten. »Sie glücklicher Hund!« sagte er. »Ich würde alles darum geben, ins Wasser zu können.« Unter der Plane staute sich die Hitze, und Abe schwitzte. »Wo ist van Delden?« fragte ich.
»Ganz oben auf dem Hügel, er hält Wache. Und er hat Mtome und Dima an der Straße postiert. Ich glaube, er traut Karanja nicht.«
»Wie steht's mit dem Arm?«
»Gut. Er schmerzt nicht sehr.« Abe nahm seine Brille ab und bat mich, sie sauberzuwischen. »Was glauben Sie, was passieren wird?«
Darüber mochte ich nicht nachdenken. Ich zog die Achseln hoch.

»Wie Sie wissen, Colin, hat Kirby-Smith bereits ein Flugzeug, zwei Laster und einen Landrover verloren.«
»Er kann sich immer bei der Armee Ersatz beschaffen.«
Abe nickte. »Wenn die Armee nicht wäre, würde ich sagen, daß van Delden einen ziemlich aussichtsreichen Hinhaltekampf führt.« Ich reichte ihm die Brille. Er fuhr fort: »Irgendwann in der Nacht wird er mich bei der Oase absetzen, so nahe es geht. Mary wird mich begleiten. Ich glaube, er hofft, daß sie Kirby-Smith überreden kann, seine Mannschaft abzuziehen. Mit anderen Worten, ein Waffenstillstand – eine Art Modus vivendi. Aber – was meint Mary? Hält sie so etwas für möglich?«
»Ich bezweifle es. Die beiden haben heute früh darüber gesprochen, und sie glaubte nicht, daß Kirby-Smith einwilligen würde.«
»Ich glaube es auch nicht.« Abe rutschte mit dem Gesäß auf den Steinen hin und her. »Wenn ich Glück habe, werde ich ausgeflogen. Aber was wird mit Ihnen? Ich meine, wenn es zu einer Schießerei kommt...« Er schaute mich an, echte Besorgnis im Blick. »Vergessen Sie nicht die Kamera, und wenn Sie etwas filmen, das man als sehr nachteilig ansieht – ich weiß nicht – vielleicht können Sie für den Film eine sichere Heimreise einhandeln. Darauf bauen würde ich an Ihrer Stelle jedoch nicht.«
Ich glaubte einen Motor zu hören, ganz schwach und sehr weit weg, und trat unter dem Zeltdach hervor. Die Straße war leer, doch Mary rief etwas vom Ufer. Dann erschien der Laster, Mukunga fuhr; er war allein. Der Wagen hielt neben Mary, und van Delden, der bereits den halben Hang unten war, rief: »Was ist los? Wo ist Karanja?«
»Hat sich selbständig gemacht«, antwortete sie.
Als ich beim Laster anlangte, befragten die beiden Mukunga immer noch, und ich mußte eine Weile warten, bis Mary mir

erklärte, daß das alte Touristen-Camp bei der Oase von einer Armeepatrouille besetzt worden war und daß Karanja mit dem befehlshabenden Offizier hatte Kontakt aufnehmen wollen. »Einer der Laster hatte eine Funkantenne, und Karanja war sehr zuversichtlich, daß der befehlshabende Offizier ihm erlauben würde, mit dem Armeehauptquartier zu sprechen. Mukunga sah ihn zum letztenmal, als er mit erhobenem Gewehr, an das er ein Taschentuch gebunden hatte, auf das Gebäude zuging, das früher die Bar war.«

»Wann ist das gewesen?«

»Etwa um halb elf, kurz nachdem Alex sich mit seiner Mannschaft in den Missionsgebäuden eingerichtet hatte.«

»Und Mukunga hat nicht auf Karanja gewartet?«

»Doch, beim Lastwagen, der zwischen den Dumpalmen stand. Etwa eine halbe Stunde hat er gewartet, dann ist einer der Jagdlaster zum Hafen gefahren und ein anderer zur Landebahn. Mukunga fürchtete, abgeschnitten zu werden. Also ist er auf schnellstem Weg zurückgekommen.«

Van Delden sprach noch eine Weile mit Mukunga. Dabei blickten beide über das seichte Wasser zu dem kahlen braunen Hang jenseits der Bucht. Die Inseln flirrten geradezu in der Hitze. Schließlilch nickte van Delden mehrmals. Dann sah er Mary an und sagte: »Okay, wir verlegen das Lager. Mach deinen Patienten transportfertig.« Er rief Mtome, gab Mukunga einige Anweisungen und fragte dann mich: »Würden Sie versuchen, ein Fischerfloß der Elmolo zu paddeln? Schaffen Sie es dorthin, immer am Ufer entlang. Wir werden es vielleicht brauchen.«

Das Floß, erst einmal zu Wasser gelassen, war stabiler, als ich gedacht hatte. Doch es besaß fast kein Freibord, deshalb wagte ich mich nicht ins tiefe Wasser damit, sondern hielt mich sehr nahe am Ufer. Auch ließ sich das Gefährt schwer steuern – bis ich den Dreh herausbekam: Ich mußte im Balancezentrum knien und das primitive Paddel nach jedem Ruderschlag als Steuer einsetzen. Ich hatte den Hügel der Toten fast aus dem Blickfeld verloren, als der Laster durch eine große Staubwolke seine Position verriet. Kein Wind ging. In der Passage zwischen Ufer und einer Insel war das Wasser glatt und dunkelgrün. Fischschwärme zogen wie Schatten vorbei, und als ich aufstand, vorsichtig balancierend, konnte ich weit im Norden einen Felsenkegel sehen, der in der Sonne weiß flimmerte wie die Cheopspyramide. In einer kleinen Uferausbuchtung, etwa eineinhalb Kilometer vor mir, standen Elefanten im Wasser.

Ich steuerte die naheliegendste Insel an, fühlte mich frei und war nun, da ich mich allein auf dem unendlichen See befand, von tiefer Heiterkeit erfüllt. Ich landete jedoch nicht, denn als das Floß sich zum Ufer schob, glitten lange Echsenleiber geräuschlos ins Wasser, ohne daß ein Tropfen aufgespritzt wäre. Ich hatte kein Gewehr, keine Möglichkeit, die Krokodile abzuwehren. Also wendete ich mein schwerfälliges Gefährt und paddelte zum Ufer zurück. Das Blut pochte mir vor Hitze in den Schläfen.

Die Mulde, in der van Delden den Laster abgestellt hatte, bestand aus Sand, Fels und vereinzelten Kiesstellen; sie war von einem monotonen Ockergelb, ausgebleicht von der glühenden Sonne. Von einer kleinen Erhebung konnten wir über den Sumpf, wo jetzt Wasserhühner ihre ruckartigen Vorwärtsbewegungen vollführten, bis zu dem Hügel sehen, auf dem wir die Nacht verbracht hatten. Dort erschien, eine halbe Stunde mochte inzwischen vergangen sein, aus Richtung Loiengalani ein offener Landrover mit vier afrikanischen Soldaten. »Sie werden unsere Spuren sehen«, sagte Mary. Als van Delden nur nickte, fragte sie: »Was also nun?«

»Es sind bloß vier.«

Danach sprach niemand mehr. Der Landrover kroch in seiner

Staubwolke an der Hügelflanke entlang. Am See schließlich hielt er, und einer der Männer stand im Fahrzeug auf, um besser zur Hügelkuppe blicken zu können. Er trug keine Uniform, und van Delden, der durch den Feldstecher schaute, brummte leise: »Karanja.« Der Mann setzte sich wieder, und der Landrover wendete, fuhr am Rand des Sumpfs entlang zu der Stelle, wo Mukunga von der Piste abgebogen war. Dort hielt er erneut, und wir beobachteten stumm, wie Karanja ausstieg, kurz mit dem Fahrer sprach, dann kehrt machte und die Richtung zu uns einschlug. Das lässig über die Schulter gelegte Gewehr hielt er am Lauf fest. Der Landrover fuhr ab, seine Staubwolke verkleinerte sich. Karanja, jetzt eine einsame Gestalt, folgte beharrlich den Spuren unseres Lkw. Als er nicht mehr weit weg war, stand van Delden auf und rief ihn an. Karanja winkte, stolzierte irgendwie großspurig heran, den Mund zu einem breiten Grinsen verzogen.

»Was führst du im Schilde?« fragte ihn van Delden. »Du siehst verdammt selbstzufrieden aus.«

Karanja nickte, grinste immer noch: »Ich glaube, die Armee wird Sie ausfliegen.« Er setzte sich, wischte sich Staub und Schweiß von der Stirn.

»Du hast Kontakt mit dem Militärbefehlshaber aufgenommen, was?«

»Ndio. Ich habe über Funk mit ihm gesprochen. Einer Meldung zufolge zieht eine Horde Shifta auf Marsabit zu, deshalb will er hier oben keine Scherereien. Aber er muß erst Rücksprache mit Nairobi nehmen.«

»Und was ist mit Major Kirby-Smith? Mit den Elefanten hier am Rudolfsee? Du weißt, ohne eine Garantie, daß man die Tiere in Frieden läßt, gehe ich nicht.«

Karanja sah ihn an, grinste jetzt nicht mehr, sondern lächelte ruhig. »Hm, wenn Ileret zum Wildreservat gemacht würde, dann können Sie doch gehen.«

Van Delden stieß sein rasches, hartes Lachen aus. »Mit dir als Wildhüter? Ist das der Handel?«
Karanja brach in schallendes Gelächter aus.
»Würde Kimani seine Einwilligung dazu geben?«
»Kimani? Kimani ist erledigt, denke ich. Nach dem, was Sie auf der Konferenz angestellt haben...« Karanja war nicht bereit, auch nur eine Vermutung über Kimanis Nachfolger zu äußern; er lachte verlegen und entschuldigte sich damit, daß er hier oben am Rudolfsee eben nicht ganz auf dem laufenden sei. Obwohl van Delden ihn eindringlich befragte, blieben seine Antworten ausweichend. Er sagte lediglich, Pat Murphy, der eben aus Nairobi zurückgekommen sei, habe die Gerüchte mitgebracht, und Major Kirby-Smith fürchte, daß seine Operation nicht mehr voll unterstützt werde.
»Man wird ihm befehlen, sie abzubrechen? Meinst du das?«
Karanja schüttelte den Kopf. »Kommt ganz darauf an, wer statt Kimani Minister wird... Im Moment ist alles nur Gerede, wissen Sie.«
Karanja war nicht unaufrichtig, und sein Gelächter war wohl eher Tarnung seiner Unsicherheit als Belustigung über die Situation. Seine Beziehung zu van Delden hatte eine eigenartige Note erhalten. Karanjas alte Unterwürfigkeit wurde von energischem Selbstvertrauen überlagert. Und dennoch, im Grunde hatte sich nichts geändert, wie ich genau spürte: Das Band zwischen den beiden war stark wie eh und je. Deshalb überraschte es mich nicht, als Karanja mit echter Sorge sagte: »Bitte, nehmen Sie meinen Rat an. Tun Sie nichts. Vielleicht bekommt der Major morgen eine neue Direktive.«
»In diesem Land«, knurrte van Delden, »gehen die Dinge nicht so schnell, und bis übermorgen kann er genügend Elefanten erlegen, um seine Kühlwagen zu füllen.«
Karanja zuckte die Achseln, als wolle er kundtun, daß ihn

noch andere, dringlichere Probleme beschäftigten. »Es geht nicht um die Elefanten«, brummte er.
Van Delden faßte ihn am Arm: »Was meinst du damit?«
Karanja befreite sich aus van Deldens Griff und stand auf: »Die Armee will keine Scherereien«, wiederholte er. »Das soll ich Ihnen sagen, und ich habe es Ihnen gesagt. Die Armee hat Mörser und Maschinengewehre und weiß, wo Sie sind.« Er wandte sich an Mary: »Reden Sie mit ihm. Vielleicht hört er auf Sie.« Er ging davon, hinunter zum Ufer, war unversehens eine beeindruckende Erscheinung, wie er so allein der flachen Unendlichkeit des Jadesees zustrebte.
»Er hat recht.« Mary neigte den Oberkörper vor, ein Flehen stand in ihren Augen, die plötzlich dunkel wirkten. »Warte ab, was passiert.«
Van Delden sagte nichts. Das Gewehr auf den Knien, schaute er Karanja nach. Was wohl in seinem Kopf vorging? Sah er Karanja, wie ich ihn sah, als Symbol für die Zukunft Afrikas? Oder bekümmerte es ihn, daß sich die Zeit geändert hatte und mit ihr die Haltung der Afrikaner?
Abe sagte leise: »Wird die Auslese wirklich abgeblasen, gebe Gott, daß es rechtzeitig geschieht.« Ich wußte, er dachte an seine Elefantenkuh, die wohl noch in der Schlucht war.
Wir konnten nichts tun als warten. Nachdem wir gegessen hatten, zog sich der Nachmittag endlos hin, ein einschläferndes Intermezzo. Die Hitze wurde immer drückender, der See war ein blendender Spiegel. Wir bezogen abwechselnd bei einem zerbröckelnden Felsblock Posten, aber kein Fahrzeug kam die Piste entlang, und nichts regte sich bis auf die Stelzvögel, die am Rand des Sumpfs im Schlamm bohrten. Ich lag da und döste, verspürte, wie mich die sengende Kraft der Sonne ausdörrte. Das Warten lastete mir schwer auf der Seele. Eine Zeitlang studierte ich van Delden durch meine halb geschlossenen Lider – sein sonnengebräuntes, streitbares Ge-

sicht und sein vom Schweiß geglättetes weißes Haar ließen mich an Lear denken. König Lear hatte nichts als Unheil erlebt. Ich sinnierte, leicht benommen von der Hitze und voller dunkler Ahnungen, während die Sonne langsam über den messingfarbenen Himmel zog und sich zur Turkanaküste senkte. Noch immer geschah nichts.

Der Sonnenuntergang war ein purpurnes Leuchten, als habe jemand den fahlen, blaugrünen Himmel mit Blut bestrichen. Der See färbte sich rot, verblaßte wieder, erinnerte an gehämmertes Metall. Mit der Dämmerung kamen die Vögel, Pelikane, Störche, Gänse und viele andere Arten. Sie flogen einzeln oder in Scharen an. Zwei Schüsse lieferten uns ein Abendessen, und während Mtome es zubereitete, warfen wir anderen das Netz im seichten Wasser aus und fingen Tilapias.

Ich blickte übers Wasser zu den verschwimmenden Formen der Inseln, dachte an das Volk, das vor Jahrtausenden diese Welt bevölkert hatte, und Enttäuschung erfaßte mich: soweit gekommen zu sein, in van Deldens Gesellschaft, wie ich es geplant hatte – und nicht weiter zu gelangen. Ich spürte instinktiv, daß ich am Ende des Weges stand. Mary, barfuß neben mir im Wasser, bemerkte meine Stimmung: »Du hättest diese Inseln erforschen sollen, solange sich noch Gelegenheit dazu bot. Ich wäre mitgekommen.«

»Wir tun es morgen«, sagte ich wider besseres Wissen.

Mary schüttelte den Kopf, blickte über den See zum ersten Stern, der im verlöschenden Grün des Himmels erschien. »Morgen werde ich in Loiengalani sein«, entgegnete sie; ihre Stimme war ein Flüstern, ihr Gesicht ein blasses Oval im dunklen Haar. Ich fühlte, daß sie tief im Innersten Angst hatte.

»Du könntest dich weigern zu gehen.«

»Nein.« Sie schüttelte erneut den Kopf, fuhr nach ein paar Sekunden fort: »Aber ich kann nichts machen. Niemand kann etwas machen.« Sie drehte sich abrupt um und schritt zum Feuer, das zwischen den Felsblöcken hell brannte. Ich zog am Ufer meine Stiefel an, Mary bewundernd, weil sie barfuß auf den Steinen und dem Kies gehen konnte. Als ich mich dem Feuer näherte, bot sich mir ein beeindruckendes Bild: Flammen zuckten über dunkle Afrikanergesichter, und der alte Mann saß reglos mit untergeschlagenen Beinen, den großen, bärtigen Kopf rot überhaucht von der Glut. Es war eine ausgesprochen biblische Szene, aber aus dem Alten Testament, nicht aus dem Neuen. Wer am Rudolfsee lagerte, konnte nur in Begriffen des Alten Testaments denken. Hier war man in einem Land, wo es Aug um Aug ging, einem immer noch frühchristlichen Land.

In dieser Nacht hielten wir abwechselnd Wache. Als Dima mich kurz nach Mitternacht weckte, war der Mond aufgegangen. Der See lag ruhig da. Man konnte schwer sagen, wo Himmel und Wasser aufeinandertrafen, weil die Sterne und ihre Spiegelbilder gleich hell funkelten. Der Hügel der Toten war im Mondlicht fast weiß, und den dunkleren Sumpf darunter sprenkelten die fahlen Formen der großen, fest schlafenden Vögel. Es war eine tote Welt, und als ich so in der harten Felsenmulde lag, hatte ich ein Gefühl des Unwirklichen, beinahe der Körperlosigkeit. Nirgends ein Laut, nirgends eine Bewegung, alles war erstarrt, kein Windhauch rührte sich, die heiße Luft stand. Ich hatte Zeit zum Nachdenken, überreichlich, aber mein Geist schien verwirrt, unfähig zur Konzentration.

Die Minuten verstrichen, und ganz allmählich wurde mir bewußt, daß die Nacht doch nicht völlig ohne Leben war. Am Ufer unten veränderten Formen fast unmerklich ihre Position. Ein Flußpferd schob die Schnauze aus dem Wasser, und Krokodile glitten auf den dunklen Vulkansand. Gegen Ende meiner Wache erschienen auf einer Anhöhe links von mir mehrere Elefanten, fahle prähistorische Geschöpfe, die sich geräuschlos durch die mondhelle Landschaft bewegten. Sie zogen, wenige hundert Meter entfernt, in ungeordneter Formation an mir vorbei zum See. Es war, als sehe man einen Zeitlupenfilm ohne Tonspur. Als sie aus meinem Gesichtsfeld verschwanden, sagte hinter mir eine sehr leise Stimme: »Wenn das hier ein sicherer Ort für diese Elefanten würde, könnte man unter ihnen umhergehen wie unter Freunden.«

»Konnten Sie das in Marsabit?« fragte ich und sah van Delden über die Schulter an.

Er nickte, sein weißes Haar war versilbert vom Mondlicht. »Ich kannte sie alle, und sie kannten mich. Einigen konnte ich mich ganz nähern, und sie berührten mein Gesicht mit ihren Rüsseln.« Kaum hörbar fügte er hinzu: »Es ist etwas Wunderbares, wenn ein so großes, so wildes Tier einem sein Vertrauen schenkt. Es ist wie eine Offenbarung. Können Sie das begreifen?«

»Ja, natürlich.«

»Hmm.« Er schien Zweifel zu haben. »Das zu begreifen, heißt, die Beziehung zwischen Mensch und Tier zu begreifen, zu verstehen, wie sehr beide einander brauchen.« Er schwieg, beobachtete einen Nachzügler, der langsam in einer flachen Senke zwischen zwei kleinen Felskuppen verschwand. »Haben Sie Ihre Kamera überprüft?«

»Die ist in Ordnung.«

»Wie Sie wissen, hat noch nie jemand einen Film über die Verhinderung einer Elefantenjagd gedreht.« Er sah mich aufmerksam an, seine Stimme war mit einemmal drängend: »Mir liegt sehr viel an einer dokumentarischen Aufzeichnung. Die Zukunft dieser Tiere könnte davon abhängen.«

»Ich muß den Film aber auch noch außer Landes bekommen.«

»Ja, klar. Wir werden uns da etwas ausdenken müssen. Freilich erst, wenn Sie die Aufnahmen im Kasten haben.« Er nickte mir zu. »Schlafen Sie jetzt lieber eine Weile. Wir brechen um vier auf.«
Doch was er gesagt hatte, raubte mir den Schlaf. Ich überlegte, was der heutige Tag wohl bringen würde. Die Welt, die ich kannte, schien unendlich fern. Mich umgab die Härte dieses Landes, das fast reine Wüste war, und das Bild der geräuschlos durchs Mondlicht ziehenden Elefanten stand mir lebhaft vor Augen. Elefanten. An die Stunden, in denen ich nicht ihren großen Fußspuren gefolgt war, konnte ich mich kaum erinnern. Ich versuchte, mir die Nacht auf dem Kulal und das Geplänkel im lauen Wasser ins Gedächtnis zu rufen, doch alles war flüchtig. Der Blick auf den Porr, der Tonscherben, den ich weggeworfen hatte – nichts besaß mehr Bedeutung außer dieser gespenstischen Zusammenkunft der Elefanten. Der heutige Tag war der Tag, auf den wir uns stetig zubewegt hatten. Abe und ich als zwei Außenseiter, als Zuschauer, die man hineingezogen hatte in eine Konfrontation, in der sich die Debatten konkret fortsetzten, deren Zeugen wir auf der Konferenz geworden waren. Diese schien lange zurückzuliegen. Der See war blaß unter den Sternen. Karanja begann zu schnarchen, er schnarchte leise, mit bebenden Nasenflügeln.
Ich döste nur, gewahrte undeutlich, wie Mtome die Glut entfachte. Drei dunkle Figuren bewegten sich vor den Sternen. Der Mond stand halbhoch auf dem Himmel, er hatte auf dem Wasser eine Lichtstraße von der Südinsel zum Ufer unter uns gebaut. Noch keine Spur von der Morgendämmerung. Ich setzte mich auf und schaute auf die Uhr. Kurz nach vier. Van Delden hockte auf einem Stein, sein Bart war wie aus Licht gesponnen. Er hatte den Kopf über eine alte Lee Enfield geneigt und kontrollierte ihr Magazin. Ein Stück unterhalb von mir beugte sich Mary über Abe, und ich hörte sie sagen: »Ein

paar Stunden noch, dann können Sie den Arm richtig versorgen lassen.«

»Mir geht es gut«, murmelte er. »Der Arm ist einfach steif, das ist alles.« Doch seine Stimme klang müde. »Irgendwelche Elefanten durchgezogen in der Nacht?«

Niemand sagte etwas. Auch als wir nach einer Weile, wie verteilt zwischen den Steinbrocken hockend, den Frühstückstee tranken, sprach man nicht viel. Der Laster wurde beladen. Als wir damit fertig waren, zeigte sich hinter dem Kulal der erste Schimmer Morgengrauen. Wir fuhren entlang des Sumpfs, über dem Vogelscharen kreisten, zur Piste. Mukunga saß am Lenkrad, van Delden neben ihm.

Karanja neigte sich zu Abe: »Wenn Sie den Major sehen, fragen Sie ihn, ob Kit Kimani noch Minister ist. Wenn er es nicht weiß« – der Afrikaner überlegte – »ja, dann ist es wichtig, daß er nichts ohne Genehmigung tut. Sagen Sie ihm das.«

Abe nickte, doch seine Augen waren trübe, und niemand hätte sagen können, ob er Karanja verstanden hatte. Wir fuhren ohne Licht, konnten den Unebenheiten in der Piste kaum ausweichen, und Abe litt offensichtlich starke Schmerzen.

Nach etwa zehn Kilometern näherten wir uns dem Lugga. Der Laster wurde langsamer. Van Delden hatte den Feldstecher an den Augen, prüfte aufmerksam den angetriebenen Sand und die Felsauswüchse. Dann kämpften wir uns mit mahlenden Rädern durch das leere Flußbett und gelangten an Zwillingshügelchen, die ein natürliches Tor bildeten. Dahinter fuhren wir in offenes Land. Linker Hand sahen wir die erhöhte Linie der Dumpalmen, vor uns das Gelände, flach wie ein natürliches Verdunstungsbecken, erstreckte sich bis zur Manyatta der Elmolo und zum Hafen. Es gab Gras hier, unter den dürren Büscheln sproß ein frischer Teppich. Über uns verblaßten die Sterne im zunehmenden Licht der Morgen-

dämmerung.
Wir waren etwa fünfhundert Meter vom Lugga entfernt, als der Laster plötzlich mit kreischenden Bremsen hielt. Am äußersten Rand des Palmenhügels hatte Licht geblitzt. Mukunga schaltete den Motor ab. Plötzliche Stille. Wir hörten Tauben gurren. Hörten eine Hyäne schreien, der Ton ging in häßliches Kichern über. Hörten Holz krachen. Dort zwischen den Dumpalmen der Oase, die wir auf dem Weg vom Kulal her berührt hatten, bewegte sich etwas. Motoren brummten, Scheinwerfer strichen über die Missionsgebäude.
Van Delden wandte sich an Mary: »Sieht so aus, als befänden sie sich im Aufbruch, also werde ich euch hier absetzen müssen.«
»Abe kann nicht so weit laufen.«
»Dann müßt ihr eben warten, bis einer der Laster euch aufliest.« Er beobachtete durch den Feldstecher die immer wieder zwischen den Palmstämmen aufblitzenden Lichter. »Beeilt euch. Ich kann hier nicht stehenbleiben.«
Mary stieg aus, Karanja und ich halfen Abe hinunter. Sein Gesicht war sehr blaß, seine Brillengläser glichen im Dämmerschein Eulenaugen. »Okay?« fragte ich ihn.
Er nickte, stand mit erhobenem Kopf, die Lippen schmal vor Entschlossenheit. »Ich werde es schaffen.«
Ein dünnes Quieken kam von den Dumpalmen, und wir schauten alle zu der Oase, aber nichts rührte sich, und das Quieken wiederholte sich nicht. Van Delden beugte den Oberkörper aus dem Laster und sagte zu Mary: »Versuche ihn zur Vernunft zu bringen. Denn wenn er keine Vernunft annimmt...« Er verkniff sich den Rest des Satzes und befahl Mukunga, loszufahren. »Auf Wiedersehen, Toto«, rief er sanft. Marys Antwort ging im Brummen des Motors unter, ich fing nur die heftige Gemütsbewegung in ihrer Stimme auf,

erkannte sie auch in ihren weit geöffneten, auf van Delden gerichteten Augen. Abe stand neben ihr, den Arm in der Schlinge, die sie ihm gemacht hatte. Er sagte etwas zu ihr, und sie schaute kurz zu den Palmen. Erst dann sah sie mich an, aber unsere Räder wirbelten schon Staub auf, denn wir wendeten, um zurückzufahren. Mary winkte kurz und drehte sich weg.

Ich starrte zu den beiden hin, fragte mich, warum ich nicht darauf bestanden hatte, sie zu begleiten. Plötzlich rief Dima etwas, schlug Mukunga auf die Schulter und deutete zum See. Ein kastenförmiges Gebilde, das nur ein Laster sein konnte, bewegte sich am fahlen Wasser, und ein zweiter folgte weit dahinter. Beide fuhren parallel zu uns, tasteten sich ohne Lichter voran. Wir rasten auf den Schutz des Luggas zu, rumpelten durch, bogen scharf nach rechts ab und hielten rutschend hinter einem hohen Felsauswuchs. Van Delden sprang leise fluchend auf den Boden: »Nehmen Sie Ihre Kamera mit.«

»Es ist zu dunkel«, sagte ich.

Der alte Mann fegte meine Worte mit einer Handbewegung weg. Er erteilte den Afrikanern Befehle und kletterte auf einen Absatz im Felsauswuchs, das Gewehr in der Hand. Ich folgte ihm. »Es wird eine Weile dauern, bis sie die Elefanten aus den Palmen gescheucht haben«, sagte er, als ich neben ihm in Deckung ging. »Außerdem brauchen sie gutes Licht, um genau schießen zu können.«

»Wollen Sie damit sagen, daß die Auslese beginnt – jetzt?« Mein Mund war plötzlich trocken.

»Was denn sonst? Die Morgendämmerung ist die richtige Zeit dafür.«

»Und was wird aus Mary?«

»Ich sage Ihnen, es kostet Zeit, eine groß angelegte Jagd anzukurbeln. Die beiden sind bestimmt bei der Mission, bevor etwas passiert.«

Doch als es ein wenig heller wurde und die Laster im flachen Gelände am See deutlicher Gestalt annahmen, sahen wir Mary und Abe noch auf der Piste stehen, fast genau an der Stelle, wo wir sie abgesetzt hatten. Van Delden machte eine ungehaltene Kopfbewegung zu ihnen hin. »Worauf warten die?«
Ich zuckte mit den Schultern, mochte ihm nicht sagen, was ich dachte.
»Dumme kleine Närrin«, brummte er. »Wenn sie nicht Beine machen, geraten sie in die Auslese.«
Karanja robbte zu uns. »Was wollen Sie jetzt tun?«
In diesem Augenblick flammten neue Scheinwerfer auf, diesmal hinter der Oase. Motoren dröhnten, Licht zuckte durch die Stämme der Palmen. Schwere Lastwagen rollten über die Sanddünen, plötzlich schrien Männer und trommelten an die Türen, Hupen plärrten, Elefanten quiekten und trompeteten – ein schrecklicher Jagdlärm, der die friedliche Stille der Morgendämmerung zerfetzte. In den Niederungen am See vollführten die Laster, die wir im ersten Licht hatten auf ihre Positionen fahren sehen, ihre langsame Einkreisbewegung. Sie näherten sich drohend, ihre Motoren waren in dem allgemeinen Aufruhr kaum zu hören.
Ein paar furchtbare Minuten lang glaubte ich, van Delden würde nichts unternehmen. Er lag da, schüttelte den Kopf, als wolle er dem Geschehen Einhalt gebieten, die Augen starr auf den Dumpalmen. Dunkle Riesengestalten tauchten jetzt zwischen den hohen, gebogenen Stämmen auf, traten heraus, eine ganze Herde mit Kälbern unterschiedlichen Alters. Sie kamen von der Oase herunter aufs flache, dürre Grasland, nun ohne zu trompeten, ohne ein Geräusch zu machen, schienen es eilig zu haben, schienen das Rendezvous mit dem Tod nicht verpassen zu wollen. Sie liefen zum See, geradewegs zu den Jägern. Die Führung hatte eine Elefantenkuh mit prächtigen Stoßzähnen und einem großen Kalb. Sie trippelte

anmutig, wie eine Ballettänzerin: diese Worte waren mir unversehens gekommen, Abes Worte... Da fuhr auch schon mein Kopf herum, ich blickte entsetzt zu den beiden auf der Piste. Abe lief gerade los, Mary versuchte ihn zurückzuhalten. »O Gott!« stöhnte ich.
Van Delden neben mir brummte: »Was hat er bloß im Sinn?«
Abe hatte sich von Mary losgerissen und stürmte stolpernd vorwärts. Ich meinte ihn rufen zu hören, war mir aber wegen des Lärms nicht sicher. Ein Knallkörper explodierte, und die Laster rasten über die Dünen zum Ende der Oase, von wo sie in das flache Gelände herunterfahren und die Tiere vollends zusammentreiben konnten. Abe rannte noch immer, Mary holte ihn nur langsam ein, zwei kleine Figuren im fahlen Morgenlicht. Die Leitkuh hatte sie gesichtet und war stehengeblieben. Steifbeinig und unsicher verharrte sie, bewegte den Kopf von einer Seite zur anderen, scharrte mit dem Fuß. Das Kalb trat vor, aber sie legte ihm sofort den Rüssel über die Schultern und schob es nach hinten in Sicherheit. Dabei sah sie den beiden Menschenwesen, die auf sie zu eilten, unverwandt entgegen. Die übrige Herde drängte sich hinter ihr zusammen, die erwachsenen Tiere bildeten einen engen Ring um die Kälber, alle waren aufs äußerste erregt.
Ich wußte, was Abe vorhatte. Er wollte dasselbe tun wie Karanja auf dem Mara, in der Hoffnung, die Elefanten in unsere Richtung lenken zu können, bevor die Laster ins flache Gelände gelangten und sie in die Abschußzone trieben. Auch van Delden hatte nun begriffen, er war bereits auf den Beinen, hastete zum Lastwagen. Als wir hineinkletterten und der Motor ansprang, erfaßte mich ein Gefühl der Panik, eine schreckliche Gewißheit; Abe wußte nichts von Elefanten, hatte nur in Büchern über sie gelesen.
Wir rasten zwischen den Zwillingshügelchen hindurch, daß der Kies der Luggaböschung unter den Rädern aufspritzte.

Van Delden hielt statt des doppelläufigen Gewehrs die Lee Enfield in seinen großen Händen. Ich war hinten auf der Plattform, klammerte mich an den Haltebügel. Aus den Augenwinkeln sah ich die rot angehauchte Wolke über dem Kulal und weit rechts die Staubwolke der Jagdlastwagen. Abe war stehengeblieben, er regte sich nicht, hielt nur seinen gesunden Arm über den Kopf. Mary stand eine Stück hinter ihm. Ich sah die Szene wie auf einem Standphoto. Da bogen zwei Lastwagen um den Rand der Oase. Das Lärmen hob wieder an, ein Schuß krachte. Der harte, scharfe Knall kam von einem Landrover, der zu unserer Rechten nahte. Im selben Augenblick griff die Leitkuh an. Sie trompetete nicht, gab keinen Ton von sich, lief nur unheimlich rasch, unter ihren tanzenden Füßen wirbelte der Staub. Ihr folgte ein halbes Dutzend der größten Tiere, die Rüssel unter die Stoßzähne gerollt und die Köpfe erhoben.
Ich sah, wie Abe beiseite geschleudert wurde, wie Mary, die wegzulaufen versuchte, in der grauen Masse verschwand. Ein zweiter Schuß krachte, ein dritter, eine ganze Salve. Ein Elefant verhielt und einer brach zusammen, doch die übrigen rannten weiter, geradewegs auf den Landrover zu. Die beiden Laster bremsten, bildeten zwischen dem Landrover und den Elefanten eine Barriere. Ich griff nach der Kamera, aus einem Reflex und aus dem Bedürfnis heraus, etwas zu tun, ich wollte wohl – pardoxerweise – solchermaßen die Szene auslöschen, die ich eben mit angesehen hatte. Als ich die Kamera ans Auge hob, stürmten die Elefanten auf die Laster zu. Wildes Durcheinander herrschte, meine Wahrnehmungsfähigkeit wurde durch knallende Schüsse und wütendes Quieken beeinträchtigt, die Kamera surrte, im Okular brach ein weiterer Elefant zusammen. Flammenblitze zuckten aus Gewehren, Rauchwölkchen stiegen hoch. Einer der Laster fuhr rückwärts, aber nicht schnell genug. Ein Knallkörper explodierte. Die Elefan-

ten jedoch stürmten weiter, holten das Fahrzeug ein, der Rüssel der Leitkuh sauste auf den Kopf des Fahrers nieder, zerteilte ihn wie eine überreife Melone. Stoßzähne bohrten sich in die Karosserie, Riesenköpfe senkten sich, graue Riesenflanken wogten, dann lag der Laster auf der Seite, die drehenden Räder wirbelten Sand auf, Männer rannten.
Wütend bearbeiteten die Kühe das Fahrzeug mit den Stoßzähnen, trompeteten und brüllten. Erst als der Landrover wie wahnsinnig heranraste und Kugeln in ihre Leiber schlugen, wichen sie zurück. Neben mir knallte ein ohrenbetäubender Schuß, eine Leuchtspurkugel zog ihre flache Bahn und traf den Landrover. Weitere Schüsse folgten, der Landrover hielt, und zwei Männer sprangen heraus, als eine Elefantenkuh ihn erreichte und mit den Stoßzähnen hochhob. Ein zweiter Elefant, ein großer Bulle, wie mir schien, nahte von der anderen Seite. Die beiden Männer rannten los. Der Bulle packte einen von ihnen, schleuderte ihn in die Luft, war plötzlich über ihm, quetschte das Leben aus ihm. Dann schüttelte er den Kopf und betrachtete die breiige, blutverschmierte Masse vor sich auf dem Boden.
Mein Film war aus, ich stand benommen und zitternd, merkte erst jetzt, daß wir nicht mehr fuhren. Van Delden und Mukunga feuerten über die Kühlerhaube weg mit Leuchtspurmunition, die anderen beiden lagen links und rechts vom Wagen flach am Boden. Der Laster, den die Elefanten umgestürzt hatten, brannte, der andere fuhr mit einem Plattfuß im Rückwärtsgang weg. Weitere Knallkörper explodierten, aber die Elefanten beachteten sie nicht. Die großen Tiere sammelten sich, scharten ihre Jungen um sich, es dauerte nur wenige Minuten, dann zogen sie rasch an uns vorbei, keine hundert Meter entfernt und ohne uns zur Kenntnis zu nehmen. Sie trabten nach Norden, auf das Lugga zu. Bevor ich, verdutzt und von dem Vorgang gefesselt, das Magazin meiner Kamera gewech-

selt hatte, waren sie verschwunden. Nur ihre Toten waren uns verblieben, graue Felsbrocken. Ein einziges der gefallenen Tiere lebte noch, schlug mit den Beinen um sich und versuchte den Kopf zu heben. Ich hörte den Atem gurgelnd aus seinem weit aufgerissenen Maul strömen, denn Stille war wieder eingetreten.

Ich setzte mich auf die Kante der Ladeklappe, meine Beine waren wie Gummi, meine Knie zitterten. Die Wolke über dem Kulal hatte sich verflacht, war jetzt ein grellroter Baldachin.

Hinter dem Berg stieg die Sonne empor, die Palmen leuchteten grün, die Erde blutrot und der See blau, alles strahlte in den vergänglichen Farben des Sonnenaufgangs. Van Delden schritt langsam, mit gesenktem Kopf zu einem Khakibündel. Es lag wie zusammengerollt im Staub. Obwohl erschöpft, kletterte ich vom Wagen, tat es wie automatisch, und folgte dem alten Mann. Mary war zusammengesackt, hatte den Kopf in seltsamem Winkel zur Seite gebogen. Ihr Hals war gebrochen. Man hätte meinen können, sie schlafe. So viele Elefanten waren über sie hinweggestürmt, ohne sie zu berühren. Unglaublich. Nur die Fliegen auf ihren Augen ließen erkennen, daß sie tot war.

Van Delden kniete nieder, wischte ihr die Fliegen von Augen und Gesicht. »Dieser idiotische Amerikaner.« Er schloß Marys Lider mit den Fingern, seine Hand war völlig ruhig, Wort brachte er keines mehr vor, kein einziges Wort der Trauer. Nicht aus Gleichgültigkeit, das wußte ich. Es war einfach Hinnahme. Der Mann, der ihr ein Vater gewesen war und sie trotzdem nie wirklich gekannt hatte...

»Wissen Sie, daß Mary Sie geliebt hat – zutiefst geliebt?« Meine Stimme kam zögernd, wie unter einem Zwang, und klang seltsam.

Er schaute auf. »Was wissen Sie schon davon? Von der Liebe

und den Schmerzen der Liebe?« Leise fügte er hinzu: »Sie war ganz wie ihre Mutter – stürmisch, heißblütig, voll Vitalität, griff mit beiden Händen nach dem Leben. Glauben Sie, ich hätte sie nicht geliebt?« Seine blassen, kalten Augen jedoch ließen keine Gefühlsregung erkennen, und seine Stimme war hart, als er sagte: »Sie ist tot, und Schluß.« Er stand auf, drehte den großen Kopf halb und blickte Kirby-Smith entgegen, der auf uns zuhinkte. Ich sah, wie seine Hände sich um das Gewehr krampften, das er noch immer hielt.

Was van Delden zu Kirby-Smith sagte, hörte ich nicht, denn plötzlich vernahm ich ein Stöhnen, und eine schwache Stimme rief nach mir. Es war Abe. Er lag, elend zusammengekrümmt, etwa vierzig Meter entfernt an einem alten Ameisenhaufen. »Sind Sie das, Colin?« Blut gurgelte in seiner Lunge, als er die Worte mühsam hervorstieß. Seine Augen schauten trübe und blicklos zu mir empor. Sein dünner Oberkörper sah aus wie nach einem schweren Verkehrsunfall. Der Brustkorb war eingedrückt, gesplitterte weiße Knochen ragten aus einer dunklen Masse geronnenen Blutes, Fliegen wimmelten darauf. »Ist sie okay?«

»Ja«, sagte ich. »Sie ist okay.« Ich wußte, daß er nicht Mary meinte.

»Und die Schüsse?«

»Sie ist entkommen.«

»Es waren diese Laster, die Schweinehunde...! Sie hat sie angegriffen. Nicht mich.« Seine Stimme klang plötzlich kräftig, er versuchte sogar, sich aufzusetzen. »Sally. Ich kann sie nicht sehen. Ich kann...« Mit einem gurgelnden Schrei fiel er zurück, blutiger Schaum quoll ihm aus dem Mund.

»Liegen Sie ganz still«, sagte ich. »Sparen Sie Ihre Kräfte.« Abe hörte mich nicht, er bewegte die Lippen, formte den Namen seiner Frau, brachte jedoch keinen Ton hervor. Seine Augen schlossen sich, er stöhnte, ein Schwall Blut ergoß sich aus seinem Mund. Er starb wohl in diesem Augenblick, aber ich war mir nicht sicher, denn ich hatte noch nie jemanden sterben sehen. Ich rief van Delden. Doch der hörte und sah nichts außer dem Mann, der vor ihm stand, ein Hosenbein am Knie aufgerissen und einen Arm verletzt. »...dein eigenes Kind«, sagte van Delden. »Gott steh mir bei, ich kann dich nicht kaltblütig erschießen.«

»Du hast die beiden absichtlich dort abgesetzt.«

»Sei kein Idiot, Mann. Finkel hatte sich den Arm gebrochen.«

»Du hast die beiden benutzt...«

»Er war verletzt, sage ich dir.«

»Aber Mary – Mary dort abzusetzen... Genau dort, wo ich die Auslese durchführen wollte. Du hast gewußt, was passieren würde. Du hast es gewußt.« Kirby-Smiths Stimme überschlug sich fast.

Die beiden standen wutentbrannt voreinander, hatten den Leichnam zu ihren Füßen völlig vergessen.

»Du hättest die Auslese abbrechen können«, sagte van Delden mit drohender Gebärde. »Statt dessen hast du geschossen. Du hast auf das Leittier geschossen.«

»Um die Elefanten in eine andere Richtung zu lenken.«

»Nein. Um die Jagd zu eröffnen.«

»Hätte ich nicht aus einem fahrenden Wagen schießen müssen...«

»Du hättest diese Kuh zwar erlegt, damit aber die anderen nicht aufgehalten. Ist dir denn nicht klar, was diese Tiere durchgemacht haben? Sie sind mittlerweile so verzweifelt, daß sie jedes Fahrzeug, das sie zu Gesicht bekommen, sofort angreifen.«

»Wir hätten sie aufgehalten, wenn du dich nicht eingemischt hättest. Auf unsere Fahrzeuge zu schießen...«

Ich sah das Gewehr hochkommen, den Lauf in der Sonne

blitzen, und rief etwas. Aber Mukunga war bereits da, faßte van Delden am Arm. Der alte Mann kam zur Besinnung, wandte sich ärgerlich ab. »Geh mir aus den Augen«, knurrte er und schüttelte den Kopf wie ein großer Elefantenbulle, der nicht recht wußte, was er tun sollte. »Gott der Allmächtige! Ich hätte dich längst umbringen sollen.« Er schaute kurz auf Mary nieder; sein Blick glitt weiter, als sei sie jetzt ein Nichts, und heftete sich auf einen Laster, der von der Mission herkam. Es war ein offener Armeelaster. Auch Kirby-Smith hatte ihn gesehen. Sein Landrover stand inzwischen wieder, und einer seiner Leute kam damit angefahren. Gummifetzen schlackerten an den Vorderreifen, die von den Elefanten durchbohrt worden waren. Mukunga redete auf van Delden ein, Mtome und Dima ergriffen ihre Gewehre und beobachteten nervös den nahenden Armeelaster. Kirby-Smiths Fahrzeuge hatten sich gesammelt, eines wurde bereits abgeschleppt. Der rote Himmel über uns begann zu verblassen.
Der Armeelaster verlangsamte das Tempo, als er zu Marys Leiche kam, ein junger schwarzer Offizier erhob sich vom Beifahrersitz, die Hand auf der Windschutzscheibe. Das Fahrzeug hielt, der Offizier stand da, schaute von dem toten Mädchen zu dem toten Abe vor meinen Füßen, und ich mußte an Fortinbras denken, denn es sah aus, als wollte der Mann gleich eine Rede halten. Doch dann schüttelte er lediglich den Kopf. Niemand hatte ihm gesagt, was in einer solchen Situation zu tun war. Ganz langsam kletterte er aus dem Laster, sah Kirby-Smith an, als versuche er von ihm einen Fingerzeig zu erhalten. Er sagte etwas auf Suaheli, und Kirby-Smith nickte. Plötzlich redeten alle. Kirby-Smiths Partner, Jeff Saunders, kam mit einem Jagdlaster an und mischte sich ebenfalls in die Auseinandersetzung. Van Delden dagegen war zurückgetreten, hatte eine abwartende Haltung eingenommen und schwieg.

Unvermittelt fragte ihn der Offizier auf Englisch: »Wo ist Karanja?«
Erst jetzt bemerkte ich, daß Karanja nicht bei uns war. Mir fiel ein, daß er sich nicht auf dem Laster befunden hatte, als wir aus dem Lugga gerast waren, um die Elefanten abzulenken. Van Delden drehte sich um und schaute zurück. Auch wir drehten uns um. Auf halbem Weg vom Lugga näherte sich festen Schrittes ein einsamer Afrikaner.
Der Offizier kletterte in seinen Laster und fuhr dem Mann entgegen. Er ließ ihn einsteigen und kehrte schnell zurück. Als der Laster wieder bei uns anlangte, stieg Karanja aus. »Sehr böse Sache«, sagte er zu Kirby-Smith. Seine Stimme zitterte leicht, offensichtlich vor Spannung und unterdrückter Erregung. »Es wird keine Auslese mehr stattfinden, und Sie werden, bitte, Ihre Mannschaft nach South Horr zurückverlegen, um weitere Instruktionen abzuwarten.« Kirby-Smith wollte Einwände erheben, aber Karanja ließ ihn nicht zu Wort kommen: »Das hat der Militärbefehlshaber befohlen.« Der Offizier neben ihm nickte.
Jeff Saunders mischte sich ein: »Unsere Operation untersteht nicht Brigadier Osmans Kontrolle. Es handelt sich hier um eine politische Angelegenheit, und Kit Kimani hat uns ...«
»Mr. Kimani ist nicht mehr Minister«, erwiderte Karanja. »Wir haben einen neuen Minister für Boden- und Naturschätze. Sein Name ist Abbas. Das hat mir Leutnant Elmi eben gesagt.« Er sah den Offizier an seiner Seite an.
Der Leutnant nickte wiederum: »Ndio.«
»Sie werden also gefälligst keine Elefanten mehr abschießen, bis ich über Funk mit dem Hauptquartier gesprochen habe.« Karanja wandte sich an van Delden: »Ich schlage vor, daß Sie jetzt in Ihr altes Lager am See zurückkehren und dort warten. Ich werde es einzurichten versuchen, daß Sie wohlbehalten außer Landes kommen. Okay?« Leise sagte er: »Es tut mir

leid – das hier«, und vollführte eine Handbewegung zu den beiden reglosen Körpern hin. Dann zeigte er auf den Armeelaster: »Dieses Kommando fährt nach Marsabit, zur Verstärkung des dortigen Militärpostens. Vielleicht kann ich es arrangieren, daß man Sie mitnimmt.« Endlich sprach Karanja auch mich an: »Sie haben gefilmt. Ich möchte den Film bitte haben.« Er schaute mir in die Augen, sein Ton war befehlend. Als ich zögerte, sagte er: »Es ist nicht gut, wenn im Ausland gezeigt wird, was hier passiert, also geben Sie mir den Film, bitte.«

Ich warf van Delden einen raschen Blick zu. Doch er reagierte nicht, schwieg, stand in sich gekehrt da, mit leerem Blick. Bevor ich losging, um den Film zu holen, hörte ich Kirby-Smith noch fragen: »Abbas? Es gab einen Tansanier namens Simon Abbas, er hatte Tsavo Ost übernommen, bevor die ugandische Armee über die Grenze rückte. Ist das der Mann?«

Karanja nickte. »Darum habe ich Ihnen gesagt, daß keine Auslese mehr stattfinden wird. Nicht ohne seine Genehmigung. Er hat großes Interesse an den Elefanten.«

Als ich mit dem Film zurückkam, redete Kirby-Smith eindringlich auf seinen Partner ein: »Wenn sie uns kein Flugzeug leihen, dann versuchst du Brigadier Osman zu überreden, daß er mir Pat Murphy schickt und Pat mich nach Nairobi fliegen darf. Je eher ich mit Abbas spreche...« Die beiden entfernten sich.

Da hob van Delden, der noch immer neben Marys Leiche stand, ruckartig den Kopf und rief: »Alex!« Kirby-Smith blieb stehen und drehte sich unwillig um. Van Delden fragte ihn ruhig: »Wo willst du sie begraben – hier oder in Nairobi?«

»Wie, zum Teufel, sollen wir sie in Nairobi begraben?«

»Du könntest sie runterfliegen.«

»In einer Cessna ist zuwenig Platz.«

»Dann nimm einen deiner Kühlwagen.«

»Nein.« Der Vorschlag schien Kirby-Smith einigermaßen aus der Fassung zu bringen.

»Wie du meinst. Wo also?«

»Das ist nicht meine Sache.«

»Sie ist dein Kind.«

»Ich sage dir, ich bin dafür nicht zuständig. Du hast sie aufgezogen. Du hast ihren Tod verschuldet. Du begräbst sie.«

Van Delden musterte ihn lange, nickte dann langsam. »Gut. Wenn du es so empfindest.«

Wir luden die beiden Leichname auf den Laster und fuhren zum Hügel der Toten zurück. Dort begruben wir sie auf dem steinigen Hang über der kleinen Bucht, von wo man die Elmolo-Inseln sah. »Staub zu Staub, Asche zu Asche...« Van Delden kannte die entsprechenden Passagen auswendig. Als ich den weißhaarigen, weißbärtigen alten Mann so stehen sah und die Beerdigungsworte sprechen hörte, wußte ich, daß er es schon öfters getan hatte. Die Erde, die wir in die flachen Gräber warfen, war Vulkanerde. Dabei schien die Sonne von einem wolkenlosen Himmel, und die Hitze war mörderisch.

Wir benötigten den Rest des Tages, um die beiden Steinhügel zu errichten, arbeiteten mit nassem Handtuch auf dem Kopf. Am Abend, als es geschafft war, setzten wir uns zu einem Tee hin, beobachteten den Flug der Vögel, die zu ihren Rastplätzen im Sumpf kamen. Die Sonne versank hinter der Turkana-Küste, und die ersten blassen Sterne erschienen am Himmel, der nun rasch dunkler wurde. Keiner sprach. Van Delden blieb stumm und in sich gekehrt, die drei Afrikaner hockten am Feuer, das nur noch glühte. Stille lag über dem Land. Ich mußte an Abes dünnes, blasses Gesicht denken, an seine weltklugen Augen, an sein schiefes kleines Lächeln. Ich war nicht dazu erzogen worden, an etwas zu glauben. Aber jetzt, an diesem wilden Ort, unter diesen düsteren Steinhügeln, jetzt wußte ich, daß man etwas haben mußte – etwas Erstrebenswertes. Abe hatte innere Kraft gewonnen. Er hatte von Liebe sprechen können. Unverhofft beneidete ich ihn, ja, ich beneidete ihn um seine festen Überzeugungen, um seinen Frieden.

Irgendwann während der Nacht kam Karanja. Er und van Delden sprachen lange miteinander, aber ich verstand nicht, was sie sagten, hörte nur das Gemurmel ihrer Stimmen. Ich schlief weiter, und als ich am Morgen erwachte, war van Delden fort.

Ich sprang auf, schaute verstört um mich, gewahrte, daß ich allein war, nur die beiden Steinhügel, scharf konturiert im Gegenlicht der beim Kulal aufgehenden Sonne, waren mir verblieben. Doch da sah ich sie: Vier Afrikaner wateten durch das seichte Wasser zum Ufer, und jenseits von ihnen paddelte ein Weißer, kniend auf einem länglichen Floß, er paddelte auf dem ruhigen, glatten See zu einer kleinen Gruppe Elefanten, die bauchtief im Wasser standen. Ich starrte dem weißen Haar nach, das im frühen Morgenlicht leuchtete. Das Paddel wühlte das Wasser auf, vor dem Floß sprangen silbern funkelnde Fische über die Oberfläche. Ich werde diesen Anblick nie vergessen, diesen einsamen Mann auf dem Fischerfloß der Elmolo, der langsam das Ufer des Rudolfsees entlangpaddelte, der nach Norden zog wie die Elefanten.

Die vier Afrikaner warteten unten am Fuß des Hügels auf mich, und auf der Piste am Sumpfrand stand bereits ein Landrover. Karanja kam mir entgegen, lächelnd und mit gespreiztem Gang. »Sie haben einen sehr tiefen Schlaf, Mr. Tait.« Auf der Schulter trug er van Deldens doppelläufige Flinte.

Ich fragte entsetzt: »Sie haben ihn ohne Waffe ziehen lassen?«

Karanja zuckte die Achseln. »Es gibt genügend Fische. Er lebt jetzt wie die Elmolo.« Nach einer Pause fügte er hinzu: »Er ist Tembo van Delden und wieder bei seinem Volk. Bei den

Elefanten.« Mit einem Anflug von Großspurigkeit fuhr er fort: »Der neue Minister hat mich zum Wildhüter der Nordregion ernannt. Ich kümmere mich jetzt um das gesamte Wild hier. Und ich bin gekommen, ihm zu sagen, daß er und seine Elefanten in Sicherheit sind.«

Sechs Stunden später setzte mich Pat Murphy auf dem Wilson Airport in Nairobi ab, und noch am selben Abend bestieg ich ein Flugzeug nach London. Seither habe ich ein Drehbuch zu einem Dokumentarfilm über *Die Erbauung von Kanälen* geschrieben, und in meiner Freizeit habe ich den vorliegenden Bericht über meinen vierzehntägigen Aufenthalt in Afrika verfaßt. Über Cornelius van Delden konnte ich nichts mehr in Erfahrung bringen, obwohl ich zweimal an Karanja schrieb – einmal zu Händen seines Ministers – und mich bei der Botschaft der Ostafrikanischen Föderation nach ihm erkundigte. Ich habe also keine Informationen über seinen derzeitigen Aufenthaltsort, weiß nicht einmal, ob er noch lebt. Aber im Geiste sehe ich ihn vor mir, wie ich ihn zuletzt gesehen habe, am Ufer des Rudolfsees paddelnd, hin zu den Elefanten, die bauchtief im Wasser stehen. Ich vermute, daß er bei ihnen bleiben wird, bis er stirbt, ein in Vergessenheit geratener Mann, unempfänglich für alles, was außerhalb jener Welt liegt, die er besser kennt und versteht als irgendein anderer Mensch.

ANMERKUNGEN DES AUTORS

Der Rudolfsee fasziniert mich schon lange – seit der ersten Begegnung mit Joy Adamson im Jahre 1960, bei der sie mir diesen ungewöhnlichen See, der zum großen vulkanischen Grabenbruch des Rift Valley gehört, in allen Einzelheiten schilderte. Seinerzeit stand die Politik sehr im Vordergrund, und ich hatte das ausgeprägte Empfinden, wenn ich einen Roman in dieser Gegend ansiedeln wolle, müsse ich über das eigentliche, das duldende Afrika schreiben, das die politischen Stürme der Veränderung überdauert hatte. 1972 sagten mir dann Freunde, die ich durch meinen Verleger Sir William Collins kennengelernt hatte, in dessen Haus zahlreiche Bücher über die afrikanischen Wildtiere erschienen, wenn ich die letzten großen Wildherden sehen wolle, solle ich bald kommen, bevor sie dem Druck des Bevölkerungswachstums hätten vollends weichen müssen.

Die Reisen, die meine Frau Dorothy und ich in den Jahren 1972–73 durch Afrika machten, begannen bei Joy und George Adamson; wir verbrachten Weihnachten in Georges Löwen-Camp am Tana River. Sein Bruder Terence war anwesend, ebenso Ken Smith, der Wildhüter; ich hätte keine bessere Einführung in das Verhalten von Wildtieren bekommen können als durch diese Fachleute. Unser Wissen weitete sich aus, als wir unter Führung von Jonny Baxendale eine Safari in den Norden machten, bei der wir weite Gebiete des nördlichen Grenzbezirks kennenlernten, darunter den Südteil des Rudolfsees, und unser Lager knapp unterm Gipfel des Kulals errichteten. Später flog uns Richard Leakey zum Nordteil des

Sees. Dort besuchten wir die Stätte, wo er den Schädel gefunden hatte, der auf einen eineinhalb Millionen Jahre früheren Ursprung des Menschen hindeutete als bisher angenommen. Später reisten wir nach Süden in die Serengeti, wo wir den Höhepunkt der Wildwanderung erlebten, und wir besuchten Mary Leakey in der Oldowayschlucht und Hugo van Lawick im Ngorongoro-Krater. Mit Hugo und Jane Goodall fuhren wir dann in die Ebenen hinaus und verfolgten unter anderem, wie ein Rudel Ghengis-Wildhunde ein Wildebeest-Junges zu Tode hetzte.

Den genannten Menschen, ferner Ian Player und Nick Steele, die in anderen Gegenden Afrikas leben, bin ich zu großem Dank verpflichtet – für die Zeit, die sie uns widmeten, für ihren Rat, ihre Hilfe und das reiche Wissen, das sie uns vermittelten. Und da dieses Buch von Elefanten handelt, muß ich dem Werk Iain Douglas-Hamiltons vom Manyara-Reservat meine Hochachtung zollen. Während unserer Reisen in Afrika hatten wir Gelegenheit, das Verhalten der bemerkenswerten Dickhäuter über lange Zeiträume und auch ganz aus der Nähe zu beobachten. Doch eine richtige Deutung und richtiges Verständnis ihres Verhaltens wären ohne ständiges Nachlesen in *Among the Elephants*, dem faszinierenden Buch von Iain und seiner Frau Oria, nicht möglich gewesen.

Für jene Leser, die wissenschaftliches Interesse am Verhalten von Tieren haben, möchte ich ausdrücklich erwähnen, daß – genau wie die Charaktere – das Zentralthema von *Die Fährte der Elefanten* rein imaginär ist. Ich erörterte es mit Iain Douglas-Hamilton, doch die totale Katastrophe, wie ich sie beschrieb, fand bisher nicht statt. Niemand kann sagen, ob Elefanten ein ererbtes Wissen über sichere Gebiete haben oder ob sie, unter gegebenen Umständen, eine solche verzweifelte Wanderung unternehmen würden. Was die Anwesenheit von Elefanten am Rudolfsee betrifft, so sah ich selbst zwar keine, und Ken Smith sagte, daß es gegenwärtig dort mit Sicherheit keine gebe, aber vor mehr als einem Jahrhundert, als Graf Teleki den See entdeckte, hielten sie sich dort zweifellos in großer Zahl auf. Sie tranken nicht nur das Seewasser, sondern ernährten sich auch teilweise von den Wasserpflanzen der Untiefen.

Nur die Zeit kann erweisen, inwieweit ich mir bei meinem Thema Freiheiten erlaubt habe. Und die Zeit vergeht schnell, wird knapp. Angeblich gibt es in diesem Teil Afrikas nur noch hundertzwanzigtausend Elefanten, und die Zahl der erlegten Tiere ist auf rund zwanzigtausend im Jahr gestiegen. Der Grund dafür ist das rasche Ansteigen der Elfenbeinpreise; ich möchte deshalb meine Leser bitten, daran zu denken, daß der Käufer eines Elfenbeingegenstands direkt verantwortlich ist für den langwierigen, schleppenden Tod eines weiteren Elefanten. Keine Käufer, keine Wilderer – so einfach ist das.